KB234272

브라질이  새로운 미국이다

일러두기

· 이 책에서 인용된 모든 외서는 역서명과 원서명을 함께 표기했다.
· 본문에 있는 인용문의 출처는 미주 처리했으며, 저자, 책명, 역자, 출판사, 인용 쪽수 순으로
  정리했다.

브라질이 새로운 미국이다

BRAZIL IS THE NEW AMERICA

제임스 데일 데이비드슨 지음 | 이은주 옮김

bs
브레인스토어

　2008년 세계는 미국의 리먼브러더스 사태로 야기된 글로벌 금융위기에서 아직 벗어나지 못하고 있으며 유럽의 선진국에서는 연일 각종 시위가 전개되고 있다. 글로벌 경제위기가 장기화되어가면서 세인들은 미국 등 선진국들의 몰락을 우려하며 불안해하고 있다.

　이 책의 저자인 제임스 데일 데이비드슨는 〈스트러티직 인베스트먼트〉의 편집자로서 일본 경제의 붕괴, 베를린 장벽의 붕괴, 구소련의 몰락 등을 예측한 것으로 유명하다. 데이비드슨이 미국과 EU 등 선진국 발 경제위기를 선진국들의 몰락과정으로 진단하면서 브라질을 '새로운 희망의 나라, 새로운 미국'으로 지목한 점이 주목된다. 특히 브라질이 미래의 세계경제를 주도할 수밖에 없는 이유로 광활한 대지와 풍부한 에너지 자원 외에 '탄탄한 금융시장'을 예로 든 점은 남다르다.

　저자는 브라질의 풍부한 자원을 새로운 시각에서 터치했다. 무엇보다 소빙하기로 접어들고 있는 지구에서 브라질은 열대 국가이기에 온대 지역에 비해 피해가 적고 수자원까지 풍부하여 미래의 식량 공급국이 될 것이라고 말한다. 또한 화석연료가 고갈되어가고 있는 현 시점에 막대한 매장량의 심해유전 발견, 바이오연료 선도 등 에너지 강국으로 부상하고 있다는 사실을 근거로 자원부국으로서의 브라질의 미래가치를 높이 평가하고 있다.

브라질은 금융시장까지 탄탄하다. 저자는 현재 미국이 금융위기를 벗어나지 못하면서 나락으로 떨어지고 있지만 반대로 브라질은 위기를 잘 극복하고 있다고 진단한다. 그 이유로 이미 과거에 고통스러웠던 초인플레이션을 겪으면서 얻은 값진 교훈 덕분이라고 설명하고 있다. 그 결과 체질이 건강해져 브라질이 꿈의 투자처로 인식되고 있다는 것이다.

이러한 저자의 논리는 현재의 글로벌 경제위기를 조망하고, 이 경제위기 하에서 브라질이 미래의 세계경제를 이끌어갈 당위성을 이해하는 데 많은 도움이 될 것으로 생각한다.

2013년 7월
한국브라질소사이어티(KOBRAS) 부회장 편무원

21세기의 첫 10년은 내게 한 가지 교훈을 안겨다 줬다. 미국에서 태어난 것이 크나큰 행운이라 여기며 뿌듯함을 넘어 근거 없는 자만에 빠져 반평생을 살았건만 이제 와 돌이켜보면 그것은 너무 섣부른 판단이었다.

내가 젊었을 때는 이른바 '아메리칸 드림'이라는 것이 확실히 건재했다. 그리고 나는 사업가의 길을 걸으면서 이것을 십분 활용했다. 나는 30억 달러의 자산 가치가 있는 기업 세 곳과 시가총액 5억 달러 이상의 가치가 있는 기업 두 곳 그리고 1억 달러 이상의 가치가 있는 기업 십여 곳을 설립하는 일에 관여했다. 이렇게 하는 과정에서 높은 생활수준과 모험의 즐거움을 마음껏 누리며 살았다. 그러나 내 자식들, 특히 완벽한 미국인인 내 두 아이가 앞으로도 내가 누렸던 것과 똑같은 기회를 누리며 살 수 있을지는 의문이다. 아니, 그렇지 못할 것 같아서 몹시 불안하다는 것이 내 솔직한 심정이다.

내가 두 아이를 무시해서 그러한 불안을 느끼는 것은 절대 아니다. 두 아이 모두 총명하고 활력이 넘치는 아이들이다. 그렇지만 이 아이들이 살아가야 할 세상에서 성공이라는 목적을 달성하려면, 있는 에너지 없는 에너지를 다 쏟아부어야 할 것 같아서 걱정이라는 말이다.

막내는 이 두 아이보다 사정이 좀 낫다. 막내는 브라질 시민으로서 포르투갈어를 유창하게 할 줄 안다. 그리고 스페인어, 프랑스어, 영어는 기본이고 이제는 표준중국어까지 배우고 있다. 이 아이에게는 글로벌 시티즌, 즉 범세계 시민으로서의 밝은 미래가 보장된 것 같아 참으로 다행이라는 생각이 든다. 그런데 이 같은 행운은 미국이 아니라 브라질과의 관계성에서 비롯된 것이다. 즉, 외가 쪽에 집안 좋고 사회적으로도 성공한 브라질 사람들이 포진해 있었던 것이다.

미국인 대다수가 브라질에 관해 잘 모른다. 그저 라틴 아메리카에 속해 있는 한 국가겠거니 하는 사람들이 많을 것이다. 뜬금없이 수도가 부에노스아이레스인 국가라고 생각하는 사람도 있다. 그리고 브라질이라고 하면 무조건 가난한 작은 국가라고 치부해버리는 사람도 많다.

몇 년 전에 아주 황당한 경험을 한 기억이 있다. 내 지인 중에 아주 부유한 브라질 여성이 한 명 있었는데 이분이 버지니아 주 맥린(McLean)에서 매물로 나온 한 집을 아주 마음에 들어 했다. 그런데 집주인은 그 집을 사려는 사람이 브라질 사람이라는 사실을 알고는 거드름을 피우며 '브라질 사람이라면 이 집을 살 능력이 안 되니까' 더 이야기할 것도 없다는 식의 어이없는 반응을 보였다.

이 무슨 말도 안 되는 상황인가! 나는 지금 남 플로리다에 산다. 현지 신문의 보도에 따르면 2011년에 마이애미에서 거래된 부동산의 절반은 거래 당사자가 브라질인이고 게다가 그 거래도 현금으로 이루어졌다고 한다.

미국인들은 자신들이 부자라고 믿고 있다. 지금까지는 미국이 이 지구촌에서 가장 부유한 국가라는 말을 들으며 살아왔다. 미국의 미래를 불안한 시선으로 바라보는 사람 가운데 상당수가, 아무리 생각해도 실현 불가능해 보이는 사회보장 및 메디케어(노인의료보험) 지급금에 관한 비현실적인 지급 약속이 '언젠가'는 큰 재앙으로 다가오리라 예상했다. 그런데 이들을 제외한 우리 대다수가 낙천주의자들이었다. 이 낙천주의자들의 느긋한 예상과는 달리 그 '언젠가'는 먼 미래가 아닌 아주 가까운 장래의 일이라는 데 문제가 있다. 우리는 아주 피상적으로 미국인이 브라질인보다 훨씬 잘 산다고 생각했다. 그러나 과거에는 그랬을지 몰라도 이제는 아니다.

2011년 8월에 나온 미 재무부 보고서를 보면 미국 정부가 브라질에 2,100억 달러 규모의 부채를 지고 있다고 한다. 브라질 국민과 가구를 기준으로 하면 브라질 국민 한 사람당 1,034달러(가구당 4,138달러)의 빚을 진 셈이다. 그렇다면, 이러한 부채를 떠안을 미국의 가구 수는 얼마나 되는가? 미 인구조사국에 따르면 미국에는 약 1억 1,300만 가구가 있는데 이 가운데 빈곤선(poverty line: 최저 생계를 유지하는 데 필요한 소득 수준—역주)을 넘은 가구는 9,700만 가구에 불과하다고 한다. 이미 빈곤층으로 떨어진 사람들은 정부의 이 어마어마한 부채를 갚을 능력이 없다. 또 1,800만 가구는 은퇴자들이기 때문에 정부 부채 청산에 필요한 생산 활동에 더는 참여하지 않는다. 결국, 생산 활동에 참여하는, 비은퇴자이면서 지급 능력을 갖춘 나머지 7,900만 가구가 경제 붕괴로 말미암은 어마어마한 정부 부채를 떠안게 된다. 따라서 생산 능력이 있는 가구들이 브라질에 대해 한 가구당 2,658달러의 부채를 지게 된다. 세상은 우리가 생각하는 것보다 훨씬 빠르게 변하고 있다.

이 책에서는 아메리카 대륙의 또 다른 경제 대국인 브라질에 초점을 맞춰 세상이 어떻게 그리고 왜 변화하는지를 설명하고자 한다.

제임스 데일 데이비드슨

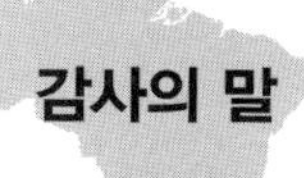

나로 하여금 브라질이라는 국가에 관심을 두게 해준 많은 사람에게 감사한다. 이 책 안에도 그동안 발표됐던 수많은 저작물의 내용이 인용돼 있다. 그중에서도 오스트리아의 소설가 슈테판 츠바이크(Stefan Zweig)의 고전《브라질: 미래의 땅(Brazil: A Land of the Future)》이 특히 많은 도움이 됐다.

그리고 로무알도 콘카도의 지지와 격려를 얻을 수 있었던 것 또한 나로서는 크나큰 행운이라고 생각한다. 브라질 벨루오리존치 벨베데레에 있는 자신의 집에 묵을 수 있도록 호의를 베풀어 준 콘카도는 아주 훌륭한 집주인이었을 뿐 아니라 브라질 경제에 능통한 사람이기도 했다. 이러한 배경에 따라 콘카도는 "브라질은 초심자들이 멋모르고 덤빌 수 있는 그런 국가가 아니"라며 그 이유를 조목조목 설명해줬다. 또 이 책을 완성하는 과정에서 어이없는 실수를 저지르지 않도록 내가 쓴 초고를 꼼꼼하게 살펴줬다. 그리고 브라질의 관료주의에 관한 부분을 다루는 데 있어 조언과 격려를 아끼지 않았던 크리스티나 바르보사에게도 감사한 마음을 전한다. 이따금 나와 공저자로 활동했던 윌리엄 리즈 모그에게도 감사한다. 리즈 모그 역시 내게 아낌없는 격려를 보내줬다. 집필 과정에서 방대한 자료를 체계적으로 정리할 수 있게 도와 줬던 내 조수 로리 겔러에게도 감사한다.

내 어머니 타치아나 데이비드슨은 내가 창업에 관여할 때마다 큰 도움을 줬다. 나는 우리가 함께할 수 있었던 시간에 감사할 따름이다. 어머니는 내게 브라질 쪽 외가를 만들어줬고 브라질 방식대로 나를 교육하기까지 했다. 그리고 내 초고에 대해 날카로운 비평을 해줬던 내 동료 찰스 델 벨르, 출판사를 찾아줬던 에이전트 테론 레인즈, 유머 감각과 훌륭한 편집으로 나를 흡족하게 했던 존와일리앤드선즈 출판사의 제니퍼 맥도날드, 브라질에 관한 것이야말로 매우 중요한 주제라고 보고 이 책을 출간하는 데 결정적인 역할을 해줬던 데브라 잉글랜더 등에게도 감사한 마음을 전한다.

세계적으로 수많은 국가가 당면한 물 부족 문제에 관해 유익한 정보를 제공해준 조지프 타이딩스 상원 의원에게 감사한다. 귀중한 시간을 할애하여 복식 부기 논리에 관한 자신의 방식을 확인해준 도널드 트럼프에게도 감사한 마음을 전한다. 그리고 아낌없는 격려를 보내준 빌 보너와 크리스 루디에게 깊이 감사한다. 루디는 상파울루에 갈 때 나와 동행했고 브라질 경제의 역동성을 낱낱이 관찰해준 사람이다. 감사한 마음 이루 말할 수 없다.

여러 가지 이유로 감사의 말을 다 전하지 못한 부분이 있다. 이 자리를 빌려 이 역동적인 신흥 경제 강국에 관한 대화의 장으로 나를 이끌어준, 브라질과 기타 지역에서 만났던 모든 사람에게 감사의 뜻을 표하고자 한다. 나는 그들과의 대화에서 많은 것을 배웠고 그만큼 이 책의 출간을 가능케 한 모든 사람이 고마울 따름이다.

당연한 말이겠지만 이 책에서 발견되는 모든 실수와 착오는 전적으로 내 책임임을 다시 한 번 밝혀두는 바이다.

차례

BRAZIL IS THE NEW AMERICA

Chapter 1

2050년
세계 경제의 판도

BRAZIL

IS THE

NEW

AMERICA

미국이 언제까지고
세계에서 1인당 소득 수준이
가장 높은 국가로
남아 있으리라는
보장은 없다.

― 로버트 솔로,
〈파이낸셜타임스〉 2011년 1월 15일

아주 오래전 그러니까 미국인인 내가 영국에서 지낼 때의 일이다. 그 당시만 해도 영국인들이 다들 짐을 꾸려 외국으로 나갈 법한데 그렇게 하지 않는 것이 신기하게 느껴졌었다. 마거릿 대처(Margaret Thatcher) 수상이 집권하기 전이던 그때의 영국은 연소득 2만 파운드 이상인 납세자에 대한 최고세율이 98%에 달했다. 그렇다 보니 20세기 중반에는 미국에서 태어나는 것만으로도 크나큰 축복을 받은 것이라는 느낌이 들었었다.

적어도 그때는 그랬다. 그러나 자신이 태어나던 그 시점에 자국이 경제적으로 풍요로웠다고 해서 그 상태가 계속 유지될 것이라고 장담할 수는 없다. 빅토리아 여왕이 서거한 1901년 당시 영국은 세계에서 1인당 GDP(국내총생산)가 가장 높은 국가였다. 그때 영국의 1인당 GDP 수준은 1990년의 4,600달러보다 높았고 동(同)시기 미국의 GDP 수준보다 10%나 높았으며 20세기가 끝날 무렵에 세계 2위의 경제 대국으로 부상했던 일본의 GDP보다는 4배나 높은 수준이었다. 그러나 영국이 세계 최강의 경제 대국이라는 권좌에서 물러난 이후에는 성장률이 급감했다. 그러니까 구체적으로 1차 세계대전 때부터

1950년까지에 해당하는 기간에는 실질 성장률이 0.8%에 불과할 정도였다. 빅토리아 여왕 통치 시절 이후 영국의 1인당 GDP는 기껏해야 50% 정도 증가하는 데 그쳤으나 같은 기간에 미국은 1인당 GDP가 230% 이상 증가했다.

미래에 대한 전망

19세기 세계 경제를 움직인 동력이었던 영국의 축적된 자본은 전쟁을 치르면서 거의 다 소진됐고 무리한 국유화와 과도한 세금 부과의 여파로 영국은 불황의 늪에 빠졌으며 이 불황은 수십 년 동안 지속됐다. 실질 성장률이 0.8%에 불과했다는 점에 주목하라. 이는 경제가 두 배로 성장하는 데 87년 이상의 시간이 필요하다는 의미다. 이와는 대조적으로 최근 중국의 경제 성장률(2008년에 11.9%, 2010년에 10.3%)은, 실질 성장률이 두 배로 증가하는 데 채 7년도 걸리지 않는다는 사실을 나타낸다. 경제학자들이 '복리의 마법' 운운하는 것도 하등 이상할 것이 없다. 고속 성장은 단기간에 빈국(貧國)을 부국(富國)으로 만들기도 하지만 성장 부진은 절대 부국조차도 빈국으로 만들 수 있다.

미국 경제의 미래를 예측하고자 할 때 대개는 복잡해 보이지만 실제로는 매우 단순한 개념인 계량 경제학 모형상의 예측치에 의존하려는 경향이 있는 것이 사실이다. 기본적으로는 인구 변화라는 변수를 고려하여 장기적인 성장률을 추정하려는 경향이 있다. 2050년의 경기 예측 지표를 살펴보면 대다수가 미국의 1인당 실질 GDP가 40년 내에 두 배 이상이 될 것임을 나타내고 있다.

미국의 1인당 GDP에 대해서는 3만 5,165달러(골드만삭스)에서 3만 8,000달러(카네기와 프라이스워터하우스쿠퍼스) 정도로 예측되고 있다. 이러한 예측치는 장래 미국의 경제 성장 속도가 최근의 성장 속도를 크게 웃돌 것이라는 사실을 전제로 한다. 그러나 과연 그렇게 될까?

　　1889년부터 2009년에 이르는 장구한 시간 동안 미국의 연평균 실질 GDP 성장률은 3.4%였다. 1939년부터 2009년까지 70년 동안의 연평균 실질 GDP는 3.6%로 상승했다. 그러나 미국 경제의 호황은 대부분 미국이 더 자유롭고 더 건전한 경제 기반을 구축했던 과거의 영광일 뿐이었다. 이보다 더 짧은 기간의 연평균 성장률은 꾸준히 감소하는 추세를 나타냈다.

- 60년 동안의 연평균 성장률 3.3%
- 50년 동안의 연평균 성장률 3.1%
- 40년 동안의 연평균 성장률 2.8%
- 30년 동안의 연평균 성장률 2.7%
- 20년 동안의 연평균 성장률 2.5%
- 10년 동안(1999~2009년)의 연평균 성장률 1.9%
- 5년 동안의 연평균 성장률은 겨우 0.9%
- 3년 동안의 연평균 성장률은 0%

　　이상의 기록을 보면 성장 둔화가 확실히 느껴진다. 미국의 경제 성장률은 마이너스 성장의 골을 아슬아슬하게 비켜갈 정도로 급격히 감소했다. 그런데 미국 경제는 왜 급락세를 탔을까? 여기에는 여러 가지 이유가 있을 수 있다.

　　경제사가 카먼 라인하트(Carmen Reinhart)와 케니스 로고프(Kenneth Rogoff)는 높은 부채 수준이 경제 성장을 저해한다고 주장한다.[1] 사실, 어느 국가든 부채를 기반으로 하여 경제 대국이 되거나 그 부를 유지한 전례가 없다.

　　미국은 사상 유례가 없을 정도로 부채가 과도하게 축적됐으므로 이러한 성장 둔화는 어찌 보면 당연한 수순일지도 모른다. 로런스 코틀리코프(Laurence Kotlikoff) 교수에 의하면 현재 미국의 부채 규모는 명시적 부채 그리고 지급이 약정돼 있으나 이를 감당할 재원이 없는 이른바 미적립(未積立) 복지 비용 등을 합쳐 총 202조 달러에 달한다고 한다. 이는 전 세계의 부를 전부 합한 것보다 많은 액수다. 코틀리코프 교수는 이렇게 말한다.

> 미국의 재정 갭(fiscal gap)이 202조 달러에 달할 것으로 추정한다. 202조 달러면 공식 부채의 15배에 해당하는 규모다. 생각해보면 '공식' 부채와 실질 순부채 간에 이처럼 큰 차이가 나는 것도 그리 놀라운 일은 아니다. 이는 경제학자들이 말하는 이른바 '라벨링의 문제(labeling problem)'에서 비롯된 현상이다. 의회는 부채 대부분을 장부상에 기재하지 않으려는 목적으로 이를 '비공식' 부채의 범주로 분류했다.
>
> 예를 들어, 사회보장세의 일종인, 연방보험기금법(FICA)에 의거한 납입금은 '세금'으로 분류하고 미래에 지급하게 될 사회보장연금은 '이전지출(transfer payment)'로 분류한다. 그런데 정부는 또 이 납입금을 '부채'로 분류하고 연금 지급을 '이러한 부채에 대한 상환'으로 처리할 수 있었다. 이때 지급금에서 노령연금세는 공제된다. 이 노령연금세는 약정된 연금 지급액과 납입금의 원금 및 이자 간의 차액을 보전(補塡)해준다.
>
> 본질적으로 재정 갭은 이러한 라벨링(분류)에 좌우되는 것이 아니다. 이는 우리의 장기적 재정 상태를 보여주는 이론적 측정치일 뿐이다.[2]

분별력 있는 사람들은 사회보장기금, 메디케어, 정부의 기타 지출이 체셔 고양이(《이상한 나라의 앨리스》에 나오는 고양이—역주)의 능글맞은 미소와 같은 간교한 꼼수에 바탕을 두고 있다는 사실을 깨달았다. 이들 모두가 그 수치들이 가산되지 않았다는 사실을 알았다. 그리고 언젠가는 재정 위기가 올 것이라는 사실 역시 모두 알고 있었다. 다만, 이들은 자신들이 세상을 떠난 저 먼 훗날에 그런 일이 벌어지길 바랄 뿐이었다. 그러나 이러한 바람과는 달리 복지 국가의 재정 위기는 먼 미래의 일이 아니라 지금 벌어지는 일이라는 점이 난감한 것이다. 대다수 선진국이 그렇듯이 미국 역시 국가 파산의 길로 접어들고 있다.

성장 둔화의 또 다른 요인으로는 생산 부문에 대한 투자 부진을 들 수 있다. 이러한 현상에는 다른 지역에서보다 미국에서 사업할 때 비용이 더 많이 들어간다는 사실이 일부 반영돼 있다. 그렇다. 미국의 인건비 수준은 다른 국가보다 높은 편이다. 그러나 소송에 대한 노출 위험도가 더 높다는 사실에서 비롯된 불확실성 그리고 각종 규제로 말미암은 비용 역시 미국을 사업하기에 불리한 지역으로 만들고 있다. 미국의 세금 제도 역시 이러한 현상에 일조하고 있다. 미국의 법인세율은 전 세계에서 가장 높은 수준이다.

다음 챕터에서 다루겠지만, 나는 미국 경제 성장 둔화의 주요 요인은 1970년대 초에 도달한 피크오일(peak oil: 석유 생산량이 기하급수적으로 확대되었다가 특정 시점을 정점으로 급격히 줄어드는 현상—역주)과 1971년에 리처드 닉슨이 주도한 잘못된 통화제도 개편이었다고 생각한다. 이후 국가 부채는 치솟았고 미국의 경제 성장에 따른 1인당 BTU(영국열량단위), 즉 에너지양의 증가 추세도 1979년에 멈춰버렸다. 미국의 석유 생산량 감소와 함께 미국 경제의 동력이었던 고밀도 에너지, 즉 석유의 비용 증가율이 GDP 성장률을 앞질렀다.

고밀도 에너지의 생산 감소라는 상황 속에서 미 당국은 인위적 신용 팽창을 통해 경제 성장을 촉진하려 했으나 이러한 시도는 별로 성공적이지 못했다. 신용 거품(credit bubble)으로 말미암아 엄청난 규모의 자원이 바람직하지 못한 부문으로 유용되는 이른바 과오투자(過誤投資)가 발생한 것이 생산적 투자 부진의 한 요인이 됐다. 법정 통화를 기반으로 한 인위적 신용 거품, 즉 무에서 부가 창조되는 상황이 자본 시장에서의 가격 신호를 왜곡하기에 이르렀다. 이러한 왜곡은 일시적으로 높은 수익을 얻을 수 있게 한다. 이러한 이유로 투자자들이 자원을 비생산적인 부문에 집중적으로 투입하는 현상이 나타났다.

과거 10여 년 동안 미국 부동산 시장에서 발생한 현상이 바로 이것이었다. 이른바 서브프라임(subprime: 비우량 담보 대출) 붐 기간에 미국의 주택 가격은 예일대 경제학 교수 로버트 쉴러(Robert Shiller)가 말하는 '사상 최대 거품' 수준으로 치솟았다.[3] 1995년의 미국 주택 가격(인플레이션 반영)은 1890년 때보다 10% 밖에 오르지 않았다. 그러나 2006년에는 1890년대 주택 가격에서 100%나 상승했다. 일시적이며 지속 불가능한 이러한 주택 가격 상승은 더 많은 주택을 건설하는 데 수조 달러를 투입하는 이른바 과오투자를 유발했다. 그리고 주택 가격이 대공황 시절보다 더 큰 폭으로 폭락함에 따라 이때 건설된 주택은 지금은 대개 비어 있거나 유질(流質) 처분되는 신세가 됐다.

생산력의 감소

서브프라임 붐을 통해 더 많은 욕실과 더 큰 주방을 갖춘 주택을 건설하는 데 투자한 수조 달러는 안타깝게도 미국 경제의 생산 능력을 향상시키는 역할을 거의 하지 못했다. 주택 건설에 투입된 자금은 국민소득계정상 '투자'로 분류되지만, 이러한 유형의 '투자'는 실질적으로 생산 능력을 향상시키는 역할을 하는 투자, 즉 공장과 설비에 대한 고정 투자와는 확실히 구분돼야 한다.

존 로스(John Ross: 상하이 지아통 대학교 경제경영대학 객원 교수)가 지적한 바와 같이 미국의 장기적인 저축 감소 추세는 고정 투자의 급격한 둔화로 이어졌다. 이에 따라 현 미국 경제는 자본 소비가 자본 창출을 능가하는 현상을 보이고 있다. 로스의 말을 인용하자면 이렇다.

…1981년 이래로 불가피한 경기 순환 속에 저축의 장기적 감소 추세가 지속됐다. 각 순환 주기상에서의 저축 고점은 이전 주기상의 고점보다 낮았다. 즉, 1981년에 GDP의 21.4%였던 저축 고점이 1998년에는 19.0%, 2006년에는 16.4%였다. 그리고 각 순환 주기상의 저축 저점 역시 이전 주기상의 저점보다 낮았다. 즉, 1992년에는 14.2%였던 것이 2003년에는 13.6%, 2009년에는

10.2%였다. 2009년에 GDP의 10.2% 수준이었던 것이 3/4분기부터 소폭 증가하여 2010년 2/4분기에는 11.8%를 나타냈고 이 수준이 2010년 3/4분기까지 유지됐다.

더욱 놀라운 사실은 2010년 3/4분기까지 국내 순저축(국내 총 저축에서 자본 소비량을 뺀 것)이 10분기 연속 마이너스를 기록했다는 점이다. 미국의 순저축이 마지막으로 마이너스를 기록했던 때는 1931~1934년에 해당하는 대공황 시절이었다.

좀 도발적인 표현이기는 하나 더 정확하게 말하자면 이는 세계 제일의 자본주의 경제국이 최근 10개 분기 동안 순자본을 창출하지 못했다는 것을 의미한다. 즉, 자본 소비가 자본 창출을 능가한다는 것이다.[4]

로스는 미국의 저축률 감소에 내포된 의미 두 가지를 이렇게 정리한다.

저축을 기반으로 한 고정 투자의 급속한 회복 없이는 미국 경제의 급성장을 기대할 수 없다. 미국의 국내 저축이 계속해서 낮은 수준을 유지한다면 고정 투자가 저조(이는 미국의 경제 성장이 지체됨을 의미)한 상태를 유지하거나 아니면 국외 자본을 더 많이 유입해야 한다는 의미가 된다. 후자일 경우 미국의 국제 수지 적자 규모가 더 늘어날 수밖에 없다.[5]

공식 통계 자료에서도 분명히 드러났듯이 저축과 고정 투자의 부진이라는 측면에서 볼 때 장래 미국 경제는 불황 혹은 장기 침체의 국면을 벗어나지 못할 것이다. 미국 경제가 이후 40년 안에 두 배로 성장하기는커녕 20세기 초 세계 제일의 경제 대국이라는 권좌에서 물러난 이후의 대영제국 운명보다 더 나을 것이 없을 듯하다.

다시 말해 미국이 현재와 같은 경제 상태를 유지한다면 40년 안에 미국은 세계 최대 경제 부국의 자리에서 내려와야 할 것이다. 2010년 미국의 GDP 추정치는 13조 1,915억 달러다. 40년 후인 2050년에는 GDP가 38조 수준은커녕 그 절반으로만 증가해도 다행일 것이다. 미국이 영국의 전철을 밟는다면, 즉 앞으로 40년 동안 최근 5년간의 경제 성장률 수준을 유지한다면 2050년에 미국의 실질 GDP는 약 19조 정도가 될 것이다. 이는 보수적 예측치의 절반 정도에 해당하는 수준이다. 그러나 나는 이마저도 너무 낙관적인 예측이라고 본다.

존 로스는 보수적 경제학자들이 경제 성장에 관한 단기적 예측을 했고 그 내용은 상대적으로 장밋빛이기는 했으나 현 경제 순환 주기를 고려하면 미국의 연평균 경제 성장률은 1%를 넘지 못한다는 데 의견의 일치를 보고 있다고 지적한다.

> 〈월스트리트저널〉의 최근 조사 결과 2011년도 매 분기 평균 GDP 성장률 예측치가 3.2%인 것으로 나타났다. … 2011년 연말까지의 미국의 GDP 성장률이 3.2%라는 것은 현 경기 주기상 지금까지 4년 동안 GDP 성장률이 0.9%에 불과했다는 의미가 된다. 이는 제2차 세계대전 당시의 성장률과 비교해도 훨씬 낮은 수준이다. 3.2%의 성장률로는 미국의 장기적인 경제 성장 둔화 추세를 반전시키기에는 역부족이다. 4년 동안 이 성장률이 유지되더라도 상황은 마찬가지다. 결국 현재와 같은 예측치를 훨씬 능가하는 수준으로 미국의 경제 성장률이 상승하지 않는 한 미국 경제의 장기 침체 추세는 계속될 것이다.[6]

사실, 상황은 로스가 주장하는 것보다 훨씬 암담하다. 2011년도 미국의 실질 GDP 성장률은 3.2%가 아니라 그 절반 정도인 1.7%였다. 더 심각한 것은 미 GDP에서 민간 부문 생산이 최근 몇 년 동안 급격히 위축됐다는 사실이다. 다음에 오는 표를 보면 이 같은 사실이 더욱 분명해진다. 정부 지출의 순 증가분에서 볼 수 있듯이 오늘날의 미국 경제가 2004년도의 경제 수준을 밑

돌고 있다. 해당 표는 GDP 수치들이 2005년도 수준(단위: 100만 달러)에 머물러 있음을 보여주고 있다.

민간 부문 GDP

(단위: 100만 달러)

연도	GDP	정부 지출	순 GDP
2001	11,371.3	2,056.4	9,314.9
2002	11,538.8	2,188.6	9,350.2
2003	11,738.7	2,303.3	9,435.4
2004	12,231.8	2,377.7	9,836.1
2005	12,587.5	2,468.0	10,101.5
2006	12,962.5	2,578.5	10,384.0
2007	13,194.1	2,570.1	10,624.0
2008	13,359.0	2,753.3	10,605.7
2009	12,810.0	3,210.8	9,599.2
2010	13,191.5	3,470.0	9,721.5

출처: 미시의 '세계 경제 동향 분석(Golbal Economic Trend Analysis)에 올라온 독자의 자료, 2010년 9월 29일에 포스팅

미국의 GDP가 2005년 수준에서 더 떨어지지 않은 유일한 이유는 2004년 이래로 정부가 연 지출 규모를 1조 3,000억 달러가 넘게 증가시켰기 때문이다. 이렇듯 허공에서 창조한 돈을 기초로 정부 지출 규모를 늘리는 것은 지속적으로 유지할 수 있는 정책이 절대로 아니다. 당연한 말이겠지만 이러한 상황이 앞으로 수십 년 동안 계속될 수는 없다. 민간 부문은 자꾸 위축되고 정부 부문은 점점 팽창하는 상황 속에서 미래의 미국 경제 앞에 경고 신호등이 번쩍이고 있다.

유럽 각국의 예에서 확인했다시피 '더 커진' 정부는 경제 성장에 부정적으로 작용할 뿐 아니라 과도한 정부 지출 규모를 줄이려는 때늦은 노력조차 경제 성장에 부담으로 작용할 것이다. 긴축 재정 정책을 통해 지급 불능 사태라는 함정을 피하고자 할 때 반드시 충족시켜야 하는 요건이 있다. 그런데 이러한 달갑지 않은 요건이 장기적인 미 경제의 성장 둔화 상황을 더욱 복잡하게 만들 수도 있다.

만성적 실업과 식량 구매표(food stamp: 정부가 저소득자에게 발행하는 식권—역주)의 사용 증가에서 확인할 수 있듯이 미국인의 빈곤이 심화하는 현상에 주목해보면 상황은 더욱 암울해질 것이다. 이러한 현상은 그 대부분이 휘발유 가격 폭등에서 비롯됐다고 할 수 있다. 더 정확하게 말하면 특히 도시 근교에 에너지 가격 폭등이라는 폭탄이 떨어진 데서 비롯됐다고 할 수 있다. 근교 지역 대부분 에너지 가격이 갤런당 30센트에 불과했던 1950년대에 조성됐다는 점을 고려하면 이러한 부분이 이해가 갈 것이다. 현재 미국인 일곱 명 가운데 한 명 꼴로 식량 배급 제도의 혜택을 받고 있다. 부채 디플레이션과 에너지 비용 상승이라는 쌍끌이 악재가 미 중산층을 빈곤층으로 내모는 상황인지라 긴축 경제도 케인스주의도 현재 우리의 고민을 해결해주지 못할 것이다.

국부의 탕진

수십 년 동안 계속된 재정 및 통화의 낭비로 말미암아 미 국부(國富)의 대부분이 탕진됐다. 부국으로서의 힘을 만끽했던 우리 세대와 그 이전 세대들은 드와이트 아이젠하워 대통령이 반세기 전, 그러니까 1961년 1월 17일자 고별사에서 남긴 경고성 예언을 귀담아듣지 않는 우를 범했다.

우리 사회의 미래를 생각할 때 우리(여러분과 나 그리고 우리 정부)는 단지 오늘의 삶만을 생각하고 오로지 우리 자신의 편의와 안위만을 추구하여 미래에 사용해야 할 귀중한 자원을 마구 허비하고픈 충동에 굴복해서는 절대로 안 된다. 이렇게 우리 후손들의 물적 재산을 저당잡는 행위는 이 후손들의 정치적 및 정신적 유산마저 갉아먹는 행위에 다름없다.[7]

안타깝게도 우리는 아이젠하워가 경고했던 바로 그 행동을 하고야 말았다. 우리는 '우리 자신의 편의와 안위'를 위해 '미래에 사용해야 할 귀중한 자원'을 써버렸다. 그런데 이제 그 '미래'가 다가오고 있다. 너무 늦게 태어나는 바람에 금융완화 환경이 조성한 호황 경제를 누릴 수 없을 우리의 후손들은 암울한 경제 전망과 미청산 부채를 물려받게 될 것이다. 이것이 후손들의 전 생애 동안 미국인의 생활수준과 경제 성장에 큰 부담으로 작용할 것이다.

다음 챕터에서는 아메리칸 드림에 대해 다룰 것이다. 특히 아메리칸 드림이 어떻게 브라질에서는 아직 건재할 수 있는지를 설명할 것이다.

BRAZIL IS THE NEW AMERICA

Chapter 2

원조 아메리카,
신 브라질

처음에는 온 세상이 아메리카 같은 세계였고
어찌 보면 지금의 아메리카보다
훨씬 더 아메리카다웠다.
그곳에는 돈이라는 것이
존재하지 않았기 때문이다.
어디든 무엇이든 손 내밀어 취하기만 하면
내 것이 되는 세상이었다.

— 존 로크, 《시민정부론》

이 책에서 말하고자 하는 바는 21세기에는 풍부한 부존자원을 자랑하는 두 국가, 즉 미국과 브라질의 상대적 이점이 역전될 것이라는 사실이다. 우리 시대의 특징적 추세 가운데 하나가 바로 선진국 경제 성장률의 점진적 둔화 그리고 한때 '미개발' 국가로 분류됐던 국가들의 약진이라 할 수 있다. 우리는 이 부분을 인정하려 들지 않지만, 오늘날의 혹은 지금까지의 선진국은 사실 19세기와 20세기 환경 조건 속에서 번영을 구가하는 데 적합했던 그러한 국가들이었다.

미국이 20세기 중반에 세계 최강의 경제국으로 부상한 것은 사실이지만 사실 20세기 대부분에 해당하는 기간에는 브라질의 경제 성장률이 미국의 성장률을 훨씬 능가했다. 그런데도 20세기를 브라질의 세기라고 말하지 않는 데에는 적어도 다음과 같은 세 가지 이유가 있다.

1 브라질 경제는 식민통지가 이루어지는 내내 침체 상태에 있었기 때문에 애초부터 경제 발전 기반이 너무 빈약했었다.[1] 《케임브리지 라틴아메

리카 경제사(Cambridge Economic History of Latin America)》의 저자 존 코츠워스(John H. Coatsworth)가 지적한 바와 같이 '독립 시점(1822)에 브라질은 서반구에서 생산성이 가장 낮은 국가로서 신세계, 즉 아메리카 대륙의 다른 어느 식민지국보다도 1인당 GDP가 낮았다.[2] 제정 시대에는 성장률이 두 배로 증가했으나 연평균 성장률은 여전히 0.3%로 낮은 수준이었다. 1889년에 공화정이 선포된 이후 성장률은 세 배로 증가했고 1980년 무렵에 석유 파동이 일어나면서 성장률이 급락할 때까지 브라질은 세계에서 GDP 성장률이 가장 높은 국가군에 속할 정도가 됐다.[3]

2 20세기를 통틀어 인플레이션율이 총 1000조%에 이를 정도로 극심한 인플레이션이 반복되는 이른바 폭주성 인플레이션 상황을 포함하여 반생산적인 수많은 경제적 악재 때문에 경제 성장이 방해받는 와중에도 경제 성장을 이루었다.

3 식량, 물, 값싼 에너지 등을 포함하여 사람들이 손쉽게 이용할 수 있는 천연자원의 매장량을 능가하는 수준으로까지 세계 경제가 성장한 것은 아직 아니었다.

앞에서 말한 것처럼 세계 경제의 상황 변화를 이해하려면 우선 미국의 경제 성장은 자연적 이점(막대한 양의 값싼 에너지와 해상 운송 수단을 포함)에 근거를 두고 있다는 점을 이해해야 한다. 이러한 이점들 덕분에 미국인들은 '근현대 역사가 진행되는 동안 낮은 가지에 달린 과일'들을 손쉽게 딸 수 있었다.[4] 요컨대 산업혁명 이전에 20분의 1마력이었던 연평균 1인당 에너지 투입량이 최근에 13만 1,000마력 이상으로 급등했고 이것이 중산층의 소득을 증가시키는 데 결정적인 역할을 했다.

미국이 이룬 경제적 부가 값싼 에너지에서 비롯됐다는 관찰 결과는 앞으로의 경제가 하락세를 탈 것임을 예견하는 징조가 된다. 에너지의 비용은 점점 비싸지고 따라서 미국 경제는 더욱 휘청거리게 된다. 다른 국가와 비교하여 미국 국민의 소득 수준이 최고치를 기록했던 때가 미국의 석유 생산량이 세계 최고 수준에 이르렀던 1950년 무렵이었다는 사실이 절대 우연은 아니다. 세계의 1인당 에너지 산출량이 감소한 것과 미국 경제의 성장이 둔화한 것 사이에는 밀접한 관련이 있다. 1947년부터 1973년까지 미국의 가계 소득 중앙치는 두 배 이상 증가했으나 1973년부터 2004년까지는 기껏해야 4분의 1 정도 증가하는 데 그쳤다.

경제학자 로버트 고든(Robert Gordon)은 에너지 투입량의 증가세가 둔화한 것과 때를 같이하여 20세기 마지막 분기에 미국의 다요소생산성(multifactor productivity)의 상승세가 중지됐음을 보여줬다.[5] 잇따른 금융 위기와 함께 그나마 실현됐던 이자 및 배당 수익 대부분이 증발했다. 한 세기의 1분기(25년) 동안 미국의 1인당 GDP는 두 배 가까이 증가했음에도 실질 임금 중앙치는 정체된 상태였다.[6]

하락 추세가 미국 경제를 갉아먹음에 따라 미국 국민 대다수가 누렸던, 다시 오지 않을 고소득의 향연이 지금은 경제적 불안정을 유발하는 하나의 원인이 됐다.

브랑코 밀라노비치(Branko Milanovich)는 자신의 저서 《가진 자, 가지지 못한 자(The Haves and the Have-Nots)》에서 이렇게 말한다. 2011년 현재 "미국에서 하위 5%에 해당하는 사람들이 세계 전체로는 최고 부자에 속한다(세계 인구의 약 70%에 해당하는 사람들보다 이들이 더 부자다). 예를 들어, 하위 5%에 속하는 미국의 최빈곤층이 상위 5%에 속하는 인도의 부유층보다 더 부자다."

그런데 이 부분에 관해서는 좀 더 정밀한 분석이 요구된다 하겠다. 미국의 '중산층'을 인도와 중국의 '중산층'과 비교한다고 하자. 그런데 미국 중산층의 소득과 인도나 중국 중산층의 소득 수준에는 큰 격차가 존재한다(이 글을 쓸 당시를 기준으로 하면 인도 '중산층'의 소득 수준은 인도 화폐 루피를 달러로 환산했을 때 매월 85달러 정도다).

미래에 부상할 국가

이와는 대조적으로 브라질은 세계의 축소판이라는 이름에 훨씬 더 걸맞은 소득 분포도를 이미 나타내고 있다. 즉, 브라질 국민 중 하위 5%에 해당하는 빈곤층이 역시 세계의 빈곤층에 속하고 상위 5%에 해당하는 부유층이 전 세계적인 부유층에 속한다.[7]

브라질 국민은 가진 자와 못 가진 자 간의 극심한 빈부 격차에 익숙해져 있다. 부분적으로 이 같은 현상은 브라질의 부존자원 개발과 무관하지 않다. 즉, 자원을 개발하는 데 항상 막대한 자본 투자가 요구됐었다. 미국과는 달리 브라질에는 쉽게 딸 수 있는, 즉 낮은 가지에 달린 열매가 적었다. 브라질의 초기 역사는 필연적으로 값비싼 농장 노동력을 요하는 대농장 농업을 근간으로 했다. 상대적으로 규모가 작은 토지를 지닌 자작농들이 독립적으로 생계를 유지할 수 있었던 미국과는 달리, 유럽 국가를 다 합친 것보다도 더 넓었던 브라질은 이른바 카피타니아(captaincy: 식민지의 행정 단위) 제도 하에서 포르투갈 왕으로부터 토지를 획득한 대농장주를 중심으로 경제가 돌아가고 있었다. 이후에는 엘리트들의 토지 보유 규모가 약간 줄어들기는 했다. 그러나 이러한 광대한 토지를 개발하는 데는 여전히 막대한 투자 자본이 필요했다. 저명한 역사가 토마스 스키드모어(Thomas Skidmore)가 정리한 바와 같이 "위험은 너무 크고 보상 여부는 너무 불확실했기 때문에 성공에 필요한 투자를 하도록 지주들을 설득하기가 어려웠다."[8]

이처럼 브라질 경제를 발전시키는 데는 처음부터 막대한 규모의 자본 투자가 필요했던 상황이었기 때문에 애초부터 이와 같은 지배적 부유층이 존재했던 것이다. 이 부분에 대해서는 나중에 더 상세히 다룰 것이다.

브라질 경제가 발전함에 따라 소득 불균형 현상이 나타났다. 그러나 정치적 차원에서 민주적 절차에 따라 이루어지는 소득 재분배를 통해 부의 불균형이 크게 해소된 것은 아니었다. 적어도 그때까지 브라질에는 부채 민주주의를 조장할 이른바 '신용'이라는 무기가 존재하지 않았었다는 데서 그 이유를 찾을 수 있다. 지금까지 부채 민주주의라는 편의주의적 정책이 세계에서 가장 부유한 민주주의 국가군의 정치를 지배해왔다. 부채 민주주의는 신용을 통한 차입으로 보조금이나 복지 지원금 등을 해결할 수 있다는 부분에 대한 착각적 합의를 도출해낸다. OECD 국가의 부채에 대해 AAA라는 신용 등급을 부여해온 오랜 관행이, 텅 빈 주머니에서 엄청난 규모의 지출금을 만들어 쓰는 것을 가능하게 했다. 미국 정부는 아주 상습적으로 민간 소득의 감소 현상을 감추려는 목적으로 막대한 자금을 지출해왔다. 그러나 미국, 영국, 일본, 그리스, 아일랜드, 포르투갈, 이탈리아, 스페인(그리고 머지않아 다른 국가들까지도) 등 국가들의 처지에서 보면 참으로 안타깝게도 선진국들의 성장 잠재력 약화와 함께 신규 부채의 경기 부양 효과 역시 줄어들고 있다.

그런데 브라질의 상황은 조금 다르다. 브라질에서는 최빈곤층의 소득이 증가함에 따라 소득 재분배에 대한 압력이 감소한 것인지도 모른다. 미국인의 소득은 감소한 데 비해 2011년 5월까지 약 8년 동안 4,000만 명에 달하는 브라질인이 빈곤층에서 중산층으로 성장했다. 에너지 투입량이 급증하면서 브라질 경제는 급성장했다.

미국은 과학 및 기술 연구 분야에 대한 투자를 통해 신제품을 생산해내고 수익성 있는 기업을 탄생시키는 데는 성공했으나 생산성 측면의 비교우위를 만들어내는 것에는 실패했다. 50여 년 전에 미국인이 누렸던 것과 같은 다른 국가 국민과의 큰 소득 격차 상황을 재연하려면 반드시 필요한 것이 바로 이러한 비교우위다. 지금 미국인 일반의 상황을 상징적으로 표현하자면 이렇다. 높은 곳에 매달린 과일을 따려면 사다리가 필요한데 그 사다리를 어디서 찾아야 하는지 아는 사람이 아무도 없는 그런 상황이다.

미국은 19세기부터 20세기 3/4분기까지 값싼 에너지에 대한 접근성이 매우 좋았고 그 이점을 톡톡히 누렸다. 그런데 석유와 기타 고밀도 에너지의 가격이 비싸지고 점점 희귀해지면서 이제 브라질이 에너지의 초강대국으로 부상하고 있다. 앞으로 더 자세히 탐구하게 되겠지만, 세계 석유 생산량이 감소함에 따라 에너지(BTU) 비용이 치솟는 상황에서 번영을 누리기에 더 적합한 국가는 바로 브라질이다.

브라질은 에너지 강국일 뿐만 아니라 물 자원도 풍부한 국가다. 석유 자원의 지존(至尊)이 '사우디아라비아'라면 물 자원의 지존은 바로 브라질이다. 밀 1파운드(약 0.45킬로그램)를 생산하는 데 물이 반 톤(약 125갤런)이나 필요한데 지금은 전 세계적으로 물이 절대적으로 부족한 상황이다.[9] 브라질의 광활한 토지는 전 세계 토지의 5.7%에 불과하지만 전 세계 담수의 20%가 아마존 유역을 흘러가고 있다. 담수 자원만 놓고 본다면 전 세계에서 브라질과 견줄 만한 국가가 거의 없다. 물 자원 권위자 스티븐 솔로몬(Steven Solomon)은 브라질은 '풍부한 물 보유국' 중에서도 자국민이 사용할 수 있는 양을 훨씬 초과할 정도로 많은 양의 물을 보유한 최강의 물 보유국이라고 한다.[10]

물은 그 자체로 너무 무거워서 경제적 측면에서 볼 때 장거리 운송은 그다지 적합하지 않다. 그러나 물이 부족한 이 시대에는 식량의 형태로 이루어지는 사실상의 물 수출이 더욱 중요해질 것이다. 헨리 멘스(Henry Mance)는 〈파이낸셜타임스〉에 게재한 글을 통해 생물 연료(biofuel) 부문에서 브라질의 우월적 지위를 논하면서 "토지, 물 그리고 손쉽게 생산을 증가시킬 수 있는 비법을 지닌 국가는 브라질 외에는 없다"고 썼다.[11]

그러나 브라질의 자원에 관한 한 이 정도 이야기는 일부에 지나지 않는다. 브라질은 천혜의 자원 부국이기는 하나 그 자원의 값이 너무 쌌기 때문에 자원을 개발하는 일이 여의치는 않았다. 요컨대 개발 수익 대비 개발 비용이 너무 비쌌다. 그러나 자원의 값이 좀 더 비싸지면 자원 부국의 상황이 전보다 훨씬 나아질 것이다.

1501년에 최초로 브라질에 당도한 아메리고 베스푸치(Amerigo Vespucci)가 이런 말을 남겼다.

"이 세상에 파라다이스가 존재한다면 이곳이 바로 그곳이다."[12]

브라질은 다른 곳과는 달리 수풀이 우거진 곳이다. 어떤 의미에서 보자면 브라질의 막대한 자원에 대한 접근성과 이용성이 낮았다는 점은 아이러니하게도 브라질을 인류의 미래를 위한 자원의 보고로 만들어줬다고 할 수 있다.

브라질은 식물, 담수어, 포유동물 등과 같이 잘 알려진 종을 비롯하여 이 지구상에서 생물다양성이 가장 높은 국가라는 데 대다수가 의견의 일치를 보이고 있다. 브라질에는 양서류, 나비류, 조류, 파충류 등의 개체수도 상당하고 곤충도 1,000만에서 1,500만 종에 이를 정도로 이 부문에서 세계 최고 수준을 자랑한다.[13]

Chapter 3에서 다루겠지만, 지정학적인 이유 때문에 브라질의 발전이 수 세기 동안 지체됐다. 미국과 달리 브라질에는 니콜라스 라셰프스키(Nicolas Rashevsky)가 《수학을 통해 역사 바라보기(Looking at History through Mathematics)》에서 표현한 것과 같은 '특수한 해안선(specific coastline)'이 결여돼 있었다. 라셰프스키는 유럽이 경제 발전을 주도할 수 있었던 이유는 유럽의 '특수한 해안선', 즉 표면적에 대한 해안선의 비율이 중국의 10배에 달했기 때문이라고 주장했다.[14] 이것이 훨씬 싼 제품 운송과 유리한 거래를 가능케 했다. 거의 전 역사를 통틀어 볼 때 해상 운송 비용이 내륙 운송보다 30배는 더 쌌다. 이러한 측면에서 보면 지형 요인에 따라 자원을 개발하는 데 필요한 자본의 집약도와 개발의 난이도가 결정된다고 할 수 있다. 이것이 바로 브라질 국토의 많은 부분이 아직 미개발인 상태로 그리고 상대적으로 인구가 희박한 상태로 남아 있는 이유다. 브라질의 면적은 인도보다 3배 정도는 큰데 인구는 인도 인구의 6분의 1도 안 된다.

아메리고 베스푸치를 비롯하여 브라질을 발견한 초창기 탐험가들이 인식하지 못했던 것은 브라질은 '이 지구상의 파라다이스'였을지는 모르나 '자원의 가치가 낮았던 시대에는 브라질이 파라다이스가 될 수 없었다'는 점이다. 자원을 개발하는 데는 막대한 자본이 필요했다. 브라질의 해안선 길이는 무려 4,650마일(약 7,440킬로미터)이나 되고, 세계에서 가장 크다고 할 수 있는 아마존 강 유역을 가장 많이 차지한 만큼 외견상으로는 '특수한 해안선' 부분에서 브라질이 매우 유리한 입장인 것처럼 보일 수도 있다. 그러나 열대 밀림 지역으로 뻗어 있는 아마존 강을 제외하고 브라질의 다른 강들은 대다수가 북쪽과 서쪽으로 흘러가고 있으며 물길은 또 유속이 빠른 깊은 계곡 위주라서 화물선의 운항에 적합하지 않다. 따라서 전반적으로 볼 때 브라질의 강들은 운송보다는 수력 발전에 더 적합하다.

브라질은 세계 최대의 열대 기후 국가다. 브라질의 역사가 시작된 이후로 대부분의 시간 동안 열대라는 기후 환경은 브라질이라는 국가에 불리하게 작용하는 하나의 약점으로 비쳤었다. 열대 밀림은 경제 활동에 적합한 환경은 사실 아니다. 열대 밀림 지역에서 토지를 개간하는 것은 온대 우림 지역의 토지를 개간하는 것보다 훨씬 어려운 일이다. 밀림의 토양은 척박하기 일쑤고 기후도 너무 습해서 곡물이 여물기 어려우며 병해충도 창궐하여 작물의 손실도 많이 발생한다.

아마존 강 유역과 같은 밀림 지역에 작물을 심는다 해도 치명적 애벌레(로노미아 오블리쿠아)와 맹독성인 마블콘 달팽이(독 한 방울로 성인 20명을 죽일 수 있다), 작고 아름답지만 역시 맹독을 지닌 독화살 개구리까지 온갖 위험 요소에 노출돼 버린다. 밀림과 강에는 식인 어류인 피라니아, 뱀, 거미, 기타 흡혈 곤충 등 수천 종의 외래 동물로 가득하다. 세계에서 가장 위험한 거미로 알려진 브라질방황거미 그리고 타란툴라를 비롯한 맹독성 독거미들과 함께 질병을 옮기는 모기들(말라리아와 뎅기열을 옮김)이 기승을 부린다. 다리 경간(徑間)이 최대 5인치(약 13센티미터)나 되며 2012년도 기네스북에 세계에서 가장 독성이 강한 거미로 등재된 브라질방황거미는 워낙에 치명적이라서 이 독 0.006밀리그램만으로 쥐 한 마리를 죽일 수 있다고 한다.

이와 같은 밀림 환경(운송에 부적합한 브라질의 물길 상황과 같은 기타 지리적 특성과 함께)은 저비용으로 풍부한 자연 자원을 개발하게 하는 쪽이 아니라 이 자원을 보존하는 데 도움이 됐다. 적어도 개발 이익이 개발 비용을 상쇄할 수 있을 때까지 브라질의 지형과 기후는 개발을 저해하는 혹은 개발을 지연시키는 장애물로 작용했다.

19세기와 20세기에는 미국이 지닌 천혜 자원이 이 국가의 경제 발전에 크게 공헌한 것으로 보이지만 지금은 그 혜택을 브라질이 누릴 차례인 것 같다. 값싼 에너지의 시대가 종말을 고함에 따라 브라질의 천혜 자원에 대한 상대적 중요성은 커지고 있는데 미국에서는 천혜 자원에 대한 상대적 중요성이 감소했다. 브라질은 이미 세계 최대 수력 발전국 가운데 하나다. 브라질은 전체 전력의 82%를 청정 에너지원에서 만들어내는데 미국은 이 비율이 11%밖에 안 된다. 브라질의 에너지 수요는 미국보다 10배는 빠르게 증가하고 있다. 1인당 에너지 소비량을 기준으로 할 때 미국인이 난방용으로 사용하는 에너지가 브라질인이 모든 용도로 사용하는 에너지의 양보다 더 많다.

지구의 기온이 점점 낮아짐에 따라(나는 사람들이 지구 온난화를 걱정하는 와중에도 지구의 기온은 자꾸 낮아지고 있다고 본다) 브라질의 상대적 이점은 배가될 것이다. 내 견해가 틀리지 않는다면 브라질의 따뜻한 기후 환경은 위도상 더 추운 곳에 있는 다른 국가들보다 상대적으로 더 유리할 것이다.

전 세계적으로 국가 파산 사태가 이어지는 상황을 고려한다면 브라질에는 또 한 가지 장점이 있다. 즉, 브라질 정부는 지급 불능 상태가 아니다. 미국은 소비자 지출을 재촉진하려는 목적으로 구제 금융과 경기 부양책에 수조 달러를 쏟아부었으나 성장이 둔화 혹은 지체된 시기에는 이러한 국부의 낭비는 가당치도 또 가능하지도 않다. 지급 불능의 위기가 고조되면 미국의 적자 지출 규모가 감소할 수밖에 없으므로 브라질의 비교우위 강도가 한층 높아질 것이다.

그러므로 앞으로 수십 년 안에 브라질은 미국을 대신하여 경제적 기회의 천국이자 경제 성장이 계속되는 국가로 군림하게 될 것이다. 미국의 영화배우 캐런 앨런(Karen Allen)의 말처럼 "브라질에서 태어난 사람이 아메리칸이다." 이는 오래전부터의 믿음이지만 실상은 제임스 트러슬로 애덤스(James Truslow

Adams)가 말하는 아메리칸 드림 개념을 솜씨 좋게 빌려다 쓴 것이라 할 수 있다. 애덤스는 아메리칸 드림이라는 개념을 다음과 같이 표현하고 있다.

계층을 불문하고 모든 사람이 더 나은, 더 부유한, 더 행복한 삶을 누릴 수 있게 한다는 의미의 아메리칸 드림은 세계 인류의 사상과 복지에 공헌한 가장 위대한 개념이다. 이 꿈 혹은 소망은 처음부터 존재했다. 우리가(미국이) 독립국이 됐을 그때부터 각 세대는 우리의 꿈을 억압하는 것 같은 온갖 힘들로부터 이를 지키고자 대중이 들고일어나는 모습을 지켜봤다.

애덤스는 대공황이 한창이던 시절에는 다음과 같이 언급한 바가 있다.

아마도 우리는 이러한 투쟁 가운데 가장 위대한 투쟁을 지금 벌이고 있는지도 모른다. 기존 질서에 항거하는 혁명가의 투쟁이 아니라 과거에 우리에게 주어졌던 '삶, 자유, 행복의 추구'라는 원칙을 공고히 하려는 일반 대중의 투쟁 말이다.[15]

지금 미국인들의 자아상에서 그토록 중요한 요소로 여겨지는 이 아메리칸 드림 개념은 사실 애덤스가 최초로 만들어냈고 1931년에 발표된 애덤스의 저서 《미국의 서사시(The Epic of America)》를 통해 일반에 널리 알려졌다. '행복의 추구'라고 하면 제퍼슨주의자들이 했을 법한 주장으로 들리겠지만 사실 아메리칸 드림이라는 개념의 기원은 독립선언문이 아니었다. 이 개념의 기원은 최소한 알렉산더 대왕의 스승인 아리스토텔레스로까지 거슬러 올라간다. 아리스토텔레스는 이렇게 썼다.

"행복은 삶의 목적이자 의미이며 실존의 궁극적 목표이자 목적이다."

이러한 의미에서 보면 상향적 이동, 즉 경제사회적 지위 상승이라는 아메리칸 드림은 인간의 보편적 갈망을 나타내는 것이라 할 수 있다. 방공호로 몰려든 베이징의 유랑 노동자, 모스크바의 상점 점원, 델리의 행상인 혹은 리우데자네이루의 빈민들 역시 이러한 갈망을 품고 있기는 마찬가지일 것이다. 특별히 미국이 이러한 마법의 중심에 설 수 있었던 이유는 값싸고 풍부한 에너지에 대한 접근성을 기반으로 하여 경제가 급성장했기 때문이다. 물론 미국이 에너지 부문에서 이러한 우위를 누렸던 시대는 이제 지나갔다. 이전 세대들은 미국에서 태어난 이상 경제적 지위 상승이라는 목표를 달성하는 것을 당연한 수순인 듯 여겼으나 에너지 부문에서의 이 같은 우위가 사라진 지금은 이를 미국인의 생득권처럼 여길 수가 없게 됐다. 〈인베스터즈비즈니스데일리(Investor's Business Daily)〉의 웹사이트 '인베스터즈닷컴(Investeors.com)'은 "정부의 자료를 보면 지난 10년 동안 민간 부문의 실질 임금 성장률은 거의 바닥 수준인 4%를 기록했으며 이는 1929년부터 1939년까지의 실질 임금 성장률 5%를 밑도는 수치다"라고 밝혔다.[16]

다시 말해 21세기의 첫 10년 동안 미국의 실질 임금은 대공황 시절보다 더 낮은 성장률을 기록한 것이다.

아메리칸 드림에 대한 이러한 분석에 내포된 암묵적 가정에는 사회적 지위와 같은 이른바 관계재(關係財)에 비해 물질재(物質財)에 대한 소비는 계속 증가할 것이라는 기대가 깔려 있다. 1936년에 호러스 캘런(Horace Kallen)은 "아메리칸 드림은 소비자의 시각에서 본 개념이고 아메리카의 이야기는 아메리칸의 삶의 방식 속에서 이 꿈을 실현하려는 끈질긴 투쟁의 이야기"라고 말했다.[17]

다음 세대가 풀어야 할 숙제는 미국에서 상향적 이동이 사라졌다는 것이 사실상 아메리칸 드림의 종말을 의미하느냐 하는 것이다. 혹은 광범위한 호소력을 지닌 이 개념이 미국이 아닌 다른 어떤 곳에서 또다시 그 생명력을 이어갈 수 있느냐다. 물론 이 개념이 다른 곳에서 효력을 발휘하려면 상향적 이동의 가능성이 존재해야 할 뿐 아니라 합리적 판단에 근거하여 '아메리카'로 해석될 수 있는 장소에서 그 개념이 발현돼야 한다. 상향 이동의 가능성이라는 측면에서 보면 급성장을 이룩한 중국의 사례가 이 범주에 속할 수도 있었다. 그러나 중국 경제를 '아메리카'라는 범주에서 해석하기에는 아무래도 무리가 있다. 인도와 러시아 역시 마찬가지다. 그러나 브릭스(브라질, 러시아, 인도, 중국 등 신흥 경제 4국—역주)의 마지막 국가인 브라질은 다른 3국이 가지고 있지 못한 아주 중요한 특성을 지니고 있다. 브라질은 신세계에 속한 국가 중 유일하게 경제적으로 급성장하고 있으며 미국과 마찬가지로 '아메리카'의 범주에 속해 있다. 사실 그 혈통 혹은 기원으로 따지자면 브라질이 미국보다 '아메리카'라는 단어에 더 적합하다고 주장할 수도 있다.

아메리카의 기원

'아메리카'의 기원에는 뭔가 불분명하며 신화적인 측면이 존재한다. 미국에서 사는 사람들은 '아메리카'의 기원을 망각한 채 과거와 미래라는 차원에서보다는 지리적 차원에서 아메리카의 기원을 이해하려는 경향이 있다. 1507년에 간행된 발트제뮐러 세계 지도에는 브라질이 '아메리카'로 표시돼 있었으며 이로부터 한참 후에는 지금 우리가 북아메리카로 알고 있는 그곳이 '인도'로 불렸다. 발트제뮐러 세계 지도에는 북아메리카가 미지의 땅(Terra Ulteria Incognita)으로 표시돼 있었다. '북아메리카'를 '인도'로 명명한 것은 1538년으로서 이는 브라질을 원조 아메리카로 표시하고 나서 30년도 더 지난 이후의 일이었다. 이제 지도상 명칭에서 나타난 이 중대한 변화에 대해 논하기로 한다. 그리고 그 시작은 세상 사람들이 아는 '아메리카'라는 단어의 다소 융통성 있는 의미를 고찰하는 것이 될 것이다.

'아메리카'와 '브라질' 모두 그 기원이 명확하지 않다는 점에 주목하라. 아메리카라는 이름이 '아메리고' 베스푸치로 알려진 인물의 세례명인 '알베르쿠스(라틴식 이름)'에서 따온 것이라는 점도 확실하게 입증된 사실이 아니다. 아메리고 베스푸치는 콜럼버스는 선구상(船具商)으로서 신대륙이 발견되고 나서 7년 후에 아메리카 항해에 나섰던 인물이다. 1875년에 파리과학원의 쥘 마르쿠(Jules

Marcou)는, 독일의 지도 제작자 마틴 발트제뮐러(Martin Baldseemüller)는 그렇게 알고 있었는지 몰라도 '아메리카'는 베스푸치의 이름, 즉 '아메리고'에서 따온 명칭이 아니라고 주장했다. 마르쿠는 1507년에 발트제뮐러가 간행한 지도를 언급한다. 지도상에서 '아메리카'는 신세계(신대륙)에 있는 한 국가를 지칭하는 이름이다. 그리고 그 국가는 오늘날의 브라질이다.

발트제뮐러는 1507년판 세계 지도에서 브라질을 '아메리카'라 칭한 이유를 아래와 같이 설명하고 있는데 이 설명으로 말미암아 그 이유가 명확해지기보다 오히려 더 모호해졌다.

> 지구상의 대륙(유럽, 아시아, 아프리카 등 프톨레마이오스 지리학상의 세 대륙)에 대한 탐험이 광범위하게 이루어졌고 이제 그 네 번째 대륙을 아메리쿠스 베스푸치우스(베스푸치의 라틴식 이름)가 발견했다. 유로파와 아시아도 여성 이름이므로 이 대륙을 발견한 지성인 아메리쿠스의 이름을 따서 '아메리쿠스의 땅'이라는 의미의 아메리게 혹은 아메리카로 불러도 무방하다고 본다.[18]

그런데 이러한 설명은 세 가지 의문을 제기한다.

첫째, 베스푸치는 브라질 혹은 신세계의 발견자가 절대로 아니었다. 탐험가의 한 사람으로서 베스푸치는 라플라타 강(Rio de la Plata)을 발견했다. 그러나 베스푸치의 가장 큰 업적은, 콜럼버스 자신이 평생 믿어왔던 사실과는 달리 콜럼버스가 아시아로 가는 서쪽 항로를 발견한 것이 아니라 프톨레마이오스 지리학 체계상으로는 아직 알려지지 않은 '네 번째 대륙', 즉 신세계를 발견한 것이라는 사실을 밝혀냈다는 점이다.

둘째, 발트제뮐러가 발견자의 성이 아니라 이름을 따서 신대륙의 이름을 붙였다는 것도 이해하기 어렵다. 지도 제작자가 새로 발견한 땅이나 지역의 이름을 정할 때 왕이나 여왕을 기리고 싶으면 그 이름을 따서 쓰지만, 발견자가 평민일 때는 그 성을 따서 명칭을 정하는 것이 당시의 관례였다.

셋째, 발트제밀러가 신세계를 발견한 베스푸치의 공이 워낙 커서 발견자가 평민임에도 성이 아니라 그 이름을 붙여도 무방하다고 여겼다 하더라도 의문은 여전히 남는다. 즉, 발트제밀러의 생각이 그랬다면 신대륙은 '아메리카'가 아니라 '알베르시아'로 알려졌어야 한다. 발트제밀러는 처음에 베스푸치의 이름을 알베리쿠스 혹은 알베리코로 알았을 것이다. 베스푸치는 1504년에 소책자 〈신세계(Mundus Novus)〉를 펴낼 때 라틴어 이름인 알베르쿠스 베스푸티우스(Albercius Vesputius)라는 이름을 사용했다. 마르쿠의 눈에는 '알베르쿠스'를 '아메리카'의 기원으로 보는 것이 억지스럽게 보였던 것 같다. 그리고 나도 마르쿠의 의견에 동의한다.

일반적으로 그렇게 가정할지 몰라도 마틴 발트제밀러가 베스푸치의 '이름(라틴식)'을 '아메리카'로 재구성했다고 해서 발트제밀러가 베스푸치의 공을 기리고자 지도 제작자라는 자신의 특권을 십분 활용하여 신대륙의 이름을 그렇게 정했다고 장담하기는 어렵다.

이와는 정반대로 발트제밀러는 단지 신대륙에 '아메리카'라는 명칭이 붙은 이유를 나름대로 설명하려 했던 것뿐일 수도 있다. 한편, 발트제밀러는 명시적으로 "예를 들어, 발견자의 이름을 딴 서쪽의 대륙 아메리카는……"이라는 표현을 썼다. 그리고 발트제밀러 자신이 베스푸치의 공을 기렸든 아니든 간에 아메리카라는 명칭은 베스푸치의 이름에서 따온 것이라는 점을 강조하고자 자신이 제작한 세계 지도에 클라우디우스 프톨레마이오스와 아메리고 베스푸치의 초상화를 새겨 넣었다.

마르쿠는 '아메리카'라는 이름은 베스푸치의 공적을 기리는 의미에서 붙여진 것이 아니라 신세계에 당도한 초기 탐험가들이 어딘가에서 들었던 이름에서 비롯된 것이라고 주장했다. 마르쿠는 특히 니카라과의 금광 지역 '아메리쿠(Amerrique)'에 거주하는 인디언 부족의 이름에서 나왔다는 주장을 제기했다. 콜럼버스와 베스푸치 두 사람 모두 이 아메리쿠 인디언이 거주하는 니카라과를 방문했었다. 리카르도 팔마(Ricardo Palma)의《페루의 전통(Tradiciones

Peruanas》(1949)에 따르면 '아메리카(America)'의 접미어를 보면 이 단어의 어원을 알 수 있다고 한다.

> 접미어 'ic(스페인어로는 ica, ique, ico)'는 중앙아메리카와 앤틸리스 제도에서 사용하는 토착어로서 이 지역의 지명에서 주로 발견된다. '훌륭한, 뛰어난, 높은'이라는 의미가 있으며 분화구가 없는 산이나 산봉우리에 붙여진다.[19]

주목할 부분은 카리브 인디언들은 부족한 어휘 때문에 중앙아메리카 본토를 그냥 '아메리쿠'라고 불렀다는 점이다. 물론 콜럼버스를 비롯하여 이곳을 방문했던 모든 탐험가가 카리브 인디언들을 만났었다. 아메리쿠 인디언이 살던 산악 지역, 즉 아메리쿠 산맥이 멀리서 보였고 그래서 카리브 인디언은 그 땅 전체를 아메리쿠라고 불렀던 것이다. 조너선 코헨(Jonathan Cohen)은 《아메리카라는 이름의 기원(The Naming of America: Fragments We've Shored against Ourselves)》에서 "카리브 사람들에게는 저 멀리 아메리쿠 산맥이 어렴풋이 보였을 것이고 이들 눈에는 이 산맥이 본토로 여겨졌을지도 모른다"고 썼다.[20]

그러므로 '아메리카'는 스페인과 포르투갈의 탐험가들이 처음 당도했던 지역의 원주민들이 본토를 지칭하는 이름이었을지도 모른다. 그렇게 본다면 베스푸치의 '이름'을 아메리카의 기원으로 본 것은 순전히 언어상의 우연에서 비롯된 결과이고 이것이 '아메리카'라는 이름의 어원을 설명하려 했던 발트제밀러의 시도로 말미암아 그렇게 잘못 굳어진 것이라고 볼 수도 있다.

물론 '아메리카'라는 이름의 기원에 관해 다른 쪽으로 설명하려는 시도들이 있었다. '저 먼 외국'을 뜻하는 노르웨이어 '오메리크(Ommerike: oh—MEH—roc—eh)'에서 나온 말이라고 주장하는 사람도 있다. 그리고 1497년에 뉴펀들랜드의 래브라도 해안에 당도했던 존 캐벗(John Cabot)의 항해와 '아메리카'라는 말의 기원을 연관시켜보려는 시도도 있었다. 즉, 20세기 초에는 다음과 같은 주장이 제기됐다. 신대륙의 이름은 브리스틀 항(영국 서부의 항구)의 세관원 리처드 아메리크(Richard Amerike)의 이름을 따서 붙여졌다는 것이다. 아메리크는 캐벗의 항해에 자금을 지원했을 것이고 저 먼 서쪽 항로로 항해하려는 수많은 탐험가의 후원자 역할을 한 것 같다.

또 아메리카는 서쪽의 별, 즉 '라메리카(La Merica)'라는 신비의 땅에서 나온 이름이라는 설도 있다. 라메리카는 에세네파(금욕과 신비주의를 표방하는 고대 유대교의 한 종파―역주)와 기타 문화권에서 대양 저편에 있는 선한 영혼들이 거주한다고 믿는 곳이다. 초기(콘스탄티누스 대제 이전 시절) 기독교 종파 가운데 일부는 세례 요한과 함께 예수 그리스도가 나사렛 설교의 상징이라고 믿었다. 발트제뮐러는 고대 로마의 시인 베르길리우스의 말을 인용하면서 이러한 견해에 동조했다.

> "별들 너머에 시간과 태양이 지나는 길 저편에 아틀라스가 두 어깨로 하늘을 떠받치고 있는 땅이 있다"라는 저 유명한 시인 베르길리우스의 말을 그저 허구로 여기는 사람이 많았다. 그러나 이제 그 말이 사실이었음이 밝혀졌다. 카스티야 왕의 명령으로 탐험에 나선 콜럼버스와 아메리쿠스 베스푸치(두 사람 다 뛰어난 능력의 소유자다)가 발견한 땅이 실제로 존재하기 때문이다. 비록 그 땅의 많은 부분이 '시간과 태양이 지나는 길' 아래에 그리고 남북회귀선 사이에(비록 남회귀선 너머 남극 방향으로 19도 정도 치우쳐 있기는 하지만) 존재하기는 하지만 말이다.[21]

전설 속의 브라질

'아메리카'를 특정한 지역과 연관시키기 훨씬 이전에 이 아메리카가 '바다 건너에 있는 전설 속의 땅'일 수도 있다는 견해가 세간의 호기심을 자아냈다. 그 땅이 곧 브라질이다. '브라질'이라는 이름 역시 전설적인 어원을 갖는데 이

기원은 근동(近東)이 아니라 켈트에서 찾아야 한다. 켈트족 역시 바다 건너에 있다는 전설 속 땅, '브라질'의 존재를 믿었다. 3,000년 전 전설 속에서 브라질은 '생명의 섬, 진리의 섬, 환희의 섬, 미인의 섬, 사과의 섬' 등으로 알려졌다. 여기서 왜 '사과'가 '진리, 환희, 미인' 등의 단어와 같은 등급으로 묶였는지 확실히는 모른다. 그러나 사과 역시 에덴동산 이야기에 등장하기는 마찬가지다. 물론 지난 천 년 동안 사과의 상대적 가치가 폭락했지만 말이다.

숀 맥 매튜나(Seán Mac Mathúna)는 "브라질은 유럽의 탐험가들이 '신세계'라 칭한 곳을 찾아 떠나기 시작했던 중세 시대에는 꽤 잘 알려진 곳이었다"고 주장한다.[22]

이 부분에 관해 러셀—우드(Russell—Wood)는 이렇게 정리하고 있다.

"14세기 초 이후로 아일랜드에서 서쪽으로 그리 멀리 떨어지지 않은 곳에 브라질이라는 섬이 존재한다는 말이 있었다. 그 '이름'과 '섬' 자체가 더 서쪽에 존재하는 그 무엇으로 인식되면서 이것이 하나의 땅덩어리로 이미지가 바뀌었고 두아르테 파체코 페레이라(Duarte Pacheco Pereira: 포르투갈의 탐험가—역주)가 자신의 일지(Esmeraldo de situ orbis)에서 말했던 바로 그 땅으로 인식되기에 이르렀다."

그리고 이탈리아의 지도 제작자 안젤리누스 알로르토(Angelinus Alorto)가 1325년에 작성한 지도 '리솔라 브라질(L'Lsola Brasil)'을 통해 현재와 같은 철자로 대중에게 알려지게 됐다.[23]

브라질은 1375년부터 저 유명한 카탈루냐 지도상의 대서양에 갑자기 등장했던 것으로 보인다. 그리고 콜럼버스가 사용한 것으로 보이는 1475년도 토스카넬리 해도(海圖)에도 브라질이 표시됐다. 다시 말해 이른바 '탐험의 시대'가 시작되면서 서쪽 해상 어딘가에 브라질이라는 '축복의 땅'이 존재한다는 것을 거의 기정사실로 받아들였다. 초창기의 해도 몇몇은 브라질을 아일랜드 서쪽에 있는 섬으로 표시했다. 또 다른 해도는 대서양 건너 저 멀리 지팡구(Zipangu: 동방견문록에 나오는 일본의 호칭—역주)로 가는 길 중간쯤에 브라질을 표시해놓았다. 실제로 일부 지도 제작자 중에는 이 신대륙을 '브라질'로 칭하지 않은 데에는 전설 속의 섬 브라질과의 혼동을 피하기 위한 이유도 있었다고 주장하는 사람도 있었다. 세간의 믿음에 따르면 브라질은 대서양 어딘가에 존재하는 상상 속 섬의 이름이기 때문에 일부 지도 제작자가 사용한 '브라질 땅(Land of Brasil)'이라는 말이 적잖이 혼동을 일으키고 있었다.[24]

'신세계'를 찾아 떠난 초창기 유럽인들의 탐험사를 보면 만약에 영국인의 항해술이 15세기 말 포르투갈인의 그것과 같은 수준이었다면 오늘날의 브라질이 아니라 북아메리카가 전설의 섬 '브라질'의 명칭을 얻었을지도 모른다는 주장도 나온다.

1470년대 말에 '서쪽에 있는 새로운 땅'에 대한 이야기가 브리스틀에 퍼지자 이에 자극받은 영국 상인 존 제이(John Jay)는 '브라질'을 향해 떠나는 80톤급 선박에 들어가는 막대한 자금을 마련하여 항해 채비를 했다. 중세 유럽의 전설 속에 아일랜드 서쪽에 있는 땅으로 자주 등장했던 그 브라질을 찾는 일에 나섰던 것이다. 콜럼버스의 첫 항해 이후 12년이 지난 1480년 7월에 브리스틀 항을 출발한 제이의 선박은 '대서양을 건너' 브라질까지 가는 것을 목표로 서쪽 항로로 방향을 잡았다.

그러나 이 항해는 실패로 끝났다. 영국인 선원들은 포르투갈과 스페인에서 고안한 천문학을 이용한 새로운 항해술에 익숙하지 않았다. 즉, 이들은 아이슬란드와 그린란드를 경유하는 이른바 섬 순례식 항해와 달리 망망대해를 항해하는 방법에 서툴렀다.

지리학적 지식이 충분치 않았던 시절에 용감한 탐험가들이 확실한 좌표 하나 없이 멀고 먼 땅을 찾아 항해에 나섰다. 콜럼버스는 원래 목적지인 중국을 찾아 떠났다. 존 제이는 저 먼바다 건너에 있다고 하는 전설 속의 파라다이스 '브라질'을 찾아 항해에 나섰다.

이로부터 20년이 지난 1500년에 갈리시아(스페인 북서부) 지방 출신의 페드로 알바레즈 캐브랄(Pedro Álvares Cabral: 1460~1526)이 서쪽 항로로 방향을 잡고 아프리카를 경유하여 인도를 향해 출항했다. 이 과정에서 캐브랄은 오늘날의 브라질을 발견했고 당연히 브라질은 포르투갈의 몫이 됐다.

실현하기 어려운 꿈

현재와 같은 발전 상태로 볼 때 '아메리카'와 '브라질' 모두, 오늘날과 같은 고정된 주소도 없이 그 누구의 방문도 허락하지 않은 채 수천 년 동안 전설의 땅으로 남아 있었을 것이다. 놀랍게도 '아메리카'와 '브라질'이라는 두 명칭 모두 지금의 브라질에 처음으로 붙여진 이름이었다.

사실 '아메리카'가 존 로크가 말하는 기회의 땅이라는 의미로 대중에게 인식됐다는 점이 좀 아이러니이기는 하다. 즉, 정부의 방해를 받지 않는 기회의 땅이라는 것은 근현대에 와서야 아메리칸 드림에 반영된 개념이다. 사실상 아메리칸 드림이 대중에게 더 많이 알려지면서 보편적인 개념이 된 것은 지난 80년 동안이었다. 하필이면 미국에서 그 꿈을 실현하기가 더 어려워진 그런 시기에 말이다.

제임스 트러슬로 애덤스가 아메리칸 드림 개념을 소개했던 1931년 당시만 해도 자신이 주장하는 바를 강력하게 피력한 편은 아니었다. 애덤스는 다음과 같이 썼다.

아메리칸 드림은 모든 사람이 자신의 능력과 성과에 따라 기회를 얻는 세상, 그래서 모두의 삶이 더 나아지고 더 부유해지고 더 충만해지는 그런 세상에 대한 꿈을 의미한다. 이는 유럽의 상류층은 이해하기 쉽지 않은 꿈이고 우리 중에서도 너무 많은 사람이 이 꿈을 실현하는 데 지쳐 있다. 그래서 이 부분에 대한 신뢰도 떨어지고 있다. 아메리칸 드림은 경제적 부문이 아니라 사회적 부문에서의 향상에 관한 꿈이다. 즉, 단순히 돈을 많이 벌어 자동차를 사겠다는 꿈을 의미하는 것이 아니라, 남녀를 불문한 모든 사람이 출신이나 신분 같은 우연적 환경에 관계없이 타고난 재능을 마음껏 발휘할 수 있는 사회적 질서의 구현에 관한 꿈을 의미한다.[25]

최근까지도 나는 아메리칸 드림을 실현할 수 있는 '마당'으로서 이 지구상에 미국만 한 곳은 없을 것으로 생각했다. 경제적 기회에 관한 한 미국이야말로 최종 목적지로 여겨졌다.

그러나 삶은 바람 앞의 촛불과 같다고 했던가! 내가 이 책을 쓰고 있을 때 미국인의 48%가 저소득층 혹은 빈곤층으로 분류되고 있었다.[26] 이후 챕터에서 더 자세히 다루겠지만, 내가 보기에 미국에서 볼 수 있는 이 같은 생활수준의 하락세는 앞으로 더욱 심해질 것이다. 이렇게 전망하는 이유는 미국 내 모든 아동의 약 57%가 저소득층 아니면 빈곤층 가정에서 생활하고 있기 때문만은 아니다. 전체 미국 가정의 37%가 순자산이 제로이거나 마이너스인 35세 미만 가장에 의해 꾸려지고 있다는 것도 미래를 암울하게 하는 징조가 된다.[27]

모든 사람이 다 자신이 원하는 것을 실현할 수 있는 것은 아니다.

우리네 사회에는 야망과 분노가 뒤엉켜 있기 때문에 정치라는 것이 그렇게 복잡하고 어려워지는 것이다. 기껏해야 정치란 일종의 극기 훈련일 뿐이다. 내 이웃의 희생을 바탕으로 무언가를 공짜로 얻으려 하는 것보다는 자유를 신장하는 것과 관련된 자제력 훈련 말이다. 헨리 멩컨(H.L. Mencken)은 선거는 '장물(贓物) 경매'와 다름없는 것이라고 빈정댔다. 모든 사람이 재무부가 내주는 하사품에 '입찰'할 때, 즉 모두가 정부에 손을 벌리는 상황이 돼버리면 그때부터 정부는 파산의 길로 들어서게 되고 국민의 생활수준은 피폐해진다는 것이다.

어느 국가든 자국의 부와 국민의 자유 이 두 가지를 다 보장하기가 그리 쉽지는 않다. 화약이 발명된 이후로 이 두 가지를 지킬 수 있느냐 여부는 적절한 수준으로 정부를 통제하는 기술(다소 미덥지는 못하지만)이 있느냐에 좌우되는 경향이 있었다. 즉, 재산권을 행사할 수 있고 또 정당하고 합법적인 절차에 따라 몰수나 수용이 이루어지는 것이 가능하도록, 정부의 힘이 너무 강력해지지 않게 또 너무 부패하거나 강압적이지 않도록 정부를 통제할 수 있어야 한다는 것이다.

20세기 중반 25년 동안 브라질의 상황을 보면 이 점이 분명해진다. 1980년 이전 15년 동안 브라질은 연평균 9%라는 놀랄 만한 실질 경제 성장률을 기록했다. 이 기간에 북대서양 연안 국가보다 두세 배는 빠른 성장세를 나타낸 만큼 이에 편승하고자 하는 외국인의 투자도 엄청나게 이루어졌다.

그런데 1980년이 되자 정부 자체도 감당할 수 없는 정도로 브라질 정부에 대한 국민의 요구 수준이 높아졌다. 그 결과 사용 가능한 세수입의 수준을 넘어 정부 지출 규모가 엄청나게 증가했다. GDP의 5.4%나 되는 막대한 규모의 적자 지출이 급기야 초인플레이션을 유발했다. 지난 3년 동안 미국의 실질 및 추정 적자 규모는 한 세대 전에 초인플레이션을 유발했던 당시 브라질의 적자 규모보다 두세 배는 더 컸다는 점에 주목하라.

1988년에는 브라질 내 외국인 직접 투자 규모가, '경이적인' 경제 성장을 나타냈을 동안의 평균 투자 규모 대비 75%나 감소했다. 브라질 인플레이션은 공공 부문의 재정 적자 해소를 위한 화폐 주조에 근본적인 원인이 있었다. 이러한 적자는 국외 혹은 국내 차입으로는 해소되지 않았으며 사용 가능한 세수입을 훨씬 초과하는 수준이었다.

그러자 브라질 정부는 '양적 완화', 즉 적자 해소용 재정 조달을 위해 통화를 마구 발행하는 방식에 의존하기 시작했다. 인플레이션에 의한 정부의 연 이득이 GDP의 최대 3~4%까지 증가했던 1983년 이후로 세수입이 급감했다. 그 결과 1980년부터 1997년까지 가격 수준이 1조 배나 상승했다. 익히 짐작할 수 있는 바와 같이 이런 상황에서 브라질 경제는 당연히 성장에 급제동이 걸렸다. 1981년부터 1998년까지 브라질의 연평균 실질 GDP 성장률은 1.5%로 감소했다.

설상가상으로 브라질은 전 지구적인 경제 위기의 여파에 반복적으로 시달렸고 그 위험도가 브라질에서 특히나 극심했다.

아메리카의 운명이 브라질 손에 달렸다?

콜럼버스가 신대륙을 발견한 이후 처음 2세기 반 동안은 북아메리카보다 남아메리카의 경제적 중요성이 훨씬 더 컸다. 특히 브라질은 17세기에 미나스 제라이스에서 금과 다이아몬드가 발견된 이후로 그 중요성이 더해졌다. 금이 발견되기 이전에 브라질의 경제적 중요성은 사탕수수와 같은 대농장 기반의 작물 재배에 토대를 두고 있었다.

1654년까지 네덜란드 서인도회사와 경쟁 관계를 유지해왔던 제너럴브라질 컴퍼니(General Brasil Company)가 마침내 포르투갈 설탕 작물(사탕수수, 사탕무 등) 선단을 독점하게 됐다. 그러다 1654년에 네덜란드 서인도회사가 이 지역의 상권을 포기했고 얼마 지나지 않아 브라질 북부 페르남부쿠(Pernambuco)에 있는 상업 기지에서 철수했다.

17세기와 18세기에는 브라질이 경제적으로 어느 정도 성공을 거두었었다. 그래도 제정 체제하에서의 제약적인 상인 정책, 부적절한 재산권 행사 제도, 과도한 세금 그리고 상인 계층에서의 '신교도(포르투갈 유대교도)'와 구교도 간의 갈등에서 비롯된 종교적 적의 등등으로 말미암아 그 이후의 발전에 제동이 걸렸다(1650년에 포르투갈의 왕이 영내의 모든 신교도에 대해 제너럴브라질컴퍼니에 투자하거나 종교재판에 넘겨지도록 하는 내용의 칙령을 발표했다).

18세기 중반부터 시작하여 지난 250년 동안 북아메리카, 특히 미국이 남아메리카보다 경제적 중요성이 더 컸다. 북아메리카는 안정된 재산권 행사, 적은 세금, 경제적 자유, 더 많은 자작농의 수, 석탄과 석유와 같은 고밀도 에너지 활용의 이점 등을 토대로 괄목할 만한 경제 성장을 이룩해냈다. 결국에 미국은 세계 최대 경제 대국이 됐고 21세기가 시작될 때까지만 해도 이러한 지위에는 변함이 없을 것만 같았다.

그러나 21세기 초에 미국의 경제적 주도권은 불경기(혹은 '대차대조표 불황'으로 표현해도 무방)를 유발한 신용 위기와 함께 크게 약화한 것으로 보인다. 경기 회복 '조짐'이 실제로 조속하고 강력한 '회복'으로 이어질 것이라는 일반의 낙관적 평가와는 달리 나는 경기 하락세는 계속될 것이며 1930년대의 대공황 때보다 훨씬 심각하고도 장기적인 침체를 겪을 것으로 예상한다. 특히 경제학자들은 지금의 경제 위기가 시작되고 나서 처음 4년 동안 생산량이 감소했다고 해서 이것이 영구적 경기 침체의 증거는 아닐 것이라고 보고 있으나 이는 과도하게 낙관적인 견해일 수 있다. 대공황 이후 경제가 이전 상태로 회복되기 전까지 회복기에 해당하는 기간이 있었고 이 기간에는 경제 성장률이 장기적인 평균 성장률을 웃돌았었다.

따라서 이때의 불황은 장기적으로는 소득 수준에 별 영향을 미치지 않았다. 그러나 피크오일로 말미암아 자원상의 제약이 가해지는 경제 환경이라면 이야기가 달라진다. 즉, 이러한 상황에서라면 미국과 기타 온대 지역에 속한 선진 경제국이 앞으로 추세 이상의 성장세를 나타낼지 아닐지를 장담할 수 없다.

브라질이 상향적 이동이라는 측면에서 미국을 능가하기 시작했다는 사실을 입증하는 통계 자료가 이미 나와 있다. 고속 경제 성장의 결과 21세기 첫 10년 동안 브라질 국민 약 4,000만 명이 빈곤층을 탈피했다. 한편, 공식 통계에 의하면 오바마 대통령 집권 1년 동안 540만 명의 미국인들이 빈곤층으로 떨어졌다.

경제가 활기를 띨 때는 일자리도 풍부하고 빈곤층도 줄어든다. 안타깝게도 최근 미국의 일자리 증가율을 살펴보면 앞으로 아메리칸 드림이 성공적으로 구현될 것이라는 낙관적 전망에 표를 던지기가 쉽지 않다. 노동통계국에 의하면 지난 10년간 미국은 일자리 11만 5,000개를 잃었으나 브라질은 일자리 1,502만 3,633개가 창출됐다고 한다. 양국의 인구 수준을 고려했을 때 미국이 브라질의 추세를 따라잡으려면 일자리를 2,500만 개 창출해야 한다는 계산이 나온다.

부시와 오바마 행정부가 경기 부양과 비상 구제를 위해 수조 달러를 동원했음에도 사상 최대 수준이었던 신용 팽창의 붕괴는 극심한 불황을 수반할 것이 예상된다. 신용 순환 주기가 붕괴한 이후 국가 파산 사태를 방지하려는 간섭적 시도가 있었으나 이러한 조치들이 전혀 통하지 않았다. 그런데도 대다수 정치인과 수많은 경제학자는 이 같은 사실을 받아들일 준비가 아직은 돼 있지 않은 것 같다.

전 세계적 지급 불능 사태를 일으켰던 리먼브러더스의 파산 이후 수조 달러가 창조되어 소비됐으나 이 가운데 소비자의 수중에 떨어진 돈은 거의 없었다. 부채주의(debtist) 경제 체계[28]하에서 신용 팽창 상태를 유지하려면 은행들을 구제할 수밖에 없고 이러한 지상 명령을 바탕으로 비상 구제의 형태가 결정됐다.

오늘날의 지도자들이 1929년 이후 대공황 시절의 지도자들보다 훨씬 더 영리하다는 것이 일반적인 시각이다. 그러나 실업에서부터 산업생산지수, 국제 무역에 이르기까지 경기 하락을 나타내는 각종 통계 지표는 1929년 이후의 지표와 거의 같거나 이보다 훨씬 못한 수준을 보이는 것을 보면 딱히 그렇지도 않은 것 같다. 경기가 회복되기는커녕, 처음에는 조지 부시가 그리고 지금은 버락 오바마가 주도한 무수한 정부의 간섭적 혹은 개입적 정책들로 말미암아 현재 진행 중인 대차대조표 불황이 파국의 정점을 찍을 것으로 예상한다.

1930년대의 대공황이 영국의 지배권 상실로 이어졌듯이 현재의 경제 불황은 미국의 경제적 패권이 종식되는 결과를 낳을 것이다. 그리고 이는 새로운 세계 질서 창조로 이어질 것이다. 미국은 대영제국의 종말을 유발한 경제적 대변동을 통해 새로운 승자로 부상했다. 그 이후로 줄곧 미국이 세계 경제를 지배했고 선도적 군사 강국으로서 전 세계 위에 군림했다.

미 달러화는 파운드화를 대신하여 기축 통화가 된 이후로 준비 통화로서 그리고 국제 거래상의 결제 단위로서 수많은 이점을 누리게 됐다. 달러의 이 같은 특별한 지위 덕분에 미국 소비자들은 실제로 벌어들이는 소득 수준보다 7~8% 높은 생활수준을 누릴 수 있었다. 무역 수지 흑자를 기록한 국가들이 자국의 달러를 다시 미국에 투입하는 이른바 재순환 구조에 묶여 있기 때문이다.

다른 각도에서 보자면 경쟁적으로 자국 통화의 평가절하가 이루어지는 세상에서 흑자국들은 이를 대비하기 위해 달러를 대규모로 구매하려고 했다. 북대서양 연안 국가들은 수십 년 동안 계속된 금융 완화 환경 덕분에 생활 수준이 부풀어 올랐던 측면이 있으나 이들 국가가 탈부채화 과정에 들어감에 따라 수년 내에 그 거품이 꺼질 가능성이 크다고 본다. 물론 이러한 내 의견이 쉽게 받아들여지지는 않을 것이다.

평균적으로 볼 때 1965년 이후 40년 동안 G-7(선진 7개국)의 경제가 시장 환율을 기준으로 세계 GDP의 65%를 차지했다. 이 수치의 변동 범위가 3%포인트를 넘지 않을 정도로 기존 선진국들이 매우 안정적인 경제 성과를 나타낸 것이다. 그런데 이 때문에 온대 기후 지역에 속한 선진국의 경제적 번영이 세계 경제의 영구적 특성이라는 인식이 팽배해졌다. 그러나 이런 생각은 분명한 착각이다. 결국, 21세기 첫 10년이 지나면서 이러한 '착각'적 상황은 변하기 시작했다.

현재의 세계 질서는 그 종착역을 향해 가고 있다. 물론 모든 것이 한꺼번에 변하지는 않겠지만 말이다. 문제는 그다음은 어떻게 되느냐는 것이다. 중국이 새로운 강국으로 부상할 것으로 예상하는 사람이 많고 또 그럴 가능성이 충분하지만, 여러분 자신이 중국인이 아닌 이상 중국의 부상이 여러분에게 그렇게 많은 기회를 제공하지는 않을 것이다. 이러한 관점에서 볼 때 나는 급성장 중인 브릭스 중에서도 특히 브라질에 주목하고자 한다. 브라질은 변화된 세계 질서하에서 우리에게 많은 경제적 기회를 제공할 수 있는 곳이 될 가능성이 크다.

브릭스 4개국 모두가 신용 붕괴 이전의 일반적 평가 내용보다는 훨씬 나은 경쟁력을 지니고 있다. 2001년에 골드만삭스는 2050년이 되면 브라질, 러시아, 인도, 중국이 세계의 주도국이 될 것이라 예상했었다. 처음으로 이러한 예상을 했던 골드만삭스 보고서조차 미국, 영국, 유럽, 일본 등의 심각한 경제 위기 상황을 목격하면서도 또 리먼브러더스의 몰락 조짐이 있었음에도 브릭스가 지닌 많은 강점을 제대로 포착해내지 못했다.

신흥 경제국인 브릭스 4개국과 비교하자면, 선진국들은 지급 불능 상태의 금융권 구제로 말미암아 부채 수준이 엄청나게 높아졌고 그로 인해 국가 경제에 큰 타격을 받았다. 국제통화기금(IMF)의 예측에 의하면 2014년에는 선진국의 평균 국가 부채가 GDP의 114%(2006년에는 GDP의 78%였음)를 넘을 것이라고 한다.

중국을 포함한 브릭스의 부채 수준은 GDP의 35%로 예상된다. 이는 GDP의 38%를 기록했던 2006년 때보다 낮은 수준이다. 그러나 중국의 금융권은 2008년 이후 공격적 대출 때문에 큰 압박을 받는 상황이라는 점에 주목하라. 그리고 이렇게 조달한 자금의 상당 부분이 생산성이 떨어지는 국영 기업에 지원됐으며 그 총 규모는 GDP의 60%에 육박하고 있다.

브릭스 중 브라질과 인도는 인구 통계학적으로 미국보다 훨씬 유리한 입장이다. 장기적으로 볼 때 경제 성장의 세 가지 동인은 자유 시장, 에너지에 대한 접근성, 인구 통계학적 상황 등이다.

브라질의 에너지 상황은 주요 신흥 경제국 가운데 가장 유리한 위치를 점하고 있다. 이후 챕터에서 더 자세히 살펴보겠지만, 브라질은 에너지 자립을 이루었을 뿐 아니라 에너지 생산을 위한 자원 부존량도 어마어마하다. 세계 최대 규모의 미사용 수력 발전 용량과 최대 1,200억 배럴에 달하는 예비 석유량이 여기에 포함된다.

또 브라질은 브릭스 4개국 가운데 태양 에너지를 가장 많이 이용하고 있다. 브라질은 주요 신흥 경제국 가운데 유일하게 열대 기후 지역에 속한 국가다. 미국인 일반이 난방용으로 사용하는 에너지만으로도 브라질인 일반이 모든 용도로 사용하는 에너지의 양을 넘어선다.

프랑코 모딜리아니(Franco Modigliani)는 1985년에 지출 및 저축 패턴과 연령 분포와의 함수 관계를 설명한 생애주기가설(life cycle hypothesis)로 노벨 경제학상을 받았다. 즉, 모딜리아니의 가설은 기본적으로 인구의 연령 분포도가 경제의 건전성 수준을 결정한다는 것이다.

모딜리아니의 가설을 받아들인다면 한 국가의 경제적 건실도를 결정하는 주 요인은 소득과 지출 활동을 하는 연령대에 속한 사람들의 수라 할 수 있다. 이와 관련하여 브라질은 인구통계학적 이유 그리고 기타 이유 때문에 미국 그리고 현재까지는 선진국으로 불리는 모든 국가와 비교하여 경쟁 우위를 지키고 있다.

〈지케레스 겔트(Sicheres Geld)〉의 편집자이자 《범세계적 부채의 덫(The Global Debt Trap)》의 저자 클라우스 보그트(Claus Vogt)는 다른 조건이 모두 같다는 전제하에 젊은 층이 많으면 생산 가능 인구가 전체 인구에서 차지하는 비율이 최대치가 될 것이고 따라서 이러한 국가가 장래에 최고 수준의 경제 성장률을 기록하게 될 것이라는 의견에 동의를 표하고 있다.[29] 미국과는 달리 브라질은 제2차 세계대전 이후 이른바 베이비붐 현상을 겪지 않았다. 따라서 브라질은 비정상적으로 많은 수의 은퇴자들을 적은 수의 젊은 사람들이 부양해야 하는 상황에 직면하지는 않을 것이다. 브라질은 미국에 비해 젊은 층의 수가 훨씬 많다.

이번 세기에는 아메리카의 잠재력이 브라질에서 발현될 것이라는 전망이 나오게 된 또 한 가지 이유가 바로 이것이다. 세계노령화연구회(Global Aging Initiative)의 회장이자 수석 연구원인 리처드 잭슨(Richard Jackson)은 2005년에 열린 '노령화에 관한 백악관 회의'에서 "생산 가능 인구의 증가가 더딘 국가는

경제 성장 속도 역시 더딜 수 있다"고 말했다.[30]

실제로 인구통계학자이자 《다가오는 대불황(The Great Bust Ahead)》의 저자 대니얼 아놀드(Daniel Arnold)는 미국 사회의 노령화가 심각한 불황을 암시한다고 말한다. 아놀드는 주식 시장(다우존스산업평균지수)이 1세기에 걸쳐 45세에서 54세까지에 해당하는 연령 집단을 추적했다고 말한다. 45~54세에 해당하는 연령 집단을 대상으로 수치를 추정해본 결과 놀라운 사실을 알게 됐다. 아놀드는 머지않은 장래에 미국 역사상 최악의 불황이 닥칠 것이라고 예상한다. 아놀드는 다음과 같이 말했다.

> 2008년의 서브프라임 금융 위기는 미국이 자초한 것이다. 다가올 대불황은 인구통계학적 요소를 근거로 하고 있으나 2008년의 서브프라임 위기는 이 인구통계학적 요소와는 아무런 관계가 없다.
>
> 그러나 비록 그 강도는 좀 약할지 몰라도 서브프라임 위기가 낳은 결과는 앞으로 우리가 맞게 될 경제 상황과 무척 닮아 있다. 예측 불가능한 단기적(1~3년) 사건들이 발생할 수 있다는 점은 분명히 밝힌 바 있다. 서브프라임 위기 같은 것이 바로 이러한 사건에 해당한다. 우리는 이러한 사건을 우리 앞에 급속도로 다가오는 더 큰 사건의 '맛보기' 버전 혹은 '전채요리' 정도로 간주해야 한다.[31]

두말할 필요도 없이 영국과 미국 간의 지배권 이동보다 미국의 지배권에 변화가 생기는 것이 훨씬 더 심각하게 받아들여진다. 그 한 가지 이유로 영국과 미국은 같은 언어를 사용한다.

또 미국의 엘리트 집단은 대영제국에 자본, 군대, 군수물자 등을 지원했던 친영파로 구성돼 있다. 제2차 세계대전 이후 미국이 세계를 주도하는 강국이라는 사실이 세계인들에게 각인됐고 이때 대영제국은 미국의 가장 가깝고 가장 신뢰할 만한 동맹국이 됐다.

그러나 지금은 상황이 많이 다르다. 브릭스 4개국 중 브라질이 인종적으로
나 문화적으로 미국과 가장 가까운 국가다. 브릭스 중 브라질이 유일하게 '아
메리카' 경제국이다. 사실, 브라질이야말로 신세계 세례증명서에 이름을 올린
원조 '아메리카'다.

앞으로 알게 되겠지만, 브라질은 많은 장점이 있는 국가다. 따라서 브라질
은 험난한 이 세상 속에서도 이러한 장점을 바탕으로 기회의 천국으로 부상
하게 될 것이다.

BRAZIL IS THE NEW AMERICA

Chapter 3

세계적 경제 붕괴 속에서 홀로 성장하는 브라질

우리는
아메리카 출신이고
아메리카인이 되기를
원한다.

— 브라질 공화당의 선거 공약 中,
1871년

　지구촌을 가족이라는 차원에서 구분하자면 브라질은 미국과 동기간(同氣間)은 분명히 아니다. 미국과 동기간은 캐나다쯤 될 것이다. 굳이 따지자면 브라질은 미국의 사촌 형제쯤 되며 양자 간의 가족 유사성은 높은 편이다. 또 브라질은 부계가 영국인이 아니라 포르투갈인인 이른바 반 동기간이라 표현할 수도 있겠다. 미국과 브라질 모두 '신세계' 경제를 대표하는 국가임에 틀림이 없다. 두 국가 모두 규모 면에서 세계 5위 안에 드는 대국이다. 자연 자원이 풍부하고 세계 각지에서 온 다양한 인종으로 구성돼 있기도 하다.

　미국이나 인도와 마찬가지로 브라질은 인구통계학적으로도 세계 5위 안에 드는 대국으로서 2011년 7월 현재 약 2억 300만 인구가 거주하고 있다. 브라질에는 나이지리아를 제외하고 그 어떤 국가보다 아프리카계 이주민이 많이 거주하고 있다. 그리고 이탈리아를 제외하고 이탈리아계 사람들이 가장 많고 일본을 제외하고 일본계가 가장 많은 곳이기도 하다. 또 중동 지역 국가를 제외하고 아랍계 사람들이 가장 많은 곳도 브라질이다. 독일을 제외한 국가 중 독일계가 두 번째로 많은 곳이기도 하다. 이처럼 다양한 인종 분포 때문에 각 집단의 기원과 경계선을 정확히 구분하는 것은 불가능하다.

브라질 공화국의 원래 명칭(1967년까지)은 '브라질합중공화국(The Republic of the United States of Brazil)'이었다. 이는 남아메리카에서 미국의 성공을 재현해보겠다는 브라질의 오랜 열망이 반영된 명칭이다. 실제로 브라질 공화국 최초의 국기는 미국의 성조기와 비슷하게 줄무늬와 별로 구성돼 있다. 즉, 초창기 브라질 국기는 초록색과 노란색 줄무늬 13줄이 들어간 배경에다 작은 사각형이 들어가 있고 이 사각형은 파란색 바탕에 흰색 별 21개가 박혀 있는 디자인이다. 성조기와 다른 점이라면 배경 줄무늬 색깔이 빨강과 흰색이 아니라 초록과 노랑이라는 것이다. 그리고 브라질의 5개 주 역시 가로 줄무늬 배경에다 작은 사각형 혹은 직사각형 바탕 안에 흰색 별이 그려진 주기(州旗)를 가지고 있다. 피아니의 주기는 13줄의 초록과 노란색 줄무늬로 돼 있고 상파울루의 주기 역시 13줄의 검정과 흰색 줄무늬로 돼 있다.

브라질은 1500년에 발견됐고 최초의 영국인 식민지 개척자들이 1607년에 제임스타운을 향해 출발하기 훨씬 전(한 세기 전)에 포르투갈 이주민의 정착이 시작됐는데도 브라질은 이상하게 미국보다 더 '젊은' 국가라는 생각이 든다. 내 생각으로는 깊게 파고들어 살피는 사람이 아닌 그냥 무심한 관찰자의 눈에도 브라질의 엄청난 잠재력 가운데 극히 일부만 발휘됐을 뿐이라는 점이 눈에 보이기 때문이 아닐까 한다.

이와는 대조적으로 미국은 이미 충분히 발전한 것처럼 보이고 더 나아가 이제는 하락세를 타고 있음이 분명하다. 헤지펀드계의 거물인 레이 달리오(Ray Dalio)는 "미국은 쇠락기에 접어든 국가 쪽에 더 가깝다"고 표현했다.[1] 브라질이 미국과 반 동기간이라면 아마도 미국이 형이고 브라질이 동생 쪽에 해당할 것이다. 브라질이 미국보다 덜 발전해 있는 것이 사실이고 역사적 측면에서 볼 때 이 때문에 브라질의 미래가 더 유망하다고도 할 수 있다.

지형학적 측면의 고찰

브라질의 미래 잠재력을 확인하려면 과거 미국이 세계에서 가장 부유한 국가가 될 동안 브라질은 왜 발전이 지체됐는지 그 이유부터 아는 것이 중요하다. 이 부분을 고찰하면서 나는 윌리엄 리즈 모그와 공동으로 책 세 권을 집필하는 과정에서 개발한 몇 가지 분석 도구에 눈을 돌렸다.

《대파국(Blood in the Streets)》, 《대변혁(The Great Reckoning: Protect Yourself in the Coming Depression)》, 《주권자로서의 개인(The Sovereign Individual)》 등 세 권의 책에서 리즈 모그와 나는 우리가 메가폴리틱스(megapolitics: 거대정치)라 칭하는 것에 초점을 맞췄었다. 달리 표현하자면 인간 행동의 경계 조건을 결정하는 자연적 특성에 관심을 두었다. 우리는 한 국가의 정치적 및 경제적 운명을 결정짓는 데 중요한 역할을 하는 주 요인들을 찾아냈고 이 가운데 하나가 바로 지형이었다.

21세기가 펼쳐질 이 세상을 은유적으로 표현하고자 할 때 평등, 균일, 고름, 균형 등등의 특성을 강조하기 위해 '평지'라는 단어를 선택하기도 한다. 그러나 이러한 시각은 잘못된 것일 수 있다. 사실 21세기의 세상도 평평하고 매끄럽지만은 않을 것이다. 즉, 21세기 역시 '평지'가 아니라 굴곡과 높낮이가 있는 세상이기는 마찬가지다. 그리고 어느 국가든 간에 그 국가의 경제적 잠재력은 그 국가의 과거, 부채 수준, 에너지 체계, 자연환경 등으로 결정된다. 21세기가 본격화되면 세상이 더 발전하고 더 진보하여 지구촌의 지역적 편차가 줄어들 것이다. 특히나 정보 기술이 비교적 전 지역에 고르게 전파되어 적어도 기술적 측면에서는 오지나 변방이라 불리는 곳이 좀 더 줄어들 것임이 틀림없다. 그러나 그렇다 해도 이 세상은 여전히 물리적 지형의 지배를 받는다. 정보 기술의 진화라는 측면을 설명할 때 굳이 '평지'라는 단어가 사용되는 데서 중요한 의미를 포착할 수 있다. 즉, 지형학에서 사용하는 용어인 '평지'라는 표현을 썼다는 것 자체가 아무리 정보 기술의 우월성을 강조한다고 해도 역시 지형의 중요성은 간과할 수 없다는 점이 은연중에 드러난 것이라 볼 수 있다.

기술이 현재와 같은 수준에 도달하기 이전 시대에서는 한 국가의 지형 혹은 지세가 그 국가의 역사에서 중요한 역할을 담당했다. 그리고 지금까지 경제 성장의 선결 요건으로 생각됐던 것들이 지금에 와서는 그 효력이 감소하면서 지형 요소의 중요성이 다시금 부각되는 것 같다. 그런데 우리는 지형 요소의 중요성을 인지하는 데 익숙하지 않다. 그러나 인류 역사의 대부분에 해당하는 시간 동안 지형상의 이점과 약점이 한 국가의 국민 그리고 심지어 정부의 형태를 결정하는 데 한몫을 했다.

리즈 모그와 나는 그리스 도시국가의 후배지(後背地) 농업을 발전시키는 데 지형이 어떤 영향을 미쳤는가 하는 점을 설명하고 싶었다. 굴곡이 심한 복잡한 지형 때문에 해안에서 20마일 이내(약 32킬로미터: 경제적으로 번영을 누릴 수 있는 지역 범위)에 거주하는 사람들이 많았고 이로써 자작농이 번영할 수 있는 기틀이 마련됐다. 자작농들은 채유용 올리브와 포도주용 포도를 재배하여 지중해 연안을 아우르는 거대 시장에 이 작물을 내다 팔아 고수익을 올렸다. 수확한 작물을 75마일(약 120킬로미터) 떨어진 내륙으로 운송하는 비용이 바다 건너 지중해 연안으로 운송하는 비용보다 더 들어갔다. 그런 만큼 복잡한 형태의 해안선 때문에 군소 지주들이 해안 인근에서 농사를 짓게 된 것이 큰 이득이었다. 지중해 연안국은 포도와 올리브를 재배하는 데 적합한 기후라는 점은 그리스와 같았으나 후배지 농업의 이점 덕분에 그리스인들은 군사적으로 또 나아가 정치적으로 강력한 힘을 보유하는 데 필요한 무기를 더 많이 확보할 수 있었다.

그리고 우리는 아프리카 원주민들의 왕국이 대륙 지배에 실패한 부분과 관련하여 토마스 맬서스(Thomas Malthus)가 품었던 의문에 대해서도 지형학에서 그 해답을 찾으려 했다. 맬서스는 유럽인들이 처음 아프리카의 사하라 사막 이남 지역까지 들어가서 보니 '그 광활하고 아름다운 지역이 하나둘이 아닌데 그곳에서 사는 사람들은 하나같이 몹시 곤궁한 모습'이었다는 부분에 주목했다. 맬서스는 그 광활한 땅덩어리가 천여 개로 쪼개져 있는 상황에서 계속해서 약탈에 노출됐고 이로 말미암아 경제적 안정성을 확보할 수 없었던 것에 그 원인을 돌렸다.[2]

아프리카는 왜 '천여 개나 되는 작은 국가'들로 나뉘었을까? 우리는 자연 상태에서 그 원인을 찾았다. 아프리카 내륙 지역에서 수천 년 동안 경제 발전이 이루어지지 않았던 것은 이 지역의 지형과 기후의 영향이 컸다. 아프리카 내 어느 지역을 살펴보든 간에 좀 더 큰 규모의 국가를 건설하는 데 유리하다 생각되는 곳을 찾을 수 없었다. 천여 개에 달하는 작은 국가들이 저마다 일시적으로는 그 영토에 대한 지배권을 확보할 수 있었지만, 이 가운데 그 어느 국가도 자연적 경계선 혹은 더 넓은 범위에 대해 독점적이고 영구적인 지배를 보장할 만한 기타 지형학적 특성을 보유하지는 못했다. 그리고 무수한 소국의 그 어떤 지도자도 지속적으로 발생하는 크고 작은 충돌과 약탈을 깔끔히 진압할 수 없었고 임자 없는 땅을 습격하여 이 땅을 차지하는 사람들을 당해낼 수도 없었다. 자신의 생명과 재산이 언제든 사라질 수도 있는 아주 불안정한 곳에 높은 가치를 부여할 사람은 아무도 없을 것이다. 끊임없는 전쟁과 폭력은 아프리카 지역 대부분과 대다수 아프리카인을 계속해서 궁핍하게 만드는 역할을 했다. 유럽인들이 아프리카에 당도하기 전에는 아프리카 흑인 네 명 중 세 명이 노예 생활을 하고 있었다.[3]

사하라 이남 지역 대부분에서 발전이 지체됐던 이유를 설명하는 데 도움이 되는 또 한 가지 요소는 바로 수면병(인간 아프리카 트리파노소마증)과 같은 풍토병이었다. 의학 미생물학 교수이자 에딘버러 대학 의학연구소 부소장인 도로시 크로퍼드(Dorothy H. Crawford)는 이렇게 썼다.

수면병은 치료하지 않으면 매우 위험한 질병이다. 대다수 전문가는 중앙아프리카 체체파리 집단 서식지에 사는 수렵·채집인들은 장수하지 못했을 것이라고 본다. 또 수면병으로 말미암은 문제들이, 약 5만 년에서 10만 년 전 유럽

과 아시아의 식민지 개척이 시작되기 이전의 아프리카에서 이곳 거주민의 대
이탈을 유발했을지도 모른다고 생각한다.[4]

치명적인 병원체에 의한 풍토병이 만연했다는 사실로 '광활하고 아름다운
땅에서 사는 주민이 하나같이 궁핍한' 이유를 일정 부분 설명할 수 있다.

그런데 이와는 대조적으로 아프리카—이집트의 또 다른 권역에서는 급속
한 문명화가 이루어졌다. 메소포타미아 문명을 이룩한 강 유역과 마찬가지
로 이 지역은 대규모 정치 구조를 형성하는 데 유리한 지형 및 기후 조건을
갖추고 있었다. 즉, 나일 강 범람원 주변 사막 지역의 강수량은 작물을 재배
하기에는 충분치 않았다. 이러한 거대정치적 조건에서 개별 농장주들은 정치
구조를 유지하는 데 협력하지 않으면 터무니없이 높은 비용을 감당해야 하
는 상황에 직면했다. 관개(灌漑) 없이는 작물 재배가 불가능했다. 그런데 관개
는 대규모로만 이루어진다. 맬서스가 지적했다시피 그 누구도 인간이 식량
없이 생존할 방법을 찾아내지는 못했으므로 이 문제가 중요할 수밖에 없었
다. 농부들은 그 지역을 떠날 수도 없고 독자적으로 작물을 재배할 수도 없
었기 때문에 나일 강을 따라 형성된 국가의 독재적 조치를 울며 겨자 먹기로
감수할 수밖에 없었을 것이다.

따라서 우리는 그리스 도시국가에서는 민주정치 체제의 등장, 근대 이전
사하라 사막 이남 지역에서는 '만인에 대한 만인의 투쟁'이라는 홉스의 사상,
고대 극동 지역에서는 수력사회의 독재적 특성 등 발전의 기초가 되는 다양
한 지형적 특성을 발견했다. 이와 같은 맥락의 분석이 천혜의 자원 부국인 '아
메리카'의 두 국가, 즉 미국과 브라질의 발전 속도에 왜 차이가 생긴 것인지를
설명하는 데 도움이 된다.

두 국가 중 미국은 브라질보다 훨씬 빠른 속도로 성장하여 20세기 중반에
는 세계에서 가장 부유한 국가가 됐는데 면적이 미국과 비슷한(인접해 있는 미국
본토 48개 주의 면적보다 브라질의 면적이 더 큼) 브라질은 지금보다는 미래를 기대해

야 하는 국가로 남아 있었다.

브라질 경제가 발전하지 못한 것은 애초에 영국의 식민지가 아니라 포르투갈의 식민지로 출발했기 때문일까? 경제사가 더글라스 노스(Douglass North)는 '미국과 캐나다의 상대적 성공은 성장에 도움이 되는 영국의 제도에서 비롯된 것'이라고 주장하는 사람들의 편에 서 있다.[5] 영국의 식민지들은 재산권 보호를 통해 경제 성장을 촉진하는 데 도움이 되는 제도를 도입하는 부분에서 적어도 조금이나마 유리한 출발은 한 셈이었다. 이 부분에 관한 한 나 자신이 대헌장 작성자 가운데 한 사람인 윈체스터 백작, 시어 드 퀸시(Saer de Quincy)의 후손이라는 사실에서 지극히 낭만적 입장에서의 자부심이 발동했을 수도 있다는 것을 고백하는 바이다.

나는 내 선조가 존 왕에 항거하여 세상을 좀 더 살기 좋은 곳으로 만드는 데 이바지했다는 식의 상상을 하고 싶었다. 그러나 신세계에서의 경제 성장사를 좀 더 자세히 들여다보면 영국 제도의 유산만으로는 국가 간 경제 성장의 차이를 완벽히 설명할 수 없다는 사실이 드러난다. 미국과 캐나다는 19세기 초가 돼서야 비로소 중앙 및 남아메리카 국가들을 앞설 수 있었다.[6] 즉, 산업 혁명 대열에 합류하여 고열량 에너지를 생산 과정에 투입함으로써 지속적 경제 성장을 실현할 수 있게 된 시기가 바로 19세 초였다. 조지 워싱턴이 미국의 초대 대통령에 취임했을 당시만 해도 1인당 소득으로 따지면 아이티가 세계 최고 부국이었을 수도 있었다. 산업화 이전의 식민지 시절에는 설탕 생산국인 카리브 해의 섬나라들이 경제적으로 가장 성공한 국가들이었다. 식민지를 통치한 국가가 어디였느냐는 중요하지 않았다.

또 영국이 신대륙에 건설한 식민국가 대다수가 산업 혁명 이후 지속적인 경제 성장을 이룩하는 데 실패했다는 사실에서 영국 제도의 우수성에서 그 이유를 찾으려는 가설이 힘을 잃는다. 예를 들어, 국제통화기금에 의하면 남아메리카에서 유일하게 영국 식민지였으며 브라질과 국경을 맞댄 이웃 국가 가이아나는 2010년도 1인당 GDP가 브라질의 27% 수준에 불과했다.[7] 영국의 식민지가 되는 것이 경제 성장을 보장해준 것은 아니었다는 의미다.

브라질인이 미국인보다 게으르거나 정신적으로 열등하여 브라질의 성장이 지체된 것인가? 나는 그렇게 생각하지 않는다. 브라질인도 미국인에 못지않으며 이들 역시 자신들에게 주어진 천혜의 기회를 십분 활용하려고 애를 썼다. 그러나 문제는 그러한 천혜 자원을 개발하기가 쉬웠는가 아니면 어려웠는가였다. 다시 말해 경제학자들이 말하는 부존 요소(賦存要素), 즉 자연이 준 선물을 개발하기가 훨씬 복잡하고 어려웠던 곳이 브라질이었다.

경제학자들은 부존 요소를 정의할 때 이를 계량경제학 모형상에서 단일 대수로 표현할 수 있는 하나의 포괄적 추상체로 인식하려는 경향이 있다. 그러나 이보다는 부존 요소의 가치가 상대적으로 더욱 높아지는 이유 그리고 그 시기를 분석하는 것이 더 바람직하다고 본다. 대개 경제학자들은 자원 제약 요소를 고려하지 않은 채 정형화된 두 국가 간의 비교우위를 모형화하는 데 주안점을 뒀다. 헥셔―오린 모형(Heckscher―Ohlin model: 버틸 오린이 노벨상을 받았기 때문에 붙여진 명칭)은 모든 국가에 대해 동일한 생산 함수를 적용한다. 따라서 모든 기업 역시 동일한 것으로 간주한다. 그러나 실제로는 그렇지 않으며 현실 세계는 이보다 훨씬 복잡하다.

복잡한 경제 이론의 숲을 더 헤치고 들어가는 것보다는 자연 자원의 가치가 시기에 따라 달라지는 이유를 알아내려고 노력하는 것이 훨씬 유용하다고 생각한다. 이 책에서 내가 주장하는 바는 미국의 부존 요소의 가치는 지난 세기에 정점에 달했고 브라질은 피크오일이 지난 이후 그 가치가 상승하고 있다는 점이다. 달리 표현하자면 브라질은 아주 오랜 시간 동안 지금의 미국보다 더 많은 자연 자원을 보유하고 있었는지도 모른다. 그러나 아메리카에 당도한 유럽인들이 보기에는 경제 성장을 도모하는 데는 미국의 천연자원 쪽이 더 접근하기 쉬웠다.

공과 같이 복잡한 지시 없이도 누구나 가지고 놀 수 있는 단순한 어린이 장난감을 한 번 생각해보라. 대다수가 자급농이었던 초창기의 영국인 정착민들이 인디언들과 휴전 협정을 맺고 겨울을 날 방법을 일단 다 배운 이후에는 다시 본토로 돌아가지 않고 이곳에 정착했다. 식민지 개척자들과 이들의 뒤를 이어 식민지로 이주해온 사람들 모두가 거의 무상으로 토지를 보유할 수 있었고 이곳에서 자작농의 삶을 개척할 수 있었다. 유럽인들이 나무 부족으로 고생하고 있을 때 영국인 정착민들은 단단한 나무들이 빽빽이 들어찬 숲을 발견했고 이러한 나무들은 건자재와 연료용으로 사용할 수 있었다. 식민지 시절 이후의 성장률을 기준으로 하자면 당시 북아메리카 지역의 경제 성장 속도는 더뎠지만, 그래도 성장 자체는 계속되고 있었다.

캐나다 그리고 미국의 초기 정착민이 경험한 북아메리카 본토의 또 다른 특성들이 중산층 사회의 형성과 발전에 큰 공헌을 했다. 그 한 가지가 인구 밀도였다. 즉, 북아메리카 본토 북부에 형성된 식민촌에는 노동력을 제공해줄 원주민의 인구 밀도가 높지 않았다. 또 기후와 토양 조건도, 노예 노동력을 활용하는 지역의 대표적 작물을 재배하는 데 적합하지 않았다.[8] 유럽계 정착민 대다수가 높은 수준의 인적 자본을 보유하고 있었다. 그리고 이들의 주요 노동력은 곡물, 건초 등을 재배하는 데 투입됐다. 이러한 작물은 식민지 시절 대단위 생산자들에게 소규모 경작 활동에 참여하게 했다. 그 결과 경제사가 케니스 소콜로프(Kenneth L. Sokoloff)의 말처럼 "성인 남성 대다수가 자립적 농장 경영주로 활동할 수 있었다."[9]

이와는 대조적으로 브라질은 처음부터 모든 것이 매우 복잡했다. 말하자면 단순한 도구가 아니라 루빅 큐브를 연상시킨다 할 수 있겠다. 포르투갈인이 처음 브라질에 도착해서 보니 브라질 원주민들은 마치 석기 시대 원시 부족처럼 나체로 생활하고 있었다. 크게 번성했던 잉카, 마야, 아스테카 제국과는 달리 브라질의 원주민 부족들은 이른바 복잡한(정교한) 사회로 발전하지 못했다. 이들은 도시를 건설하지 못했고 금을 가득 쟁여 놓고 있지도 않았다. 브라질에는 조세제도도 마련돼 있지 않아서 포르투갈이 브라질을 점령했을 때의 상황은 스페인 총독이 잉카 제국을 접수했을 때와는 사뭇 달랐다.

다른 무엇보다 이들은 브라질의 기후와 토양이 사탕수수를 재배하는 데 적합하다는 사실을 알게 됐다. 근대 초기에는 사탕수수가 가장 가치 있는 작물이었다. 북아메리카 지역 자작농이 재배했던 건초와 곡물과는 달리 사탕수수는 유럽에서 재배되지 않았던 작물이었다. 사탕수수는 고가 상품이었다. 따라서 이 작물을 생산하여 시장으로 내보내는 데 필요한 노동력과 자본의 대륙 간 이동이 이루어졌다. 이러한 노동력과 자본의 흐름은 전례가 없을 정도로 대단위 규모였다. 신대륙의 다른 모든 국가와 마찬가지로 브라질은 노동의 한계 생산 가치가 높았기 때문에 유럽과 아시아에서 수많은 이주민이 대서양을 건너 브라질로 넘어왔다. 고열량 탄소 연료를 사용하기 전에는 상대적으로 풍부한 토지와 천연자원을 개발하는 데 노동력보다는 노예들이 제공하는 육체 에너지가 필수적인 것처럼 보였다.

게다가 대농장을 운영하는 데 수많은 노예 노동력을 투입할 여력이 있는 사람들에게 사탕수수 재배는 '규모의 경제(economy of scale)' 원칙이 적용되는 산업이었다. 이러한 상황이니만큼 식민지 브라질에서 사탕수수 농업이 크게 성했던 것이 그리 놀랄 일은 아니었다. 1650년 당시 사탕수수가 브라질 수출의 95%를 차지했다. 그때 브라질 북동부 지역이 뉴잉글랜드, 즉 미국 북동부 지역보다 더 부유했다. 그러나 20, 30년을 넘기지 못하고 이러한 부도 쇠하고 말았다. 그리고 부분적으로는 포르투갈의 제도에서 그 원인을 찾을 수 있다. 이 같은 사실은 영국의 법적 전통이 성장을 촉진했다는, 더글라스 노스(Douglass North)의 논문 내용과 일맥상통하는 측면이 있다. 장기적 관점에서 보자면 이것이 사실로 판명되지 않을 수도 있지만, 17세기 포르투갈의 법이 반생산적이었던 것만은 분명했다.

17세기 사탕수수 무역에서 브라질의 경쟁자들이 급증했던 데에는 역기능적이고 강압적인 정책들이 한몫했다. 1654년에 네덜란드 동인도회사와 벌였던 사탕수수 전쟁에서 제너럴브라질컴퍼니가 승리를 거뒀다는 사실을 상기해보라. 다른 조건들이 모두 동일했다면 네덜란드의 군사적 패배로 말미암아 브라질은 대(對) 유럽 사탕수수 공급자로서 독보적 위치를 굳건히 할 수 있었을 것이다. 그러나 그 전제가 충족되지 못했다. 즉, 다른 조건들이 동일하지 않았던 것이다. 카리브 해 연안 지역에서 사탕수수 대농장이 급증하는 데 직접적인 영향을 미쳤던 포르투갈의 정책 때문에 브라질이 누렸던 이점들이 점차 줄어들었고 결국 이는 브라질 사탕수수 산업의 쇠퇴로 이어졌다.

어떻게 이러한 일이 발생했는가?

초창기 브라질 사탕수수 농장은 대다수가 마라노(Marrano)의 소유였다. 마라노는 공식적으로는 기독교로 개종했으나 사적으로는 여전히 유대교를 믿는 사람들을 말한다. 1630년에 네덜란드가 브라질 북동부 해안 지역을 점령했을 때 이들은 종교적 박해를 가하는 것에는 관심을 두지 않았다. 그 결과 이들 신교도 대다수가 원래의 종교인 유대교를 공개적으로 믿는 생활로 되돌아갔다. 그런데 원래의 종교로 되돌아갔던 마라노들도 1654년에 네덜란드가 전쟁에서 패한 이후 자신들의 신변에 위험이 닥쳤다는 것을 감지했다. 포르투갈 법상 원래의 종교로 되돌아간 이른바 재개종자는 사형으로 다스리게 돼 있었다. 잡혀서 종교재판에 회부되지 않으려면 도망하는 수밖에 없었고 그래서 수많은 마라노 농장주가 도망을 했다.

페르남부쿠에 거주하던 마라노들이 종교 재판에 회부되는 것을 두려워할 만한 충분한 이유가 있었다는 점에 주목하라. 포르투갈인 정착민들로 하여금 급기야 당국에 반기를 들게까지 한 불만 가운데 하나는 네덜란드는 신교도에 대한 탄압이 심하지 않았었다는 것이다.

그 결과 경험이 많은 브라질의 사탕수수 농장주들이 카리브 해 연안 지역으로 이주했고 규모를 불문하고 경작할 수 있는 땅이 있는 모든 섬에서 사탕수수를 재배하기에 이르렀다. 결과적으로 유럽과 더 가까운 카리브 해 연안 지역이 사탕수수 무역에서 브라질의 지배권을 무너뜨리게 됐다. 강압적인 정부 정책이 브라질 경제의 발전을 저해했던 사례가 이것 뿐만은 아니었다.

독립적 농장 소유자들이 운영하는 자작농 체계가 오늘날의 미국과 캐나다의 법 제도를 확립하는 데 도움이 됐던 것과 마찬가지로 식민지 브라질의 사탕수수 농업과 관련된 매우 불평등한 토지 소유권 양태가 엘리트의 이점을 강화해주는 제도와 법, 정책을 만들어냈다.

소콜로프는 다음과 같이 주장한다.

"일반적으로 정부 정책과 기타 제도는 그러한 정책과 제도를 만들어냈던 조건들을 재현하는 경향이 있다. 특히 극단적 불평들을 기초로 형성된 사회에서는 그 사회의 엘리트들이 자신들에게 정치적 권력이 집중되는 방향으로 법적 기본 틀을 세울 가능성이 매우 크다."[10]

브라질에서 시행된 최근 조사는 "본래 사탕수수 순환 주기에 연계된 자치단체들이 오늘날 더 높은 토지 집중도를 나타낸다"는 점을 확실히 해주었다.[11] 따라서 17세기에 성공적인 사탕수수 재배로 얻었던 브라질의 경제적 부는 점점 감소했을지 몰라도 식민지라는 환경 조건에서 사탕수수 농업에 필연적으로 수반됐던 극단적 불평등이라는 제도적 효과는 가시지 않았다. 오늘의 제도에는 과거 제도의 유산이 반영돼 있다.

사람들이 브라질의 부를 타임캡슐 안에 봉인된 듯 여기는 것도 충분히 이해는 한다. 브라질의 부는 그 타임캡슐 안에서 그 자산의 가치가 매우 높게 상승할 때까지는 건드려지지 않은 채 그대로 남아 있게 된다. 그런데 드디어 그때가 다가왔다. 아니, 그때가 다가오고 있다. 미국 그리고 온대 기후 지역의 대다수 선진국의 경제 성장을 촉진했던 조건들이 그 효력을 상실한 상황에서 그 징조를 엿볼 수 있다.

어제의 한계점이 오늘의 장점으로

브라질 경제가 더딘 성장을 보인 부분은 이른바 거대정치상의 상황 조건, 특히 오래도록 브라질 경제 성장을 방해했던 지형적 특징으로 설명된다. 그러나 아이러니하게도 이러한 특성은 피크오일 이후의 세계에서는 오히려 브라질을 새로운 경제 부국으로 자리매김하게 하는 요인으로 작용한다. 브라질은 그 지형적 특성으로 말미암아 성장이 멈췄을 뿐만 아니라 수세기 동안 브라질의 농업 생산성에 불리하게 작용했던 열대 기후 조건으로 말미암아 그 성장이 지체됐다. Chapter 9에서는 세계 농업 부문에서 신흥 강국으로 떠오른 브라질의 위상을 좀 더 자세히 다룰 것이다. 그리고 과거에 전문가들이 생산성이 높은 농업은 온대 기후 지역에서만 가능하다고 믿었던 이유(좀 더 정확히 말하자면 전문가들이 근현대 문명은 특히 '북대서양의 분지'를 중심으로 예전에 빙하에 덮였던 땅에서의 농업에 좌우된다고 믿었던 이유)에 대해서도 자세히 설명할 것이다.[12] 브라질 국토의 21%를 차지하는 세하도(Cerrado: 영어로는 '폐쇄된'이라는 의미)는 오래전부터 농업이 불가능한 지역으로 여겨졌다.

프랭크 시나트라의 노래 가사에도 나왔다시피 브라질은 오래전부터 '커피가 많이 나는' 곳으로 알려졌었다. 그런데 최근에는 브라질의 따뜻한 기후가 실제로는 온대 기후 지역에서 자라는 곡물과 열매의 생산에 유리하다는 사실이 분명해졌다. 지금은 브라질 과학자들이 열대 기후에서 더 잘 자라는 곡물과 열매의 품종을 다양하게 개발했고 브라질의 광대한 사바나 지역 토양을 기름지게 하는 방법도 알아냈다. 그리고 전에는 불모지로 여겨졌던 세하도 이제 세계의 신 곡창지대로 부상하게 됐다. 브라질의 농작물 수출량은 미국보다 670%나 더 빠르게 증가하고 있다.[13]

온대성 작물을 열대 기후 지역에서 재배하는 것과 관련된 문제 외에도 니콜라스 라셰프스키가 자신의 저서 《수학을 통해 역사 바라보기(Looking at History throught Mathmatics)》에서 언급했던 한 가설에서 경제 성장과 관련하여 브라질의 문제를 확인할 수 있다.[14] 라셰프스키는 지형상의 특성이라는 측면에서 서유럽 국가들이 더 빨리 성장했던 이유를 설명하려 했다. 이러한 관점에서 라셰프스키는 고대 그리스에서 민주정치의 발전을 촉진했던 중요한 지형적 특성, 즉 총면적에 대한 해안선의 비율에 주목했다. 라셰프스키는 처음에 유럽의 경제가 발전했던 이유는 유럽이 다른 지역, 예를 들어 중국보다 훨씬 긴 '특수한 해안선'을 보유하고 있기 때문이라고 주장한다. 고대 그리스에서 소작농이 번성했던 사실에서 확인할 수 있듯이 긴 해안선은 좀 더 광범위하고 수지맞는 무역을 가능케 했다.

그런데 브라질의 상황에 적용하려면 라셰프스키의 가설을 좀 수정할 필요가 있다. 라셰프스키의 가설에는 강과 바다는 항행할 수 있는 곳이라는 일반적 전제가 깔려 있다. 브라질의 경우는 해안선의 비율이 낮다는 사실 자체뿐 아니라 브라질의 해안선 대다수가 항행에 부적합하다는 지리적 특성까지 가세하여 그 발전이 지체됐다. 브라질은 세계에서 가장 밀도 높고 방대한 수계(水系)를 보유하고 있다. 다른 조건이 모두 동일하다면 이 사실만으로도 브라질은 아마 세계 최고의 부국이 됐을 것이다. 그런데 안타깝게도 그 다른 조건들이 동일하지 않았다. 브라질은 다른 어떤 곳보다 수력 발전의 비중이 높다. 그러나 이러한 사실은 해상 운송에는 도움이 안 된다. 강이 흘러가는 지역이 단절과 유곡(幽谷)이 많은 지형이라서 항행보다는 전력을 생산하는 데 더 유리했다. 2008년 현재 수력 발전소의 발전량이 282기가와트시로서 브라질 전력 생산의 85%를 차지하고 있다.[15] 물론 브라질의 현 발전량은 4세기 만에 처음으로 기술적 한계선을 뛰어넘는 수준으로 증가했다.

Chapter 10에서는 값싼 석유의 공급이 감소함에 따라 석유 수요가 급증하고 이것이 선진국 번영의 토대를 갉아먹는 작금의 상황 속에서 브라질이 에너지 부문에서 경쟁 우위를 누릴 수 있는 다양한 방법에 관해 논할 것이다. 브라질은 전력난으로 말미암아 정전 사태가 발생할 일은 거의 없는 국가 가운데 하나다. 1950년에 브라질의 발전 용량은 190만 킬로와트에 불과했고 그 대부분이 석유와 같은 화석 연료를 사용하는 화력 발전 체계였다. 당시만 해도 석유는 수입에 의존했었다. 그런데 1차 석유 파동 이후 브라질은 수력 발전에 많은 투자를 했고 2008년에는 8만 1,955메가와트의 발전 용량을 기록했다. 이는 중국에 이어 세계 2위에 해당하는 수준이었다.

브라질은 수력 발전 외에 생물 연료 그리고 사탕수수에서 추출한 에탄올을 비롯한 기타 재생 에너지 부분에서도 이점을 누리고 있다. 브라질은 석유 자급 국가이며 새로 발견된 유전에서 석유가 생산됨에 따라 고가(高價) 석유의 주요 수출국이 되고 있다. 브라질이 다른 주요 경제국보다 태양 에너지 부문에서도 유리한 고지를 점하고 있다는 점 또한 눈여겨볼 대목이다. 전 세계를 놓고 볼 때 브라질인은 GDP 대비 에너지 사용량이 적은 편이다. 통계 자료가 이 같은 사실을 뒷받침한다. 즉, 용도를 불문한 브라질인의 에너지 총 사용량보다 미국인이 난방용으로 소비하는 에너지의 양이 더 많다.

브라질은 그 어느 국가보다 담수(淡水)의 양이 많으며 이러한 사실 자체만으로도 미래 경제를 위해서는 큰 이점이 된다. 그러나 물길은 운송에는 적합하지 않다. 브라질의 주요 강 중에 아마존 강과 상프란시스쿠 강만이 바다로 흘러나간다. 그러나 아마존 강이 흘러들어 가는 지역은 대부분이 생산력이 떨어지는 밀림 지역이다. 상프란시스쿠 강의 수원지는 비옥한 지역인 미나스제라이스다. 그러나 항행할 수 있는 곳은 강 하류 쪽 172마일(약 275킬로미터)뿐이다. 브라질에서 토지가 가장 비옥한 남동부 지역은 물길을 통해 바다로 접근하기가 쉽지 않다.

바다에 면해 있는 미국의 해안 지역과 달리 브라질의 대서양 연안은 그랜드 이스카프먼트(Grand Escarpment)로 알려진 높은 장벽으로 가로막혀 있다. (리우 너머로 어렴풋이 보이는 산맥을 생각해 보라) 이는 브라질 경제에 불리하게 작용하는 또 하나의 지형적 특성이다. 이른바 브라질 순상지(楯狀地) 혹은 아마존 순상지로 불리는 이 지역은 그 면적이 100만 제곱마일에 달하며 이곳을 흐르는 강 대부분이 바다 쪽이 아니라 아마존의 지류로서 북쪽으로 흘러들어 가거나 서쪽으로 흘러간다. 서쪽으로 흐르는 강은 파라나(Parana) 강 수계를 적시고 3,000마일(약 4,800킬로미터) 이상을 굽이쳐 중앙아메리카 중심부로 흘러들어 가다 파라과이 강과 처음으로 만난다. 그리고 계속해서 흘러가다 우루과이 강(브라질에서 가장 남쪽에 있는 두 개 주 산타카타리나와 히우그란지두술로 흘러든다)과

합쳐진 다음에 라플라타 강을 형성하게 된다. 세상에서 가장 넓은 라플라타 강은 그 폭이 최대 140마일(약 230킬로미터)에 달하며 부에노스아이레스와 몬테비데오를 지나 대서양으로 흘러들어 간다.

라플라타 강과 그 지류들이 제공하는 편리한 항행성을 고려하면 19세기 말과 20세기 초에 아르헨티나가 세계 제일의 부국이 될 수 있었던 이유를 익히 짐작할 수 있다. 미국과 마찬가지로 아르헨티나(그리고 아르헨티나보다는 못하지만 우루과이까지)는 천혜의 운송 체계 덕분에 번영을 구가했다. 그러나 브라질에는 상품 수출에 도움이 되는 그러한 운송 체계가 갖춰져 있지 않았다.

요컨대 브라질은 수출품 운송용 인프라를 구축하는 데 필요한 공학 기술이 미국에서보다 훨씬 더 복잡하고 비용도 많이 들었다. 브라질은 잠재적으로 세계에서 가장 잘 사는 국가가 될 수도 있었으나 개발하기 어렵고 복잡한 지형 때문에 그 길이 막혀버렸다. 내륙 운송보다 수상 운송의 비용효율성이 10~30배는 더 높다는 점을 기억한다면 이 점이 이해가 될 것이다.

미국은 19세기 초에 토머스 제퍼슨이 '루이스와 클라크 탐험대'에게 국토 실사를 의뢰한 덕분에 자국의 지형에 관해서 많은 것을 알게 됐다. 그러나 브라질에는 이러한 과정이 없었다. 20세기까지 브라질 국토의 대부분이 테라 인코그니타(terra incognita), 즉 '미지의 땅'이었다고 해도 과언이 아니다. 미국의 대통령 시어도어 루스벨트가 1912년 대선에서 재선에 실패하고 나서 브라질 탐험을 시작했고 그 탐험담을 실은 책 《브라질 황무지 탐험기(Through the Brazilian Wilderness)》를 출간했다. 이 책에서 각 장의 제목만 훑어봐도 20세기 당시의 브라질이 세계인의 눈에 얼마나 접근하기 어려운 곳으로 보였는지 금방 알 수 있다.

'테이퍼 강을 거슬러 올라'

'서부 브라질의 고산 지역을 지나며'

'노새 짐수레 행렬과 함께 남비쿠아라 지역을 지나며'

'불확실한 강(루스벨트가 탐험대를 파견할 당시 이 강의 길이를 아직 모르고 있었기 때문
에 붙여진 이름)'

'미지의 강을 따라 적도의 숲 속으로'

제1차 세계대전이 발발하기 직전에 일개 여행자로서 브라질을 여행했던 전
대통령의 기분은, 미래의 후손들에게 물려주고자 좋은 '경치'를 보존하기 위한
목적으로 국립공원 제도를 확대해야 한다고 주장하던 때와는 사뭇 달랐다.
1913년의 브라질은 루스벨트 혼자서 찾아가야 하는 그야말로 지도에도 표시
되지 않은 미지의 땅이었던 것이다. 루스벨트는 브라질 외무장관의 초청에 따
라 마투그로수 서부의 미탐험 지대를 탐사할 탐험대를 인솔하여 '지리학자들
에게 전혀 알려지지 않은 거대한 강'을 따라 오지를 탐험하게 된 과정을 설명
했다.

루스벨트는 훗날 이렇게 회상한다.

> 우리는 이 거대한 적도 숲의 남쪽 경계선 안에 있었다. 세상에 알려지지 않
> 았을 뿐만 아니라 그곳에 있으리라 추측해본 적도 없는 또 지리학자들도 그
> 곳의 존재 자체를 상상조차 해보지 못한 그러한 강 앞에 당도했다. 이 강은
> 적도를 향해 북쪽으로 흐르고 있으나 이 물줄기가 어디로 갈지, 그러니까 이
> 강이 어디서 어떻게 방향을 틀지, 그 길이는 얼마나 되는지, 수원지는 어디인
> 지, 그 강 유역에 사는 사람들은 어떤 특성을 지니고 있는지 등등 어느 것 하
> 나 알려진 것이 없었다.[16]

20세기에 브라질을 탐험했던 또 한 명의 저명인사는 괴짜로 알려진 영국의
지리학자 퍼시 포셋(Percy Fawcett) 대령이었다. 포셋 대령은 1925년에 '잃어버린
도시 Z'를 찾아 나섰다가 마투그로수 혹은 고이아스 주의 어딘가에서 실종됐
다. 포셋 대령은 잃어버린 도시를 찾아 밀림으로 들어갔는데 그곳은 인디언

부족들의 거주지였고 이 원주민들은 그때까지 백인을 한 번도 본 적이 없던 사람들이었다. 이는 브라질 중서부 지역이 얼마나 멀고 또 얼마나 험한 곳인지를 확실히 보여주는 징표였다. 1933년에 〈타임스〉의 여행 담당 편집자이자 제임스 본드를 창조한 이언 플레밍(Ian Fleming)의 형 피터 플레밍이 실종된 포셋 대령을 찾아 브라질의 오지를 탐험하는 탐험대에 합류했다. 플레밍은 아마존의 새로운 지류를 계속해서 찾아다니던 이야기를 자신의 책 《브라질 탐험(Brazilian Adventure)》에서 풀어놓았다. 이 책을 읽으면 루이스와 클라크의 탐험은 그저 공원을 산책하는 것에 불과하다고 여겨질 정도로 브라질 중부를 탐험하는 것이 너무 어려운 일이라는 사실을 분명히 알 수 있다. 그리고 그 지역에 대한 정보가 정확하지 않았다. 그래서 포셋 대령을 찾아 나설 때 지참했던 탐험 좌표에는 실제로 존재하지도 않는 산맥이 표시돼 있을 정도였다. 지금 브라질의 수도 브라질리아가 위치한 연방특구를 구성할 때 고이아스 주에서 이 부분을 삭제한 것은 이로부터 30년이 지난 후의 일이었다.

브라질의 자연환경이 미국과 비교해 훨씬 험하다는 사실을 알 수 있는 또 한 가지 징표가 바로 과거에 브라질 지역의 노예들이 상대적으로 잦은 봉기를 일으켰고 그 봉기가 성공한 사례가 많다는 점이다. 미국에서는 이러한 노예 봉기가 성공한 적이 없었다. 도주 노예들이 당국의 추적을 피해 숨어 살 수 있는 은밀한 지역, 그러니까 지도에 표시되지 않은 혹은 접근이 쉽지 않은 그러한 장소가 없었다는 점이 이에 대한 부분적인 이유가 된다. 그러나 미국과는 달리 브라질에는 킬롬보(quilombo)라고 하는 도주 노예 공동체가 존재하고 있었다.[17] 이러한 공동체들이 항상 내륙 깊숙한 곳에만 있던 것은 아니었다. 실제로 브라질에서 가장 유명한 킬롬보는 팔마레스(Palmares)라고 하는 요새화된 정착촌이었다. 팔마레스는 알라고아스(Alagoas)라고 하는 연안 주에 있으며 60년 동안 존속하면서 당국의 진압 노력을 여섯 차례나 무산시켰고 도주 노예의 수가 최대 2만 명에 달했었다. 미국에는 팔마레스와 같은 곳이 없었다. 과거 브라질에는 불모지가 많았으나 미국에는 그러한 곳이 별로 없었다는 것이 주된 원인이었다.

황무지와 불모지가 많은 브라질과 달리 처음부터 미국은 항행에 유리한 수계, 상대적으로 단조로운 해안선, 뛰어난 항구 도시의 산재 등 방대한 운송 시스템을 형성하는 데 유리한 천혜의 자연 요건을 갖추고 있었다. 찰스 강이 대서양으로 흘러들어 가는 보스턴, 허드슨 강이 흐르는 뉴욕, 펜실베이니아 동쪽 경계선 부근의 스쿨킬 강과 델라웨어 강의 합류 지점에 있는 필라델피아, 150개가 넘는 강과 지류를 품은 체사피크 만 연안의 볼티모어, 애쉴리 강과 쿠퍼 강(둘 다 대서양으로 흘러들어 감)의 합류 지점에 있는 찰스톤 등지를 생각해보라.

애팔래치아 산맥이 대서양 쪽에 면해 있었다면 이것이 미국의 발전에 어떤 영향을 미쳤을지 상상해보라. 허드슨, 서스퀘한나, 포토맥 같은 동부의 큰 강들이 지금처럼 대서양 해안의 저지대로 완만히 빠져나가지 않고 동쪽 해안에서 폭포처럼 떨어져 내린다거나 대서양으로 흘러들기는 하되 멕시코나 캐나다의 대항구 쪽으로 수천 마일이나 굽이쳐 흘러간다면 어떻게 됐을까? 만약 그랬다면 미국의 경제 발전사는 지금과는 확연히 달랐을 것이다. 또 심각한 수준의 원유 생산 감소 그리고 이로 말미암은 부채 위기 때문에 지금과 같은 경제 붕괴 상황에 맞닥뜨릴 일도 없었을 것이다. 이 책에서 나중에 상세히 다루겠지만, 미국은 1970년대 초에 피크오일에 도달했고 세계의 피크오일은 2005년경에 도달했으며 이는 세계 경제에 광범위한 영향을 미치게 된다.

19세기와 20세기는 미국의 경제 발전에 크게 유리한 환경이었다. 수문학자(水文學者) 스티븐 솔로몬(Stephen Solomon)은 이렇게 말한다.

미국이 전 세계에 대한 지배권을 확보할 수 있었던 것은 미 대륙의 동맥인 미시시피 강이 흐르고 있고 강수량이 많으며 온대성 기후를 나타내는 동부 지역, 서경 100도 대평원에서부터 태평양까지에 이르는 건조하고 가뭄이 잦은 극서 지역, 세계 2대 대양을 양편에 낀 해양 운송의 요충지 등 세 가지 수문학적 환경을 철저히 활용했기 때문에 가능한 일이었다. 미국은 이러한 수문학적 환경을 정치적 및 경제적 영역으로 끌어들임으로써 유리한 지리학적 위치와 광활한 섬 대륙의 풍부한 자연 자원을 활용하여 20세기 최대 부강국이 됐다.[18]

미국은 처음부터 성장의 여지가 많았다. 미 동부 해안에는 대서양으로 빠지는 강들을 따라 수많은 항구 도시들이 형성됐고 이러한 항구를 통해 낮은 비용으로 제품을 수출하여 막대한 자본을 축적할 수 있었다. 그리고 이후 중서부 지역으로 정착 지역이 확대됐을 때도 미시시피 강 그리고 오하이오 강과 미주리 강을 포함한 지류들을 활용하여 저비용으로 상품을 수출함으로써 계속해서 국부를 축적해 나갔다. 미시시피 강 주변의 평원 지대는 비교적 완만한 지형이라서 복잡한 공학 기술이 필요하지도 않았고 도로와 철도 건설 비용 부분도 큰 문제가 되지 않았다. 예를 들어, 미니애폴리스는 뉴올리언스에서 1,299마일(약 2,080킬로미터) 상류에 있지만, 해발고도는 298미터에 불과하다. 그런데 브라질에서 가장 입지 조건이 좋은 도시인 상파울루는 항구 도시 산토스에서 70킬로미터밖에 떨어져 있지 않지만, 해발고도는 760미터나 된다.

이것으로 상파울루가 뉴욕과 비교하여 상대적으로 발전이 더뎠던 이유가 어느 정도 설명이 된다. 1870년에 뉴욕 인구는 94만 2,292명이었다. 그런데 같은 해에 상파울루에는 겨우 2만 3,000명이 살고 있었고 이는 펜실베이니아 주 리딩(Reading)의 인구보다 1만 명이 적은 수준이었다. 그런데 페르낭브로델 경제연구소(Fernand Braudel Institute of World Economics)에 따르면 그 이후 상파울루는 '인류 역사상 가장 빠른 대도시 성장률을 기록한 도시'가 됐다.[19] CIA에 따르면 이제 상파울루의 인구는 1,996만 명이고 이는 뉴욕—뉴어크 지역의 인구 1,930만 명을 웃도는 수준이다.[20] 한편 리딩의 인구는 8만 8,082명으로 증가했다(동시에 미국에서 도시 빈곤율이 가장 높다). 그리고 보면 조기 산업화가 밝은 미래를 항상 보장해주는 것은 아니다.

초기에 미국이 누렸던 지형상의 이점들은 자본 축적 그리고 나무에서 석탄, 석유에 이르는 풍부한 에너지 자원의 급속한 개발·이용을 촉진했다. 이것은 19세기와 20세기에 등장한 트랙터, 조립 라인, 증기선과 디젤선, 기관차, 자동차, 항공기 등 에너지를 많이 소비하는 혁신적 발명을 토대로 급속한 성장을 촉진하는 결과를 낳았다. 전기, 통신 기술과 함께 100여 년 전에 등장한 이러한 기술들은 값싼 석유를 동력으로 한 근현대 경제의 초석이 됐다.

미국과는 달리 브라질은 험한 지형 때문에 발전 속도가 느렸다. 사실상 브라질은 자연환경 때문에 성장과 부를 미래로 유보하는 상황이 됐다. 경제 이론가 해럴드 호텔링(Harold Hotelling)이 1931년에 발표한 자신의 세미나 논문 〈고갈성 자원 경제학〉[21]에서 언급했던 것과 유사한 이른바 '전향적 결정'을 마치 의도적으로 혹은 의식적으로 내린 것과도 같은 상황이 된 것이다. 호텔링은 석유 같은 자원을 보유한 자(혹은 국가)는 현금 흐름이 최적화되는 수준에서만 그 자원을 생산해야 한다고 주장했다.

즉, 채권이나 은행 예금의 수익금이 그 자원의 가치 상승률을 초과했을 때는 그 자원의 생산을 자제해야 한다. 다시 말해 석유의 가치가 펀드의 복리 이자보다 더 빠르게 상승할 때는, 가치가 상승하는 석유를 가치가 하락하는 화폐와 바꾸지 말라는 것이다.

물론 미국의 초창기 석유 산업의 실제 상황은 호텔링의 이러한 교환 이론만큼 단순하지 않았다. 미국은 석유를 이용하는 것이 성장을 촉진하고 경제 질서를 재편하는 데 얼마나 광범위한 영향을 미치는지에 대한 실질적인 이해가 이루어지기 전에 이미 세계 석유 산업을 개척했다. 석유의 이용이 세계 경제에 미친 영향이 너무도 광범위해서 이것이 어떤 결과를 낳을 것인지를 미리 가늠할 수도 없었을 뿐더러 1세기하고도 반이 지나고 나서도 이 부분을 정확히 이해하기 어려울 정도다.

급속한 변화 세 가지

에드윈 드레이크(Edwin Drake)가 석유 사업을 시작했던 1850년부터 1990년까지 미국의 1인당 에너지양은 400만% 이상 증가했다. 에너지 사용량은 1850년에 기계의 힘을 빌리지 않은 인간과 동물의 근력을 기준으로 했을 때의 기준선인 연간 1인당 10분의 1마력에서 1990년에 1인당 연간 14만 마력으로 증가했다. 이러한 변화는 생활수준을 향상시켰을 뿐 아니라 경제 자체의 성격에도 급격한 변화를 가져왔다.

좀 더 광범위한 변화 세 가지를 들자면 다음과 같다.

1 정부 규모의 확대
2 화폐 성격의 변화와 이로 말미암은 부채의 확산
3 미국 경제의 공간적 구조 변화

약탈적 정부

'미국 정치'의 대표적 이미지로 떠오르는 '작은' 정부에 대한 신화가 무색하게도 에너지 사용의 급증은 미국을 세계 역사상 가장 크고, 가장 부유하고, 가장 강력한 정부를 가진 국가로 만들었다.

인류가 탄화수소 에너지를 사용하기 전에는 바로 이집트의 파라오들이 인간 에너지의 약탈적 사용에 대한 기준을 세웠다고 할 수 있다. 4000년 전에 고대 이집트의 파라오들은 자신들의 무덤을 만들고자 국민을 대상으로 징용을 시행했던 것으로 유명하다.

기원전 2,540년경에 파라오 쿠푸(Khufu)를 위해 세운 기자(Giza: 이집트 카이로 부근의 도시)의 대피라미드는 20세기 초까지만 해도 세계 최대 건조물이었다. 이 피라미드들이 건설되고 나서 2000년이 지난 시점에 그리스의 역사가 헤로도토스는 파라오가 이집트 국민 모두에게 강제 노역을 시켰다고 주장했다.

"이집트인 모두가 파라오를 위해 일했다. 한 번에 10만 명이 3개월 동안 노역에 임했다. 피라미드 건설용 돌을 운반하는 데 필요한 진입로를 만드는 데만 10년이 걸렸다."[22]

하버드 대학의 이집트학자 마크 레너(Mark Lehner)는 헤로도토스나 영화 〈십계〉를 만든 세실 데밀(Cecil B. DeMille) 등을 통해 그려진 이집트 노예들의 모습, 즉 '파라오의 감독관이 휘두르는 채찍을 맞아가며 땡볕에서 힘겹게 일하는 사람들의 모습'은 사실과 다르다는 의견을 제시한다.[23]

레너는 수만 명이 아니라 겨우 2, 3천 명쯤 되는 숙련 노동자들이 엄청난 물량의 소, 양, 염소 등을 받으며 비교적 편하게 국가의 일을 수행했다고 주장한다. 또 레너는 피라미드 건설 노역에 동원된 사람들은 노예가 아니었으며 당시 모든 이집트인은 바크(bak)라고 하는 강제 노동의 의무를 지고 있었다고 주장한다.[24]

레너는 당시 이집트의 농민들이 이글거리는 태양 아래서 노동을 할 만큼 건강한 상태였는지에 대해서는 입을 다물고 있지만, 이들이 그 일을 감당할 만큼 그렇게 건강하지 못했다고 가정할 만한 충분한 이유가 있다. 기자에 스핑크스와 피라미드가 건설될 무렵에 이집트 의사들이 파피루스에 남긴 기록을 보면 나일 강이 범람할 때마다 이집트에 돌았던 전염병에 대해 상세히 알 수 있다. 도로시 크로퍼드(Dorothy H. Crawford) 교수는 《죽음의 동반자(Deadly Companions)》에서 그 전염병이 바로 말라리아였다고 주장한다.

그러나 이것이 다가 아니었다. 크로퍼드에 의하면 '그 당시 가장 심각했던 전염병은 주혈흡충증'이었다고 한다. 주혈흡충증은 수인성 세균에 의해 발병하는 치명적인 질병으로서 관개 농업의 발달이 이 질병을 전파하는 데 일조했다.[25] 헤로도토스가 이집트를 가리켜 '남자가 월경을 하는 나라'라고 표현할 정도로 주혈흡충증은 그 당시 이집트에서는 아주 흔한 질병이었다.[26] 이집트 농민들이 관개 수로를 통해 전파되는 치명적 세균에 노출되어 신체가 쇠약해졌다고 하자. 이러한 관점에서 볼 때 일반적으로 알려진 것보다 적은 수의 전문 인력이 피라미드를 건설한 것이라는 레너의 가설이 참이 되려면 그 전문 인력은 질병에 걸려 건강이 나빠진 농민들이 아니라 도시민이어야 했을 것이다.

그것이 강제 노역 의무든 단순한 노예 노동이든 간에 산업화 이전 시대에는 이집트의 파라오들처럼 착취 수준에 버금갈 정도로 국민의 노동력을 이용할 수 있었던 정부는 흔치 않았다. 식량을 독점했던 수력 사회의 통치자들만이 국민의 노동력을 동원하여 피라미드 건설과 같은 프로젝트를 수행하는 데 필요한 에너지를 충분히 뽑아낼 수 있었다. 그러나 파라오들이 자신들의 지배력을 굳건히 하는 데 성공할 수 있느냐의 여부는 물을 충분히 확보하는 데 유리한 기후 조건이 조성되느냐 아니냐에 달렸었다.

기원전 1250년 이후 수년 동안 나쁜 기후 때문에 나일 강의 상수원이 말라버리자 의무 노역(바크)의 이행을 명하는 파라오의 위세 역시 함께 줄어들었다. 람세스 3세의 통치 시절인 기원전 1182~1151년 무렵 물 부족과 흉작으로 말미암아 식량 가격이 급등했다. 왕들의 계곡(Valley of the Kings) 인근에서 왕실 무덤을 건설하던 노동자와 기술자들은 식량 배급이 끊기자 파업에 돌입했다.[27]

국가 전체의 연간 에너지 산출량이 1인당 20분의 1마력으로 제한될 때는 정부가 인간의 근력에서 충분한 양의 에너지를 뽑아내기가 쉽지 않았다. 생계유지에 필요한 수준을 넘는 이른바 잉여 에너지의 양이 너무 적었던 것이다. 경제사가 리처드 스테켈(Richard Steckel)은 초창기의 미국은 그 당시 고속 성장국 가운데 하나였던 만큼 성장에 유리한 환경 속에서 비교적 높은 실질 GDP 성장률을 기록하기는 했지만 그래도 '19세기와 20세기 때의 성장률이 식민지 시절의 성장률보다 몇 배는 높았음'에 틀림이 없다고 주장한다.[28] 그렇다면, 스테켈의 이러한 생각의 근거는 무엇인가? 스테켈은 다음과 같이 쓰고 있다.

1820년 이후에 측정된 성장률(1.73%)을 토대로 시간상 과거로 거슬러 올라가서 1820년의 경제 성장 수준(1,257달러)을 추론해 보면 이러한 결론이 가능해진다. 이러한 가정하에서 1인당 실질 GDP는 40년마다 두 배로 증가하고(과거로 거슬러 올라갈 때는 40년마다 절반으로 감소하고) 따라서 1700년대 중반의 소득 수준은 생계를 유지하는 데 충분치 않았을 것이다.

양호한 건강 상태를 유지할 수 있는 최저가 식량의 비용마저 연간 500달러에 육박했으므로 근현대 경제 성장에 관한 잠정적 가설은 실제 사실과는 거리가 있다. 게다가 역사적 자료를 보면 기술적 변화와 인적·물적 자본과 같은 근현대 경제 성장의 핵심 요소들이 식민지 시절에는 비교적 더디게 축적됐다는 사실을 알 수 있다.[29]

탄화수소 에너지의 등장으로 1850년부터 1990년까지 미국의 에너지 사용량은 400만% 이상 증가했다. 최저 생계선을 훨씬 웃도는 수준으로 소득이 급증하면서 미국의 가용 에너지양 또한 급증했고 이에 따라 미국 정부는 고대 이집트의 파라오들을 훨씬 능가하는 수준으로 국민으로부터 자원을 마음껏 뽑아낼 수 있었다. 정부 지출은 1850년에 GDP의 1.8%에서 1990년에 36%로 또 2011년에는 41% 수준으로 증가했다.[30]

스테켈의 분석 결과를 기준으로 하면 생계를 유지하는 데 필요한 수준 이상으로 탄화수소가 에너지 지수를 끌어올리기 이전에는 정부가 소득의 30% 혹은 40%를 독점하는 것이 불가능했을 것이다. 1인당 힘(마력)의 급증을 통한 부의 증가는 평균 수명의 증가를 가져왔고 미국인의 평균 수명은 1850년에 36.3세에서 1990년에 75.4세로 두 배가 증가했다.[31]

미국이 브라질보다 더 높은 생활수준을 나타냈던 것은 미국이 더 일찍 그리고 좀 더 광범위하게 탄화수소 에너지를 경제 요소로 채택했던 데서 비롯된 것으로 볼 수 있다. 이러한 부분은 양국의 지형적 특성과 천혜 자원과의 상관관계로 이해할 수 있다. 우선 열대 기후 국가가 대부분 그렇듯이 브라질에는 무연탄이 거의 없었다. 둘째로 미국과 비교하여 브라질에 매장된 석유는 이를 찾아내서 개발하기가 훨씬 어려웠다.

강박적 성장 개념이 유발하는 법정 통화와 부채 폭증

미국 경제에 더 많은 에너지가 투입됐고 이것이 엄청난 결과를 낳았다. 1인당 에너지 사용량의 증가는 미국인의 생활수준(그리고 평균수명)을 극적으로 향상시켰을 뿐 아니라 화폐의 성격도 크게 변화시켰다. 생활수준이 간헐적으로 향상되거나 혹은 전혀 향상되지 않았던 기간(수세기)에는 고속 성장 조건에서만 제 기능을 다할 수 있는 그러한 통화 제도를 채택하는 것은 불가능했을 것이다.

그 이유는 아주 간단하다. 오늘날의 현대적 부분지급준비금제도하에서 대출이 이루어질 때 그 대출금은 이자와 함께 상환돼야 한다. 경제가 성장하는 동안에는 원금과 이자를 상환하는 것이 어렵지 않다. 돈을 빌린 사람이 크게 운이 나쁘지 않고 또 신용도도 웬만하다면 그러한 성장에서 부채를 상환할 여지가 생길 것이다. 빚을 갚고자 근검절약을 하며 생활비를 줄일 필요가 없다. 그러나 성장이 지체될 때는 부채—기반 통화의 효과에 극적인 변화가 생긴다. 즉, 신용의 가용성을 통해 성장을 증폭시키는 대신에 부채 상환 요구가 경제 불황을 증폭시킨다. 성장이 더딘 환경 혹은 성장이 이루어지지 않은 환경에서는 법정 통화가 문제가 된다.

성장이 없는 산업화 이전 세계에서는 상품—기반 통화가 주류를 이루었다. 전 세계적으로 통화의 가치를 금과 은에 연계시키는 경향이 강했다. 이 두 귀금속은 다른 누군가의 채무가 아니라 자산으로 인식됐다. 그러나 한 국가의 경제는 그 국가의 토대가 되는 물적 자원의 지배를 받는다. 탄화수소 에너지의 등장으로 성장률은 급격히 증가했고 이는 또 화폐 개혁에 대한 압력을 증가시켰다. 고속 성장 환경에서 상품—기반 통화가 갖는 명백한 단점은 금과 은의 공급이 비탄력적이라는 사실이다. 그러므로 신용은 법정 통화

제도하에서만큼 그렇게 쉽게 팽창될 수 없다. 성장률이 점점 높아짐에 따라 당국은 부채 확대에 한계가 있는(따라서 명목 GDP 성장률에 한계를 부여하는 경향이 있는) 상품—기반 통화를 순수한 법정 통화로 교체하는 쪽으로 방향을 전환했다.

법정 통화는 부분지급준비금제도를 통해 대출을 토대로 창조된다. 법정 통화는 정부를 부유하게 해주어 자원을 획득하고, 더 많은 전쟁을 치르게 하고, 적자 지출을 통해 민주적 합의라는 착각을 일으키는 등의 일을 가능케 했다. 이는 금본위제도가 부여한 한계 상황에서는 불가능했던 일이다.

탄화수소 에너지의 등장과 더불어 통화 및 금융권의 변화 과정이 시작됐다. 탄력적 신용 공급으로 말미암아 최소한 일시적인 성장률 상승은 가능해졌다. 이러한 관계성은 법정 통화가 주로 대출을 토대로 창조된다는 사실에서 비롯된다. 경제가 성장할 때는 다른 지출을 꼭 축소하지 않아도 이자를 상환할 여력이 생긴다.

그러나 경기 하락 주기에 간헐적으로 확인된 바 있고 또 피크오일 이후로 지금은 만성적이 돼버린 부채주의의 치명적 결함은 채무자들이 지출을 줄여야 하는 부담을 지게 된다는 점이다. 즉, 대출로 창조된 통화에 대해 이자를 지급해야 하는 상황으로 말미암아 포괄적 채무 불이행의 그림자 안에 드리운 수축성 경기 침체의 위협 속에서 채무자들은 지출을 줄여야만 하는 상황에 빠지게 된다.

법정 통화가 신용 팽창을 통해 무(無)에서 창조될 수 있는 것과 마찬가지로 이 통화는 채무 불이행을 통해 역시 무(無)로 사라져버릴 수도 있다. 법정 통화를 가지고도 에너지 투입량이 계속해서 증가하는 환경에서는 기업과 가계가 저축을 위해 예산을 축소하지 않아도 필요한 지출을 할 수 있었다. 또 그러한 지출은 성장세라는 현상을 유지하는 데 필수적이다(경제 성장은 약탈적 정부의 비대화를 촉진했고 더불어 은행가들에게는 막대한 규모의 성장 이익금을 전용(專用)할 기회를 제공했다).

다시 말해 석유를 사용함으로써 촉진된 경제 성장은 통화 제도 개혁의 강력한 동기를 제공했다. 당연한 결과로 이는 부채에 시달리는 경제를 만들어 냈다. 석유에서 추출한 고밀도 에너지가 성장 촉진에 미치는 영향을 아무도 예상할 수 없었듯이 에너지 생산량의 감소가 선진 경제국의 발전을 지체시키는 데 미치는 영향 역시 이를 가늠할 수 없다. 결과적으로 지금까지의 선진국 모두가 과도한 부채와 금융 위기라는 위험에 노출돼 있다.

피크오일과 더불어 발생한 경기 침체는 궁극적으로 법정 통화 제도에서 상품—기반 통화 제도로의 변화를 가져올 가능성이 있다. 그러나 이 책에서는 이 문제를 다루지 않을 것이다.

에너지 가격 상승이 변화시키는 경제의 공간적 구조

미국이 최소한의 비용으로 원유를 확보함으로써 세계 석유 산업을 주도한 사실에서 비롯된 또 한 가지 중요한 결과로는 미국 경제의 공간적 구조에 급격한 변화가 생겼다는 부분이다. 예일대 경영대학원의 경영학 및 정치학 교수 더글러스 레이(Douglas W. Rae)은 다음과 같이 주장한다.

> 1세기 전의 미국은 상대적으로 제한된 이동 수단을 토대로 공간이 구성됐다. 사람들은 철도역 같은 고정된 지점 사이를 고속으로 이동할 수 있었으나 또 한편으로 지역 사회 내에서는 걷거나 혹은 트롤리 같은 이동 수단을 통해 천천히 움직이기도 했다. 요컨대 정해진 경로를 따라 움직이는 양질의 장거리 운송과, 다양한 경로를 통해 목적지로 가는 저질의 지역 운송 체계가 혼재된 환경이 조성됐다.[32]

레이가 관심을 둔 부분은 미국인의 삶의 불평등이었다. 그러나 문제 해결이라는 목적을 위해 미적분학의 기초를 닦았던 아이작 뉴턴처럼 레이는 자신의 주장을 뒷받침하기 위해 미국 경제 내에서 에너지의 역사를 중점적으로 탐구하게 됐다. 레이는 자신의 저서 《미국의 에너지 역사(A Short History of American Horsepower)》에서 미국의 에너지 생산량이 1850년에 849만 5,000마력에서 1990년에 340억 9,580만 마력으로 급격히 증가했다는 점을 강조한다. 에너지의 총사용량이 400만% 이상 폭증했을 뿐 아니라 이러한 현상은 미국 경제의 공간적 구조에도 혁명적 변화를 가져왔다. 레이는 1850년 미국 경제에서 총 에너지의 상당 부분(전체의 84.4%)이 고정 원천(광산, 공장) 혹은 천천히 움직이는 원천(사역동물)에서 공급된 것이라는 점을 지적한다.

또 철도나 증기선처럼 '고속 이동 수단'은 전부가 고정된 경로용으로 설계됐다.[33] 다시 말해 이러한 운송 수단은 미리 정해진 경로를 따라서만 운행하게 돼 있으며 그 중간에 정차하는 정거장이 몇 개 되지 않는다. 1850년에는 승객이 기차나 증기선을 이용할 수 없었고 그러한 운송 수단이 자신이 가고 싶은 곳이면 어디든 데려다 줄 것이라는 기대도 할 수 없었다. 1890년이 되자 가용 에너지의 총량이 4,400만 마력 이상이 되면서 1850년과 비교하여 다섯 배나 증가했다.

그러나 이 에너지의 상당 부분(47%)이 운송 수단과 관련돼 있었다. 약 1,700만 마력(1,698만 마력)이 철도 운송을 위한 동력으로 사용됐고 112만 4,000마력은 증기선을 운항하는 데 사용됐다. 1850년에는 철도 운송에 1마력을 사용했다면 40년 후에는 29마력을 사용할 수 있었다. 철도망의 총 길이는 1850년에 9,021마일(약 1만 4,433킬로미터)에서 1890년에 16만 6,703마일(약 26만 6,724킬로미터)로 증가했다.[34]

1890년부터 1950년까지 미국 경제의 총 에너지양은 4,408만 6,002마력에서 47억 5,403만 8,000마력으로 100배 이상 증가했다. 레이는 이를 두고 '인류 역사상 가장 큰 폭의 에너지 증가율'이라고 표현한 바 있다(1890년 이후 1세기 동안 792 대 1의 변화율을 기록).[35] 1890년 이후 1세기 동안, 즉 20세기 내내 미국 경제가 발전하면서 전례가 없을 정도로 엄청난 양의 에너지를 소비했으며, 특히 운송용으로 사용되는 에너지의 양이 점점 더 많아졌다. 1850년에는 총 에너지(마력)의 약 85%가 비이동용이었다. 1890년이 되자 45%가 운송용으로 사용됐으나 대부분은 여전히 비이동용이었다. 1950년에는 에너지의 95.9%가 운송용으로 사용됐다. 그리고 운송용으로 사용된 에너지의 96.6%가 자동차용이었다. 1990년이 되자 운송용 에너지가 전체 에너지의 약 96%를 차지했고 이 가운데 자동차에 사용된 에너지의 비율이 99%였다. 1993년에 미국 자동차들은 연간 1조 6,240억 마일(약 2조 5,984억 킬로미터)을 주행한 것으로 나타났다.

1세기가 조금 넘는 시간 동안 자동차는 처음에는 존재도 없던 수준에서 총 에너지의 95%를 차지하는 존재로 변화했다. 이에 관해 레이는 이렇게 말한다.

> 여전히 더 중요한 것은 자동차와 기타 차량이 고속으로 그리고 고정 경로가 아닌 다양한 경로로 350만 제곱마일(약 910만 제곱킬로미터)이나 되는 미국 땅 방방곡곡을 누비고 다닌다는 사실이다. 불모지, 일부 산, 대다수 공개공지(公開空地)의 오지 등을 제외하고 유지비를 감당할 수만 있다면 자가용 승용차를 타고 자신이 가고 싶은 곳은 어디든 갈 수가 있다. 이러한 현실은 과거 어느 시대에도 견줄 수가 없고 그 규모 면에서는 어느 국가와도 비교할 수 없는 혁신적인 수준이다. 자동차로 400만 마일(약 640만 킬로미터)이나 되는 포장도로를 달릴 수 있다는 사실은 이러한 '호사'를 누릴 능력이 되는 사람들에게 새로운 유형의 엄청난 힘을 부여해준다.[36]

미국의 상황을 브라질과 비교해보라. 브라질의 면적은 미국 본토 48개 주를 합친 것보다 4만 제곱마일(약 10만 4,000제곱킬로미터)이 넓으며 세계에서 네 번째로 방대한 도로 체계를 갖춘 것으로 알려졌다. 브라질의 도로는 약 125만 마일(약 200만 킬로미터)인데 이 중 포장도로는 12만 5,000마일(약 20만 킬로미터)이다. 그런데 알래스카 교통국에 따르면 알래스카의 포장도로 길이는 약 4,900마일(약 7,840킬로미터)이라고 한다.[37] 그렇다면 알래스카는 119.67제곱마일(약 311.142제곱킬로미터)당 1마일(약 1.6킬로미터)의 포장도로를 보유하고 있다는 계산이 나온다. 알래스카 주를 포함한 미국에는 전체적으로 면적 1제곱마일(약 2.6제곱킬로미터)당 1.0759마일(약 1.7214킬로미터)의 포장도로가 있다.

이와는 대조적으로 브라질에는 26.4제곱마일(약 68.64제곱킬로미터)당 약 1마일의 포장도로가 있다. 브라질의 전체 도로망은 그 밀도가 알래스카 도로망의 4.5배인데 미국과 비교하면 25분의 1에 불과한 수준이다. 그러나 좀 더 공정한 비교가 되려면 브라질의 총 면적에는 아마존의 황무지 193만 510제곱마일(약 501만 9,326제곱킬로미터)이 포함돼 있다는 사실을 고려해야 한다. 아마존 황무지 지역은 알래스카보다 제곱마일 당 포장도로의 길이가 더 짧다.

결론은 미국 도로망의 밀도가 높은 것은 순전히 본토 48개 주 내에 건설된 도로 덕분이다. 브라질도 아마존을 제외한 지역의 포장도로 밀집도는 12.5제곱마일당 1마일 정도가 된다. 양국 도로망의 밀도 차이 그리고 미국의 인구가 더 많다는 사실(이 책을 쓰던 시점에 미국 인구는 3억 1,200만 명으로 브라질 인구 2억 300만 명보다 50% 이상 더 많았다)을 고려하면 미국의 도로 주행 거리(2007년에 3조 300억 마일로 최고치를 기록)가 브라질을 크게 압도하는 것이 그리 놀랄 만한 일은 아니다. 2009년을 기준으로 했을 때 브라질의 자동차 운전자는 연간 1만 2,983킬로미터(약 8,000마일)를 주행했다. 이는 미국 운전자 주행 거리의 절반 정도에 해당한다.[38]

미국에서 표면적 대비 도로의 밀도가 높다는 것은 1인당 자동차의 대수도 압도적으로 많다는 것과 무관하지 않다. 2009년 현재 미국인 1,000명당 자동차 대수는 828대였고 2011년에 브라질은 인구 1,000명당 자동차가 249대였다. 이는 브라질의 총 차량 대수가 10년 내에 114% 증가한 이후의 일이다. 이러한 도로 분포와 이동성은 미국의 석유 소비량이 브라질보다 훨씬 많다는 사실과도 연관돼 있다. 2007년에 미국은 하루에 1,000명당 6만 8,699배럴을 소비했고 브라질은 하루에 1,000명당 1만 2,484배럴을 소비했다. 브라질의 1인당 석유 소비량이 미국의 18%밖에 되지 않는다는 것은 브라질인들이 근검한 소비

생활을 해서만은 아니다.

에너지 부문에서 브라질이 누리는 이점은 태양 에너지를 많이 이용할 수 있다는 부분에서 찾을 수 있다. 즉 브라질은 그 어느 국가보다 태양 에너지의 덕을 더 많이 보고 있다는 이야기다. 앞서 말했던 대로 브라질인이 온갖 용도로 사용하는 에너지의 양보다 미국인이 난방용으로 사용하는 에너지의 양이 더 많다.

이 외에도 브라질은 운송용 에너지와 관련해서도 큰 이점을 누리고 있다. 앞으로는 미국보다 브라질이 번영을 누릴 가능성이 크다고 예상하는 또 한 가지 중요한 이유가 바로 이것이다. 전체적으로 볼 때 브라질 땅 대부분이 열대 기후 지역이라서 난방하는 데 많은 에너지를 사용할 필요가 없다.

브라질은 후발 경제국으로서 대중교통 체계상 고정 경로—기반 운송에 대한 의존도가 미국보다 훨씬 높다. 이는 연료의 비용이 비싼 상황을 반영한 운송 체계에서 충분히 예상이 되는 부분이다. 실제로 250만 명의 인구를 거느린 브라질의 모범 도시 쿠리티바(Curitiba)는 교통 시스템에 대한 대중성과 높은 효율성으로 전 세계의 관심을 집중시켰다.

이른바 쿠리티바 시스템은 브라질의 유명한 건축가 자이메 레르네르(Jaime Lerner)가 설계했다. 레르네르는 세 차례나 쿠리티바 시장을 역임했고 두 차례에 걸쳐 파라나 주 주지사로 선출됐다. 레르네르가 만든 디렉토(Directo: 급행버스) 운행 체계는 전 세계에서 찬사를 받았다. 미국의 전체 인구보다 많은 사람을 수용하기 위해 신도시를 건설 중인 중국은 에너지 효율적인 방식으로 이용자를 가능한 한 신속하게 목적지에 데려다 줄 수 있는 효율적인 대중교통 시스템을 설계하는 데 도움을 얻고자 레르네르에게 자문을 구한 바 있다.

대중교통 전문가 리로이 데메리 주니어(Leroy W. Demery, Jr.)의 말처럼 "쿠리티바는 미국에서 '간선급행버스 시스템(Bus Rapid Transit: BTR)'의 전형이 됐다."[39] 데메리는 쿠리티바의 교통 시스템에 관해 언급하며 "일일(주중) 버스 이용 승객 수가 총 214만 명이었다"라고 말한다.[40] 쿠리티바 시의 차량 등록 대수가 56만

2,000대인데도 거주민들은 자가용을 이용하기보다 효율적이며 체계적인 디렉토 편을 이용하는 경향이 있었다. 1991년에 쿠리티바는 1인당 연간 230일의 유상 운송 실적을 올렸다. 다시 말해 쿠리티바 사람들은 평균적으로 1년 중 230일을 자가용 승용차를 이용하는 대신 돈을 내고 버스를 이용했다.

데메리는 쿠리티바의 대중교통 시스템이 이처럼 큰 성공을 거둔 것은 브라질 경제의 각기 다른 공간 구조에서 비롯된 부분이 크다고 본다. 예전부터 브라질의 부유층은 성당이나 편의시설에의 접근성이 좋은 도심 부근에 거주하려고 했다. 브라질에서는 일자리와 소매점 등이 미국처럼 교외 지역으로 고루 분산돼 있지 않았다.[41] 이러한 관점에서 보면 쿠리티바의 교통 시스템이 미국에서는 통하지 않을 것이다. 미국은 분산적 운송 시스템에 대한 투자가 이미 많이 이루어졌던지라 사방팔방에 분산돼 거주하는 주민들을 효율적으로 모았다가 다시 이들을 각 목적지로 빠르게 데려다 주는 것이 불가능하기 때문이다. 즉, 미국에서는 이러한 교통 체계의 효율성과 신속성이 상당히 떨어진다.

레이가 말하는 값싼 에너지 환경이 촉진한 미국 경제의 공간적 구조 변화는 미래의 경제 성장을 가로막는 걸림돌이 될 수 있다. 미국은 일찍이 값싼 석유를 운송 동력으로 사용했기 때문에 에너지 가격의 상승은 미래의 경제 성장에 걸림돌이 된다. 휘발유 가격이 갤런당 30센트로 매우 낮은 수준이었을 때는 교외와 위성 도시에 분산돼 거주하는 것이 경제적 측면에서 무리가 없었겠지만, 에너지 가격이 상승한다면 이러한 고가 에너지 환경에 맞게 교통 시스템을 비롯한 경제 구조를 변화시킬 필요가 있다.

교외의 주택 가격은 서브프라임 위기의 여파로 2008년 이후부터 하락세를 탔다. 교외 부동산의 가치는 미 은행권이 설정한 차입 담보 가치의 상당 부분을 차지하기 때문에 이 부분은 쉽게 탕감될 수가 없다. 〈뉴욕타임스〉가 보도한 대로 미국 교외의 빈곤율이 53% 증가했다는 점에 주목하라. 교외에 거주하는 신 빈곤층의 3분의 2가 2007년부터 2010년 사이에 추가됐을 정도로 경기의 대위축(Great Contraction)이 이 과정을 가속화했다. 클리블랜드 주립대학 도시정책대학원의 에드워드 힐(Edward Hill) 학장은 이렇게 말한다.

"이제 정치권은 오지와 해리엇(1950년대 TV 시리즈물 〈오지와 해리엇의 모험〉의 주인공—역주)이 더는 여기에 살지 않는다는 사실을 깨닫고 있다."[42]

이러한 관점에서 대조정(Great Correction)이 시작되기 직전인 2007년에 휘발유 사용량과 함께 미국 내 차량의 총 주행 거리가 3조 300억 마일로 정점을 찍었다는 사실이 결코 우연은 아니다. 누구나 예상할 수 있듯이 석유 가격이 오르면 도로 위에 뿌리고 다니는 비용을 줄이려는 교외 지역 운전자들이 급증할 것이다.

에너지 가격이 상승하면 이동성을 축소할 필요가 생긴다. 그러나 미국처럼 350만 제곱마일에 걸쳐 경제적 공간이 분산된 환경에서는 이러한 이유로 이동성을 축소해야만 하는 환경에 적응하기가 쉽지 않다. 이미 언급했고 또 이 책의 다른 부분에서도 설명했던 이유 때문에 브라질 같은 국가는 에너지 가격 상승에도 경제적 성장 기조를 유지할 수가 있다. 물론 이러한 환경은 미국 같은 국가에는 치명적이겠지만 말이다.

장기적 관점에서 보자면 에너지 가격 상승으로 촉발된 변화가 미국과 기타 선진국 경제를 위기에 취약한 경제로 그리고 영속적이지 못한 성장 환경으로 만들었다. 여러분은 지금 값싼 석유를 기반으로 한 고속 성장 단계의 끝자락에서 살고 있다 해도 과언이 아니다. 미국과 기타 선진국에는 분명히 치명적으로 작용할 것이 뻔한 에너지 가격 급상승 현상에도 브라질은 꾸준히 성장을 계속할 수 있을 것으로 본다. 이후 챕터에서는 이렇게 믿는 이유에 대해 설명할 것이다.

21세기 세계 경제는 크게 두 가지 유형으로 구분된다.

1 값싼 석유에 의존한 부채—기반 선진국 경제: 이 유형은 앞으로 더디게 성장하거나 전혀 성장하지 못할 것이다. 이러한 유형에 속하는 국가 중

에서 특히 미국의 미래가 가장 암울하다. 수세대에 걸쳐 미국의 지도자들은 근시안적이고 낭비적인 지출 행태에 익숙해져 있었다. 미국을 비롯한 선진국들은 아주 오랫동안 부를 누려왔기 때문에 국고를 낭비하는 일에 크게 신경을 쓰지 않았다. 미국, 유럽, 일본 등과 같은 정치 대국은 앞으로도 텅 빈 국고에서 막대한 규모의 예산을 지출하는 일을 계속할 것이다. 석유 가격 상승으로 석유의 생산 및 사용이 감소하고 이것이 경기 침체 혹은 성장 지체로 이어질 가능성이 크다는 사실을 애써 외면하고자 무에서 화폐를 더 많이 창조하는 헛된 시도를 계속하면서 말이다. 다시 말해 이미 갖춰진 막대한 규모의 인프라 때문에 기존의 시스템에서 발생하는 이윤이 점점 감소할 것이다. 성장 둔화는 불가피하게 산발적 부채 위기를 촉진할 것이다.

2 생산 구조 내 에너지 투입량을 점점 증가시키는 개발도상국 경제: 앞으로 성장할 잠재력이 있다. 브라질 같은 국가가 지닌 가장 좋은 이점은 부채 수준이 낮은데다 이용 가능한 에너지의 양도 풍부하다는 점이다. 이렇게 된 이유 중에는 과거 브라질이 별 주목을 받지 못했던 미개발국가로서 지도자들도 국가의 미래에 대해 크게 확신할 처지가 아닌지라 자국이 만성적 적자 상태에서 벗어날 수 있다는 기대는 오래전에 버렸기 때문이라는 것도 있다.

앞으로 더 상세히 살펴보겠지만, 오늘날 브라질의 부채 수준이 이처럼 낮은 것은 브라질이 자연으로부터 귀중한 선물을 받았는데 이 선물이란 것이 비밀 꾸러미 안에 담겨 있어 함부로 개봉하여 탕진할 수 없었다는 데 그 이유가 있다.

이러한 천혜의 선물은 쉽게 저당잡힐 수도 없는 것들이었다. 20세기를 지내는 동안 브라질의 물가 수준은 최소한 1,000조 배가 상승했다. 이와는 대조적으로 미국 달러화는 지난 세기 동안 96%밖에 그 가치가 감소하지 않았다. 브라질 사람들은 이제 미국 앞에 닥칠 암울한 미래 상황을 오래전에 이미 경험한 셈이었다.

미국은 수십 년 동안 중국, 일본, 세계석유수출국기구(OPEC), 브라질, 기타 국가로부터 엄청난 규모의 차관을 들여와 흥청대면서 부동산 부문에 점점 더 많은 자금을 쏟아붓는 등 최악의 과오투자에 몰두해왔다. 1970년 이래로 미국의 주택은 그 규모가 두 배로 증가했다. 그러나 집이 커졌다고 해서 미국인의 생활이 더 나아졌다는 것은 아니다.

현재 신축된 맥맨션(대형 주택)의 가치가 급락했고 이 때문에 미국인들은 총 7조 달러를 공중으로 날리게 생겼다. 그리고 수많은 주택이 텅 빈 채로 남아 있다. 미 인구조사국에 따르면 플로리다 주에 있는 주택 5채 중 한 채가 비어 있는 상태라고 한다.[43]

현대의 금융 체계는 영속적인 성장을 기반으로 한다. 경제가 적어도 임계 수준의 성장을 계속한다면 부채를 상환하는 것은 문제가 되지 않는다. 그러나 경제 성장 수준이 임계치를 밑돌게 되면(부채 수준이 높아지면 임계치도 높아진다) 악성 부채와 채무 불이행이 늘고 국부는 위축된다. 문제는 영속적인 성장은 영속적인 에너지 증가를 요하며 또한 현재의 대위축에는 2005년경 전 세계적인 피크오일과 함께 진행된 금융 긴축이 반영돼 있다는 점이다. 따라서 지금껏 번영을 누려왔던 미국과 기타 선진국의 시대는 가고 이제 인류 경제사에 새로운 단계가 도래할 것임을 예상할 수 있다.

다시 말해, 전에는 미개발국가로 치부되던 브라질 같은 국가가 에너지 사용에서의 더 큰 잠재력을 토대로 더 큰 부를 누리게 될 것이다. 이러한 예상을 가능케 하는 또 다른 이유에 대해서는 이후 챕터에서 더 상세히 다룰 것이다.

에너지 사용 증가와 생활수준 간의 연결고리를 이제 끊는 것이 바람직하다고 주장하는 사람들도 있지만 이에 대한 증거 자료는 이와는 다른 결과를 보여주고 있다. 즉, 에너지의 공급 감소가 신용 수축성 경기 침체와 더불어 성장 둔화 혹은 실질적 성장 후퇴를 유발하는 것으로 나타났다. Chpater 4에서는 에너지 밀도와 경제적 번영 간의 이러한 공생 관계에 관해 상세히 다룰 것이다.

BRAZIL IS THE NEW AMERICA

Chapter 4

번영과 에너지 밀도

경제적 흥망과 에너지의 숨겨진 역할

브라질은 남아메리카의 '미국'을 목표로
성장을 계속하고 있다.
이미 풍부한 재생 에너지를 보유한 브라질은
새로운 유전의 발견을 통해
엄청난 규모의 가용 자원을 추가로
확보하게 될 것이다.

— 조 레이히, 〈파이낸셜타임스〉

　대체 에너지 주창자들의 '발칙한' 환상 가운데 하나가 석유는 경제적 번영을 이루는 데 불필요하다는 생각이다. 이들은 재생 에너지원으로도 충분히 경제를 가동시킬 수 있다고 말한다. 〈사이언티픽 아메리칸(Scientific American)〉 2009년 11월호 표지 기사에서 이에 관한 가장 극단적인 표현을 찾아볼 수 있다. 스탠퍼드대 토목환경공학과의 마크 제이컵슨(Mark Z. Jacobson) 교수와 마크 델루치(Mark A. Delucchi)는 태양, 바람, 물을 원천으로 하여 전 세계의 에너지 수요를 충족시키려는 계획을 수립했다고 한다.

　이들의 계획대로라면 5메가와트급 초대형 풍력 터빈 380만 개의 설치 그리고 수십억 개의 광전지와 최소한 50만 제곱킬로미터(캘리포니아 주 면적보다 더 넓다)에 달하는 미장 공사가 필요할 것이다. 보충 설명 부분을 보면 문제가 더욱 복잡해진다. 380만 개의 초대형 풍력 터빈을 건설하려면 520명이 매일 20년 동안 작업해야 한다(여기서 '초대형'이라고 표현한 이유는 터빈의 지름이 100미터나 되기 때문이다. 100미터면 미식 축구장 길이에 맞먹는 수준이다). 제이컵슨과 델루치는 자신들의 계획을 실현하는 데 최소한 100조 달러의 비용이 들어간다는 점을 알고 있다. 비판론자들은 실제 비용은 이보다 두 배는 더 들 것이라고 주장한다.[1] 그 렇다면 미국인 1인당 33만 3,000달러 혹은 4가구당 133만 3,000달러가 들어 가는 셈이다. 더구나 현재의 에너지 시스템을 교체하는 데는 앞으로 20년 동 안 한 가구당 매년 6만 6,000달러를 들여야 한다. 이미 경제 붕괴 조짐을 보 이는 상황에서 2010년도 가계 소득 중앙치가 4만 6,326달러인 미국인들이 대 체 에너지 생산을 위해 매년 6만 6,000달러를 추가로 부담하는 일이 가능하 다고 보기는 어렵다. 조너선 스위프트가 쓴 《걸리버 여행기》 속 '라가도대학 술원'에서 하던 오이에서 태양광을 추출하는 연구만큼이나 황당한 실행 불가 능한 계획이 아닐 수 없다.

재생 에너지로 미국인의 미래 에너지 수요를 충족시키겠다는 제이컵슨과 델루치의 이 야심 찬 계획에는 많은 문제가 있다. 이 가운데 가장 중요한 것 은 경제적 번영과 에너지 밀도 간의 상관성, 즉 번영에서 에너지 밀도가 차지 하는 중요성을 간과하고 있다는 점이다. 에너지원의 밀도가 급감하면 경제 붕괴라는 결과가 초래될 수 있다.

에너지 밀도의 증가는 경제 번영으로 이어진다

경제 발전의 역사는 고밀도 에너지원 사용의 역사와 맥을 같이한다. 에너 지원이 없었다면 경제 발전도 없었을 것이다. 이러한 맥락에서 보자면 고대와 산업혁명 이전 시대에 사용했던 에너지원은 제이컵슨 교수가 제시했던 것과 같은 유형의 것이었다. 범선은 바람의 힘을 이용하여 사람과 화물을 실어나르 던 수단이었다.

로마 시대부터 풍차와 수차를 동력으로 하여 곡식을 빻고, 물을 끌어올리 고, 가죽을 무두질하고, 철을 가공하고, 나무를 베고, 다양한 유형의 초기 가 공 작업을 수행했다. 생산성이 향상됨에 따라 인간과 동물의 근력에 대한 의존도는 점차 줄어들었고 수력 자원을 이용하기에 유리한 장소가 경제 및 산업 활동의 중심지가 됐다.

제이컵슨과 델루치 같은 녹색 에너지 주창자들은 역사적 기록으로 확실히 드러난 사실을 교묘하게 감추고 있다. 이들이 주장하는 바와 같은 저밀도 에너지원을 사용하여 어느 정도의 번영을 이루어냈다 하더라도 실질적으로 재생 에너지의 효과는 제한적인 것으로 판명됐다. 바람과 물은 가변성이 심하고 장소 특정적이며 예측성이 낮아서 모든 곳에서 다 사용할 수는 없었고 또 생활수준을 광범위하게 향상시키는 효과도 제약적이었다.

그렇다. 적절한 장소에 설치된 수차는 곡식을 빻아 해당 지역의 생산성을 향상시키는 데 필요한 에너지를 제공했다. 풍차는 펌프나 기타 기계 장치를 작동시키는 데 사용됐다. 그러나 이러한 에너지원의 사용은 여전히 제한적이었다. 경제적 번영은 날씨에 크게 좌우됐다. 좋은 날씨와 풍작에서 비롯된 잉여 생산을 통해 사람들은 더 나은 생활을 할 수 있었다. '좋은 날씨'는 '더 많은 식량'과 같은 의미였다.

반대로 나쁜 날씨는 배고픔과 곤궁기를 의미했다. 사람들은 하루 벌어 하루 먹고사는 이른바 하루살이 생활을 했고 비축해둔 것이 거의 없었기 때문에 한 번 실수하면 그것으로 끝이었다. 해가 가고 또 세대가 달라져도 경제 성장 속도는 거북이 걸음이었다. 아메리카에 정착했던 필그림파더스(Pilgrim Fathers: 메이플라워호를 타고 온 영국인 청교도인 102명—역주)는 로마 제국 전성기 시절의 로마인들보다 못살았다. 1세기 때의 기후가 17세기 때보다 더 좋았기 때문이다.

그런데 18세기 후반기에 대영제국에서 일어난 산업혁명이 정체로 일관했던 인류 경제사에 일대 파란을 일으키며 처음으로 성장의 시동을 걸게 됐다. 이를 가능하게 했던 것이 무엇일까? 간단히 말하자면 이 모든 것은 고밀도 에너지원, 즉 석탄의 집중적 사용에서 비롯됐다.

석탄과 애덤 스미스

때때로 역사가들은 경제 성장론의 고전 《국부론》을 쓴 애덤 스미스의 사상적 선행자(先行者)에 관한 분석을 하곤 한다. 또 이들은 너무 멀리 나갔다 싶을 정도로 분석의 범위를 확장하기도 한다. 예를 들어, 레슬리 영(Leslie Young)은 "애덤 스미스의 저 유명한 '보이지 않는 손' 개념은 중국 한나라의 역사가 사마천이 먼저 생각해낸 것"이라고 주장했고 더 나아가 "스미스의 '자연의 질서' 개념은 중국에서 온 것"이라고 했다.[2] 모하마드 시디치(Mohammad Siddiqi)는 "여러 가지 면에서 이븐 할둔(Ibn Khaldun)이 스미스의 생각보다 앞서 있었다"라고 주장한다.[3]

애덤 스미스의 역할은 어쩌면 사마천이나 이븐 할둔 같은 고대 학자들의 사상을 재조명 혹은 재발견하게 해주는 것일는지도 모른다. 그러나 나는 애덤 스미스의 사상적 선행자 가운데 가장 중요한 사람은 분석가가 아니라 행동가였던 스코틀랜드 컬로스(Culross) 출신 '카녹의 조지 브루스(George Bruce of Carnock)'였다고 생각한다. 영국에서 포스 강 인근 해저에 산업용 석탄 광산을 최초로 열었던 사람이 바로 조지 브루스였다. 조지 경의 혁신적 채광 기술은 훗날 산업혁명의 동력을 개발하는 데 활용됐다.

애덤 스미스가 막 성년이 됐을 때인 18세기 중반에는 영국과 스코틀랜드에서 엄청난 양의 석탄이 채굴됐다. 스미스가 《국부론》을 출판했던 1776년 무렵에는 영국의 연간 석탄 생산량이 약 625만 영국톤(long ton)이었고 이것은 제1차 세계대전 이전 영국의 피크콜(peak coal: 석탄 생산 정점) 시절에 8일간 생산했던 양과 비슷한 수준이었다. 대영제국 경제사학회 회장이었던 마이클 플린(Michael Flinn) 박사의 말에 따르면 "1750년부터 1830년까지 영국의 석탄 생산량이 6배 가까이 증가"했다고 한다.[4]

석탄 생산이 증가하고 제임스 와트의 증기 기관 발명으로 산업혁명이 촉진되기 전까지, 분석할 만한 경제 성장이나 부의 축적은 이루어지지 않았었다. 이전 에너지원보다 밀도가 높은 석탄이 등장하면서 경제 성장이 촉진됐다는 이유 하나만으로 자유 시장의 풍요로움을 기술한 애덤 스미스는 이른바 '풍요의 선지자'가 됐다. 건조된 목재(2년 동안 건조)의 에너지 함량은 파운드당 6,050BTU라는 점에 주목하라. 그리고 수분 함량은 25%다. 막 베어낸 나무는 수분 함량이 50%라서 가용 에너지가 파운드당 3,230BTU로 감소한다. 이와는 대조적으로 무연탄의 에너지 함량은 파운드당 1만 2,000BTU다. 석탄의 에너지 밀도는 나무보다 최대 400%가 더 높다.

그렇다. 부족의 시대에 가능한 한 큰 부를 축적한다는 점에서는 자유 시장이 유리한 측면이 있다. 그러나 산업혁명의 동력이 돼줄 고밀도 연료가 결핍된 상황에서는 중상주의 경제 체계보다 자유 시장과 자유 무역 체계가 더 낫다는 점이 크게 두드러지지 않는다.

피크우드(peak wood: 나무 생산 정점)는 100만 BTU의 가치를 은 6그램에서 은 12그램으로 두 배나 상승시킴으로써 산업혁명을 촉진하는 데 도움을 줬다. 피크우드는 17세기 말과 18세기 초 태양 활동이 저조해진, 이른바 마운더 극소기(Maunder Minimum) 동안 전개된 소빙하 환경 속에서 진행된 산림의 성장 지체가 부분적인 원인이 됐다. 나무의 공급이 감소하면서 제조업자들은 연철 생산에 필요한 나무를 구할 수 없게 됐다. 삼림 역사가(歷史家) 존 펄린(John Perlin)은 '피크우드가 산업혁명을 촉진한다'라는 글에서 이렇게 밝혔다.

광석의 부족과는 아무런 상관이 없는 문제였다. '이러한 관점에서' 그 당시 익명의 한 팸플릿 저자는 '자원은 풍부했고 그런 측면에서 자연은 인간에 매우 관대'하다는 사실을 관찰했다. 그러면서도 이 저자는 '나무와 목탄의 부족 때문에 작업을 할 수가 없었다'고 덧붙였다.[5]

1750년에 영국의 철공 노동자들은 연간 1만 9,000톤의 금속을 생산했다. 1850년에는 생산량이 25만 톤으로 급증했다. 이와 비교하여 석탄 생산량은

1750년에 500만 톤에서 불과 50년 만에 1,000만 톤으로 증가했다.

18세기 영국의 경제 성장을 촉진했던 또 한 가지 요인은 바로 운송 체계의 개선이었으며 이는 에너지수익률(투입 에너지 대비 산출 에너지의 비율)을 높이는 데 필수적인 요인이기도 하다. 그리고 브리지워터 공작(Duke of Bridgewater)이 운하를 건설하면서 큰 진전이 이루어졌다. 브리지워터 공작은 랭커서에 있는 석탄 광산 소유자였고 이 광산에서 6마일(약 9.6킬로미터) 떨어진 맨체스터 시장까지 석탄을 운송하려는 목적으로 운하를 건설했다. 공작은 2만 5,000파운드가 넘는 막대한 자금을 투자하여 2년에 걸쳐 이 운하를 건설했다. 연속된 터널이 석탄 광산에 직접 연결된 구조인 이 운하는 1761년에 완공됐다. 이 운하는 맨체스터까지의 석탄 운송 비용을 많이 줄이면서 석탄 가격 하락을 촉진했다. 석탄 가격이 하락함에 따라 점점 더 많은 석탄이 사용됐고 단위 에너지의 비용도 줄어들었다. 맨체스터까지 이어진 브리지워터 운하는 영국에서 일어난 운하 붐의 기폭제가 됐다. 1830년이 되자 영국에는 총 3,875마일(약 6,200킬로미터)의 운하가 건설돼 있었다.

케니스 포머란츠(Kenneth Pomeranz)와 로버트 앨런(Robert Allen) 같은 경제사가들은 산업혁명 당시 영국의 경제를 변화시킨 주요 동인이 석탄이라고 말한다. 석탄 사용의 영향은 매우 광범위했다. 노벨상 수상자인 로버트 루카스 주니어(Robert E. Lucas Jr.)는 "역사상 처음으로 일반 대중의 생활수준이 지속적으로 향상하기 시작했다. 이와 같은 경제 행동은 전에는 일어난 적이 없었다"고 말한다.[6]

전진이냐 퇴보냐?

제이컵슨과 델루치는 잘못된 질문에 대한 해답을 찾으려 하고 있다. 비용 효율적인 측면에서 재생 에너지원으로 현 시스템상의 전체 에너지 처리 능력을 대체할 수 있느냐 하는 것은 올바른 질문이 아니다. 올바른 질문은 바로 '어떻게 하면 단위 에너지당 가용 비용 수준에서 번영에 유리한 에너지 밀도를 유지할 수 있느냐' 하는 것이다.

소비된 단위 에너지(BTU)당 비용이 세 배 혹은 네 배로 증가한다면 18세기 이후로 향상된 생활수준에서 상당 부분이 퇴보하게 될 것이다. 이러한 현실을 깨닫기도 전에 거리에는 다시 말들이 등장할 것이다. 물론 이러한 상황은 파괴적 결과에 이를 만큼의 대단한 퇴보라고는 할 수 없다. 그러나 적어도 에너지수익률의 감소는 위태로운 미국의 번영에 가해지는 최후의 일격이 될 것이다.

천혜의 자연환경 덕분에 번영으로 가는 열차에 무임승차를 해온 것이나 다름없었던 미국인들이 이제 밑바닥에서부터 그 번영을 다시 이룩할 여력이 있을지 의심스럽다. 미국에 거주하는 사람들은 아주 오랫동안 너무도 쉽게 그 번영을 누려왔다. 그랬던 미국이 에너지를 마음대로 쓸 수 없는 현실에 적응할지 있을지 미지수다.

그렇다. 값싼 석유(지난 세기 동안 미국이 누렸던 번영의 토대) 말고도 다른 에너지원이 있다. 물론 제2차 세계대전 당시 수많은 유럽 가정에서 그렇게 했듯이 극단적 상황에서는 가구를 땔감으로 사용할 수도 있다. 그러나 식탁을 부숴 땔감으로 쓰고 나면 식사는 어디에서 할 것인가?

높은 생활수준을 유지하는 데 도움이 되는, 알맞은 비용의 고밀도 에너지를 사용해야 한다는 것은 두말할 나위가 없다. 석유가 중요한 에너지원으로 여겨졌던 이유는 쉽게 운송할 수 있는 형태의 고밀도 저비용 에너지를 제공했기 때문이다. 경제적 번영은 총 에너지 처리량이 아니라 에너지수익률과 깊은 관련이 있다. 달리 표현하자면 에너지수익률이 증가하면 번영도 따라온다.

에너지 추출 단계

미국이 세계 경제를 주도하는 국가로 부상한 것은 가용성이 높은 저비용

에너지를 추출하는 데 큰 장점을 보였기 때문이다.

1단계: 풍부한 나무

첫 번째 단계로, 북아메리카에 정착한 영국인들은 대서양 해안 지역에서부터 내륙 깊숙한 곳까지 형성된 울창한 삼림을 개발하여 이를 이용했다. 지금은 대개가 개방 농장 지역이지만 정착민들이 처음 당도했을 때 오하이오와 인디애나 같은 지역은 빽빽한 삼림 지대였다. 오하이오는 '4만 1,000제곱마일이나 되는 전인미답의 최대 삼림 지대'로 일컬어졌었다.[7]

미국의 번영은 용맹스런 개척자들의 근면과 지혜 때문이라고들 하지만 사실 이러한 번영의 상당 부분은 자연이 준 선물 덕택이었다. 18세기와 19세기 초에는 값싸고 풍부한 목재를 사용하여 경제를 건설할 수 있었기 때문에 유럽인과 비교해 미국인이 상대적 이점을 누렸다. 존 펄린은 이러한 삼림에서 추출한 값싼 목재와 연료 덕분에 미국은 산업혁명기부터 남북전쟁기까지 발전을 거듭하여 부강한 국가가 될 수 있었다고 설명한다. 그러나 삼림 개발을 통한 이러한 성장은 엄청난 대가를 요구했다. 1877년에 한 관찰자는 〈월간대중과학(The Popular Science Monthly)〉을 통해 "오하이오 주와 인디애나 주는 비교적 최근에 개발된 동부아메리카 최대의 삼림 지대인데도 수천 년 전 동안 개발된 유럽의 삼림 지역보다 민둥산이 더 많다"고 밝혔다.[8]

2단계: 풍부한 석탄

동부아메리카의 삼림이 거의 다 고갈되자 그다음에는 석탄이 그 자리를 대체했고 손쉽게 개발하여 이용할 수 있는 석탄 덕분에 고속 경제 성장을 이룩할 수 있었다.

그런 면에서 보면 미국은 이중으로 자연의 혜택을 입은 셈이었다. 요컨대 에너지원이 나무에서 석탄으로 자연스럽게 전환됐다는 점이 자연으로부터 받은 또 다른 혜택이었다. 미국은 원시림의 혜택뿐 아니라 풍부한 석탄이라는 혜택까지 받았고 이에 따라 석탄 개발이 가속화됐다. 1850년부터 1910년까지 미국의 석탄 생산량은 연간 6.6% 수준에서 대수적으로 증가했다. 그러고 나서는 증가율이 일정 수준을 유지하게 됐다.

피크오일 가설의 창안자인 저명한 석유 지질학자 킹 허버트(M. King Hubbert)는 실제로 미국의 석탄 생산량을 연구하여 석유에 대한 전망을 체계화했다. 기하급수적 성장을 뒷받침할 수 있는 안정된 자원은 존재하지 않는다는 믿음을 바탕으로 허버트는 생산율 대 시간은 종형 곡선을 형성하며 처음에 급증하는 곡선 형태를 나타냈던 것과 똑같이 나중에는 급감하는 곡선 형태를 나타낼 것으로 예측했다.

궁극적으로 생산은 그 정점에 도달할 것이고 이후 생산 감소가 나타나고 결국에 그 자원은 고갈될 것이다. 허버트는 미국의 석탄 생산 추이를 토대로 이 같은 피크오일 가설을 만들어냈다. 이 부분에 관해서는 나중에 다시 상세히 다룰 것이다.

그러나 당연한 말이겠지만 일단 석유 생산이 시작돼야 석유 생산의 정점에도 도달하게 된다.

3단계: 석유 산업의 시초

에너지와 관련하여 미국이 누렸던 자연의 혜택 가운데 그 세 번째 단계는 에드윈 드레이크 대령이 펜실베이니아 주 북서부에 있는 제재업 중심지 타이터스빌(Titusville)에서 경질 원유를 발견한 1859년에 시작됐다고 볼 수 있다. 드레이크 대령이 도착했을 때 타이터스빌에서는 16개의 제재소가 운영되고 있었다. 그러나 이들 제재소는 유정(油井) 발견과 함께 타이터스빌 경제의 '총아'로서의 입지를 잃고 말았다.

드레이크의 유정은 하루에 45배럴밖에 생산하지 못했지만, 이것이 세계 석유 산업의 시초가 됐다. 타이터스빌은 인구가 40배 이상 증가하면서 엄청난 수준의 경제 성장을 경험하게 됐다. 머지않아 더 많은 석유가 발견됐다. 그리고 몇 년 지나지 않아 타이터스빌은 이 지구상에서 백만장자가 가장 많은 도시가 됐다.

드레이크 대령의 첫 번째 유정이 원유를 생산하기 시작한 1859년 어느 여름날부터 1971년까지 미국의 경질 원유 생산은 꾸준히 증가했다. 더불어 미국의 경제도 성장했다. 미국은 석유를 개발하여 이를 산업에 활용한 첫 번째 국가로서 곧 세계 경제의 선도자가 됐다. 산업혁명을 주도했던 대영제국은 석탄 생산이 정점에 도달했던 1913년 이후 1년 만에 시작된 제1차 세계대전의 여파 속에서 세계의 주도권을 잃고 말았다.

물론 고교 시절 역사 시간에 배운 바로는 1차 대전의 직접적인 원인은 1914년 6월 28일에 프란츠 페르디난트 대공(Archduke Franz Ferdinand)이 사라예보에서 가브릴로 프린치프(Gavrilo Princip)에게 암살당한 사건이었다. 이 역사적 사건의 이면을 더 깊숙이 들여다보면 세르비아 군사정보부, 특히 드라구틴 디미트리예비치(Dragutin Dimitrijević) 정부부장이 어떤 역할을 했는지를 알 수 있을 것이다. 오스트리아 당국이 의구심을 품었던 바대로 이 암살은 의심의 여지 없는 분명한 국가적 테러 행위였다.

유럽의 문명을 파괴하고 1,600만 명의 사망자와 2,100만 명의 부상자를 낸 그 끔찍한 전쟁이 유명 인사 한 명이 목숨을 잃은 데서 비롯됐다는 사실을 나는 아직도 믿기 어렵다. 이러한 참화에는 좀 더 깊은 내막이 있을 것으로 생각된다.

석탄에서 석유로의 전환 그리고 제1차 세계대전

제1차 세계대전의 근본 원인은 페르디난트 대공의 암살보다는 영국과 독일 간 유전 쟁탈전 그리고 영국의 피크콜에서 찾아야 한다. 정치적 암살은 이전에도 있었지만, 이것이 반드시 세계대전으로 이어지지는 않았었다. 그러나 에너지원이 전환되는 시기 속에서의 강대국들이라면 이야기는 달라진다.

해군 대신 윈스턴 처칠과 해군 제독 존 피셔(John Fisher)가 주도한, 석탄에서 석유로의 에너지원 전환 작업은 지정학적 고려보다는 기술적 고려에서 비롯된 일이었다. 민간 부분에서와 마찬가지로 영국 해군이 전함의 동력으로 석유를 사용하는 것에는 실용적·군사적 이점이 있었다.

처칠은 이렇게 말했다.

"배에 석탄을 싣는 작업을 하느라 승무원 모두가 기진맥진한 상태가 됐다. 전시에는 이 작업 때문에 쉴 수가 없어서 모든 작업자가 극도의 피로감을 호소했다."

피셔 제독은 일찍부터 해군의 동력을 석유로 교체하자고 주장했다. 1902년에 피셔는 이런 말을 했다.

"석유를 동력으로 사용하는 해군 함대가 석탄을 사용하는 함대보다 전략적으로 상당한 이점이 있을 것임은 자명한 사실이다."[9]

피셔는 석유의 에너지 밀도가 높다고 보고 석탄에서 석유로의 에너지원 전환을 추진했다. 이러한 에너지원 전환 작업에는, 광전지로 초노급 전함을 움직여야 한다든가 해군에 배치된 범선을 움직이고자 수천 와트의 풍력을 사용해야 하는 등의 곤란한 문제는 없었다. 물론 기술적으로는 이것이 가능했다 하더라도 말이다. 피셔는 오로지 석유만을 동력으로 사용하는 러시아 함대를 보고 감탄하며 이렇게 말했다.

"석유를 사용하면 인원이 절반밖에 들지 않는구나! 이렇게 하면 우리도 화부(火夫)를 50%나 줄일 수 있겠다."[10]

석유를 동력으로 사용하면 숙련된 선원의 수가 더 적어도 운항할 수 있다. 따라서 전함의 동력을 석유로 교체한다는 것은 함선의 무게가 가벼워진다는 것뿐 아니라 필요 인력을 대폭 줄일 수 있다는 것을 의미한다. 해전(海戰) 분석가 에릭 달(Erik J. Dahl)은 이렇게 썼다.

석유에는 많은 이점이 있다. 석유에는 석탄의 두 배나 되는 열량이 함유돼 있기 때문에 기관의 크기가 더 작아질 수 있고 함선의 속도도 두 배는 더 빨라진다. 석유는 탈 때 연기가 덜 나기 때문에 함대가 쉽게 발각되지 않을 것이다. 석유는 탱크에 보관할 수 있기 때문에 좀 더 효율적인 선박 설계가 가능하고 화부에 의존하지 않고 파이프를 통해 운반이 가능하므로 인력을 절감할 수 있다. 해상에서 연료를 보급할 수 있기 때문에 융통성이 더 많이 발휘될 수 있다.[11]

무연탄 1파운드에는 1만 2,000BTU의 에너지가 함유돼 있으나 연료유 1파운드에는 2만 3,000BTU의 에너지가 함유돼 있다. 석유는 석탄보다 무게가 덜 나가기 때문에 더 빠른 속도로 항행하는 것이 가능하다. 달은 또 이렇게 말했다.

1912년에 피셔는 처칠에게 다음과 같은 내용의 서신을 보냈다.
"초고속 함선을 원하는 것이라면 이 무기 저 무기로 시간 낭비하지 마라. 그것은 정말 어리석은 일이다! 유일한 방어책이 있다면 그것은 바로 속력이다!"
독일 함대를 물리치려면 분함대(分艦隊)의 속력이 어느 정도여야 하는지 해군대학에 문의했다. 25노트라고 했다. 25노트면 그 당시 함선의 속력보다 최소한 4노트는 빠른 것이었다. 처칠은 다음과 같은 결론을 내렸다.
"25노트의 속력을 내려면 석유를 연료로 사용하는 것 외에는 방법이 없다."
이것으로 충분했다. 이에 따라 석유만을 연료로 하는 퀸엘리자베스호 급(級) 초대형 전함들이 건조됐다. 이러한 결정을 내리고 나서 처칠은 다음과 같은 글을 썼다.
"앞으로 영국 해군의 나머지 함선들의 연료도 석유로 전환될 것이다."[12]

다시 말해, 연료를 석유로 전환한다는 결정은 기술적·군사적 근거를 충분히 갖고 있었다. 특히나 그 당시에는 석유의 가격이 쌌다. 그런데 여기에는 한 가지 치명적 결함이 있었다. 영국은 석탄 생산이 정점에 도달한 이후에도 여전히 상당량의 석탄을 공급하고 있었으나 제1차 세계대전이 발발하기 직전까지 사실상 영국 내에는 석유가 없었다. BP(브리티시페트롤륨: 영국의 석유 회사—역주)가 1939년에 노팅엄서 주 이크링(Eakring)에서 처음으로 유전을 발견할 때까지 영국 내에서 상업성 있는 유전은 발견되지 않았다. 영국이 세계 최강국의 자리를 지키지 못했던 가장 큰 이유는 자국 내에 석유가 부족했기 때문이다.

기술적 진보와 함께 에너지 밀도가 더 높은 연료로 전환하는 것의 이점이 명백히 드러났다. 따라서 영국은 석유를 연료로 사용하는 주력함 위주로 군비 체계를 정비하는 데 필요 자금을 투자할 수 있는 근거가 생겼다. 그러나 20세기 초의 미국과 달리 영국에는 석유가 없었다. 오늘날의 미국처럼 그때 영국은 외국산 석유에 의존하고 있는 실정이었다. 값싼 석유를 쉽게 사용할 수 없었던 영국은 필연적으로 다른 곳에서 유전을 확보하기 위한 지정학적 책략에 골몰해야 하는 상황에 몰렸다. 이러한 배경하에서 제1차 세계대전이 발발한 것이다.

석유 부족은 영국의 성장을 지체시키는 역할도 했다. 세계대전을 치르는 데는 막대한 자금이 필요했기 때문에 영국은 금보유고(gold reserve: 금 보유량)와 국외 자산의 상당 부분을 지출했다. 그 이후로 영국 경제는 수출 이익의 한계 내에서 운용됐다. 근래 미국이 외국산 원유 수입에 필요한 자금을 조달하고자 수조 달러를 차입했던 것과는 달리 영국에는 원유 거래 시의 적자를 메워주려고 대기하는 채권자 집단이 존재하지 않았다. 따라서 영국은 미국보다 훨씬 '알뜰'하게 석유를 사용했다.

특히 영국은 자동차화를 통한 도시 근교의 급속한 발전을 경험하지 않았다. 일찍부터 승용차와 화물차를 활용한 미국에서는 경제 성장이 촉진됐으며 1920년대에는 연평균 4.2%의 경제 성장률을 기록했다.[13] 미국의 자동차 이용 증가는 대량 생산 체계의 채택과 육체 노동자의 소득 증가로 이어졌으며 가전제품과 가구 같은 부수적 산업의 발전을 가져왔다. 즉, 도시 근교와 위성 도시에 신규 주택 건설이 증가하면서 가전제품과 가구의 판매가 촉진됐다. 물론 교외 지역의 건설 붐은 포장도로를 이용하는 자동차가 급증한 데서 비롯된 부차적 효과였다.

대공황 기간에는 미국의 경제 활동이 급격히 감소했지만 그래도 1939년에 미국의 자동차 소유 비율은 영국보다 400% 이상 높았다. 영국인은 겨우 5.4%가 자동차를 소유했는데 미국은 그 비율이 23%에 육박했다.

미국의 1인당 소득 증가 그래프는 국내 석유 생산량 증가 그래프와 같은 형태를 나타낸다. 1950년이 되자 석유는 미국의 주요 에너지원이 됐다. 이때 미국의 석유 생산량은 전 세계 생산량의 52%를 차지하고 있었다. 그러나 1956년에 처음으로 고밀도 에너지를 기반으로 한 미국의 번영에 어두운 그림자가 드리웠다. 그 당시에 쉘 석유사(Shell Oil)에서 근무하던 킹 허버트는 미국의 석유 생산이 약 15년 후면 정점에 달할 것이라는 사실을 정확하게 예측했다.

지금은 허버트 이론으로 알려진 이 전개 모형에서는 개별 유정, 유전, 지역, 국가(그리고 전 지구촌)의 순서로 석유 생산의 정점을 맞고 나서 점차 생산량이 감소할 것이라는 사실을 정확하게 기술하고 있다. 허버트는 1970년대 초에 미국 내 석유 생산이 정점을 찍을 것이고 그 이후로는 생산이 감소할 것으로 예측했다. 그리고 허버트의 예측은 옳았다.

피크오일과 통화 가치의 하락

미국이 피크오일을 맞았던 1971년은 미국이 부채주의의 굴레를 쓰기 시작한 해이기도 하다는 사실이 결코 우연은 아니다. 1971년에 '구 아메리카'는 무너졌다. 리처드 닉슨이 금본위제를 포기하면서 미국은 인류 역사상 최대 부채국의 길로 들어섰다. 값싼 국내 석유의 생산이 감소하면서 '저축을 기반으로 한 자본의 축적'으로 정의되는 미국의 자본주의는 그 종말을 고하게 됐다. 현재와 같은 부채주의 시스템은 경제의 중심을 자본에서 부채로 바꾸는 것과 같은 의미다. 현재의 경기 침체는, 지속적인 번영의 수단으로 값싼 국내 에너지를 전 세계적 부채와 바꾸려는 잘못된 시도의 직접적 결과였다. 요컨대이러한 시도는 성공하지 못했다. 정부가 화폐를 찍어낼 수는 있다. 그러나 그누구도 에너지는 '찍어내지' 못한다.

미국에서는 인구가 증가함에 따라 고밀도 에너지인 석유의 총 소비량은 계속해서 증가세를 유지했다. 주택 경기 붐이 절정에 달했을 때는 일일 총 석유수요량이 최고 2,100만 배럴을 기록했다. 그런데 이상하게도 미국의 1인당 에너지 소비량은 1970년대 수준으로 고정됐고 그 이후로 이 수준이 그대로 유지됐다. 1인당 실질 소득이 정체됐을 때도 마찬가지였다.

쉽게 창조해낸 달러로 어디서든 경질 원유를 사들일 수 있는 한, 우리는고밀도 에너지의 가용성이 떨어지고 있다는 부분을 애써 감추면서 계속해서미국이 번영을 누리는 척 위장할 수가 있다. 그러나 우리가 무(無)에서 창조해낸 화폐는 단순히 조폐기를 돌려서만이 아니라 부분지급준비금제도를 토대로 대출을 통해 창조되며 이러한 과정에서 상환할 채무가 발생하고 장부상대변에 기재할 사항이 생긴다는 사실을 명심하라. 값싼 에너지를 바탕으로부에 넘치는 생활수준을 유지하는 동안에 축적된 빚은 결국 언젠가는 반드시 갚아야만 한다.

에너지의 생산 감소와 체계적 붕괴

조지프 테인터(Joseph A. Tainter)는 자신의 저서 《문명의 몰락(The Collapse of Complex Societies)》에서 이렇게 주장한다.

지속적인 사회경제적 성장을 위한 그리고 한계생산력이 감소하는 현상을 회피 혹은 방지하기 위한(최소한의 필요 자금을 조달하기 위한) 핵심 열쇠는 한계생

산력 감소 현상이 두드러지기 시작할 때 새 에너지원을 획득하는 것이다.[14]

유럽인들은 소빙하기 동안 태양 에너지 감소에 대한 방안으로서 다음 두 가지 방식으로 새로운 에너지원을 획득하고자 했다.

1 유럽인들은 주로 "농업, 가축, 인간의 노동력(그리고 궁극적으로는 태양 에너지) 등으로 가동되는 전통적 경제 체계를 따랐으며 새로운 에너지원의 확보는 영토 확장을 통해 실현됐다."[15]

유럽인들은 아메리카, 아프리카, 아시아 등지의 식민지를 통해 보충적 에너지를 획득했다.

2 소빙하기 이후에 유럽인, 특히 영국인이 개척한 새로운 방식은 고밀도 에너지인 석유를 산업혁명의 동력으로 채택한 것이었다. 레슬리 화이트(Leslie White)가 관찰한 바와 같이 산업 체계에 투입되는 에너지가 증가하면서 주로 인간 에너지를 기반으로 가동됐던 경제 체계보다 훨씬 많은 수익을 낼 수 있었다. 화이트는 인간 에너지만을 사용했던 체계는 1인당 연간 20분의 1마력의 생산력을 나타내는 데 그쳤다고 주장한다. 이와는 대조적으로 탄화수소 에너지를 동력으로 삼은 산업 체계는 이보다 훨씬 높은 생산력을 나타냈다.[16] 실제로 탄화수소 에너지는 생산력을 수만 배나 끌어올렸다. 1750년 이래로 유럽인의 생활수준이 크게 향상된 것도 석탄을 사용한 이후 유럽 경제 체계에 투입되는 에너지의 양이 급증한 것에서 그 이유를 찾을 수 있다.

밀도가 더 높은 에너지를 사용하게 되면서 경제 성장도 가속화됐다. 산업혁명은 전에는 경험할 수 없었던 수준으로 일반 서민의 생활수준을 크게 향상시켰다. 제1차 세계대전이 발발하기 직전에 실현된 피크콜은 고밀도 에너지원인 석유에 대한 쟁탈전을 심화시켰다. 이것이 평화를 깨뜨렸고 19세기 자유 무역 체계를 무너뜨렸다.

이제 우리는 에너지 생산 정점, 특히 피크오일과 관련된 또 다른 문제에 봉착해 있다. 전 지구적인 한계수익 감소 현상 때문에 수많은 '복잡한 사회'가 이미 몰락의 위기를 겪는 중이다. 그런데 안타깝게도 이들의 몰락을 방지하는 데 사용할 만한 고밀도 에너지원이 존재하지 않는다. 테인터는 이렇게 결론 내렸다.

> 전 세계적인 생활수준의 저하 현상을 방지하려면 보충적인 새 에너지원이 필요하다. 더 풍부한 에너지원을 찾아낸다면 한계수익의 감소를 뒤집지는 못해도 적어도 그러한 부분에 대한 투자에 자금을 조달할 가능성은 좀 더 커질 것이다.[17]

안타깝게도 우리가 예상할 수 있는 결과는 미국을 포함한 선진국의 몰락이다. 1945년 이래로 단위 에너지(BTU)의 실제 가격이 469%나 상승했음에도 (인플레이션을 고려한 연평균 석유 가격을 기준으로 함) 이른바 대체 에너지는 전 세계의 에너지 수요를 충당하는 데 큰 공헌을 하지 못했다. 예를 들어, 2011년 현재 태양 에너지는 661조 3,390BTU밖에 생산하지 못했다. 이는 전 세계 총 에너지 생산량인 26경 7,757조 6,000억BTU의 0.002%에 불과한 수준이다. 그리고 풍력은 전체의 0.012%, 지열 에너지는 0.0007%에 불과했다.

이러한 사실은 각국이 귀중한 탄화수소 연료, 특히 석유를 가능한 한 많이 확보하려고 각축전을 벌임에 따라 맬서스가 말하는 이른바 자원 공황이 임박했음을 시사한다. 그러므로 현재의 에너지 사용 수준을 유지하거나 늘릴 수 있는 상대적 능력에 따라 각국의 미래 경제가 흥할지 쇠할지가 결정된다. 그 이유에 관해서는 chapter 10에서 상세히 설명하겠지만, 브라질은 다른 국가들보다 에너지수익률을 높이는 방향으로 1인당 에너지 투입량을 증가시키는 능력에서 우위를 나타낸다.

그런데 미국은 대체 에너지원으로의 순조로운 전환을 하는 데 적합하지 않다. 이에 대한 한 가지 이유는 미국은 브라질과 같은 자연적 이점을 갖고 있지 않다는 점이다. 또 한 가지 이유로는 미국 경제의 공간적 구조가 값싼 석유에 기반을 두고 있다는 점을 들 수 있다. 다른 위험 요소들과 더불어 미국은 경제적 취약성뿐 아니라 전략적 취약성까지 지니고 있다. 한계수익 감소라는 현실에 직면한 수많은 부문 가운데 특히 군사 부분에 주목할 필요가 있다. 미국 군대는 나머지 다른 국가들의 국방비를 전부 합친 것보다 더 큰 비용을 지출하고 있다. 미군은 하루에 석유를 30만 배럴이나 소비한다. 이는 전 세계 군대의 일일 석유 소비량의 4분의 3에 해당하는 수준이다.[18] 이는 결코 그냥 넘길 만한 일이 아니다. 250만 명의 무장 군인을 보유한 브라질은 세계 최대 상비군 보유국 가운데 하나다. 그러나 2010년도 국방비 지출 규모는 280억 달러로서 미국의 국방비 9,290억 달러의 3% 수준밖에 되지 않았다.

피크오일의 실질적 증상

나는 제1차 세계대전 발발 직전에 실현된 피크콜 이후 영국 경제가 쇠하기 시작한 이유는 영국에 고밀도 에너지인 석유가 부족했기 때문이라고 확신한다. 이와 같은 맥락에서 피크오일과 함께 전 세계 에너지 공급량 감소가 심화할 것이라 예상되는 상황에서 특히 미국이 심각한 위험에 노출될 것으로 생각된다. 〈오일드럼(The Oil Drum)〉의 편집자 게일 트버버그(Gail Tverberg)는 미국 경제에서 에너지 생산 증가의 둔화 혹은 정지는 과중한 부채 부담과 경기 후퇴로 드러날 것이라고 지적한다. 트버버그는 이렇게 쓰고 있다.

피크오일에 도달했을 때의 증상은 아래와 같다고 생각한다.

1 높은 채무 불이행률

2 경기 후퇴

더 나아가 사람들은 석유 사용량 감소의 이유를 '공급 정점'이 아니라 '수요 정점'의 관점에서 해석할 수도 있지만, 시간이 지나면서 석유의 공급량이 감소함에 따라 이 같은 증상의 강도가 더욱 세질 것으로 예상한다.[19]

트버버그는 또한 현 경제의 수많은 역기능적 측면들 속에는 에너지 가격 상승이라는 원흉이 도사리고 있다고 지적한다. 트버버그는 이 부분을 이렇게 쓰고 있다.

> 값싼 에너지는 우리의 자동차와 공장을 계속해서 돌아가게 해준다. 또 값싼 에너지 덕분에 주택 소유자들은 주택담보대출금을 갚을 수 있고 장거리 운송을 통해 지구촌 경제화를 가능케 한다. 국가 경제가 고속 성장을 할 수 있을 때는 부채의 원금과 이자를 상환할 수 있다. 그러나 성장이 둔화하면 부채를 상환하기가 훨씬 더 어려워지고 채무 불이행 사태가 빈번히 발생한다. 부채를 기반으로 하는 우리의 현 금융 체계가 유지되려면 경제가 계속해서 성장해야 한다. 폰지 사기(Ponzi scheme) 수준까지는 아니지만, 지속적인 성장이 없으면 현 경제 체계의 유지가 불가능하다는 문제가 있다는 점에서는 폰지 사기의 특성과 다를 바가 없다.[20]

트버버그는 미국의 주택 경기 거품 붕괴와 이로 말미암은 경기 후퇴가 피크오일로 말미암은 증상과 무관하지 않다는 점을 매우 설득력 있게 주장하고 있다. 같은 맥락에서 세계 2대 에너지 소비국인 중국과 미국 간 지정학적 차원의 분쟁에도 이 같은 부분이 반영된다고 예상할 수 있다.

머지않아 중국인들이 버냉키, 오바마 그리고 미국의 다른 당국자들이 그토록 열심히 부풀리려고 했던 미국 정부의 부채 거품을 꺼뜨리고자 자국의 재정적 영향력을 전략적으로 활용할 것이라는 예측도 꽤 신빙성이 있다고 판단된다.

양적 완화 혹은 신용 창조를 통한 통화량의 증가는 중국처럼 고속 성장을 하는 신흥 경제국으로 하여금 양적 긴축을 하게 만드는 수단이 된다. 통화 팽창이라는 카드를 꺼내 들었던 버냉키와 오바마가 결국은 제 꾀에 제가 넘어간 것으로 판명된다고 해도 그리 놀라울 것은 없다. 이들은 우리의 취약성 수준이 한층 높아졌을 바로 그때 전 세계가 얽혀 있는 도화선에 불을 붙임으로써 하루아침에 날벼락을 맞는 느낌을 느껴야 할 그때를 더 앞당길는지도 모른다.

미국은 인류 역사상 최대의 부채국이 됨으로써 스스로 모진 운명의 볼모가 돼버렸다. 채권자에게 자신의 인생을 저당잡히고 그 사람에게 휘둘리는 것을 좌시할 수는 없다. 나와 너, 우리 모두의 재정적 안정이 미국의 번영과 직결돼 있었기 때문에 '미국에 좋은 것이 세계 경제에도 좋은 것'이라는 선입견을 당연스레 받아들였는지도 모르겠다.

국부 경쟁

무에서 만들어낸 돈을 마구 써제끼듯이 지구상에 있는 값싼 석유를 마구 사용하는 행태가 계속되는 동안 심상치 않은 일이 발생했다. 중국, 인도, 브라질, 터키, 한국, 멕시코 등과 같은 신흥 경제국들이 부상하기 시작했다. 전에는 성장이 지체된 국가로 여겨지던 이곳이 이제는 부를 축적하기 시작했다. 상황이 이렇게 되자 신흥 경제국에 거주하는 사람들에게도 자연스레 변화가 찾아왔다. 이 사람들도 그냥 걷거나 당나귀를 타고 다니는 것보다 자동차 모는 것을 더 좋아하게 됐다. 이제 세계 최대 자동차 시장이었던 미국의 자리를 중국이 대체하게 됐다. 그리고 세계 4위의 자동차 시장이었던 독일의 자리는 브라질이 대신 차지했다.

신흥 경제국에서 이렇듯 자동차 이용이 급증하면 당연히 석유 사용량이 증가하고 석유 가격이 폭등한다.

"지금부터 2020년까지 세계 석유 소비량이 약 60% 증가할 것이다. 그리고 운송 부문은 석유 소비량이 가장 큰 폭으로 증가하는 분야가 될 것이다. 현재 7억 대 정도인 자동차 대수는 2025년이면 12억 5,000만 대를 넘는 수준으로 증가할 것이다."[21]

이렇게 되면 교통 체증이 빈발하고 주차할 곳을 찾느라 많은 시간을 허비하게 될 뿐 아니라 석유 가격이 치솟는다. 따라서 지급 불능 압력이 가중될 것으로 예상된다. 그리고 휘발유 가격은 갤런당 8~10달러 수준으로 상승할 것이다. 세계 휘발유 소비량은 두 배로 증가할 수 있다. 반면에 미국의 휘발유 소비량은 급감할지도 모른다.

석유 사용량의 증가율이 가장 높은 두 국가는 중국과 인도이며 이 두 국가의 인구가 전 세계 인구의 3분의 1을 차지한다. 앞으로 20년 안에 중국의 석유 소비량은 연간 7.5%의 증가율을 나타낼 것이고 인도는 연간 5.5%의 증가율을 나타낼 것이다(선진국의 석유 소비 증가율은 1% 혹은 여기서 더 나아가 마이너스 증가율을 나타낸다는 점과 비교할 만하다.).

전 세계 유전에서의 석유 생산량이 줄어드는 상황에서 개발도상국의 석유 소비 급증은 석유 가격을 더욱 상승시키는 요인이 된다. 50여 년 전에 허버트가 설명한 바와 같이 최초로 발견된 석유가 생산하기 가장 쉬웠고 또 생산 비용도 가장 낮았다. 2010년 현재 이러한 저비용 유전의 연평균 고갈률을 보자면 일일 생산량 기준으로 하루에 약 400만 배럴씩 생산이 감소하는 수준이었다. 결과적으로 2014년이 되면 일일 석유 생산량이 2,000만 배럴 줄어든다는 계산이 나온다.

고비용 석유는 아직 남아 있다

지금까지 피크오일 이론에 대한 구차한 대항 논리들이 많이 제시됐었다. 이러한 논리 대다수가 지구상의 석유가 정말로 고갈되고 있는가에 대한 질문과 관련돼 있다. 석유는 고갈되지 않을 것이라고 말하는 사람들의 주장은 분명히 일리가 있다. 그러나 이러한 주장은 자칫 잘못된 진실로 이르게 하는 경향이 있다.

사람들이 감당할 수 있는 가격 수준에서 북아메리카의 경제적 번영을 촉진했던 유형의 석유는 따로 있었다. 문제는 바로 그러한 유형의 석유가 고갈되고 있다는 것이다. 흐름성이 좋고 휘발유로 정제하기가 쉬워서 고부가가치 유종(油種)으로 인정되는 저유황 경질 원유가 급속히 고갈되고 있는 것으로 보인다. 서부 텍사스 중질유, 북해산 브렌트유, 사우디의 아라비안라이트 등을 포함하여 가장 유명한 저유황 경질 원유 유종들이 고갈되고 있다.

OPEC의 자료에 의하면 2000년부터 2004년까지 저유황 경질 원유의 연간 생산량이 일일 260만 배럴 감소했다고 한다. OPEC의 통계치는 총 생산 곡선을 망라하지 못했기 때문에 그 수치에 다소 의문은 있으나 비중이 더 가볍고 품질이 더 좋은 원유 유종이, 비중이 더 무겁고 품질이 더 낮은 유종으로 교체된 것만은 분명한 사실이다. 이와 같은 맥락에서 사우디아라비아는 석유와 관련된 문제는 '석유 그 자체의 부족이 아니라 중질유(重質油)의 정제 능력 부족'에서 비롯된다고 꾸준히 주장하고 있다.

최소한 저유황 경질유가 고갈되고 있다는 사실 그리고 이것이 고유황 중질유 혹은 앨버타 유사(油沙: 원유가 함유된 모래로서 타르샌드 혹은 오일샌드라고도 함─역주)에서 추출한 것과 같은 합성유(생산 비용이 엄청나게 많이 듦)로 교체되고 있는 것만은 분명하다.

사우디의 아라비안라이트는 1938년에 다란(Dhahran)에서 처음 발견됐으며 가격이 배럴당 3달러 수준으로 형성된 만큼 원유 개발의 수익성은 좋았다. 1947년까지만 해도 사우디의 원유 생산 원가는 배럴당 0.19달러에다 로열티 0.21달러가 추가된 정도였다.[22]

20세기 초에 텍사스 주 스핀들톱(Spindle Top)에서 석유가 발견됐을 때는 석유 가격이 배럴당 단돈 3센트에 불과했다. 오늘날 타르샌드에서 추출하는 합성유의 생산 원가는 배럴당 70달러나 된다. 어쨌거나 원가 수준이 여기서 더 높았으면 높았지 낮지는 않았다. 석유 가격이 더 높은 수준이라면 다양한 타르샌드에서 합성유를 더 많이 추출하거나 심해 유전에서 원유를 끌어올려도 수지 타산이 맞을 것이다.

그런데 2005년에 뭔가 심상치 않은 기류가 탐지됐다. 사우디아라비아가 로완사와 해양 유전에서 사용할 석유 시추 장비 5기에 대한 구매 계약을 체결했던 것이다. 해저 유전 시추는 비용이 가장 많이 들고 원유를 개발하는 가장 더딘 방법이다. 그런데도 사우디아라비아가 5년 전에 이미 엄청난 비용을 들여가면서 '해양 석유 시추 장비'를 확보하려고 준비했다는 사실은 사우디아라비아에서도 육지에서 채취할 수 있는 저비용 원유가 고갈되고 있음을 시사한다.

앨버타 아타바스카(Athabasca) 타르샌드에서 추출할 수 있는 합성유 3,000억 배럴이 있고 아직 언급되지 않았으나 미국 서부에도 수십억 배럴의 혈암유(頁巖油)가 매장돼 있다. 그리고 브라질 연안의 해저에도 수십억 배럴의 원유가 매장돼 있다.

그렇다. 이 지구상에 석유가 아직 존재하는 것은 분명한 사실이다. 그런데 문제는 아직 남아 있는 원유 대부분이 높은 생산 원가 때문에 가격이 너무 높게 형성될 것이고 따라서 그러한 석유를 개발하는 것은 경제성이 없다는 데 있다.

언젠가는 석유 가격이 배럴당 200달러인 때가 올 것이다. 그때가 되면 사우디아라비아, 쿠웨이트, 베네수엘라, 리비아, 이집트 등을 가리지 않고 대혼란을 겪을 것이고 휘발유는 갤런당 최소한 7달러 수준이 될 것이다. 이러한 상황에서 자동차를 마구 이용할 수 있는 사람이 몇이나 될까? 여러분 중에는 이 정도 가격 수준에서는 자동차를 완전히 포기하지 않는 사람도 있겠지만 다른 사람들도 과연 그럴까? 아마도 아닐 것이다. 그 사람들에게는 선택의 여지가 없을 것이다.

미국의 일반 대중은 1년에 약 1만 5,000마일(약 2만 4,000킬로미터)을 자동차로 달린다. 이것은 그저 재미삼아 하는 드라이브는 아니라는 점에 주목하기 바란다. 휘발유 가격이 갤런당 7달러(물론 갤런당 10달러보단 많이 낮지만)가 되면 그동안 출퇴근용으로 자동차를 이용하던 수많은 시간제 근로자들이 더는 그비용을 감당할 수 없을 것이다. 결국, 도시 근교와 교외에 거주하는 일이 전보다는 훨씬 불편해질 수밖에 없다.

단위 에너지 가격 66만 5,000% 상승

텍사스의 분유정(噴油井)에서 생산된 석유가 배럴당 3센트에 팔렸을 때 단위 에너지(BTU)의 가치는 1달러당 1억 9,300만BTU 수준이었다. 즉, 1달러로 1억 9,300만BTU를 살 수 있었다. 사실 이때는 달러 가치가 석유 가치보다 더 높았다. 그러나 석유 가격이 배럴당 200달러 수준이 되면 달러 대 단위 에너지의 가치는 1달러당 2만 9,000BTU가 된다. 즉, 1달러는 2만 9,000BTU의 가치밖에 없게 된다. 단위 에너지의 명목 가치가 66만 5,000% 상승한 셈이다. 실제로는 배럴당 3센트 수준에서 거래된 석유가 많지 않았기 때문에 이 수치는 다소 과장된 면이 있으나 이러한 방향으로 변화가 이루어졌다는 사실까지 의심할 필요는 없다. 이처럼 달러당 가용 에너지의 밀도가 급격히 감소한 것은 미국인의 생활수준이 지속적으로, 더 나아가 급격히 저하되고 있음을 시사한다.

에너지수익률이 떨어지면 풍요로움도 사라진다. 이러한 사실에는 많은 의미가 내포돼 있다. 이와 관련한 주제들에 관해서는 이후 챕터에서 더 상세히 다룰 것이다.

영국, 범선 시대로의 회귀?

앞으로 20년 후면 미국인의 생활수준이 최소한 25%는 낮아질 것으로 예상된다. 우리가 저밀도 에너지 시대로 퇴보한다면 국지화 경제를 경험하게 될 수도 있다. 경제적 자유는 축소될 것이다. 또 세계화는 물 건너가 버릴 것이다. 선박용 연료유의 가격이 높아지면 이것이 높은 관세와 같은 역할을 하여 강철과 같이 무겁고 상대적 가치가 낮은 제품을 국내에서 생산하는 쪽에 다시 초점이 맞춰지게 될 것이다. 〈월스트리트저널〉은 이미 세계 최장 컨테이너선인 유진 머스크(Eugen Maersk) 호가 순항 속도를 통상 26노트에서 10노트 수준으로 줄였다는 내용을 게재한 바 있다. 순항 속도를 이 정도로 줄이면 연료 소비량을 일일 100~150톤으로 줄여 시간당 최대 5,000달러를 절감할 수 있다.

나는 장거리 운송 목적으로 범선이 다시 등장하지 않을까 기대해본다. 사실 웹사이트 트리허거닷컴(www.treehugger.com)은 이미 범선을 해양 운송에 이용하겠다는 약속을 열렬히 환영하기 시작했다. 비싼 연료유 때문에 컨테이너선이 10노트로 운항해야 하는 처지라면 범선을 이용해도 이 정도 속력은 낼 수 있을 것이다.

이외에도 국내 시장을 등한시하는 국제 철강회사들은 어려움을 겪게 될 것이다. 해운회사도 마찬가지일 것이다. 뿐만 아니라 월마트에서 판매되는 중국산 제품의 수도 줄어들 것이다. 따라서 월마트의 경쟁 우위도 어느 정도는 약화할 것이다. 결국 우리는 더 지역화한 폐쇄 경제 체계로 역전환을 하게 될 것이다.

앞으로의 세상이 어떻게 전개될지, 좀 더 구체적으로는 이러한 상황이 어떠한 결과를 낳을 것인지는 어느 정도 짐작이 가능하다. 석유 가격이 200~300달러인 시대가 되면 교외 혹은 근교 지역에 거주하는 것은 비경제적이다. 에너지 가격이 낮았기 때문에 가능했던 교외의 주택 가격이 결국은 폭락하게 될 것이다. 부동산 가치의 상당 부분이 은행에 담보로 잡혀 있기 때문에 체계적인 지급 불능 사태가 유발될 수 있다.

이러한 디플레이션 압박은 당국으로 하여금 초인플레이션적 대응을 하게

만들 것이다. 이렇게 되면 사람들은 금이나 은 같은 실물 자산을 선호하게
될 것이다.

그래, 우리에게는 그 흔한 바나나도 없다

농업은 에너지 집약적인 산업이다. 석유 가격이 배럴당 200달러가 되면 당
연히 식료품의 가격이 상승하고 식단도 훨씬 단출해질 것이다. 식료품 가격이
상승하면 식당의 수익도 줄어든다. 식료품 가게나 식당에서도 외국산 채소,
과일, 육류, 생선 등이 많이 줄어들 것이므로 풍성한 식탁에 대한 기대 또한
접어야 할 것이다. 지구 반대편에서 재배한 블루베리(제철이 아니더라도), 아보카
도, 신선한 생선 등은 구경도 못하게 될지 모른다.

앞으로 여러분이 먹게 될 음식의 종류를 알고 싶다면 1940년대의 식당 메
뉴를 들여다봐라. 신선한 도버 산 넙치 혹은 알래스카 산 대구 대신에 예전
처럼 으깬 감자와 고깃국물 소스를 곁들인 스테이크로 만족해야 할지도 모
른다.

경제적 국지화가 생산 효율성을 떨어뜨리고, 또 에너지 밀도가 감소함에
따라 진보의 역주행이 시작될 것이다. 많은 부분에서 우리의 미래는 과거와
닮아 있을 것이다. 운송 비용이 증가하면 중국이나 베트남, 기타 원거리 지역
에서 누릴 수 있었던, 저임금 노동력에 기반을 둔 원가 상의 이점은 사라질
것이다. 제품의 현지 생산이 증가하고 이것이 생활수준의 저하를 가져올 수
도 있다.

그리고 미래에 소비하게 될 거의 모든 것의 비용이 현재보다 높아질 것이
다. 생활수준이 낮아짐에 따라 서비스 부문에 지출할 수 있은 여윳돈이 줄어
들 것이다. 서비스 부문은 GDP의 4% 혹은 이보다 더 낮은 수준으로 축소될
것이다.

제조업과 농업에 종사하는 사람의 수가 증가하면서 3차 산업 부문(서비스와
정부 지출)이 축소될 것이다. 미국이 점점 가난해진다면 무역 상대국들의 처지

에서는 굳이 미국의 적자 부분을 메워줄 이유가 없어진다. 따라서 이들 국가는 미국과의 거래를 중지하게 될 것이다. 정부 지출 규모는, 이전보다 더 가난해진 대중이 실질적으로 감당할 수 있는 한계 내로 축소된다. 이는 공공사업과 복지 혜택이 급격히 감소하고 과세와 재정 긴축의 강도는 더 높아진다는 의미다.

또 한 가지 중요한 변화를 들자면 미국은 앞으로 '세계의 경찰'로서의 역할 능력을 상실하게 될 것이라는 점이다. 사견으로는 미국의 국방비도 감축될 것이라고 보지만 아마도 이는 미국이 굵직한 전쟁을 몇 번 더 치르고 난 연후에야 가능해질 것 같다.

앞에서 이미 몇 가지 이유를 언급했다시피 나는 미국인의 '시민' 신화 때문에 정부의 규모 그리고 통화와 부채의 성격 등을 규정하고 판단하고 선택하는 데 있어서 대중의 역할이 과장된 측면이 있다고 확신한다. 정부 부문이 GDP에서 차지하는 비중이 높은 것은 신중한 선택 과정에서 비롯된 것이라기보다는 비용과 보상에 대한 계산법의 변화에서 기인한 결과로 보는 것이 타당하다.

이미 살펴보았다시피 탄화수소 에너지의 도입으로 미국 정부는 더 커지고 더 부유해지고 더 강력해졌다. 인류 역사상 그 전례를 찾을 수 없을 정도로 말이다. 전체 경제 규모 대비 정부 지출의 비중은 1850년에 GDP의 1.8% 수준이었던 것이 2011년에는 GDP의 41%로 치솟았다. 그러나 지금은 에너지 생산 증가율이 감소하고 생활수준이 저하되는 상황에서 큰 정부는 축복이라기보다는 감당하기 버거운 짐이 돼버렸다.

경제 성장이 더뎌지거나 성장이 아예 중지되는 상황에서 겪게 되는 이른바 전환기 위기는 대중의 시대착오적인 견해 때문에 문제가 더욱 심각해진다. 이전에 중산층이었던 미국인 대다수가 '정부는 꿈의 실현이라는 기적을 수행하는 기관'이라는 환상에 젖어 있다.

지난 150년 동안 정치인들은 유권자들에게 정치인, 즉 자신들이 선거구민의 생활 문제를 해결해주고 이들에게 비용을 상쇄하고도 남는 수준의 혜택을 제공한다는 믿음을 심어주었다. 고속 경제 성장은 이러한 착각을 그럴듯하게 보이게 했으나 그 성장세가 잦아드는 지금 착각 속에 빠져 있던 수많은 사람이 좌절을 경험하게 될 것이다.

이후 챕터에서는 에너지 투입량 감소에 따른 궁극적인 지급 불능 위기, 적자, 부채 등에 관해 다룰 것이다. 성장 둔화 혹은 성장 중지에서 비롯된 위기는 조지프 테인터가 예측한 이른바 대몰락으로 이어질 것이라고 본다. 테인터는 이렇게 말했다.

"일단 복잡한 사회가 한계수익이 감소하는 단계에 접어들게 되면 몰락은 시간문제가 돼버리고 결국에는 극복하기 어려운 참상을 겪게 된다."[23]

미국이 거의 전 부문에 걸쳐 한계수익의 급격한 감소를 경험하는 것과는 대조적으로 브라질은 여러 부문에 걸쳐 수익 증가를 경험하면서 미래 경제의 성장 더 나아가 경제적 번영까지 기대할 수 있는 상황이 됐다.

미국 경제의 미래가 날이 갈수록 암담해질 것처럼 보이자 사람들은 가능한 사업 기회를 찾아 외국으로 눈을 돌리기 시작했다. 유럽은 별로 기대할 곳이 못 되니 미국과도 가깝고 1년 내내 따뜻한 태양이 비치는 그러한 곳이라면 어떨까?

브라질은 전 세계적인 위기와 혼란 속에서도 돈을 벌고 싶어하는 사람들의 천국으로 여겨진다. 미국 인구의 62%밖에 안 되는 브라질이 2011년 1월까지 8년 동안 1,502만 3,633개의 일자리를 창출했다.

그런데 같은 기간에 미국은 오히려 일자리가 줄어들었다. 재정이 파탄 난 정부와 갈수록 노령화하는 인구 때문에 부담이 가중된 와중에 브라질 정부는 아직 지급 능력이 있으며 부양 인구 대비 생산 가능 인구의 비율에도 여유가 있다.

피크오일로 전 세계가 전전긍긍하는 지금, 브라질은 에너지 자립국으로서 1980년 이래 석유 생산량이 876% 증가했다. 석유 비축량이 적어도 700억 배럴은 되고 전 세계 미개간 경지의 60% 그리고 전 세계 담수의 25%(아시아 국가 전체의 담수량보다 많음)를 보유한 브라질이야말로 몰락하는 지금 이 세계에서 새로운 기회를 찾는 사람들에게 천국과도 같은 곳이다.

BRAZIL IS THE NEW AMERICA

Chapter 5

맬서스 이론의 귀환

인구 압력, 지구 한랭화, 다가오는 암흑기

지난 1만 5,000년 동안의
인류 역사와 기후 간의 상호작용을 살펴보면
이 기간에 진행됐던
또 다른 과정의 존재를 실감하게 된다.
규모는 작으나 빈도는 높은
그러한 기후 압력을 견뎌내려던 노력이
오히려 빈도는 더 낮으나
규모는 더 큰 재앙에 대한 취약성을
심화시킨 결과가 됐다.
문명화의 전 과정 자체가
(물론 다른 것들도 역시 그렇지만)
취약성의 수준을
더욱 높이는 과정일 수도 있다.

― 브라이언 페이건,
《기후, 문명의 지도를 바꾸다》

지난 57세기 가운데 55세기를 보면 맬서스의 주장은 옳았다. 내가 말하고자 하는 바는 인류 문명화의 역사를 통틀어 보건대 기술의 진보가 생활수준의 향상을 이루어내지 못했다는 것이다. 그보다는 기술의 진보로 이룩해 놓은 것들은 인구 증가로 말미암아 모두 탕진됐다. 즉, 인구 증가가 자원에 대한 압박으로 작용하고 결국에는 인류의 생활수준을 과거로 퇴보시킨다. 맬서스로서는 정말 안타까운 것이, 인류 역사의 대부분에 해당하는 기간에 발생한 일들을 설명한 자신의 이론이 단 두 세기 때문에 그 의미와 중요성이 퇴색됐다는 점이다. 이 이론이 발표된 이후 두 세기 동안 발생한 일들에는 적용되지 않는다는 이유로 맬서스 이론의 가치가 모호해졌다는 부분이 정말 애석하기 짝이 없다.

— 폴 크루그먼, '파동의 법칙을 찾아서'

고전 경제학자들은 나쁜 날씨에 관해서는 거의 혹은 전혀 언급을 하지 않았다. 이 부분에 관한 한 경제학은 소크라테스의 제자이자 경제학자 크세노

폰(Xenophon)이 활약하던 기원전 4세기경 이후로 계속해서 뒷걸음질만 쳤다고 볼 수 있다. 크세노폰은 자신의 저서 《에코노미쿠스(Oeconomicus)》에 이렇게 쓰고 있다.

"농사의 결과를 예측하는 것은 불가능하다. 때때로 발생하는 우박 폭풍, 서리, 가뭄, 철 지난 비, 흰가루병 그리고 잘 계획하여 수행했던 일들을 망쳐버리는 기타 사건들 때문이다."[1]

올더스 헉슬리(Aldous Huxley)의 《멋진 신세계(Brave New World)》에서 그랬던 것처럼 근현대 경제학 서적 속에 등장하는 환경은 늘 날씨가 좋았을 때뿐이다. 한 가지 예외가 있다면 그것은 바로 레버렌드 토머스 맬서스(Reverend Thomas Malthus)다. 맬서스는 기근기에 중국인 수백만 명을 굶주려 죽게 만들었던 '나쁜 날씨'에 주목했다.

역사가 토머스 칼라일(Thomas Carlye)이 경제학을 '음울한 학문'이라고 표현한 것도 아마 맬서스의 영향이 아닐까 생각할 때가 종종 있다. 칼라일은 이렇게 말했다.

"경제학은 지금껏 들어왔던 '즐거운 학문'이 아니라 서글프고 우울하고 정말 절망적이고 참담한 학문이라고 말해야 할 것 같다. 최대한 품격을 갖춰 말하자면 '음울한 학문'쯤으로 표현할 수 있을 것 같다."[2]

그러나 경제학자를 향한 칼라일의 이러한 '저격'은 사실 '맬서스의 우울한 정리'로 알려진 그 이론에만 국한된 것은 아니었다.

칼라일은 1849년에 노예 제도를 지지하는 취지의 글 '검둥이(negro) 문제에 관하여'를 통해서 이러한 태도를 처음으로 드러냈다. 칼라일의 입장은 '경제학자들이 모든 사람을 평등하게 취급했다'는 부분에 대한 순전히 인종 차별적 견지에서 본 불만이라 할 수도 있겠다. 이는 칼라일이 '검둥이(negro) 문제에 관하여'를 1853년에 '깜둥이(nigger) 문제에 관하여'라는 제목으로 바꿔 다시 출간하면서 강조한 부분이기도 하다. 칼라일의 말에 따르면 맬서스는 애덤 스미스나 존 스튜어트 밀과 같은 부류의 '나쁜' 사람일지 모른다. 그러나 칼라

136

일이 이러한 생각을 품게 된 것은 한계효용성 감소에 대한 '맬서스주의자'의 관점 때문은 아니었다. 칼라일의 관점에서 보면 맬서스는 너무 자유주의적이고 너무 낙관적이고 또 너무 자발적이라서, 인구 경제학적 견지에서는 동일한 지위라 할 수 있는 '인종'에 상관없이 모든 사람을 동등하게 취급하는 것이 불가능했던 것이다.[3] 그러나 맬서스 이론에 대한 일부 비판의 근거들이 편협한 것이었는데도, 훗날 '맬서스의 우울한 정리'로 알려지게 된 이 정리가 더 크게 부상하면서 결국 맬서스는 낙관주의자들의 외면을 받게 된 것으로 보인다.

우리 앞에 놓인 암울한 현실을 자각하는 데 '맬서스의 우울한 정리' 그 이상의 것은 필요치 않을 것 같다. 폴 크루그먼의 말처럼 지난 57세기 가운데 55세기 동안만큼은 맬서스의 이론이 옳았다.[4] 그리고 이제 다시 맬서스(혹은 맬서스 이론)가 부활할는지도 모른다.

기후 역학

맬서스는 세상을 정적인 평형 상태로 보는 경제학자들의 독단적인 견해에서 벗어나 더 현실적인 인식을 통해 역동적 환경에 초점을 맞췄다. 다른 무엇보다 날씨라는 요소가 막대한 영향을 미치고 그 날씨 때문에 흉년이 들 수 있으며 이로 말미암아 수백만 명이 고통을 겪을 수 있는 그러한 동적 환경에 주목하게 된 것이다.

모두가 이러한 환경에 놓이는 것은 아닐 테지만 그래도 만약 이것이 현실이 된다면 번영을 좌지우지하는 우연적 요소에 대한 존재를 이해하고 이 부분에 더 주목하는 것이 중요하다. 이러한 우연적 요소 가운데 가장 두드러진 것이 바로 '날씨'다.

최근 들어 특히 '지구 온난화'를 걱정하는 사람들 사이에 경제와 기후의 상관관계에 대한 관심이 급증하고 있다. 이러한 관점에서 래리 서머스(Larry

Summers)와 같은 경제학자들에게 비판이 집중됐다. 래리 서머스는 클린턴 행정부 시절 캐럴 브라우너(Carol Browner)의 기후 정책에 반기를 들었으며 경기 부양 종합 대책에서 전환 기금을 삭감하는 일에 관여했다는 이유로 환경론자들의 레이더망에 떠오른 인물이었다.[5]

이 챕터에서는 인류의 문명화 역사에서 지나치게 과장된 명제 가운데 하나, 즉 '지구 온난화'와 정반대되는 관점에서 논리를 전개하고자 한다. 앞으로 설명하겠지만 여러 가지 이유 때문에 인류의 번영과 관련해서는 기후가 점점 따뜻해지는 것이 아니라 점점 추워지는 것이 더 큰 문제다. 안타깝게도 이 지구가 또 한 차례의 소빙하기로 접어들고 있음을 입증하는 신빙성 있는 증거들이 있다. 미국천문학회(AAS)의 태양 물리학자 연례 모임에서 다음과 같은 내용이 보고됐다.

> 모든 연구 결과가 태양 활동의 감소를 시사한다. 일부 학자들은 장기적 태양 흑점 최소기라고도 하는데, 그들은 수십 년 동안 태양 활동이 감소하는 시기인 마운더 극소기가 임박했다는 사실을 굳게 믿고 있다. 전문가들은 1645년 부터 1715년까지에 해당하는 마운더 극소기가 유럽과 북아메리카를 강타했던 소빙하기를 촉발했다고 믿었다.[6]

마운더 극소기는 1928년에 세상을 떠난 영국의 천문학자 마운더(E.F. Maunder)에서 나온 말이다. 맬서스는 소빙하기 때의 기온 그리고 같은 시기인 17세기 당시의 태양 흑점을 관찰 비교한 결과 가장 추웠던 시기와 흑점 활동이 거의 정지했던 약 70년 동안의 기간이 일치한다는 사실을 발견했다. 실제로 그 70년 동안 관찰된 태양 흑점의 총수는 지구 온난화를 걱정하던 1990년대의 단 1년 동안 관찰된 흑점의 수보다 더 적었다.

이는 천체물리학적 호기심 그 이상의 의미가 있는 사안이다. 태양 흑점은 태양의 활동 수준을 가늠할 수 있는 가시적 지표다. 1990년대에 그랬던 것처럼 흑점이 많아지면 날씨가 더워진다. 이와는 반대로 마운더 극소기 때처럼 흑점이 거의 사라지다시피 하면 지구가 훨씬 더 추워진다. 고대 왕국이나 현대 산업 사회 같은 복잡한 사회를 유지하는 것의 한계수익 혹은 효용성이 감소하고 이것이 그 사회의 몰락을 촉발하면서 사람들은 집단 광기와 기근, 질병으로 고통받는다.

기근 현상은 이해하기가 어렵지 않다. 날씨가 추워지면 작물이 자라기가 더 어려워진다. 설사 자란다 해도 잘 여물지를 못한다. 특히 밀은 추위에 취약한 곡물이다. 흉작이 되풀이되면 기아가 발생한다. 영양실조 때문에 건강이 나빠진 사람들은 질병에 걸리기 쉬웠고 또 이것이 종종 조세 저항으로 이어지기도 했다. 갑자기 추워진 날씨로 말미암은 기근이 사회 몰락의 계기가 된 적이 한두 번이 아니었고 결국은 이것이 암흑시대로 이어졌다.

청동기 시대의 번영은 지구가 매우 따뜻했던 시기와 무관하지 않았다. 그 이후 지구에 냉각기가 찾아왔다. 기원전 1300년부터 500년까지가 여기에 해당하는 기간이며 오늘날의 역사학자들은 이를 '암흑의 시기(Dark Centuries)'라고 칭한다.

이와 같은 맥락에서 로마 제국의 성장과 번영은 더 따뜻해진 지구의 날씨와 무관하지 않았다. 이를 로마 온난기라고 하는데 이 시기는 지금보다 훨씬 더 따뜻해서 극북 지역에 해당하는 영국의 하드리아누스 성벽(Hadrian's Wall) 인근에서도 포도와 감귤류가 재배될 정도였다. 유례가 없는 지구 온난화로 몸살을 앓는 오늘날보다 로마 제국 전성기 때의 기온이 섭씨 2~6도 정도가 높았다.

로마 제국의 몰락은 재정의 고갈 그리고 숱하게 많은 잘못된 정책에서 비롯됐다. 그러한 정책에는 징벌적 세금도 포함되며 이 때문에 일부 속주(屬州)에서는 전체 경지의 최대 50%가 유기되는 사태가 빚어졌다. 로마 경제의 90%가 농업에 기반을 두고 있었다는 점을 기억하라. 로마는 경제를 압박하는 추운 날씨의 영향을 최대한 줄일 수 있는 대책을 찾는 대신 더 추워진 날씨로 말미암은 손해를 극대화하는 비생산적인 정책들을 채택했던 것이다.

조지프 테인터는 《문명의 몰락》에서 이렇게 밝혔다.

> 흉년이든 풍년이든 상관없이 세금과 지대(地代)의 징수가 동일하게 이루어졌
> 다. 즉, 흉작이라서 수확한 농작물에 여유가 없을 때도 원래 정해진 대로 세
> 금을 내야 했다. 세금을 낼 수 없었던 사람들은 투옥되거나 자식을 노예로
> 팔아야 했다. 이도 저도 안 되면 집과 농지를 포기해야 했다.[7]

지구의 기온이 급격히 떨어지면서 국가가 시행하는 약탈적 정책의 폐해가
더욱 심해졌다. 길고도 추웠던 이 시기를 우리는 암흑기라고 칭한다. 암흑기
에는 나일 강까지 얼어버릴 정도로 엄청나게 추웠다. 기온 하강과 함께 식량
생산도 급감했다. 영양실조로 말미암은 각종 전염병과 유행병 때문에 인구가
급격히 감소했다. 이러한 사태는 7세기 이슬람의 레반트(Levant: 동지중해 연안 지
역—역주) 정복의 주된 요인이 됐다. 당시 비잔틴 제국은 이슬람의 침략에 앞서
흉작과 질병으로 많이 약해진 상태였다.

틀리지는 않았다, 그러나 너무 앞서갔다

경제학 역사는 우리 인류에게 인구 이론의 선구자 가운데 한 사람인 토머
스 맬서스의 이론을 선사했다. 생계유지 수단을 웃도는 수준으로 번식이 이
루어진 것 때문에 인류의 생존이 위태로워졌다는 사실을 인식한 사람이 맬서
스가 처음은 아니었다. 인구에 관한 맬서스의 이론 가운데 대부분이 16세기
에 활동했던 제수이트 학자 지오반니 보테로(Giovanni Botero)에서 비롯된 것이
었다. 보테로는 《도시의 위대함에 관하여(On the Cause of the Greatness of Cities)》
(1588)에서 영양 공급 능력보다 출산 능력이 더 강하기 때문에 생존 위기라는

위험이 존재한다고 주장했다.[8] 이는 맬서스의 우울한 정리보다 두 세기가 앞서는 것이다. 보테로는 인구 제한의 궁극적 근거는 바로 사람들에게 생계 수단을 제공하려는 것이라고 주장했다.

맬서스는 인류평등주의 경제가 빈곤을 퇴치할 수 있다고 주장한 윌리엄 고드윈(William Godwin)과의 논쟁을 통해 이러한 견해를 드러냈다. 물론 맬서스는 고드윈과는 생각이 달랐다. 맬서스는 인류평등주의가 더 강화된 사회가 오히려 더 비참한 사회를 만들 수 있다고 생각했다. 즉, 인류평등주의 사회가 '평등'이라는 덕목 때문에 통제 가능한 인구 수준을 유지하게 하는 신호들을 무시하게 된다면 결국은 더 비참한 사회로 전락할 수 있다는 것이다. 맬서스는 생계에 대한 불안에서 비롯된 인구 증가에 대한 통제가 인구 과잉을 예방하는 데 중요하다고 봤다. 그리고 맬서스는 다음과 같은 두 가지 자명한 가정에 근거하여 자신의 이론을 정립했다.

첫째, 식량은 인간의 생존에 필수적이다.

둘째, 남녀 간의 성적 욕구는 필요한 것이며 이러한 욕구는 현재와 같은 수준으로 유지될 것이다.

맬서스가 말하고자 하는 바가 잘못 해석되는 일이 종종 있었다. 《경제학 소백과사전(Concise Encyclopedia of Economics)》에서 맬서스에 관한 부분을 살펴보라.

식량 생산은 산술적으로 증가하는 경향이 있는데 인구는 기하급수적으로 증가하는 경향이 있다는 점에 주목한 맬서스는 사람들이 인구 증가를 억제하는(혹은 '통제'하려는) 쪽을 선택한 일은 전혀 놀라운 것이 아니라고 주장했다. 맬서스가 정말로 관심을 뒀던 부분은 '인류 멸망의 불가피성'이 아니라 '그럴 가능성이 충분한데도 멸망하지 않는 이유' 바로 그것이었다. 맬서스는 경제학자의 한 사람으로서는 인센티브에 대한 반응을 연구했다.

… 아마도 역사상 가장 많이 오해되고 또 그 의미가 잘못 전해진 것이 맬서스 그리고 그의 이론일 것이다. 오늘날 '맬서스주의의'라는 형용사는 인구 과잉으로 말미암아 굶어 죽게 될 인류의 끔찍한 운명에 관한 비관적 예측을 묘사할 때 사용된다. 베스트셀러 저서인 《인구론(An Essay on the Principle of Population)》(1978)을 통해 처음으로 맬서스의 가설이 등장했을 때 동료 경제학자들은 크게 호응하는 쪽이었으나 경제학자가 아닌 사람들을 중심으로 일어난 소란이 이러한 반응을 잠재워버렸다. '식량의 증가는 인구 증가를 압도하지 못한다'는 부분을 '산술적 증가 대 기하급수적 증가'로서 설명한 부분은 반박할 수 없을 정도로 너무도 간단하고 명백한 가설이었기 때문에 다른 관찰 내용은 거의 묵살되고 이 부분만이 강조된 측면이 있었다. 실제로 이 부분이 너무 두드러져서 맬서스가 내린 실제 결론은 여전히 묻혀버리기 쉽다. 그 결론이라는 것은 다음과 같다.

"그런데도 사람들이 다 굶어 죽은 것은 아니었으므로 여기에는 분명히 어떤 경제학적 선택이 작용했음에 틀림이 없다. 그러므로 경제학자들이 해야 할 일은 바로 이 부분, 즉 그러한 경제적 선택이 무엇인지를 알아내는 것이다."[9]

맬서스의 진의가 왜곡된 부분이 있기는 하지만 어쨌거나 현대 정치경제사에서 맬서스라는 이름은 자원의 미래에 관한 비관적 예측과 맞닿아 있는 것만은 분명하다.

월터 러셀 미드(Walter Russell Mead)가 관찰한 바와 같이 맬서스주의적 공포는 모순성을 보일 때가 종종 있다. 미드는 이 비관론자(맬서스)의 열렬한 추종자들에 대해 다음과 같은 말로 빈정댄다.

이 열렬한 추종자들의 머릿속에는 서로 모순된 두 개의 공포 영화가 동시에 상영되고 있다. 하나는 피크오일에 관한 공포 영화다. 이 영화는 탄화수소에 대한 불가피한 의존이 자연 자원을 고갈시키고 환경을 파괴하며 감당할 수 없는 수준으로 물가를 상승시키는 미래를 예측하고 있다. 또 하나는 대량 연소에 관한 공포 영화다. 여기서는 저비용으로 개발할 수 있는 재생 불가능한 탄화수소가 아직 많이 남아 있어서 이 자원을 엄청나게 소비하게 되고 결국 여기서 방출되는 엄청난 양의 이산화탄소가 지구의 미래를 암울하게 한다는 내용이다. 나와 같은 냉혈한도 이 두 가지 가운데 하나가 현실이 될 것이라는 생각을 하지 않을 수 없는 상황인데, 사실 이 두 가지 모두 실현될 가능성은 없다. 우리가 화석 연료를 다 써버리면 이산화탄소의 방출도 중지될 것이다. 반대로 우리가 엄청난 양의 이산화탄소를 계속해서 방출한다면 화석 연료가 이 지구상에 역시 엄청나게 많이 남아 있다는 이야기가 되고 예정된 대로 세계의 산업 활동이 계속 증가하게 된다.[10]

지구 온난화에 대한 공포는 피크오일과는 분명히 모순된 개념일 뿐 아니라 산업 사회 반대론자들이 문제를 더 복잡하게 만드는 측면도 있다. 여러분은 아마도 미국과 기타 선진국들이 석유에 대한 과도한 의존에서 벗어나야 한다는 고루한 옛말을 귀가 따갑게 들어왔을 것이다. 그러나 이는 "사자도 소처럼 지푸라기를 뜯어먹을 것이다"라는 이사야의 천년왕국 소망에 버금가는 환상일 뿐이다. 종교적인 기적이라도 일어나면 모를까 그러한 일은 발생하지 않을 것이다.

석유는 선진 경제의 근본 토대이자 생혈(生血)이다. 이들에게 석유에 대한 '중독'에서 벗어나라고 하는 것은 인간이나 동물에게 혈액 순환을 포기하라고 하는 것이나 마찬가지다. 고밀도 에너지는 그냥 가볍게 사용하는 기분 전환용 약물이 아니라 현대 경제의 '생혈'이다. 석유, 천연가스, 석탄 등을 포기하고 '대체' 에너지로서 비탄소 에너지원을 사용하려는 시도는 경제의 급속한 몰락을 유발할 수 있다.

《미래에서 온 편지(Peak Everything: Walking Up to the Century of Decline)》의 저

자 리처드 하인버그(Richard Heinberg)와 같은 충실한 맬서스주의 신봉자들의 저서에 이 같은 주장이 묵시적으로 혹은 명시적으로 드러나 있다. 하인버그는 현대 경제는 카드로 만든 집과 같으며 피크오일은 실질적으로 거의 모든 측면에서의 생활수준 저하를 유발할 것이라고 주장한다. 그러면서 점차 '과함(過)의 시대'에서 '삼감(愼)의 시대'로 전환할 것을 권고한다.

탄화수소 연료를 사용한 데서 비롯됐다고 하는 지구 온난화에 대한 걱정 그리고 피크오일에 대한 불안 간에는 명백한 모순이 존재한다. 그리고 이 모순에 주목하게 된다면 근거가 희박한 이 냉소적인 캠페인의 진짜 이유가 무엇인지 궁금해질지도 모르겠다. 세계 석유 공급량의 감소를 가격 요소 하나만으로 설명하기는 어렵다는 부분을 고려해야 한다. 1인당 에너지 소비량이 많은 국가는 기본적으로 석유 사용의 한계가치가 낮다는 문제에 봉착해 있다. 값싼 석유를 기반으로 형성된 체계에서는 석유에 대한 의존적 수요가 존재하지만, 신흥 경제국은 이러한 유형의 수요가 존재하지 않기 때문에 석유 사용의 한계가치는 이러한 신흥 경제국에서 최고치를 기록한다.

예를 들어, 미국과 서구 유럽 국가들이 과감한 결단과 노력을 통해 연간 석유 소비량 50억 배럴(값싼 석유의 연간 공급량에 버금가는 양)을 줄일 수 있었다고 하자. 그러나 이렇게 해서 절감된 고밀도 탄화수소 에너지원이 훗날 북아메리카와 유럽 사용자들의 손에 들어가게 된다는 보장은 없다. 그보다는 중국, 인도, 기타 신흥 경제국의 새로운 사용자들이 이렇게 남은 석유를 확보하려 할 가능성이 더 크다.

지구 온난화에 대한 공포는, 범세계적 공동 통치 메커니즘을 통해 강요된 탄화수소 사용 제한을 합리화하는 근거로 사용된다. 선진국의 관점에서 보면 그러한 제한은 신흥 경제국의 성장을 억제하고 계속해서 공급이 감소하는 값싼 석유에 대한 소비 증가에 제동을 건다는 의미에서 설득력을 지닌다. 이러한 관점에서 보면 지구 온난화 대책의 목적은 기후 안정이 아니라 신흥 경제국의 성장을 방해함으로써 각국의 탄화수소 소비 비율을 가능한 한 현재와 같은 구도로 유지하겠다는 데 있다.

앞으로 살펴보겠지만, 탄소 배출 제한과 탄소 배출권 거래 같은 조치는 탄소의 사용을 현 수준으로 동결하고 더 나아가 이의 사용을 효과적으로 감소시킬 것이다. 다시 말해 '삼감의 시대'로의 전환을 강요하는 지구 온난화 대책과 정책은 이른바 선진국으로 하여금 지구촌의 탄화수소 에너지를 압도적으로 많이 사용했던 과거와 똑같은 수준으로 지금도 그리고 앞으로도 계속해서 탄화수소를 많이 사용할 수 있게 해주는 뻔뻔한 합리화 그 이상도 이하도 아니다. 당연히 이러한 대책이 없으면 선진국들은 과거와 같은 소비 판도를 유지해나갈 수 없을 것이다.

점점 다가오는 맬서스 공포의 순간

이러한 측면에서 볼 때 자원 제약에 관한 맬서스주의자들의 관점은 식량 공급과 인구에 국한되지 않는다. 좀 더 넓은 관점에서 보면 맬서스 공포에는 이용 가능한 자원의 수준을 초과하는 과소비 그리고 이로 말미암은 경제적 결과에 대한 기타 걱정이 다 포괄돼 있다.

맬서스가 1798년에 처음으로 《인구론》을 발표했을 때 세계의 총인구는 약 9억 명이었다. 현재의 세계 총인구는 약 70억 명이다. 그러므로 우리는 맬서스가 살던 시대보다 7배 이상 많은 인구를 먹여 살리는 데 성공한 셈이다. 이 정도면 꽤 인상적인 진보이고 어떤 면에서 보면 맬서스가 세웠던 인구 역학의 가치를 다소 떨어뜨리는 상황처럼 보일 수 있겠지만, 실상은 그렇지 않다. 대량 기아 사태로 말미암아 인류가 멸망한 것은 아니라는 관점에서 보자면 맬서스의 생각이 잘못됐다고 판단할 수도 있겠다. 그러나 맬서스 이론의 토대를 들여다보면 맬서스의 기본 전제가 매우 명확하다는 점을 알 수 있다. 즉, 맬서스의 기본 논리는 이렇다.

"이 세상에 먹지 않고 살 수 있는 인간은 없다."

'맬서스의 우울한 정리'의 위험성은 지구촌 수십억 쌍의 부부가 과거 2세기 동안 보여줬던 추세를 돌연히 바꿔 멋대로 자녀를 17명씩 낳겠다고 결정할 것이라는 다소 뜬금없는 예측에서 나오는 것이 아니다. 물론 이러한 예측은 논리적으로는 가능하지만 이러한 일이 발생할 가능성은 희박하다. 맬서스 공포로 표현되는 '생존 위기'는 식량 공급이 갑작스럽게 감소하는 불연속적인 추세 흐름이 나타날 것이라는 예측에서 비롯된다.

1798년 이후로 인구가 7배로 증가했는데 이 불어난 인구를 먹여 살릴 만큼 생계 수단이 얼추 비슷한 수준으로 증가했다는 것은 이 과정에 어떠한 경제적 선택이 성공적으로 개입했다는 것을 보여준다. 또 조지프 슘페터(Joseph Schumpeter)와 같은 경제학자들이 맬서스에 대해 섣부른 판단을 내린 것도 일정 부분 설명이 된다. 슘페터는 "상호 관련이 있는 두 변수의 행동을 상호 독립된 '규칙'들로 설명하려 해봐야 아무 소용이 없다"고 썼다.[11] 슘페터는 적어도 '정상적' 기후 조건에서는 인구 증가와 식량 생산은 상호 독립적으로 작용하는 것이 아니므로 맬서스의 우울한 정리는 장황하기만 할 뿐 그다지 유용하지 않은 불필요한 가설이라고 봤다.

그러나 기후 역사가 브라이언 페이건은 인류 문명의 역사는 '우연성을 통제하는 인류 능력의 점진적 향상'의 역사라는 소크라테스의 견해에 중대한 수정을 가해야 한다고 주장한다.[12] 어떤 의미에서 보면 소크라테스의 이 견해는 틀린 것이 아니다. 인류는 가능성이 크고 또 발생 빈도가 높은 '우연'에 대한 통제 능력을 점점 향상시켜왔다. 그러나 이는 취약성이 더 높고, 더 드물게 발생하고, 더 규모가 큰 우연성에 대한 통제력 상실을 수반했다. 페이건의 주장처럼 '과거 2세기에 걸친 문명화 과정'은 실제로는 '취약성을 더욱 높이는 과정'이었을 수도 있다.[13] 전보다 인구가 증가한 지금 맬서스 공포의 순간이 임박해 있는지도 모를 일이다.

2008년 초 그리고 다시 2011년에 이러한 징후가 나타났다. 식량 가격이 치솟았고 북아프리카와 중동 지역에서 폭동이 일어났던 것이다. 기록적인 수준으로 기온이 떨어진 것과 함께 한랭 기후로 이제 막 전환됐는데 식량 가격은 이미 치솟기 시작했다. 유엔식량농업기구(FAO)에 따르면 식량 가격은 2011년 2월에 사상 최고치를 기록했다. 기록적인 수준의 가격 상승으로 말미암아 30개국이 넘는 곳에서 식량 폭동이 일어났던 2008년 당시보다 식량 가격이 더 올랐다는 점에도 주목해야 한다. 2008년 초 파국적 수준의 식량과 에너지 가격 상승이 신용 위기를 촉발하는 역할을 했을 수도 있다.[14] 이를 두고 버냉키 연방준비제도이사회 의장은 비공개 증언으로 '대공황 때를 훨씬 능가하는 금융 역사상 최악의 위기'로 표현했었다.

이번에는 전 세계적으로 발생하는 더 심각한 수준의 폭동 및 혁명 사태와 함께 상품 가격 폭등을 둘러싼 소란이 큰 문제로 대두했다. 2008년에 그랬던 것처럼 아이티나 방글라데시와 같은 무능력한 국가에서만 대중의 불만이 쏟아진 것은 아니었다. 높은 식량 가격은 아랍의 도둑 정치는 물론이고 튀니지, 이집트, 바레인, 예멘 등과 같이 미국의 비호를 받는 독재 정치 체제의 근간을 흔들었다. 역동적 경제국들도 이 영향권에서 벗어나지는 못했다. 실제로 브라질을 제외한 브릭스 국가 전부에서 식량 폭동이 발생했다.

브릭스 중에서도 이 부분에 관한 한 가장 눈에 띄는 불안 사태가 발생한 국가는 인도였다. 일반 서민의 통상적 예산 가운데 식료품 비용이 25% 이상을 차지하더니 2011년 1월에 인도의 식량 물가 지수는 15.57% 상승했다. 특히나 가난한 가정에서 소비하는 주요 식료품인 양파 가격이 턱없이 치솟은 것이 인도인들의 화를 돋웠다. 2010년 말의 정부 보고서를 봐도 킬로그램당 35루피였던 양파 가격이 단 일주일 만에 85루피(1.87달러)로 상승했다는 사실을 알 수 있다. 양파 가격이 급상승한 데 대한 분노가 정부의 부패에 대항하는 시위에 불을 지폈다.

식량 공급과 관련한 가장 큰 문제는 지난 50년 동안의 한계수익 감소 현상 때문에 식량 증산을 위한 시도가 소기의 목적을 달성하기 어려웠다는 점이다. 식량 생산에 불리한 쪽으로 기후가 변화하지 않더라도 기존 수준의 식량 비축분을 늘리기는 어려울 것이다.

도넬라 메도우즈(Donella H. Meadows)와 그 동료는 1972년에 출간한 저서 《성장의 한계(The Limits to Growth)》에서 이러한 내용을 다루었다. 저자들은 1951년부터 1966년까지 세계 식량 생산량을 34% 증가시키려면 트랙터 비용 63%, 질산 비료 146%, 농약 지출 비용 300%를 증가시켜야 했다고 주장한다. 통상적으로 이러한 유형의 비용 곡선을 보면 앞으로 똑같은 수준의 생산 증가가 이루어지기 위해서는 전보다 더 높은 수준의 비용 증가가 있어야 한다는 사실을 알 수 있다.[15] 좋은 날씨 조건에서 한계수익이 감소한다면 불리한 생장 조건일 때는 더더욱 좋은 결과를 기대하기 어렵다.

CNBC(미 경제 뉴스 전문 채널—역주)는 급속도로 번진 인도의 항의 시위에 대해서는 크게 주목을 하지 않았다. 그런데 튀니지 사건 때는 달랐다. 튀니지에서는 모하메드 보와지지(Mohamed Bouazizi)라는 이름의 스물여섯 살짜리 과일 행상인이 자신의 과일 수레와 사과를 몰수당한 것에 항의하여 분신자살을 한 것이 혁명의 기폭제가 됐다. 하루 벌어 하루 살다 보니 융통성 없는 관료주의적 절차에 저촉되는 일이 많이 발생했다. 이러한 조치에 분노와 함께 좌절감을 맛본 보와지지는 약 반세기 전에 베트남에서 틱쾅둑(Thích Quáng Dúc) 스님이 했던 것과 같은 극단적 항거 방식을 택하게 됐다. 틱쾅둑은 1963년 6월 11일에 디엠 정권의 불교도 탄압에 항거하고자 분신을 택했던 승려였다.

모하메드 보와지지는 부패한 관리가 자신이 애지중지하던 새 전자저울과 과일 수레를 강탈해가자 이에 격분했다. 결국에 보와지지는 23년간 집권한 독재자 지네 엘아비디네 벤 알리(Zine el—Abidine Ben Ali)를 무너뜨린 민주화 혁명의 순교자가 됐다. 또 세계 최대 밀 수입국인 이집트에서는 정권 교체를 바라는 이들이 보와지지의 항거에 크게 자극받았고 결국 세 사람이 분신자살을 하면서 대정부 시위에 불을 댕겼다. 인도네시아와 함께 세계 3위의 밀 수입국인 알제리는 비싼 식량 가격에 항의하는 시위 도중에 경찰과 충돌하면서 세 명이 목숨을 잃었다. 알제리 정부는 일일 80만 미터톤의 밀을 들여오는 것으로 가격 상승 때문에 분노한 대중을 달래려고 했다.

벤 알리 정권이 무너지고 나서 채 한 달이 못 돼 이집트에서 이와 비슷한 민중 봉기가 일어나면서 30년간 집권한 독재자 호스니 무바라크(Hosni Mubarak) 정권이 무너졌다. 미국인들이 낸 세금 700억 달러를 들여 지원했던 독재 정권들이 이렇게 사라져 갔다.

아랍 지역은 불모지가 많고 농사에 적합한 땅이 별로 없다는 것이 문제다. 그런데 더 근본적인 문제는 세계 최고 수준의 인구 증가율이다. 아랍 지역의 인구는 1950년에 7,300만 명이었다. 지금은 그 네 배가 넘는 3억 5,000만 명이다.[16] 세계은행은 2050년이면 인구가 다시 두 배로 증가할 것으로 내다봤다. 이렇게 되면 피크오일과 맞물려 중동 지역의 석유 수출에 차질이 빚어질 것이다.

현재 추세대로라면 사우디아라비아 같은 국가도 국내 소비 증가로 말미암아 석유 수출 능력이 감소할 것이다. 자원 제약에 관한 맬서스의 견해를 지지하는 사람이라면 이 부분이 매우 중요하게 다가올 것이다.

사우디아라비아의 국내 석유 및 천연가스 사용량은 2005년 이래로 연평균 5.9%의 증가율을 나타냈다. 이는 인구 증가율 혹은 GDP 증가율을 크게 앞서는 수준이다. 국내 소비가 급증하는 이유는 사우디아라비아 그리고 실질적으로는 중동 지역 산유국 대부분이 국내 소비자들에게 거의 헐값에 석유와 천연가스를 판매하는 데서 비롯된 부분이 크다. 적은 인구에도 사우디아라비아는 세계 15위의 에너지 소비국으로서 전력의 56%를 직접 석유를 태워 생산한다.

전 지구적인 악천후라는 맥락에서 보면 이 모든 것이 더욱 중요한 의미를 지닌다. 악천후는 작물 수확에 악영향을 미쳤고 또 상품 가격 상승을 유발하는 미국의 공격적(혹자는 '호전적'이라는 표현을 쓸 수도 있음) 통화 정책이 입힌 폐해를 더욱 증폭시켰다. 악천후로 말미암은 혼란 상황을 인간이 만든 지구 온난화의 문제로 귀결짓는 것이 일반적인 시각이다. 그러나 내 생각은 다르다.

다음번 소빙하기

대중매체를 통해 반복적으로 들었던 내용과는 달리 2010년 여름에 발생한 러시아의 가뭄, 다양한 형태의 홍수, 북아메리카에서의 생장 기간 감소 등을 포함한 기상 이변은 '온난화'가 아니라 재앙적 수준의 '한랭화'에 그 원인이 있다.[17]

피어즈 코빈(Piers Corbyn)은 러시아의 가뭄과 파키스탄에 발생한 홍수를 예견한 천체 물리학자이며 형제간인 제러미는 좌파 세력의 일원이다. 피어즈는 보로 대로(大路)에 있는, 망원경도 슈퍼컴퓨터도 없는 소박한 사무실에서 작업했다.

"무기라고는 달랑 노트북 하나지만 이용 가능한 방대한 자료들 그리고 일급 천체 물리학 지식을 바탕으로 자신이 발견한 사실들을 재차 삼차 확인했다."[18]

2009년 11월에 영국 기상청은 여전히 '지구 온난화' 때문에 '따뜻한 겨울' 날씨가 예상된다고 했지만, 코빈은 100년 이래 가장 추운 겨울이 될 것이라고 말했다. 흥미로운 점은 코빈이 윌리엄 힐(William Hill: 영국의 대형 베팅업체—역주)이나 기타 합법적인 도박 사이트를 통해 기상 예측에 관한 내기를 했고 이렇게 해서 번 돈으로 기상 예측을 위한 연구 자금을 마련했다는 사실이다. 코빈은 태양의 복사열을 관찰하고 이것이 상층 대기, 특히 제트류 같은 기류와 어떻게 상호작용 하는지를 살펴본다. 웨슬리 스미스(Wesley Smith)의 말대로 코빈은 주어진 순간의 태양 활동을 관찰한 다음 과거 기록을 살펴보면서 자신이 관찰한 것과 유사한 활동 그리고 이 활동의 존속 혹은 유지 기간에 관한 자료를 찾아본다. 그런 다음에는 그때 지구의 날씨가 어떠했는지 살피고 나서

이를 바탕으로 앞으로의 날씨를 예측한다.[19]

코빈은 올바른 기상 예측을 통해 많은 돈을 벌었다. 다시 말해 예언적 가치도 별로 없는, 자동차 배기가스 혹은 샴페인 병을 따는 행위에 기인한 이산화탄소 수준의 변화에 신경을 쓰기보다는 날씨에 직접적인 영향을 미치는 쟁점들에 초점을 맞췄다. 코빈은 "이산화탄소는 날씨 혹은 기후에 큰 영향을 미쳤던 적이 없고 지금도 별 영향을 미치지 않으며 앞으로도 그럴 것이다. 지구 온난화는 이미 지나간 쟁점이고 이산화탄소와도 아무런 관련이 없다"고 말했다.[20]

인간이 조장한 지구 온난화 히스테리에 정당한 근거가 없다고 주장하는 데는 그만한 이유가 있다. 그것도 아주 많다. 우선 이산화탄소는 퍼짐성이 강한 대기 중의 미량 원소라는 사실에서부터 출발하자. 모든 배출원에서 나온 이산화탄소가 대기 중 차지하는 비중은 겨우 3.618%고 인간이 만든 이산화탄소의 비중은 이보다 더 적어서 이것이 대기에서 차지하는 비중이 0.117%에 불과하다. 미국인 과학자 3만 1,000명은 탄소는 기후 변화의 동인(動因)이 아니므로 미국 정부는 탄소 감축을 위한 고비용 대책들을 채택할 필요가 없다는 내용의 진정서에 서명했다. 하버드—스미소니언 천체 물리학 센터 태양 및 항성 물리학 분과 소속 천체 물리학자이자 지질학자인 윌리 순(Willie Soon) 박사는 이렇게 말한다.

> 정치인과 비관론자들이 우리에게 되풀이해서 주입하고자 하는 주장, 즉 이산화탄소량의 변화가 모든 재앙의 근원이라는 주장을 고수하려 애쓰는 것은 어리석기 짝이 없는 일이다. 이산화탄소의 양에 따라 지구의 기후 체계가 좌지우지된다는 것은 정신 나간 생각이다. 그리고 이러한 생각은 완전히 틀렸다. 이산화탄소는 지구/기후 체계의 주요 동인이 아니다.[21]

주요 동인은 바로 태양이다. 다른 정보는 전혀 없는 생태에서 역사적 사실 자료만 봐도 대기 중 이산화탄소의 농도가 증가하면 필연적으로 지구의 온도가 높아진다는 주장에 의문이 제기된다.

4억 2,000만 년~4억 5,000만 년 전 오르도비스기—실루리아기의 빙하 그리고 1억 3,200만 년~1억 5,100만 년 전 쥐라기—백악기 때의 빙하 모두 대기 중 이산화탄소의 농도가 현재보다 몇 배는 높았을 때 형성됐다.

지구 온난화를 걱정한다는 사람들, 특히 앨 고어와 그 패거리는 이산화탄소 비율을 100만 대 350 이하의 비율로 감소시키려는 계획이 채택되지 않으면 이 지구는 사람이 살 수 없는 생지옥과 같은 곳으로 변할 것이라고 주장한다. 그러나 대기 중 이산화탄소의 농도가 100만 대 4,000 비율이었던 300만 년 동안 지구가 빙하기에 들어 있었다는 사실이 입증된다면 이들은 이것을 어떻게 설명할 것인가? 물론 이들은 이러한 부분을 확실히 설명하지 않았다. 어쨌거나 대중에 대한 앨 고어의 설득력만큼은 인정해야 할 것 같다. 대기에 악영향을 미칠 수 있다는 불안감을 빌미로 특정 물질 사용에 제재를 가해야 한다는 식의 여론몰이를 한 것이 앨 고어가 처음은 아니었다. 데이비드 반 다이크(David S. Van Dyke)가 'CFC 사용 금지: 지구 온난화 명제의 선조(先祖)'에서 밝힌 것처럼 고어는 프레온가스로 알려진 염화불화탄소(CFC)의 사용 금지 운동에서 이처럼 대중의 불안을 이용하는 책략들을 많이 모방했다.

CFC 금지 운동은 지구 온난화 '사기'를 위한 완벽한 지침 역할을 했다. 이는 환경 운동을 하는 NGO(비정부기구), 환경 '과학자'(자칭 그리고 실제로 사용하는 명칭이기도 함) 그리고 인간의 선택과 행동에 대한 정치적 지배력 확보와 큰 수익을 노리는 대기업 등의 구미를 당기는 운동이었다. 이에 따라 지구촌의 모든 정부가 CFC 금지 작업에 나섰다. 그러나 이는 입증되지 않은(그리고 아마도 입증할 수 없는) 가설에 기반을 둔 행동이었다. 수많은 기업이 소비자의 희생을 발판삼아 이익을 창출하는 방식을 고수해왔다. 지금까지도 대기 중 CFC의 영향에 관한 연구에 자금이 지원되고 있다. 가장 중요한 것은 '오존 홀'에 눈에 띄는 변화는 일어나지 않았다는 사실이다. 오존 홀은 항상 그래 왔다는 듯이 지금도 그 상태 그대로 남아 있다.[22]

고어가 CFC 금지 운동에서 사용한 기법들을 모방했는지는 몰라도 지적 히스테리를 기반으로 한 역사상 가장 효과적인 운동 중 하나라 할 이번 지구 온난화와 관련한 환경 운동은 훨씬 광범위한 영향력을 지니며 훨씬 더 대범한 속성을 지닌다. 이 과정에서 고어는 종교재판소도 하지 못한 일을 해냈다. 다시 말해 지구 온난화의 근원이라는 관점에서 '태양'이 아니라 '지구'에 중심 자리를 부여했다는 점에서 보면, 태양계의 중심에는 '지구'가 아니라 '태양'이 있다는 갈릴레오의 주장에 난감해했던 종교재판소보다는 고어가 한 수 위였다고 할 수 있다.

물론 고어가 당시의 종교재판소보다 훨씬 진보된 과학적 지식을 보유하고 있었다고 생각하지는 않는다. 과학적 증거는 여전히 지구 온난화의 근원이 태양이라는 사실을 강하게 지지하고 있다.

러시아의 태양 물리학자 갈리나 마스니츠(Galina Mashnich)와 블라디미르 바스키르세프(Valdimir Bashkirtsev)는 영국의 기후 활동가 제임스 아난(James Annan)과의 내기에서 10년 내에 지구의 날씨가 더 추워질 것이라는 데 1만 달러를 걸었다. 이르쿠츠크에 있는 '태양—지구 물리학 연구소' 소속인 마스니츠와 바스키르세프는 지구의 기온은 온실 가스 배출보다는 태양 활동의 변화에 더 많은 영향을 받는다고 믿는다. 이들은 태양 흑점의 수와 크기상의 변화에 따라 지구가 따뜻해지기도 하고 또 추워지기도 한다고 주장한다. 학계에서 주류를 형성하는 학자들 대다수는 이러한 견해에 동의하지 않는다. 그러나 러시아의 이 두 학자는 앞으로 수십 년에 걸쳐 태양 활동이 줄어드는 시기에 진입할 것으로 예상하기 때문에 지구의 기온 역시 떨어질 것이라고 확신한다.[23]

피어즈 코빈과 마찬가지로 마스니츠와 바스키르세프는 1640년대부터 18세기 초까지 지속했던 마운더 극소기 때의 소빙하기에 대응할 만한 또 다른 소 빙하기가 올 것으로 예측한다. 아래 내용은 2011년 6월 14일자 〈레지스터(The Register)〉에 실린 루이스 페이지(Lewis Page)의 글이다.

"물리학자들은 흑점 주기상 태양이 동면기에 접어들고 있다고 주장한다."

미국의 저명한 태양 물리학자들이 이제 태양이 기나긴 저활동 주기로 접어들고 있다고 선언한다면 어떻게 될까? 이는 우리가 지구 온난화 문제에 직면하기는커녕 실제로는 소빙하기를 맞이해야 한다는 의미일 수 있다.

영국 시각으로 6월 14일 오후 6시에 미 국립태양관측소(NSO)와 공군연구소에서 이 같은 내용이 발표됐다. 태양의 최근 활동에 대한 각기 다른 세 가지 분석 결과가 한결같이 태양의 저활동 주기가 시작될 것임을 나타내고 있다.

통상적으로 태양의 활동 주기는 11년이다. 현재는 제24 태양 주기로서 이 주기대로면 앞으로 태양 활동 극대기에 접근할 것으로 예상하고 있다. 이 예상대로라면 흑점의 수도 증가하고 기타 극대기 접근에 걸맞은 징후들이 나타나야 한다. 그러나 지금까지 나타난 결과는 매우 실망스럽다. 현재 NSO 과학자들은 수십 년 동안의 태양 활동 추세를 나타낸 자료를 토대로 제25 주기가 전개되지 않을지도 모른다고 생각한다.

이러한 견해는 지구 기후와 관련하여 매우 중대한 의미를 내포한다. NSO는 성명서를 통해 다음과 같은 내용을 발표했다.

미 항공우주국(NASA)은 "지금 시급한 문제는 이번 태양 활동 저조 현상이 두 번째 마운더 극소기의 전조인지 여부다. 1645~1715년에 해당하는 70년 동안이 첫 번째 마운더 극소기로서 이때는 흑점이 거의 없었다"고 발표했다.

태양 흑점에 관한 초기 기록들을 보면 17세기 말에 태양의 비활동기가 있었던 것을 알 수 있다. 1645년 무렵부터 1715년까지 태양에서 흑점을 거의 찾아볼 수 없었다. 그 이후 태양에 대한 관찰이 광범위하게 이루어지지는 않았지만, 이 기간에는 태양 관찰이 비교적 잘 이루어졌고 흑점이 거의 없었다는 사실도 잘 기록돼 있다. 태양 활동이 거의 없었던 이 시기는 기후 측면에서 '소빙하기'라고 일컬어지는 시기와도 일치한다. 이 소빙하기 때는 평소에 얼지 않던 강들이 얼어버렸고 해발고도가 더 낮은 곳에도 만년설이 남아 있었다. 더 먼 과거에도 이와 비슷한 비활동기가 존재했다는 증거가 있다.

마운더 극소기 그리고 이 극소기를 전후한 시기에 템스 강을 포함하여 현재는 부동강(不凍江)으로 알려진 유럽의 강들이 툭하면 얼어버려서 스케이트 타기가 가능할 정도였고 심지어 군인들이 얼음 위를 걸어서 강을 건널 때도 있었다. NSO의 프랭크 힐(Frank Hill) 박사는 이렇게 말한다.

"이는 매우 이상한 일이고 또 예상치 못한 일이기도 하다. 그러나 각기 다른 세 가지 관찰 결과가 모두 한 방향을 가리키고 있다는 것은 태양 흑점 주기가 동면기를 향하고 있음을 시사하는 강력한 징후다."[24]

이러한 예측에서 걱정스러운 부분은 수세기 동안 볼 수 없었던 '태양 활동의 동면기'에 관한 것이다. 흥미롭게도 2006년에 발표된 나사의 '태양 활동에 관한 장기적 예측'이 이 동면기 가설을 뒷받침하고 있다. 2006년 5월 10일에 나사의 태양 물리학자 데이비드 해서웨이(David Hathaway)는 이렇게 말했다.

"태양이라는 거대한 '컨베이어 벨트'의 속도가 역대 최저 수준으로 떨어졌다. 2022년 무렵에 정점에 이를 것으로 보이는 제25 태양 주기는 수세기 이래 태양 활동이 가장 약한 주기 가운데 하나가 될 가능성이 크다."[25]

가능성은 거의 없지만, 만약 앨 고어의 말이 옳다면 이의 경제적 효과는 식량 가격이 하락하는 형태로 나타날 것이다. 날씨가 더 따뜻해지면 식물이 생장할 수 있는 기간이 더 길어질 것이기 때문이다. 그러나 반대로 천체 물리학자들의 주장이 옳다면 먹여 살려야 하는 인구는 전보다 수십억 명이나 많아진 상황에서 장기적인 흉작으로 말미암아 식량 가격이 상승함에 따라 우리는 사상 최악의 위기를 겪게 될 것이다. 추워진 날씨가 로마 제국의 번영에 찬물을 끼얹는 데 일조했듯이 이것이 생활수준의 저하를 가져올 수도 있다.

　　뉴스를 귀담아들으면 알 수 있듯이 날씨가 추워진다는 것에 대한 증거가 이론상으로만 존재하는 것이 아니다. 21세기가 시작되고 첫 10년 동안에 기록적인 기온 변화가 일어났었다. 그러나 지구 온난화를 걱정하는 사람들의 주장과는 달리 기온 상승 쪽이 아니라 하강 쪽으로의 변화였다. 2010년 12월에 포트로더데일(Fort Lauderdale)은 162년 만에 최저 기온 기록을 경신했고 플로리다 주 잭슨빌(Jacksonville)에는 눈이 내렸다. 그런가 하면 꼬박 이틀 동안 내린 폭설 때문에 남캘리포니아의 상징적 고속도로인 I—5가 폐쇄됐다. 2011년 초에는 유럽 대륙을 뒤덮은 폭설 때문에 유럽 전체가 꽁꽁 얼어붙었고 이에 따라 교통 체증이 발생하고 난방비가 치솟았다. 그리고 지구가 추워지고 있다는 이야기를 할 때 빼놓을 수 없는 것이 있다. 아이러니하게도 '지구 온난화에 관한 유엔 코수멜 회의'가 열렸을 때 3일 연속으로 사상 최저 기온을 기록했다는 사실이다. 이러한 부분들을 어떻게 설명할 것인가! 절대로 얼렁뚱땅 넘어갈 수는 없는 노릇이다.

　　그리고 17세기 때 그랬던 것처럼 또다시 소빙하기로 접어든다면 식량난을 겪게 되리라는 것도 결코 과장된 말이 아니다. 추운 기후 지역에서는 농작물의 수확량이 계속해서 줄어들거나 아니면 전혀 수확을 할 수 없는 상태가 될 것이다. 난방이 되는 온실에서 작물을 재배해야 하기 때문에 비용이 더 많이 들고 따라서 농업도 기업형으로 운영되는 형태가 될 것이다. 현재의 온대 기후 지역에서처럼 옥외 농업이 가능한 곳이라고 해도 전보다 비용이 더 많이 들고 에너지 집약도도 더 높아질 것이다. 가축의 사료 비용이 상승함에 따라 육류 소비도 감소할 것이다.

　　우리는 1816년을 '가장 최근에 있었던 서구 사회 최대의 생존 위기'로 기억한다. 그런데 지금 우리가 1816년 때와 같은 수준으로 식량 가격이 폭등하는 상황에 직면하게 될 것이다. 윌리 순과 스티븐 야스켈(Steven Yaskell)이 말한 '여름이 없는 해(年)'라는 구절을 곱씹어보면 이 같은 상황의 배경을 좀 더 자세히 알 수 있을 것이다. 이들은 사상 최악의 사태로 기록된 1816년의 여름을 만드는 데 '미약한 태양 활동, 주요 화산의 분출, 비틀거리는 태양 등의 사건들이 어떻게 일조했는지를' 상세히 설명하고 있다.[26] 이들은 과학자와 역사가들에게 여전히 1816년은 '1,800명이 얼어 죽은 해' 혹은 '여름이 없던 해'로 기억된다고 썼다. 이는 자연적인 생태계 파괴 사건으로서 곧바로 잊혀서는 절대로 안 되는 그런 일이었다.

이 해에 돌튼 극소기(Dalton Minimum)를 포함하여 적어도 두 개의 비정상적 자연현상의 효과가 북반구를 강타했다. 돌튼 극소기는 마운더 극소기와 비슷한 수준으로 태양의 자기 활동 감소기가 길어진 시기이며 둘 다 14세기부터 19세기까지 계속된 소빙하기에 발생했다. 그리고 그 두 가지 이상 자연현상 가운데 하나가 바로 숨바와(Sumbawa: 지금의 인도네시아에 소재) 섬에 있는 탐보라(Tambora) 화산 대폭발이었다. 이 외에 순과 야스켈은 '태양의 관성 운동(태양계 내에서의 태양의 위치 변화)'이라고 칭하는 세 번째 요인에 관해서도 쓰고 있다. 이 역시 기후 변화에 영향을 미친 요인일지 모른다.

오늘날 마운더 극소기 같은 현상이 재현된다면 추운 기후 지역에 있는 지금의 선진국 대부분이 2011년 '아랍의 봄'을 일으켰던 것보다 더 심각한 수준의 식량 가격 상승을 경험하게 될 것이다. 이러한 지역에 거주하는 사람들은 결국 비싼 값을 치르면서 국내에서 생산된 식품을 선택해야 하는 상황을 강요받게 될 것이다. 이러한 고가의 국내 식품 중에는 기업형 온실에서 재배된 것도 있을 것이다. 혹은 브라질처럼 잉여 농산물을 생산할 여력이 되는 따뜻한 기후 지역 국가에서 수입한 고가 식료품도 있을 것이다. 지구의 기온이 낮아지면 온대 지역 국가에서 누렸던 농업 생산성 측면의 이점이 줄어들고 열대와 아열대 사바나 기후 지역의 농업이 생산성 우위를 점하는 상황이 오리라는 것만은 분명한 사실이다.

2011년에 멕시코에서 겨울 밀 수확의 40%를 망쳤던 것은 이상 고온이 아니라 기록적인 기온 저하 때문이었다.[27] 〈방과르디아(vanguardia)〉 지는 '서리' 때문에 멕시코가 밀 수확에서 엄청난 손실을 봤다고 보도했다.[28]

분별력 있는 사람이라면 기후의 대변화가 인류 역사에 어떤 영향을 미치는 지를 조금만 생각해봐도 '좋은 날씨의 또 다른 형태에 불과한 지구 온난화보다 날씨가 추워지는 것이 훨씬 더 위험한 현상'이라는 사실을 확신할 수 있을 것이다.

고어의 견해 그리고 실질적으로 모든 지구 온난화 히스테리가, 미심쩍기 그지없는 과학에 기반을 두고 있다고 생각한다. 고어는 정부가 탄소 배출량을 통제함으로써 지구 온난화에 대처할 수 있는 능력이 있다는 주장을 고수한다. 이러한 주장에는 과도한 정부 개입의 여지가 포함돼 있다. 그러나 인위적 탄소 배출이 기후 변화의 중대한 요인이라는 견해는 태양 물리학적 견해와 일치하지 않는다. 또 고고학과 지질학이 전하는 과거 지구의 기후에 관한 실제 기록과도 괴리된다.

고어를 비롯하여 지구 온난화를 걱정하는 사람들의 견해대로라면 현재 대기 중 이산화탄소의 비중이 엄청나게 높고 또 우리는 생활수준을 향상시키고자 석유와 석탄을 마구 태워 여기에 이산화탄소의 양을 또 엄청나게 보태주었다는 이야기가 된다. 그러나 그 어느 것도 사실이 아니다.

연간 1,860억 톤의 이산화탄소가 대기 중으로 배출된다. 호흡에 의한 것은 제외하고 이 가운데 3.3%에 해당하는 60억 톤만이 인간 활동에 의한 것이다.[29] 그런데 인간과 동물의 호흡 활동을 통해 배출되는 이산화탄소의 양이 약 710억 톤이나 된다는 점에 주목할 필요가 있다. 사실 이는 고어 일파가 주장하고 싶어하는 인간의 경제 활동을 통해 배출된 이산화탄소량의 10배가 넘는 수준이다.

고어와 오바마가 비용이 많이 드는 기후 변화 관련법 제정에 적극적이라는 사실만 놓고 보면 대기 중 이산화탄소량이 엄청난 수준에 도달했겠거니 생각할 수도 있다. 그러나 이 역시 잘못된 생각이다. 과거의 대기 중 이산화탄소량이 현재보다 25~100배는 많았다. 그리고 이 정도 수준의 이산화탄소가 온실 효과를 일으켰다는 증거도 없다. '기후 변화에 관한 정부 간 패널

(Intergovernmental Panel on Climate Change: IPCC)'에서 고어를 비롯한 뻔뻔스런 거짓말쟁이들이 주장하는 가설이 유일한 증거라면 증거랄까!

지구 온난화 주장에 이의를 제기하는 이러한 시각은 비단 교양 교육의 미덕이 상실된 현실을 개탄하는 일부 비타협적 학자들만의 의견만은 아니다. 인위적인 지구 온난화 가설을 널리 알리기 위한 목적에서 제공되는 정부의 연구 보조금을 일절 받지 않는 저명한 과학자도 많다. 그리고 이들이 내놓은 반대 증거 자료만 해도 한 트럭은 된다.

미국 정부는 2011년 한 해에만 '화석 연료 연소를 통해 배출된 이산화탄소가 광범위한 기상 이변을 주도할 것이라는 사실을 입증'하는 데 40억 달러를 쏟아부었다.[30] 정부의 태도에서는 기후 변화를 유발하는 이산화탄소량이 어느 정도인지를 연구하는 것이라는 등의 구실을 대는 성의조차 보이지 않는다.[31] 이들은 그저 자신들이 듣고 싶어하는 바로 그 사실을 대중에게 알려 이들을 설득하겠다는 그 목적 하나로 '무에서 창조된 화폐'를 마구 사용했다. 정부의 연구 지원금을 받아 이들이 원하는 결론을 도출하기 위해 연구에 임하는 학자들이 있는 반면에 이렇듯 권력자들이 원치 않는 방향의 결론을 이끌어낼 그러한 연구 작업에 몰두하는 과학자들도 여전히 존재한다.

저명한 지구과학자 얀 바이저(Jan Veizer) 박사는 해수에 대한 분석을 토대로 과거 5억 4,500만 년 동안의 지구 기온과 대가 중 탄소량 사이에는 아무런 관련이 없다는 사실을 입증했다. 바이저와 그 동료는 세계 각지의 조개껍데기에서 발견되는 다양한 화학물질의 양을 측정했다. 그 결과 해수의 산소 동위원소에 주요한 변화가 있었음이 드러났다. 이러한 변화는 대기의 성분과 기온에 변화가 있었음을 나타내는 지표다. 장장 5억 년을 대상으로 한 종단적 연구 관찰 결과 대기 중 탄소와 기온 사이에 상관관계가 존재하지 않는다는 결론에 도달했다. 요컨대 양자 사이에는 아무런 관계가 없다. 실제로 지구가 빙하기에 들어가는 것을 막아줄 정도로 대기 중 이산화탄소량이 그렇게 많은지조차 의심스러웠다. 오히려 과거 5억 년의 평균 기온보다 지금의 지구 기온이 7도 정도 더 낮다는 증거는 있다.

과거 기록을 살펴보면 이산화탄소와 기온 간의 상관관계는 일시적으로 나타난 현상에 불과했다. 고어와 그 일파의 주장과는 달리 대기 중 이산화탄소 농도의 증가가 유해한 기후 변화를 유발하거나 증폭시키는 경향은 없다. 대기 중 이산화탄소량이 증가한 원인을 인간의 활동에서 찾으려 하는 사람들은 과거 화산 폭발 때문에 이산화탄소량이 급증했다는 사실 앞에서 그 목소리가 줄어들 수밖에 없다. 대기 중 이산화탄소 비중이 높은 상태가 그대로 유지된다는 IPCC의 주장과는 달리 이산화탄소는 자연적 재순환 과정을 통해 지구에서 재사용된다.

이는 분별력 있는 환경론자들이라면 반드시 숙지하고 넘어가야 할 대목이다. 이산화탄소는 생물체에 작용하는 이른바 대(對) 생물성 물질이다. 같은 맥락에서 이산화탄소는 오염물질이 아니다. 이산화탄소는 생명에 필수적인 성분이다. 어쨌거나 여러분도 탄소 기반 생물체가 아닌가! 인간의 신체 내 유기 탄소 중 일부는 대기 중 이산화탄소가 재순환된 것이었다. 이산화탄소는 식물 영양에서 중요한 역할을 하는 물질이다. 그리고 해양 생물체의 주요 구성 성분이기도 하다. 바다 조개와 산호초는 대기 중 이산화탄소에서 재순환된 방해석(탄산칼슘: $CaCO_3$)으로 구성돼 있다. 대기 중에 있던 이산화탄소는 식물과 토양 속으로 흡수된다. 그러다가 결국에는 석회암 같은 퇴적암 속에서 발견된다. 그리고 이 석회암은 시멘트와 콘크리트로 변해 보도(步道)에서부터 고층건물에 이르는 모든 사물로 재탄생하기도 한다.

증거 자료를 살펴보면 현재 대기 중에 이산화탄소가 과도하게 많다는 주장은 사실과 다르다. 이와는 반대로 오늘날의 대기 중 이산화탄소는 산업혁명 이전인 1750년 수준에서 1만 분의 1 정도가 증가한 것에 불과하다. 현재 대기 중 이산화탄소 농도는 주의를 요할 만큼 높은 수준이 아니라 역대 최저 수준을 약간 웃도는 정도에 불과하다.

탄소 배출 감소를 위해 과감한 행동을 취해야 할 만큼 위급한 상황이라는 주장은 과학적 진실과는 거리가 멀다. 지구 온난화 가설에 반론을 제기하는 쪽은 이 가설과 관련한 조작된 증거와 일부 경악할 만한 수준의 지능적인 사실 왜곡에 대한 반감이 큰 것이 사실이다. 탄소 배출로 말미암은 지구 온난화 때문에 2035년이 되면 히말라야의 빙하가 다 녹아버릴 수도 있다는 IPCC의 아주 진지하고 엄숙했던 예측 내용을 한번 생각해보라. 이런 세상에! 그러나 이러한 예측은 그 어떤 공식적인 연구 결과의 뒷받침도 받지 못한 멋대로의 주장이라는 사실이 밝혀지고 나서 이들은 이 주장을 철회해야만 했다.

IPCC가 퍼뜨렸던 지구 온난화에 대한 가짜 증거 사례가 이것 하나만은 아니다. 2001년에 IPCC는 그 유명한 '하키 스틱' 그래프를 발표했다. 이 그래프는 지난 1,000년 중 가장 더운 10년 중에도 1998년이 가장 더운 해였음을 보여주는 것이었다. 이 그래프를 토대로 내린 결론은 전적으로 대학을 갓 졸업한 한 학생의 논문에 바탕을 둔 것이었다. 이 학생은 중세 온난기 때가 훨씬 더 더웠다는 사실을 보여주는 수천 개의 연구 결과와 헤아릴 수 없이 많은 역사적 기록들에 반하는 결론을 도출함으로써 엄청난 부와 명성을 손에 쥐었다.

그러나 히말라야 빙하가 녹는다는 주장이 철회된 것처럼 하키 스틱 온도 그래프 역시 같은 운명을 맞았다. 즉, 캐나다의 두 과학자 스티븐 맥킨타이어(Steven McIntyre)와 로스 맥키트릭(Ross McKitrick)이 하키 스틱 그래프의 토대가 된 기온 자료에 많은 오류가 있다는 사실을 밝힌 이후 IPCC는 이를 철회하지 않을 수 없었다.[32]

대외적으로 IPCC는 세계 지도자들이 기후 변화에 관한 최고의 과학적 조언을 받을 수 있게 한다는 목적에 따라 창설됐다. 그러나 현실은 이와는 달랐다. 요컨대 IPCC로서는 과학적 진실 따위는 아무래도 상관이 없다. 이들은 역사상 가장 강력한 권력 장악 수단의 하나를 합리화하는 근거로서 대기 중 탄소 농도에 대한 과도한 공포를 조장하는 데 관심이 있을 뿐이다(이후 더 자세히 설명).

증거 자료들은 인간의 활동을 통한 탄소 배출은 지구 온난화(우리가 설명해야 할 온난화 현상이 정말 존재한다면 말이다)에 아주 극미한 영향밖에 미치지 않는다는 사실을 명백히 보여주고 있다. 그러나 이 부분에 관한 판단은 이쯤에서 잠시 접어두도록 하자. 그리고 고어의 주장이 옳다고, 또 실제로 지구의 기온 수준을 정치적 목적에 따라 일방적으로 결정할 수 있다고 가정해보자.

짖지 않았던 개

슈퍼볼 파티(미식축구 챔피언 결정전을 축제처럼 즐기며 관전하는 행태에서 나온 것—역주)에서 흥겹게 노는 취객들이 자동온도조절장치를 만지작거리듯이 세계 각국 정부들이 마음대로 지구의 기온을 올리거나 내릴 수 있다고 믿는가? 그렇다면, 지구의 적정 온도를 얼마로 정할 것인지가 그 첫 번째 쟁점이 될 것이다. 과연 그 적정 온도는 얼마일까?

너무 기대하지는 마라. 기후 논쟁의 핵심에는 고어, 오바마 그리고 기타 기후 자경단원들이 존재하며 이들은 자신들에게 기후 조절 능력이 있고 또 되도록 빨리 그러한 능력을 사용해야 한다는 주장을 뚝심 있게 밀고 나가고 있다. 그러나 이들은 지구의 자동온도조절장치에 설정해야 하는 이상적인 지구 기온이 얼마인지에 관해서는 함구한다.

나는 이들이 적정 기온을 꼭 집어 말하지 않는다는 것 자체가 뭔가 순수하지 못한 속내가 은연중에 드러난 것이 아닌가 생각한다. 지구 온난화를 해결하려는 '투쟁'이 그 자체로 지구를 구하기 위한 올바른 운동이라면 이러한 운동의 정당성을 뒷받침할 더 이상의 근거는 필요치 않을 것이다.

〈오즈의 마법사〉에 나오는 토네이도까지는 아니더라도 커트리너와 같은 허리케인의 반복적 발생에서부터 뉴욕과 마이애미를 포함한 연안 도시들의 침수(고어는 금세기 말쯤이면 해수면이 20피트 상승할 것이라고 말한다), 말라리아와 뎅기열

같은 전염병의 창궐, 에베레스트 산의 파괴, 일사병에 걸린 북극곰, 오스트레일리아와 아프리카의 사막화 등등에 이르기까지 고어와 그 패거리가 예측한 갖은 재앙들이 발생하지 않았다고 해서 이러한 예측을 한 것에 대해 누구도 사과할 필요는 없다. 아니, 불행한 사태가 나타나지 않았다는 것이 중요하므로 그러한 예측의 잘잘못을 가리는 것은 아무래도 좋을 것이다.

이러한 재앙이 발생하는 상황이 전혀 바람직하지 않다는 데 모두 동의할 것이다. 말라리아, 뎅기열, 일사병 등에 걸리고 싶어하는 사람은 아무도 없다. 그리고 마이애미, 맨해튼 저지대, 찰스턴, 뉴올리언스, 탐파, 로스앤젤레스, 샌디에이고, 워싱턴, 볼티모어, 기타 저지대에 있는 도시들이 완전히 혹은 부분적으로 침수된다면 부동산의 담보 가치라는 측면에서도 이 또한 바람직한 현상은 분명히 아닐 것이다.

그러나 지구 온난화 자경단원들이 북극곰이 일사병으로 죽어간다는 내용의 서글픈 기사를 쓰는 것에 만족하지 않고, 기후에 대한 통제권을 확보하는 일에 열을 올릴수록 자신들이 주장하는 바의 근거는 더욱 미약해진다. 지구의 기온을 얼마나 낮추고 싶은지 그 목표 기온을 꼭 집어 말해보라고 요구하면 그때는 이 기후 논쟁의 성격이 완전히 바뀔 수도 있다.

왜 그럴까? 기온이 낮아지면 생장 가능 기간의 단축, 식량 부족, 굶주린 세상에서의 물가 상승 등을 비롯하여 골머리를 싸쥐게 하는 현상들이 나타나기 때문이다. 지구의 기온이 섭씨 2~3도만 낮아져도 지구촌 주민 수억 명 아니 수십억 명의 목숨이 위태로울 수 있다.

사람들로 하여금 이러한 부분에 관심을 돌리게 하라. 그러면 오바마, 고어, IPCC가 그토록 염원하는 권력 장악·자본 장악의 소망이 위태로워질 수 있다. 지구 온난화 운동을 뒤에서 조정하는 사람들이 지구의 기온을 얼마로 낮출 것인가를 이야기하지 않고 에둘러서 지구 온난화가 가져올 끔찍한 결과에만 초점을 맞추는 방식을 취하는 이유가 다 여기에 있다.

최근 들어 지구 온난화에 대해 히스테리 반응을 보이고 침을 튀겨가며 그

폐해를 설명하고 있지만, 역사적으로 볼 때 온난화는 사실 인류 문명에 긍정적으로 작용했다. 한랭화가 오히려 기근, 질병, 인구 감소, 정치적 몰락 등과 같은 부정적 결과를 낳았다. 역사에 대해 피상적 수준의 지식만 있어도 고어와 그 패거리가 자신들의 의지에 따라 지구의 기온을 낮추려는 이른바 반(反)지구 온난화 시도에 의문을 제기할 수 있는 근거를 한 트럭 이상 제시할 수 있을 것이다.

그러나 고어가 이처럼 뻔한 '미친 짓'을 하는 데는 다 그만한 이유가 있다. 만일 유럽 연합처럼 탄소 배출권 거래 제도를 채택하도록 미국과 중국 그리고 기타 주요 국가들을 설득할 수 있다면 고어는 큰돈을 벌게 될 것이다. 미국의 몇 개 주와 중국의 6개 성(省)이 이 배출권 거래 제도를 채택함에 따라 고어가 큰돈을 챙기게 될 날이 점점 가까워지고 있다.

고어는 런던증권거래소 대체투자시장(AIM) 부문에 상장된 기후변화거래소(Climate Exchange PLC: CLE)의 지분 약 10%를 보유하고 있다. 기후변화거래소는 유럽기후거래소(ECE), 시카고기후거래소(CCE), 시카고기후선물거래소(CCFE) 등을 소유하고 있다. 영국의 〈가디언〉 지에 따르면 각국이 고어가 그렇게 미는 '배출권 거래 제도' 채택을 승인한다면 탄소 배출권 시장의 가치가 연간 2조 달러 수준이 될 수 있다고 한다. 이는 다음 10년 동안의 석유 시장 가치의 두 배에 해당하는 수준이다.[33]

이러한 이유에서라면 고어가 지구 온난화에 목을 매는 것도 이해가 간다. 오바마가 의회 의원들을 설득하여 지구 온난화 이론을 법제화한다면 고어는 수십억 달러를 챙길 수 있다. 이들의 주장이 관철된다면 실체가 없는 이른바 무형물을 거래하는 세계 최대 시장을 손아귀에 넣을 수 있다. 그렇다. 탄소 시장은 탄소 자체를 거래하는 곳이 아니라 무(無)에 가까운 무언가를, 즉 탄소 미배출에 대한 '약속'을 거래하는 곳이다. 우리는 이를 탄소 상쇄(carbon offset)라 칭한다.

시카고상업거래소(CME)에서 2월 인도분 냉동 돈육 계약을 한 건 체결하고

대금 결제가 이루어질 때까지 계약을 유지한다고 가정해보자. 그러면 이 계약자는 자신이 원하는 상품 인수 장소에서 누군가를 만나서 계약 대상물인 돈육 4만 파운드를 인수하게 될 것이다.

그런데 탄소 배출권 거래는 이런 식으로 이루어지지 않는다. 탄소 거래자들은 탄소를 실제로 거래하는 것이 아니다. 유럽기후거래소에서 이산화탄소 배출권 계약을 매수한 다음에 중도에 청산하지 않고 이 계약을 유지한다 해도 걱정할 것은 아무것도 없다. 누군가 우편 투입구로 이산화탄소를 투입할까 봐 안달할 필요가 없다. 탄소 거래는 그런 식으로 이루어지지 않는다. 고어의 탄소 시장에는 실체적 인도물이 존재하지 않는다.

알다시피 실제로 이산화탄소를 거래하지는 않는다. 이산화탄소를 배출하는 권리를 거래하는 것이다. 대개 이 권리는 탄소 상쇄 혹은 이산화탄소를 배출하지 않는 곳의 누군가로부터의 약속에 결부돼 있다. 그러므로 고어의 탄소 시장은 실제 탄소 시장이 아니다. 유령의 집에 있는 거울처럼 탄소 시장은 이산화탄소를 배출하지 않겠다는 '약속' 그 자체를 거래하는 비탄소 시장이다.

마크 샤피로(Mark Schapiro)는 2010년 2월호 〈하퍼스(Harper's)〉에서 이렇게 말했다.

> 거래 과정에서 누군가에게 실물 상품이 인도돼야 하는 전통적인 상품 시장과 달리 탄소 시장은 아무에게도 인도하지 않는 무형물의 존재를 그 기반으로 한다.[34]

그러므로 설득의 달인 오바마가 의원들을 움직여 탄소 배출권 거래제의 승인을 이루어내기만 한다면 한 정치인이 고안한 수조 달러 규모의 시장, 즉 약속이 거래되는 시장이 형성되는 것이고 그 대가로 이 정치인은 억만장자가 될 것이다.

여러 자료를 근거로 한 종합적 결론

선진국의 중산층 생활수준을 유지하려면 어느 정도의 에너지를 투입해야 하는지를 생각해본다면 고어 패거리가 지지하는 지구 온난화 방지 대책이라는 것은 지구촌 사람들의 생활수준을 낮추기 위한 대책 그 이상도 이하도 아니다. 요컨대 이러한 대책은 중산층을 빈곤층으로 만들고 빈곤층은 최빈곤층으로 만들 뿐이다. 그러나 고어의 호주머니에는 엄청난 액수의 돈이 흘러들어 갈 것이다.

에너지 부문으로의 과오투자를 극대화하기 위해 인센티브를 동원하는 것은 정말로 불순하기 그지없는 시도다. 탄소 배출권 거래 제도가 전면적으로 시행되면 수년 내에 탄소 시장이 3조 달러 규모가 된다고 추정한다. 그런데 이러한 제도를 통해 잘못 배분될 자본의 규모를 생각하면 상황은 더욱 심각해진다.

그 한 가지는 이산화탄소 배출 상쇄권은 공인된 '추가성' 요건을 충족하는 사업 혹은 프로젝트를 통해서만 사용할 수 있다는 사실이다. '추가성' 요건에 따라, 청정개발체제(CDM)에 따른 사업이 경제적 이익을 발생시키지 않았다는 전제하에서만 탄소 미배출자들이 CDM을 통한 보상을 받을 수 있다. 더 관심을 기울여야만 이 부분을 확실히 이해할 수 있을 것이다.

추가성 요건은 복잡한 역사실적(逆事實的) 혹은 사후 가정적 사고 요소와 결부돼 있다. 탄소 미배출 프로젝트 덕분에 배출권이 허용된다고 하자. 이때 그러한 프로젝트가 없었다면 탄소가 배출됐을 것이라는 전제가 충족돼야 한다는 것이다. 이해할 수 있겠는가? 말하자면 CDM 사업으로 승인받으려면 만약에 CDM 사업이 아니었다면 그 사업 자체만으로는 경제적 이익이 발생하지 않았어야 한다.

다음 두 가지 사례를 통해 이 부분을 정리해보도록 하자.

사례 1. 브라질에 있는 최첨단 에탄올 공장을 소유하고 있다고 가정하자. 가공 처리한 사탕수수를 태워 전력을 생산하고 이렇게 생산한 전력 대부분을 전력회사에 판매한다고 하자. 그렇다면, 사업주는 청정하고 효율적이며 수익성이 있는 사업을 하고 있는 셈이다. 따라서 이 사업주는 석유를 대체할 생물 연료를 생산하고 있다는 이유를 들어 탄소 상쇄권을 요구하고픈 생각이 들 수도 있을 것이다.

사례 2. 이번에는 아이오와에 옥수수/에탄올 공장을 소유하고 있다고 가정하자. 이 공장은 예비디젤 발전기를 동력으로 사용한다. 여기서는 오염 물질이 함유된 연료를 태운다. 그래서 그을음(탄소), 질소, 일산화탄소, 알데히드, 이산화질소, 이산화황, 다환방향족탄화수소류 등이 다량 배출된다. 그래서 공장 소유자가 일정 기간에 걸쳐 13.90달러의 가격으로 1억 5,000만 톤의 탄소 상쇄를 제공하겠다는 내용의 제안서를 제출한다면 이를 통해 이들은 삼림 조성을 위한 자금 수백만 달러를 모금할 수 있다. 이 삼림은 나중에 목탄을 생산하는 데 사용되며 이 목탄은 옥수수/에탄올 공장을 가동하는 데 사용됐던 디젤을 대체하게 된다.

사례 2는 앞으로 그 자체로는 경제성이 없는 기술을 적용하여 이산화탄소 배출량을 줄일 것이기 때문에 탄소 상쇄권을 취득할 수 있다. 사례 1은 훨씬 더 환경 친화적인 접근법으로 보이겠지만 이는 이미 경제성이 있는 모범적 방안이기 때문에 탄소 상쇄의 자격을 얻지 못한다. 요컨대 탄소 상쇄 개발자들은 자신들의 프로젝트가 CDM 기금이 아니면 전혀 경제성이 없는 사업이라는 점을 입증해야 한다.

고어의 접근법은 탄소 상쇄의 가격을 상승시키게 돼 있다. 이 접근법은 탄소 배출을 억제하는 효과가 있고 생활수준 저하에 대한 하나의 타개책이 될 수 있으며 자신의 기후거래소에서 이루어지는 탄소 배출권 거래의 총 가치도 상승시켜주기 때문이다. 추가성 요건은 탄소상쇄 프로젝트의 가격을 상승시키는 일종의 압력 요소로 작용한다. 탄소 배출권의 가격이 상승함에 따라 그 가격 상승이 필연적으로 자기강화적 속성을 띠게 되기 때문이다. 전에는 경제성이 없었던 상쇄 프로젝트도 높아진 가격 때문에 경제적 이익을 내기 시작하면 상쇄 프로젝트로서의 자격을 상실하게 된다.

고어 계획이 지닌 또 한 가지 결함은 배출 평가인이라는 새로운 관료의 탄생을 요한다는 사실이다. 당연히 이러한 관료는 이전에는 불필요했을 존재다. 유엔의 후원을 받는 배출 평가인은 CDM 사업 검인증기구(DOE)를 통해 활동한다. 배출 평가인은 탄소 미배출에 대한 약속을 감사하는 일종의 '기후 감사관'이다. DOE 역할을 담당하는 유명 기업 가운데 한 곳이 바로 딜로이트투세(Deloitte Touche: 세계적인 회계 컨설팅 회사—역주)다.

고어의 탄소 시장에는 물리적 인도물이 존재하지 않기 때문에 이러한 기후 감사관이 등장하는 것이 어찌 보면 당연하다. 이들은 주로 탄소 배출 및 감축에 대한 선(先) 비준, 배출 감축(탄소 미배출에 대한 약속)에 대한 후(後) 확인에 초점을 맞춘다. 이 감축분에 대해서는 구매자들이 자신들에게 허용된 배출 상한선을 초과하여 이를 사용할 수 있다.

그러나 궁극적으로는 탄소 배출권의 가격이 더 상승함에 따라 기후 감사관들이 실질적으로 모든 사업 그리고 심지어 여러분까지 기후 감사의 대상으로 삼게 될 것이다. 평소에 바비큐를 즐긴다고 하자. 그런데 자신이 거주하는 곳이 배출권 거래 제도가 적용되는 구역이라고 하면 언젠가는 바비큐를 먹을 때마다 고어의 기후거래소 가운데 한 곳에서 탄소 상쇄권을 구매함으로써 고어의 배를 불려주는 상황을 맞게 되는 날이 올지도 모른다. 오바마가 대통령에 당선됐을 때는 이러한 방향으로의 상환 전개가 당연시됐으나 앞으로도 그러할지는 더 두고 봐야 할 것 같다.

마지막 순간에 의원들이 주저할지도 모른다. 이미 충분하다 싶을 정도로 지구의 기온이 낮아졌는데도 자신의 지역구 주민의 생활수준 저하를 감수하면서까지 앞으로 지구의 기온을 더 낮추는 일에 발벗고 나서려 할지 의문이다. 뻔뻔할 정도로 당당한 지도자들이 고어의 계획에 덩달아 춤추는, 이른바 꼭두각시처럼 행동하지 못하게 하는 또 한 가지 요소가 있다. 즉, 유럽기후거래소에 다양한 수준에서 벌어지는 사기 행각에 대해 우려하고 불안해하는 기류가 형성되고 있다.

마크 샤피로는 2010년 2월에 발행된 〈하퍼스〉에서 이렇게 설명했다.

"수차례의 연구 결과 CDM은 약속한 만큼 탄소 배출을 감축시키지 못했다는 사실이 드러났다."

이산화탄소 배출 감축을 주장하는 사람들도 배출권 거래 제도가 그동안 그렇게 선전했던 것만큼 탄소 배출을 감소시키는 데 효과가 있었는지 확신하지 못한다.[35]

한편, 이산화탄소 배출권 거래와 관련하여 좀 더 전통적인 수법의 사기 행각이 판을 치고 있다. 블룸버그의 매슈 카(Matthew Carr)가 지적한 바와 같이 절도, 탈세, 훔친 배출권 증서의 밀거래 등과 관련한 심각한 문제가 존재한다.

바클레이즈캐피털(Barclays Capital: 세계적인 투자 은행—역주)의 탄소 배출권 거래 담당 책임자의 지적대로 신종 사기 행각이 세계 최대 배출권 시장을 오염시켰던 만큼 유럽의 감시자들은 이에 '단호한 조치'를 취할 필요가 있다.

독일 연방환경청은 2월 3일에 320만 유로(440만 달러)의 시장 가치를 지닌 약 25만 톤의 이산화탄소 할당량이 사이버 공격 이후 부당하게 이체됐다고 발표했다. 법률 집행 기관인 유로폴에 따르면 이산화탄소 시장에서 발생한 부가가치세 사기로 2009년 12월까지 8개월 동안 벌어들인 수익 50억 유로를 몽땅날린 이후인 1월 28일에 사기꾼이 감시자의 목소리를 흉내 내 비밀번호를 알아낸 '피싱' 사건이 발생했다.

바클레이즈(Barclays PLC) 투자 은행 사업부의 매니징 디렉터 루이스 레드쇼(Louis Redshaw)는 전화 인터뷰를 통해 "유럽 연합의 일관성 있는 단호한 조치

없이는 세계 최대의 탄소 시장이 사기 행각으로 얼룩지게 될 것이다"라고 말했다.[36]

지구를 더 춥게 만들어서 큰돈을 챙기려는 고어의 계획이 진행되는 것과 관련하여 좋은 소식과 나쁜 소식이 공존한다. 가장 좋은 소식은 카뉴트 왕이 밀물을 되돌릴 수 없었던 것처럼 고어도 지구의 기온을 더 떨어뜨리지 못한다는 사실이다.

그러나 가장 나쁜 소식은 이 쟁점에 관한 공적 논의가 제대로 이루어지지 못한 상태라서 정부 당국자를 포함한 수많은 사람이 지구 온난화와 같은 날조된 주장, 즉 인위적 이산화탄소 배출이 지구를 위태롭게 만들 것이라는 주장을 기꺼이 받아들일 준비가 돼 있다는 사실이다. 이러한 주장의 맹신자들은 반대 의견을 내는 사람들에게 불쾌한 심기를 노골적으로 드러내기까지 한다.

예를 들어, 〈롤링스톤〉 지에 '얼간이: 지구 최악의 적을 만나다'라는 제목의 글을 썼던 제프 구델(Jeff Goodell)은 지구 온난화 가설에 감히(?) 의문을 제기하는 데이비드 코흐(David Koch) 같은 기업인들을 맹비난한다. 그리고 고어의 계획에 반기를 드는 것에 대해 신경질적인 반응을 보인다.

기후 법안이 통과되지 못한 사실에서 확인할 수 있듯이 빅콜과 빅오일처럼 우리의 미래를 위협하는, 거대한 힘을 지닌 내부의 적을 굴복시키는 것보다 히틀러 같은 독재자를 무너뜨리기가 훨씬 쉬울 것이다. 기후 재앙이 임박했는데도 적절한 대책을 요구하며 가두시위를 벌이는 군중이 당최 보이지 않는다.[37]

그러나 구델을 포함한 지구 온난화 신봉자들은 탄소 배출권 제도가 고어 자신은 부자로 만들어주는 대신 지구촌은 더 가난하게 만드는 등의 이해 충돌이 분명히 존재함에도 이 부분에 대해서는 침묵으로 일관했다.

같은 맥락에서 CFC 금지와 지금의 지구 온난화 가설 같은 에피소드는 일정 부분 금융 위기와 연관돼 있다는 추측도 가능하다. 전통적 유형의 경제 활동을 통한 잠재 수익이 고갈되어 감에 따라 수많은 기업이 포화 시장에서 수익성을 높이는 한 수단으로서 반생산적인 정치적 운동을 선호하게 될 것이다(여기서 논리적 흐름은 이렇다. 즉, 시장이 정말 포화 상태가 되면 정치인들이 이 포화 시장에서 추가 수익을 뽑아낼 기회는 생각보다 더 줄어든다. 따라서 기업인들에게 다른 대안 시장을 창출해주는 데 앞장선다는 것이다).

데이비드 반 다이크가 지적한 것처럼 CFC 금지의 숨겨진 의도를 생각해보라.

> 주요 CFC 제조업체인 듀폰(DuPont)의 경우를 살펴보자. 듀폰이 소유했던, 가장 광범위하게 사용된 CFC 가운데 하나에 대한 특허권 만료가 임박했던 시점과 CFC 금지 운동의 시기가 묘하게 겹치는 우연 역시 예사롭지 않다. 듀폰의 지분 25%를 소유한 캐나다 투자자 세 사람이 CFC 금지 운동을 주도했다. 듀폰은 처음에는 CFC의 단계적 금지 계획에 반대했으나 CFC 대체 물질에 대한 특허권이 보장되자 결국 이를 받아들였다. 결국, 이 또한 막대한 돈이 걸린 문제였던 것이다.[38]

간단히 말해 CFC 금지는 값싸고 효율적인 제네릭 제품(generic product: 특허가 만료된 원조 제품의 복제품을 지칭함—역주)을, 고수익이 보장되지만 비싸고 덜 효율적인 독점 제품(proprietary product)으로 교체하자는 뻔뻔스런 계략이었다. 냉각제와 추진제의 가격을 상승시킨 정치적 행동을 소비자로 하여금 수긍하게 한 이상 CFC 금지는 냉각제와 냉각 기기 제조업자 그리고 제약업자에게는 큰돈이 걸린 사안이었다. 반 다이크는 이 부분을 이렇게 정리했다.

> 언론은 CFC 금지가 경제에 미치는 진짜 효과에 대해서는 절대 보도하지 않

는 것 같다. CFC를 대체한다는 것은 절대 쉬운 일이 아니었다. 진화(鎭火)용으로 사용하기에 할론(Halon)만큼 적합하고 안전하고 또 값도 알맞은 대체물은 없다. 그런데 대다수 추진제는 대체물을 찾기가 어렵지 않았다(비록 대부분이 가연성 물질이기는 하지만). 한 가지 예외가 있다면 그것은 바로 천식 치료용 정량식 흡입기에 사용하는 CFC 추진제다. CFC는 화학적 및 생물학적 비활성 물질이기 때문에 이러한 용도로 사용하기에 이상적이다. 결국에 제약업계는 한 가지 대안을 찾아냈다. 하이드로플루오로알칸(HFA)이 바로 그것이다. 물론 이 새로운 방식이 등장했다는 것은 전에는 비싸지 않았던 제네릭 의약품(예: 알부테롤)이 갑자기 비싼 독점 의약품으로 대체됐다는 것을 의미한다. CFC 금지는 아주 효과적으로 천식 관리 비용을 세 배로 올려놓았다.

'프레온 가스의 점진적 금지'가 시작됐을 때부터 실질적으로 전 세계의 수억 개에 달하는 냉각 장치를 교체해야 했다. 여기에는 자동차, 가정용, 산업용, 식품 및 의학용 냉장고 등이 포함됐다. 이러한 장치들은 여전히 작동하고 있지만, 이제는 CFC를 충전할 수 없다(이러한 사실을 알고 있는가?). 이 과정에서 발생한 막대한 비용은 계속해서 소비자에게 고스란히 전가되고 있다. CFC 대체 물질은 CFC와는 비교가 안 될 정도로 매우 비싸다는 사실을 인식하는 것이 중요하다. 이는 석탄을 때서 생산한 전력의 킬로와트당 비용을 태양 혹은 바람의 힘을 이용하여 생산한 전력의 비용과 비교하는 상황과 비슷하다.[39]

새로운 독점 추진제를 사용하는 천식 흡입기는 CFC를 사용한 구식 흡입기보다 10배는 더 비쌀 뿐 아니라 효과도 떨어진다. 비효과적인 새 흡입기를 사용한 다음에 제때 응급실에 도착하지 못해서 사망에 이른 천식 환자가 엄청나게 많았다. 윤리적인 측면에서 볼 때 이는 남극 오존홀에 대한 날조된 히스테리가 빚어낸 '살인'과 다를 바 없다고 생각한다.

여러 가지 이유(이 부분에 관해서는 앞으로 더 심도 있는 논의가 필요할 듯하다) 때문에 공공 담론에서 게이트키퍼(gatekeeper: 정보 통제자) 역할을 했던 사람들이 방향을 잃었던 것으로 보인다. 이들은 북반구(CFC 대부분이 이곳에서 사용됨)의 하층 대기에서 남극 대륙 상공의 상층 대기로 이동하며 공기보다 4배는 더 무거운 CFC 속 염소에 대한 터무니 없는 히스테리에 깜빡 속아 넘어간 것 같다.

지금까지 대기 중 CFC 및 염소의 물리적 작용 기제를 설명한 사람도 없었고 이 문제와 관련하여 CFC가 대기에 해를 끼친다는 사실을 보여주는 경험적 증거 쪼가리라도 내놓은 사람이 없었다. 지구의 대양에서 배출되는 염소가 연간 6억 톤인데 CFC의 연간 사용량은 7,500톤이다. 6억 톤에 비하면 조족지혈 수준인 7,500톤에서 나온 자유 염소 이온이 오존층에 심각한 해를 끼쳤다는 점을 어떻게 설명할 것인가?

이보다 더 놀라운 사실은 계절적으로 발생하는 오존홀을 이상 현상으로 볼 것인지에 대한 부분도 확실히 결론이 난 것이 아니라는 점이다. 미심쩍어하는 과학자들이 남극의 오존홀은 CFC가 등장하기 전에도 존재했다는 증거를 발표하려 했지만, 누군가 이들의 입에 재갈을 물려버렸다. 우주선(宇宙線) 혹은 기타 천체 물리학적 현상과 비교하여 특별히 염소 이온이 오존층 파괴에 절대적 영향을 미쳤다는 주장도 확실히 정립된 이론이 아니었다.

2008년에 발생한 전 세계적인 신용 위기는 세계의 '금고'가 전에 생각했던 것만큼 그렇게 깊숙하지 않다는 사실을 인식하는 계기가 됐다. 추가 예산 지출 법안들을 무자비하다 싶을 만치 밀어붙이는 오바마의 스타일로 미루어볼 때 탄소 배출권 거래 법안의 통과는 '낙타의 등뼈를 부러뜨린 마지막 지푸라기 한 올'이 될 공산이 크다. 조지프 테인터의 주장처럼 "한계수익은 낮은데도 수많은 누적적 조직 특성에 과도한 투자를 하는 이른바 복잡한 사회는 점점 그 강도가 높아지는 스트레스를 감당할 여유가 없을지도 모른다."[40] 이는 미국의 상황을 정확히 묘사하는 듯하다. 테인터는 "일단 복잡한 사회가 한계수익이 감소하는 단계에 접어들면 앞으로 극복할 수 없는 재앙이 발생하는 것은 시간문제인 일이 되면서 그 사회가 몰락할 가능성이 있다"고 말한다.[41]

새로운 마운더 극소기

증거 자료들은 실제 기후 변화는 태양 에너지 방출량과 기타 천체 물리학적 현상의 주기적 변화에서 비롯된다는 사실을 보여준다. 역동적 우주에서 태양 에너지 방출량이 일정하리라고 예상하는 것은 별로 신빙성이 없어 보인다. 이 역시 고(古)기후, 고고학, 태양 물리학, 역사, 지질학 등의 연구 증거에서 나온 잘못된 가설이다. 수십억 년 동안 똑같은 양의 에너지를 방출하고 있다는 이른바 '안정된 태양'보다 태양의 현실은 훨씬 복잡하다.

사실, 이러한 변동의 원인 요소는 수도 없이 많다. 이 가운데 그나마 좀 간단한 한 가지 가설이 바로 실제로는 지구가 태양 주위를 도는 것이 아니라는 것이다. 지구는 태양이 아니라 태양계의 질량 중심 주위를 도는 것이다. 이는 지구가 태양 주위를 도는 것과 거의 비슷하지만, 완전히 똑같은 것은 아니다. 태양계의 질량 중심은 큰 행성들, 특히 목성(지구 질량의 318배)의 질량으로 상계되기 때문이다. 지구의 공전 주기를 1년으로 했을 때 거기의 11.86배인 목성의 공전 주기는 태양 에너지 방출 주기 중 하나, 즉 슈왑(Schwab) 주기 혹은 11년인 태양 흑점 주기(22년이 되기도 함)와 일치한다. 간단히 말하면 목성이 태양에 가장 가까워질 때 태양 에너지의 방출량이 감소하는 경향이 있다.

경기 순환 주기에도 장기 주기와 단기 주기가 있듯이 태양 활동 주기에도 장기 및 단기 주기(기타 천체 물리학적 변수에 따라)가 있다. 드브리스 주기(DeVries Cycle)로도 알려진 수스 주기(Suess Cycle: 210년)라는 것이 있다. 주기가 2,300년인 할슈타트 주기(Halstatt Cycle)도 있다. 주기가 6,000년이나 되는 것도 있다.

항상 그랬듯이 기후의 주요 동인은 태양 복사 에너지의 변화다. 태양계가 은하계 나선 팔을 통과하는 것과 같은 기타 천체 물리학적 요인들이 영향을 미칠 때 재앙적 결과들이 나타나는 경향이 있다. 태양 에너지의 방출량이 너무 적어서 쏟아지는 우주선으로부터 지구를 보호해주지 못할 때 이 지구는 길고 긴 빙하기를 맞이하게 되는 것 같다.

지구가 태양계의 질량 중심 주위를 돌고 있기는 하지만 또 한편으로는 태양을 쫓아 초당 250킬로미터의 속도로 은하수 쪽으로 이동하고 있다. 이스라엘의 천체 물리학자 니르 샤비브(Nir J. Shaviv)는 은하수로 향하는 지구 궤도가 가장 길고 극심한 빙하기 주기와 관련돼 있다는 사실을 보여주었다.[42]

태양이 밀도가 매우 높은 은하계의 나선 팔을 통과할 때마다 지구는 엄청난 양의 우주선과 우주진(宇宙塵)의 융단 폭격을 맞는다. 이 가운데는 오로지 대기권 외에서만(우주) 형성될 수 있는 헬륨3(He₃)과 같은 외계 물질도 포함돼 있다. 이것이 구름 막을 증가시키고 태양 복사열을 우주 공간 속으로 반사하여 지구를 꽁꽁 얼려버린다.

비교를 하자면 17세기 때의 소빙하기는 '축복'이라고 할 만한 수준이다. 실제로 마운더 극소기 동안에 발생했던 가장 최근의 소빙하기는 여러 가지 면에서 '복에 겨운' 수준이라 할 만했다. 날씨가 추워지기는 했지만, 북반구 대부분이 빙하로 뒤덮였던 대빙하기보다는 훨씬 따뜻한 채로 남아 있었다. 가장 최근의 빙하기 당시 추위가 절정을 이루었을 때에는 지금 디트로이트가 있는 지역의 빙판 두께가 1마일(약 1.6킬로미터)이나 됐던 것으로 추정된다(여러분은 아마도 디트로이트의 주택 가격 중앙치가 6,000달러쯤으로 곤두박질쳤을 것이라는 부분을 먼저 생각할 것 같다).

기근과 결핍, 광기, 혁명

추운 날씨가 사람을 미치게 한다고 하면 너무 과한 말이라고 할지도 모르겠다. 그러나 과거 역사를 돌이켜보면 기후 대변동이 일어날 때마다 이를 경험한 사람들에게는 그러한 변동이 사리분별력을 잃게 할 만큼의 대단한 충격으로 다가왔었다. 이러한 일이 발생할 때면 지도자라는 사람들은 거의 예외 없이 귀중한 자원을 낭비하는 쪽으로 잘못된 선택과 행동을 하는 경향을 보였다(기후 대변화가 생길 때 지도자들이 하는 잘못된 일들 가운데 하나로서, 이상 기온으로 식량 공급량이 감소할 것이 예상되자 인위적으로 인플레이션을 유발하는 정책을 선택한 버냉키와 오바마를 그 예로 들 수 있다). 이들은 그 당시 자신들이 숭배하던 '허상적 신'에게 공물을 바치는 것에서 해결책을 찾으려 했다(그 신이 무엇이든 그것은 상관없었다. 기후 변화가 일어날 그 당시의 숭배 대상이었으면 그것으로 충분하다). 혹은 그 신들의 노여움을 산 악인들의 사회를 일제히 소탕하는 이른바 피의 숙청 작업을 떠맡으려고 했다. 마야인들은 기후의 신들을 달래고자 사람을 제물로 바치는 일이 보통이었다. 유럽인들은 이들보다는 덜 야만적이었지만 그래 봐야 아주 조금 나은 수준이라는 것일 뿐 야만적이기는 마찬가지였다.

피터 크리스티(Peter Christie)가 바바라 고벨(Babara Gobel)의 이야기를 상세히 들려준다. 17세기에 독일 뷔르츠부르크(Wurzburg)에서 살던 고벨은 5월 말의 어느 날 아침에 눈을 뜨자 온 세상이 꽁꽁 얼어붙었다는 것을 깨달았다. 당시 10대였던 고벨은 집행인의 명부에 '뷔르츠부르크에서 가장 아름다운 하녀'라고 기록돼 있었다. 늦봄에 찾아온 혹한이 밀 농사를 망치고 뷔르츠부르크 지역의 포도 농사까지 다 망쳐버리자 다른 많은 사람과 함께 바바라 고벨도 미신에 사로잡힌 잔인한 이웃에게 둘러싸이는 신세가 됐다. 결국, 뷔르츠부르크 주민 900명과 함께 고벨은 '마녀'로 몰려 처형당했다. 크리스티는 "약 100만 명이 마녀로 몰려 화형, 교수형, 참수형을 당했고 또 익사 당하고 목 졸려 죽임을 당했다"고 말한다.[43]

비정상적 추위를 둘러싼 격렬한 히스테리의 희생자가 된 사람의 수가 정확히 몇이든 간에 이러한 사람들의 운명이 어떠했는지에 주의를 기울일 필요가 있다. 가공의 범죄 때문에 뷔르츠부르크에서 가장 아름다운 소녀, 고벨과 900명의 주민을 죽이는 데 협력했던 사람들 가운데 일부는 그 희생자들이 마법을 부려 날씨를 춥게 만들었다는 말을 정말로 믿지는 않았을 것이다. 아마도 이러한 끔찍한 비극의 이면에는 굶주린 모든 사람의 배를 채워주기에는 식량이 턱없이 모자라게 된 갑작스런 상황 변화 속에서 자신들이 받을 배급량을 조금이라도 더 늘려보겠다는 불순한 의도가 있었을 것이다.

당시 독일의 인구는 지금보다 95%가 적었다. 마녀로 몰려 죽은 희생자 900명은 그 지역 인구의 약 10%에 해당하는 수준이었을 것이다. 이렇게 사람들을 죽인 것은 사람들의 미신적 욕구를 충족시키는 동시에 생존자들에게 더 많은 식량을 배분해주는 역할을 했다.

17세기에는 거의 모든 식량이 생산지 인근에서 전부 소비됐다는 사실을 상기하라. 그때는 이 지역에서 저 지역으로 곡류와 육류를 실어나를 철도도 화물차도 없었다. 뷔르츠부르크 인근 지역 모두가 추워진 날씨로 피해를 보기는 마찬가지였기 때문에 농사를 망쳤을 때 의지할 수 있는 여분의 식량이 거의 없었다.

이러한 소빙하기가 지금 발생한다면 세상이 미쳐 돌아가지 않는다고 그 누구도 장담할 수 없다. 힘을 가진 사람들은 급격히 줄어든 식량과 기타 필수적인 자원을 가능한 한 많이 확보하기 위해 멋대로 그리고 아마도 부당하게 그 힘을 사용할 것이다. 이러한 순간이 찾아왔을 때 여러분 모두 생존을 위해 식량 구매표에 의존하는 상황을 원치는 않을 것이다.

지구 온난화라는 가공의 상황에 집착하는 현실을 고려할 때 당국은 아마도 탄화수소 감축이라는 방식으로 혹한기로의 기후 변화에 대응하려 할 것이다. 그런데 이러한 대처는 식량 생산과 주택 및 기타 건축물의 난방을 더 어렵게 하고 그 비용을 더욱 높이는 역할을 한다. 그러나 대기 중 인위적으로 배출된 이산화탄소량(0.117%)이 워낙 극미하므로 그 화학적 영향력 역시 감소할 것이다.

17세기 말 그러니까 마운더 극소기 중 가장 추었던 1693~1694년 겨울은 지역 사람들에게 재앙에 가까운 영향을 미쳤다. 프랑스 태양왕 루이 14세가 있던 베르사유 궁의 식탁에는 꽁꽁 언 포도주가 올라왔고 기아와 이에 수반된 전염병으로 프랑스 인구의 10분의 1이 사망했다.[44]

루이 14세는 그 와중에도 왕좌를 지킬 수 있었으니 그나마 운이 좋았던 편이라 하겠다. 프랑스에서는 혹독한 추위로 말미암아 기근이 발생했기 때문에 너무 기운이 없어서 제대로 폭동을 일으킬 수도 없는 형편이었다. 중국 명나라의 숭정제(崇禎帝)는 운이 그리 좋지 못했다. 실제로 숭정제는 소빙하기 초에 왕좌를 잃었다. 거듭된 흉작으로 기근이 발생하자 농민들이 이자성을 중심으로 난을 일으켰다. 이자성은 산악 지대인 산시 성(省)에서 열렬한 지지를 받았다. 이곳은 고지대이기 때문에 추워진 날씨가 작물 수확에 미치는 악영향이 더 증폭됐다. 기근에 허덕이던 농민들은 이자성이 부르짖었던 '토지를 균등하게 분배하고 곡물세를 폐지하라!'는 구호 아래 결집했다. 결국에 이자성이 이끄는 농민군은 명나라 황실 근위대를 격퇴하고 수도인 베이징을 손에 넣었으며 명나라의 마지막 황제는 스스로 목숨을 끊었다. 이자성은 순나라를 세우고 스스로 황제의 자리에 올랐다.

가장 최근의 소빙하기였던 1644년에 이자성이라는 인물이 어떻게 굶주린 농민들을 동원하여 장구한 역사를 자랑하던 명 왕조를 무너뜨렸는지에 관한 이야기는 투자자들에게는 관심 밖의 정보일 수 있다. 이웃 사람이나 직장 동료에게 한번 물어보라. 그 사람들은 아마도 이에 관해 잘 모를 것이다. 그러나 중국 권력 집단에 속한 사람들에게는 잘 알려진 이야기일 것으로 생각한다. '현대판' 굶주린 농민들이 현 '왕조'를 그때처럼 무너뜨리는 일이 벌어지지 않도록 과연 이들이 적절한 대책을 세워줄 것이라 기대할 수 있을 것인가!

알다시피 중국의 외환보유액은 수조 달러에 달한다. 현재 중국 경제는 세계 2위에 해당하는 규모이며 구매력 평가(Purchase Power Parity: PPP) 기준으로 봤을 때 미국 경제보다 아주 약간만 작은 규모일 뿐 큰 차이를 보이지 않는다.[45] 불과 20년 전만 해도 중국의 경제 규모가 미국의 5% 수준밖에 되지 않았던 것에 비하면 이는 아주 놀라운 변화다. 사상 최고 수준의 경제 성장률과 더불어 형성된 건설 경기 호황 덕분에 중국은 세계 최대 원자재 소비국의 반열에 올랐다.

중국의 통치자들은 국내 경제 성장의 걸림돌로서 피크오일 문제를 매우

심각하게 여기고 있으며 식량 가격 상승이 정권 유지에 미치는 악영향에 대
해 무척 신경을 쓰고 있다. 이러한 사실들을 고려할 때 중국 통치자들이 먼
훗날이 아니라 조만간 미국 경제를 지탱하던 '생명유지장치'를 떼버리지 않을
것이라 장담할 수가 없다. 중국의 처지에서 보면 미국의 수요를 감소시키면
판매가 감소하겠지만, 생산 비용 역시 감소할 것이고 따라서 석유와 기타 상
품의 가격을 더 낮은 수준으로 재설정할 수 있게 될 것이다.

중국이 미국 경제에 부착된 인공호흡기를 떼버린다면 그것은 아마도 토머
스 맬서스가 '나쁜 날씨가 너무 빈번하게 중국을 강타하여 기근 때문에 수백
만 명이 목숨을 잃었다'고 묘사했던 상황을 떠올렸기 때문일 것이다. 중국에
불안 기류가 흐르는 것은 분명한 것 같다. 이집트에서 식량 가격 폭등에 항거
하여 발생한 가두시위 소식에 대해 정부 차원에서 엄격한 검열이 이루어지는
것으로 봐서 중국 정부도 이 부분을 생각하고 있음이 틀림없다. 이집트의 대
통령 무바라크가 이 시위로 권좌에서 축출된 사실을 보도할 때도 군사 쿠데
타에 의한 축출이라고 설명했다. 〈이코노미스트〉 지에 따르면 중국의 트위터
격인 시나 웨이보(Sina Wiebo)에서 '이집트'라는 단어를 검색하면 '관련법, 규정,
정책에 따라 검색 결과는 표시되지 않는다'라는 경고문이 뜬다. 거대 뉴스 포
털인 바이두(Baidu)의 인기 검색어 목록에는 '이집트에 발이 묶였던 동포들 귀
국'이 포함돼 있으나 이 외에 다른 것은 없다.[46]

중국이 세계 최고 수준의 식량 물가 상승률을 보인 시점에서 중국의 당
국자들은 세계의 이목을 끄는 식량 폭동에 관한 소식이 부각되는 것을 달가
워하지 않는다. 중국국가통계국(National Bureau of Statistics of China)에 따르면
2011년 1월 21일부터 31일까지 중국 내 50개 도시의 평균 식품 가격이 이전
10일간에 비해 4.6%(연간 416%에 해당) 상승했다고 한다.[47] 1인당 소득 수준은
튀니지와 엇비슷하고 미국의 주요 채권국인 중국이 이와 같은 식량 인플레이
션에 허덕이는 것은 세계 경제의 회복 그리고 특히 미국 경제의 회복에 심각
한 위협이 된다.

공식적으로 중국의 도시 실업률은 4.1%다. 그러나 중국은 통계적 기교를 통해 실업률의 진실을 얼버무리는 데에서는 미 노동통계국보다 훨씬 더 능숙하다. 당국이 보고한 4.1%는 사실 등록된 도시민의 실업률이다. 이것은 마오쩌둥 시절에 자국 내 이주자에 대한 내부적 통제의 산물이며 여기에는 공식적으로 도시 거주민이 아닌 수백만 명(아니, 수억 명)의 이주자들은 포함되지 않는다. 일자리가 없어 구직을 포기한 노동자까지 계산에 넣으면 중국의 실제 실업률은 22%나 된다. 중국의 인구 규모를 봤을 때 약 2억 명이 실업 상태에 있다는 이야기가 된다.

리비아에서부터 시리아까지 대정부 가두시위로 정국이 불안한 중동 지역과 북아프리카에서처럼 중국 역시 이러한 부분들이 사회적 불안의 화근이 되고 있다. 중국 지도자들로서는 이러한 불씨가 발화하는 것을 내버려두기보다는 미국 경제의 숨통을 조이는 쪽을 선택할 것이다.

세계에서 인구가 가장 많은 두 국가인 중국과 인도 모두 막대한 양의 식량을 수입해야 하는 이른바 식량 수입국의 길로 접어들고 있다. 중국은 급속히 도시화가 진행되고 있다. 지금은 세계 최대 농산물 생산국이지만 앞으로 수십 년 내에 생산량이 감소할 운명에 놓여 있다는 의미다. 담수 자원의 질이 낮은 것도 중국이 농산물 생산 분야에서 수위를 지키기 어렵게 하는 요소다. 수많은 전문가가 담수 부족이야말로 중국의 성장에 가장 큰 걸림돌이라고 본다. 3억 5,000만 명으로 추산되는 농민이 농촌 지역에서 도시(도시화가 아직도 진행 중임)로 이주할 것이 예상되는 상황에서 열악한 상수도(급수) 체계를 보완해줄 마땅한 수단이 없다. 중국에서 가장 긴 하천인 황하 강도 최근 들어 유량이 감소했다. 몇 개월 안에 태평양에 가 닿기도 전에 물줄기가 끊어져 버릴 수도 있다. 크리스티나 라슨(Christina Larson)이 예일대에 제출한 자료를 바탕으로 하면 '현재 황하 강의 10% 정도가 오수(汚水)'라는 점이 더 심각하다.[48]

한편, 지난 반세기 동안(1961년부터 2007년까지) 인도의 인구는 세 배 정도 증가했는데 1인당 경지 면적은 0.35헥타르에서 0.14헥타르로 절반이 줄었다. 농업 부문에 대한 에너지 투입량의 증가와 대수층으로부터의 관개 증가 덕분에 농업 생산성이 향상됐다. 소빙하기의 지구 기온 때문에 전 세계의 경지 면적이 급격히 줄어든 부분은 그렇다 치더라도 세계 최대 인구를 자랑하는 두 국가 중 어느 곳도 식량 생산 증대를 이룩하지 못하고 있다. 중국과 마찬가지로 현재 인도는 국외 농지 매입에 적극적으로 나서고 있다.

대부분 온대 기후 지역에 속해 있으며 부채 포화 상태에 이른 선진국들은 미래에 대한 준비에서 뒤처지고 있다. 내 생각이 틀렸을 수도 있지만 나는 지금 우리가 사상 최대의 전환기적 위기의 한복판에 있다고 생각한다. 기후 요인 때문에 소빙하기 상황으로 내몰린 선진국이 지급 불능의 늪에 빠지게 된다면 맬서스가 말하던 자원 부족의 공포가 우리를 덮칠 것이고 천천히 그리고 아주 오랫동안 계속될 '조정기'가 도래하게 될 것이다. 그리고 이 조정기는 수많은 사람에게 치명적인 영향을 미칠 것이다.

이제 '추위가 문제'라는 사실에 귀 기울일 때다. 로마 온난기와 중세 기후 최적기처럼 현재보다 기온이 3~5도 정도 더 높고 식량이 풍부했던 온난 기후기와 달리 한랭기는 기근과 결핍의 시기이고 더 급속한 사멸이 진행되는 시기이기도 하다. 이러한 시기에는 줄어든 식량과 기타 자원을 확보하기 위한 전쟁과 투쟁이 격화하게 된다.

지구 온난화는 잊어라. 지구 암흑화가 우리에게 다가오고 있다.

BRAZIL IS THE NEW AMERICA

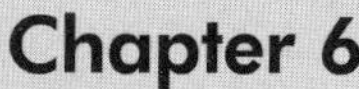

Chapter 6

재정 적자 그리고 사회적 불안

부채주의 논리가 유발하는 민주적 합의라는 착각

신용(부채) 팽창이 가져온 호황은
결국 비극으로 끝날 운명이며
이 비극을 막을 방법은 없다.
자발적으로 신용(부채) 팽창이라는 수단을
포기하고 좀 더 빨리 위기를 맞든가
아니면 이러한 통화 체계의 궁극적 결과인
총체적이며 최종적인 재앙을
감수하겠다는 의지로 이 체계를
더 유지해나가면서 위기의 시기를
조금 더 늦추든가 둘 중 하나다.

— 루트비히 본 미제스

미국이 금본위제를 포기한 것의 효과 가운데 제대로 조명되지 않은 것이 여럿 있는데 그 가운데 하나가 바로 미국 경제 체계의 변화다. 즉, 미국은 금본위제 포기를 계기로 세계에서 가장 역동적인 자본주의 경제국에서 부채주의를 기반으로 한 약탈적 경제국으로 전환됐다. Chapter 2에서 정의했다시피 부채주의는 병들고 부패한 자본주의 버전이라고 보면 된다. 부채주의 경제 체계에서는 국가 구매력의 상당 부분이 은행가와 은행의 주요 고객의 손에 들어간다. 이러한 체계 변화가 세상을 어떻게 변화시켰는지 살펴보자.

부채주의가 세상을 어떻게 변화시켰는가?

자랑하려는 것은 아니지만, 몇몇을 제외하고 이 세상에서 20년 전의 상황을 나만큼 정확하게 또 포괄적으로 이해한 사람은 없다고 생각한다. 리즈 모그와 함께 작업하면서 우리는 베를린 장벽의 붕괴, 구소련의 몰락, 이슬람 테러리즘의 부상, 국가 사회주의 실험의 실패 등을 정확하게 예측했다. 바로 이러한 통찰력을 바탕으로 아나톨리미네랄스(Anatolia Minerals: 현 알레이서골드)를 비롯하여 기타 자원 관련 계열사들을 설립하게 됐다. 대다수 다른 분석가와는 달리 우리는 '법정 통화의 기술적 조작 덕분에 불황은 이제 발생하지 않는다'는 전통적 견해를 액면 그대로 받아들이지는 않았다. 나는 내 생애에 또 한 번의 불황이 올 가능성이 크다고 생각한다. 더불어 과거의 금융 위기들에 관한 연구를 바탕으로 이러한 상황은 불가피하게 금 가치의 상승 현상을 가져올 것이라는 사실도 알게 됐다.

그러나 불황의 시작은 주기적 순환에 따른 한 과정일 뿐 아니라 경제 체계의 성격 전반에 재앙적 변화를 유발하는 것일 수도 있다는 부분은 미처 파악하지 못했다. 이것이 바로 미국과 기타 선진국의 자본주의 경제가 부채주의 경제 체계로 변화한 상황의 핵심 요지다.

이처럼 현재의 경제 체계를 자본주의가 아니라 부채주의라고 칭하는 이유가 무엇일까? 그것은 바로 경제의 중심에 자본이 아니라 부채가 자리하기 때문이다. 단순하면서도 설득력 있는 이유가 아닌가! 양파를 까듯이 현 미국 경제의 껍질을 하나하나 벗겨나가다 보면 이제 더는 '자본'이 경제의 중심이 아니라는 사실을 알게 될 것이다. 자본이 있던 그 자리는 이제 '부채' 그리고 부채 팽창 기조를 유지하려는 당국의 필사적인 '잔꾀'가 차지하고 있다. 모든 정책은 민간 부채 팽창에 목적을 두고 있다. 그리고 이러한 전개 과정에서 어느 순간 혹은 어느 부분이 삐끗하게 되면 걷잡을 수 없는 사태로 치달을 수 있다.

소비자와 경제가 감당할 수 있는 정도 이상으로 부채가 팽창하게 되면 그때부터는 부채를 축소하려는 과정으로 자연스럽게 넘어간다. 회수 불가능 채무는 장부 가치를 떨어뜨리고, 채무자는 파산에 이르고, 채권자의 이익을 위해 남은 자산은 경매 처분되는 등등의 결과가 이어지기 때문이다. 그러나 이러한 부채 축소 과정은 금융권의 수축성 몰락과 급격한 경제 위축을 수반한다. 따라서 이러한 상황을 피하고자 당국은 국가의 재정 장부에 부채를 옮겨

놓음으로써 악성 민간 부채를 영속화하는 방식을 취하려고 한다. 우리가 주택담보대출금을 갚지 못하면 이것은 결국 국가 부채의 일부가 될 것이고 이 체계가 유지되는 한 이 부채는 청산되지 않은 채 우리의 자손들이 부담해야 할 몫으로 남을 것이다.

카를 마르크스(Karl Marx)는 《공산당 선언(The Communist Manifesto)》(1848)에서 자본주의적 생산 방식을 비판할 때 공격의 초점을 '자본'에 맞췄다. 마르크스에 의하면 자본주의가 해로운 이유는 자본의 소유자가 노동자로부터 '잉여가치'를 뽑아내는 것을 가능하게 하기 때문이라는 것이다. 이전의 모든 사회가 다 잉여 노동력을 짜냈지만, 자본주의 사회는 생산된 상품의 판매를 통해 그렇게 한다는 데 차이가 있다.

마르크스의 비판은 본질적으로 대량 고용이라는 특성에 대한 관념적 불만이었다는 점에 주목하라. 부채주의와 관련한 '착취'는 이보다 훨씬 약탈적이다. 이 과정에서 화폐의 구매력은 전체 인구 중 극소수에 해당하는 집단의 이익을 위한 인위적 자산 거품으로 전환된다.

부채주의는 자본주의를 한낱 부의 집중 혹은 부의 축적 메커니즘으로 전락시켰다(나는 비위에 거슬릴 수 있는 이른바 인류 평등주의자였던 적이 한 번도 없던 사람으로서 이 말을 하는 것이다). 소득의 불평등 현상 그 자체를 특별히 문제 삼고 싶지는 않다. 그러나 금-기반 통화(말하자면 자산-기반 통화)가, 전적으로 부채에 기반을 둔 순수한 법정 통화로 전환된 것이 부의 집중 현상을 심화시켰다는 것만은 분명하다고 생각한다.

1971년에 미국의 리처드 닉슨 대통령이 금본위제 포기를 선언하기 전과 후의 소득 분배 상황을 살펴볼 필요가 있다. 케니스 저비노(Kenneth Gerbino)가 지적한 바와 같이 준(準) 자산-기반 통화에서 순수한 법정 통화 체계 혹은 순수한 부채주의 체계로 전환한 것이 노동자와 예금자의 소득을 급격히 감소시켰다.

불공평한 부의 분배를 유발한 것은 바로 무에서 창조된 법정 통화였다. 법정 통화 체계에서 새로 창조된 통화와 신용은 맨 처음 그 통화를 입수한 사람들에게 큰 득이 된다. 즉, 신규 통화가 유통된 이후 물가가 상승하는 효과가 나타나기 전에 미리 그 통화로 자본재와 부동산을 구매할 수 있는 사람들에게 득이 된다. 임금 수준 역시 물가 상승 수준을 따라가지 못하며 이것이 중산층에 가해지는 또 다른 압박으로 작용한다. 1960년대에는 전체 인구의 하위 90%에 해당하는 사람들이 소득의 상당분(65%)을 소유했으나 2002~2007년에 해당하는 기간에는 그 비율이 11%로 떨어졌다.[1]

부채주의는 일반 대중을 가난하게 만든다. 그리고 이렇게 만드는 메커니즘 가운데 하나가 노동과 저축에 대한 인센티브 및 보상 체계를 변화시키는 것이다. 외견상으로 미국은 자유 시장과 자본주의 경제 체계라는 외양을 계속 유지해왔다. 그러나 실상은 다수의 희생을 발판으로 극소수에 이익을 주는 쪽으로 체계가 변화돼 왔다.

법정 통화 체계에서 비롯된 첫 번째 폐해는 경제 성장의 필수적 동력으로서 자본 대신 부채라는 대용물을 취한다는 점이다. 지난 40년 넘게 미국에서 그랬던 것처럼 법정 통화 체계 내에서 생산의 기반은 투자한 자본이나 저축금이 아니었다. 부채가 팽창하면서 같이 팽창하는 총 통화량이 생산의 기반이 된다. 사실, 법정 통화 자체가 부채를 기반으로 해서만 창조된다. 부채가 없어지면 통화 공급량도 소멸한다.

신용을 통해 통화가 창조될 때 이 신규 통화의 최대 수혜자는 처음으로 이 통화를 입수하는 사람들이다. 대개 여기에 해당하는 사람은 이미 부유한 집단에 속한 사람들이다. 이들은 새로 빚을 내는 데 필요한 담보물도 있고 신용도 확실한 그런 부류의 사람들이다.

또 한 가지 일반 서민의 주머니를 홀쭉하게 하는 숨겨진 마수는 바로 '순수한 신용' 법정 통화가 소득의 가치를 떨어뜨린다는 사실이다. 금본위제와 같은 자산-기반 통화 제도하에서는 제품과 서비스가 더 많이 생산되면 물가는 하락하는 경향이 있는데 이때 총통화량은 서서히 증가하거나 혹은 전혀 증가하지 않는다. 금-기반 통화 제도하에서는 지속적인 신용 팽창을 가능하게 할 방법이 없다. 통화량은 금이 발견되거나 금광의 생산량이 증가할 때 혹은 무역 수지가 개선되어 금괴를 수입할 수 있을 때에만 늘어난다. 간단히 말해 진정한 금본위제하에서는 통화량은 매우 천천히 증가할 뿐이다.

물론 미국의 정치 체계는 건전 통화의 견고함을 유지할 수 있을 만큼 강건하지 않았기 때문에 남북전쟁 이전의 금본위제는 정형화된 사실을 기술하는 것 그 이상의 의미는 없다.

19세기 미국의 금융권은 발권은행(發券銀行)이 중구난방으로 설립되던 상황으로 특징지을 수 있다. 이러한 은행은 대개 해당 주에서 면허를 내주었고 지점은 거의 개설하지 않았다. 이러한 은행들은 실제 보유한 금이 허용하는 수준보다 훨씬 많은 금태환 증서를 발행하는 경향이 있었다. 그런데 발권은행들은 대개 각 주의 변두리 지역에 개설됐다. 따라서 고객들이 은행권과 금을 바꾸려 은행을 방문할 때는 불편한 점이 있었고 또 비용도 많이 들었다.

19세기 초의 금본위제는 금태환용 은행권의 팽창적 발행으로 말미암아 그 근간이 약해졌다. 그럼에도, 실제로는 발권의 근거가 된 금괴보다 훨씬 많은 은행권이 시중에 유통됐다. 더구나 전쟁 중에는 금태환이 중지됐다. 이러한 상황이 통화 팽창기를 유발했고 평시로 돌아와 금본위제가 다시 가동된 이후 신용 수축이 이루어지면서 수축성 불황이 이어졌다.

이는 남북 전쟁 이후 미국에서 벌어진 일이었다. 남북 전쟁기였던 1862년 2월 25일에 의회는 법정통화법을 통과시켰다. 이 법에 따라 미국인들은 지폐(법정 통화)를 금·은과 동가(同價)의 것으로 받아들여야 했고 정부는 모든 청구액을 지폐로 지급할 수 있게 됐다. 전쟁이 끝나고 나서 시중에 유통되던 그린백(greenback: 정부가 발행한 법정 지폐)이 회수됐다. 1873년에 통화 수축 단계가 시작돼 1896년에 이 작업이 마무리됐다. 분석가 니킬 라헤자(Nikhil Raheja)는 이렇게 말했다.

> 이 기간에 잉여 저축금·투자금 그리고 높은 생산성 덕분에 생산은 증가했으나 통화량의 증가 속도는 더뎠다. 따라서 소비에 충당할 수 있는 총 통화량과 판매할 제품의 가치 사이의 불일치가 발생했고 이것이 가격 하락으로 이어졌다.[2]

나는 19세기 때의 물가 하락은 이러한 '불일치'가 아니라 자유 시장의 작동 메커니즘을 보여주는 한 가지 사례로 이해한다. 즉, 생산성이 향상되면 통화의 가치가 높아지는 경향이 있음을 시사하는 사례로 본다. 이러한 상황에서는 벌어들인 소득의 가치가 더 높아지므로 가난한 사람은 전보다 더 여유로워진다. 경제학자 머리 로스바드(Murray N. Rothbard)가 《미국의 통화 및 은행업의 역사(A History of Money and Banking in the United States: The Colonial Era to World War II)》에서 밝힌 바로는 이 시기에 미국의 일반 물가는 연평균 1%가 하락했다고 한다. 전체적으로 보면 23년 동안 물가가 약 20% 하락했다. 경제 발전의 결과로 물가가 하락했고 이에 따라 고정 임금을 받는 사람의 소득이 20% 증가한 셈이 됐다는 점에 주목하라. 이는 순수한 신용 통화를 기반으로 한 부채주의, 즉 부채가 증가할수록 통화가 팽창하는 오늘날의 환경에서 벌어지는 상황과는 사뭇 달랐다.

1970년부터 2008년까지 미국의 통화량(M-2)은 6,240억 달러에서 8조 2,000억 달러로 1,314%나 증가했다. 한편, 사람들이 돈으로 사고 싶어하는 실물 경제재는 거의 증가하지 않았다. 이러한 경제재는 윤택한 생활의 한 구성 요소이기도 하다. 부채에 탐닉하는 상황이 격화되어 달러 가치가 떨어지면 물가가 상승하게 된다. 신용을 기반으로 달러(통화)가 창조될 때마다 그에 상응하여 통화량이 증가한다.

그러나 최근의 통계 자료를 간단히 확인만 해봐도 지난 40년 동안 소비자 물가가 1,314% 상승한 것이 아니었다는 사실을 알 수 있다. 정부의 왜곡된 CPI(소비자물가지수)로 계산해보면 1970년의 1,000달러에 해당하는 구매력을 얻으려면 2008년에는 5,549.05달러가 필요했다. 임금에 변동이 없는 근로자는 구매력의 상당 부분을 손해 본 셈이었다. 그러나 1970년 이후로 신용을 기반으로 창조된 신규 통화로 말미암아 물가가 엄청나게 치솟았다는 점을 고려하면 부채주의 경제 체계가 부의 불평등을 격화시켰다는 점이 더 쉽게 이해될 것이다.

간단히 말하자면 새로 창조된 통화는 금융 자산과 실물 자산 모두에서의 투자 붐을 조성하는 자금으로 사용됐다. 월가의 분석가 켈 켈리(Kel Kelly)는 특이하게도 이 부분을 오스트리아학파의 관점에서 이해하려고 했다. 켈리는 이렇게 썼다.

> 궁극적으로 주식 시장이나 기타 시장을 좀 더 장기적으로 상승시키는(그리고 좀 더 넓은 관점에서 볼 때 '하락시키는') 유일한 동인은 통화량과 지출 규모의 변화다. 통화량이 팽창할 때(예: 경제 구조 내에 그리고 시장 내에) 주식 시장은 상승세를 탄다. 이러한 사실은 많은 결과를 내포하고 있으며 이러한 결과들에 대해 심사숙고할 필요가 있다.[3]

다시 말해 주로 투자 붐을 일으키려는 목적으로 통화 가치가 절하됐다. 켈리는 오스트리아학파에 속한 경제학자 프리츠 마흐럽(Fritz Machlup)의 말을 인용한다.

> 어떤 기업이든 통화량의 효율적 증가(신규 신용 창조 혹은 통화 방출을 통해) 없이는 수익 증가를 기대하는 것이 불가능하다. 은행 신용의 탄력성이 없었다면 유가증권 붐이 장기간 지속될 수 없었을 것이다. 통화 공급량에도 궁극적인 제한이 있기 때문에 신용 팽창이 없었다면 유가증권을 구매하고자 하

는 사람들에게 대출해줄 자금도 고갈됐을 것이다. 자금 공급의 원천을 현재의 신규 저축금과 감가상각충당금에 국한하는 것은 매우 비탄력적인 방식이다. 은행의 신용 창조 메커니즘(신용 팽창을 통해) 혹은 대중의 통화 방출이 대출용 자금 공급의 탄력성을 높여줄 때라야만 지속적인 붐이 조성될 수 있다. 일반 대중에게 구매를 확대할 의지와 함께 그렇게 할 능력까지 갖춰져 있지 않은 한 유가증권 시장의 호황은 장기간 유지될 수 없다.[4]

물론 통화 발행은 이보다 훨씬 더 기초적인 경제 요소다. 자산 가격 상승이 발생한 것은 은행들이 유가증권을 구매할 수 있도록 대중에게 자금을 대출해줄 준비가 돼 있기 때문만은 아니다.

부분적으로 이는 법정 통화로 말미암아 수많은 기업이 수익을 내기가 더 쉬워졌다는 사실과 관련이 있다. 이는 국가의 재정적 필요를 충족시키는 데 적합한 정책이다. 인플레이션은 명목 이익을 증가시키고 따라서 세수입을 증대시킨다.

여기에는 또 GDP 증가라는 정치적 필요도 있을 것이다. 인플레이션은 거의 자동으로 GDP 증가로 이어진다. 켈리는 이렇게 말한다.

수학적 측면에서 볼 때 GDP 증가는 생산된 개별 제품의 명목 가격이 어느 정도 상승했을 때에만 가능하다. 달리 말하자면 통화량과 지출 규모가 일정하다면 기업이 벌어들이는 총수입(생산된 모든 제품의 총 판매 가격 기준) 그리고 GDP 자체는 시간이 지나도 거의 일정하게 유지된다.

시중의 통화량이 일정했다면 주식의 총 가치(혹은 주가지수)가 증가하지 않았을 것이다. 더불어 전체적으로 기업의 수익이 증가하지 않았다면 주가에 반영될 주당순이익도 증가하지 않을 것이다.

통화량이 일정한 경제 구조에서는 시간이 지나도 신규 발행된 주식 수의 증가율에 따라 주가지수 수준이 거의 일정하게 유지되거나 약간 하락하기도 한다. 그리고 기업은 더 낮은 가격 수준에서 더 많은 제품을 팔 것이고 따라서 총 수입은 동일하게 유지될 것이다. 이와 같은 맥락에서 기업은 매년 더 낮은 가격에 더 많은 제품을 구매할 것이고 따라서 비용과 수익의 차이를 일정하게 유지하고 더불어 총수익 수준 또한 일정하게 유지할 것이다.

이러한 상황에서는 자본 이익(자산을 낮은 가격에 사서 높은 가격에 팔아 얻은 수익)은 오직 종목 선택을 통해서만 실현될 수 있다. 즉, 시장 점유율을 넓히고 신제품을 출시하는 기업, 따라서 혁신성과 효율성이 떨어지는 기업을 발판 삼아 더 많은 수익을 올리는 기업에 투자해야만 자본 이익을 실현할 수 있다. 수익을 내는 기업의 주가는 오를 것이고 그렇지 못한 기업의 주가는 하락할 것이다. 평균 주가는 실제로 상승하지 않기 때문에 주식 투자자가 얻는 수익은 대부분 배당금의 형태를 띠게 된다. 이와는 대조적으로 요즘은 우량주와 불량주를 불문한 대다수 주식이 통화 팽창성 강세장일 때 주가가 상승하고 약세장일 때 주가가 하락한다. 우량 기업은 불량 기업보다 더 빨리 주가가 상승하는 것일 뿐이다.[5]

변화하는 통화 속성과 더불어 20세기 주식 종목 선택의 기술 역시 변화해 왔다. 20세기 초 그러니까 은행의 신용 창조가 지금보다 훨씬 비탄력적이었을 때 분석가들은 배당수익률을 기준으로 주식 종목을 선택하라고 권하는 경향이 있었다. 켈리의 주장에 내포된 바와 같이 이때는 자본 이익이 발생하는 경우가 그리 많지 않았다. 다우존스산업평균지수는 1900년 1월 2일에 68.13으로 마감했다. 그리고 1920년까지 이 수준을 유지하다가 제2차 세계대전이 유발한 인플레이션이 전체 경제에 깊이 뿌리내린 이후에야 이 지수가 100 이상으로 반등했다.

요즘은 기업들이 수익이 나기 전에도 주식을 공개하는 경향이 있고 또 수많은 첨단 기술 업체들은 배당금을 지급하지 않는 것을 자랑삼는다. 그러나 부채주의가 자본주의를 대신하여 미국 경제의 구조적 원칙이 되기 이전에는 주식을 공개하는 것이 어려웠다. 닷컴 붐이 일었을 때처럼 사업 계획 등등을 아무렇게나 대충 적는 식으로 성의없이 사업설명서를 작성하고는 막대한 자본 이익을 기대하며 수억 달러를 모집하는 행위는 사실 불가능했다.

켈리는 GDP의 증가는 주식 시장 가치(S&P 500과 다우존스지수와 같은 포괄적 주가 지수에 반영됨)와 통화로 측정할 수 있는데 이러한 GDP 증가는 신용 팽창을 통한 통화량의 증가를 통해서만 가능하다고 주장한다. 다우지수는 1970년 1월 2일에 809에서 2008년 1월 4일에 1만 2,800.18로 1,582%나 증가했으며 이는 동 기간의 통화량(M-2) 증가율보다 훨씬 높은 수준이다.

부의 불평등이 심화된 최근 수십 년 동안 신용을 기반으로 창조된 신규 통화의 대부분은 주식 시장의 가치를 증가시키고 기타 자산의 가격을 상승시키는 데 사용됐다. 신용 팽창을 통해 형성된 이 같은 자산 거품으로부터 가장 많은 혜택을 입은 사람들은 누구인가? 이미 부자인 사람들 그리고 대출 시 제공해야 하는 담보물을 보유한 사람들이 신용 팽창에서 가장 큰 이득을 보는 것만은 분명하다.

주가 상승은 신용 팽창의 부수적 혹은 우연적 결과만은 아니다. 연방준비제도이사회 자료를 자세히 검토하면 당국('주가폭락방지팀'이라고도 함)이 월가에 꾸준히 자금을 쏟아부었다는 사실을 알 수 있다. 피닉스캐피털리서치(Phoenix Capital Research)는 다음과 같이 말한다.

2007년 이래로 연방준비제도이사회가 시장에 수백억 달러를 쏟아붓지 않은 적이 없었다. 실제로 연방준비제도이사회가 공식적으로 자금을 투입하지 않았던 시기는 1차 양적 완화(QE1)가 끝나가던 때(2010년 4월)부터 경(輕)한 양적 완화(QE lite)가 선언되던 때(2010년 8월)까지에 해당하는 기간뿐이었다. 그러나 1차 양적 완화(QE1)가 끝났다는 것이 공식 선언됐음에도 연방준비제도이사회는 계속해서 매달 100~200억 달러를 시장에 투입했다. 그것도 매번 옵션 만기 주에 자금을 투입했다.[6]

제공할 담보도 없고 임금도 고정적인 사람들보다 기업주, 관리자, 월가의 은행가, 주주 등이 신용 팽창을 통한 자산 거품에서 더 많은 이익을 얻었던 것만은 분명하다.

물론 순수한 신용 통화가 어느 정도의 경제 왜곡 효과가 있는지를 정확히 파악하기가 어렵다는 점은 나도 인정한다. 특별히 파악하기 어려운 신용 팽창의 영향에는 두 가지가 있다. 오스트리아학파에 따르면 인위적 신용 팽창의 주요 결과 가운데 하나가 투자 효율성의 급격한 감소라고 한다. 무에서 통화를 창조하는 것이 과오투자를 급격히 증가시킨다. 이는 투자의 생산성을 떨어뜨릴 뿐만 아니라 신용 팽창이 어쩔 수 없이 중지될 때에는 경제 붕괴 위기에 노출되기까지 한다.

언뜻 보면 GDP 증가와 주가지수 상승이 전적으로 신용 팽창의 부수적 현상이라는 사실은 신빙성이 없어 보일 수 있다. 생산성 향상과 경제적 진보란 무엇인가? 이를 사회적 부의 증가 그리고 주가의 상승으로 이해해도 무방하지 않을까?

이에 대해서는 '그렇다'와 '그렇지 않다' 등 두 가지 대답이 가능하다. 생산성이 향상되고 윤택한 생활의 지표가 될 수 있는 제품을 우리 경제가 더 많이 생산할 때 실질 GDP는 증가한다는 것에는 의심의 여지가 없다. 그러나 켈리는 인위적 신용 팽창이 없으면 통화량이 증가하지 않아도 사회가 더 부유해진다고 주장한다. 신용 팽창이 없는 경제 구조에서는 명목 GDP가 일정하게 유지되므로 19세기 때 그랬던 것처럼 경제적 진보는 생활비 감소라는 형태로 나타난다. 그러므로 총수익이 폭발적으로 증가하지 않더라도 기업이 올린 수익의 실질 가치는 상승할 것이다.

이것이 어떤 의미가 있는가? 파산 국가가 속출하는 지금 이 세계에 건전 통화를 기반으로 하는 국가가 있으면, 아마도 웨스트버지니아 주 헌팅턴(미국에서 가장 뚱뚱한 도시로 인식되고 있음)에 나타난 슈퍼모델처럼 눈에 확 띌 것이다. 건전(혹은 반(半)건전 정도라 해도 마찬가지) 통화의 가치는 폭등할 것이다. 통화의 국가 간 이동은 인건비를 비롯하여 생산에 영향을 미치는 모든 요소의 실질 비용을 증가시키므로 자국 통화로 가격이 책정되는 제품을 국외에서 판매하는 일이 줄어들 것이다.

법정 통화가 노동의 가치를 떨어뜨리는 또 한 가지 이유가 있다. 법정 통화는 하락 지향성을 조장한다. 모든 경제국이 부채에 탐닉하게 되는 파산 경제 구조에서는 모든 중앙은행이 통화의 가치를 떨어뜨리려고 노력한다. 이와는 대조적으로 금-기반 통화를 중심으로 한 경제적 진보 메커니즘은 바로 통화 가치의 꾸준한 상승이다. 그런데 이는 부채주의를 기반으로 한 경제에서는 용인할 수 없는 것이다.

수많은 의원이 외환 시장에서 위안화를 평가절상하라며 수년에 걸쳐 중국을 을러대던 장면을 보라. 하원을 통과한 '공정거래를 위한 통화개혁법(2011)'을 생각해보라. 이 법은 중국 제품에 관세를 부과하는 권한을 미국에 부여하고 있다. 이 법안을 지지하는 150명의 의원은 중국이 매달 수천억 달러 규모의 미 달러화를 사들여 달러 가치가 하락하는 것을 저지하는 상황에 당황하는 빛이 역력했다.

당시 하원 의장이었던 낸시 펠로시(Nancy Pelosi)는 2010년에 이 법안을 지지하는 진술문을 통해 이렇게 말했다.

"이 불공정 무역 관행은 막대한 규모의 보조금 지급이라는 형태로 이루어진다. 이것이 미국 제품의 가격을 더 올리는 역할을 하며 또 미국 내에 제조업 일자리를 창조하여 유지하려는 노력에 찬물을 끼얹고 있다."

부채는 가능한 한 확산돼야 하고 또 부채 상환 부담을 낮추고 인건비 및 기타 생산 요소의 비용을 낮추기 위해 법정 통화의 가치는 급속히 절하돼야 한다는 부채주의 경제의 기본 원칙들을 생생히 목격할 수 있을 것이다. 법정 통화 체계에서는 열심히 일하는 사람은 점점 더 가난해진다. 지난 60년 중 미국의 국민소득에서 노동이 차지하는 비중은 지금이 가장 낮다. 2011년 6월 현재 보충적영양지원프로그램(Supplemental Nutrition Assistance Program: SNAP)의 혜택을 받는 사람, 즉 식량 구매표를 발급받는 사람은 4,400만 명으로서 이는 2007년 10월에 2,700만 명에서 채 4년도 안 돼 63%나 증가한 것이다.

금을 기반으로 한 건전 통화 체계에서는 통화의 가치가 하락하는 것이 아니라 상승한다. 명목 GDP와 주가지수는 천천히 상승하거나 전혀 변화하지 않을 수 있지만, 실질 임금과 부는 증가한다.

물론 낸시 펠로시를 경제학자로 오인하는 사람은 없을 것이다. 그러나 펠로시 사례는 현실적 경제 정책을 통해 부채주의가 자본주의를 제치고 미국 경제 구조의 기본 원칙이 된 중요한 이유가 무엇인지를 이해하는 데 도움을 주었다는 점은 기억하도록 하자. 정치적 필요를 충족시키는 데는 자본주의보다 부채주의가 더 적합하다.

정치인은 부채주의를 어떻게 이용하는가?

정치인은 경제를 멋대로 주무르고 싶어한다. 이들이 화폐착각 현상을 마음대로 유발할 수 있다면 정치화된 이 세계에서 자신들에게 유리한 방향으로 이 무기를 사용할 수 있을 것이다. 이와 더불어 무분별한 신용 팽창으로 말미암은 명목 GDP의 증가와 자산 가격 상승 또한 정치인에게 큰 이득으로 작용한다. 상대적으로 소수인 사람들에게 소득과 부를 집중시키기 때문이다.

그런데 이것이 왜 정치인에게 도움이 되는가?

우선 일반 유권자의 생활이 궁핍해지면 정치인에 대한 의존도가 높아진다. 물론 실질 소득이 감소한 직접적인 원인은 경제 발전을 위한 동력으로서 에너지 투입량을 늘리는 대신 부채에 의존하는 쪽을 선택했기 때문이라는 사실을 인식하는 사람이 한 명도 없다고는 말할 수 없다. 그러나 대다수는 '월가'의 탐욕과 '규제'의 부재에 그 원인을 돌린다. 다시 말해 정부에 더 많은 통제권을 부여하라는 것이다.

그러나 우리가 분석한 바로는 정부의 규제가 더 많았더라면 대조정(Great Correction)을 피할 수 있었을 것이라는 주장은 받아들이기 어려운 피상적 견해일 뿐이다. 물론 정부의 규제 가운데는 경제 붕괴를 막는 데 효과적이었을 규제도 있을 수 있다. 그러나 그러한 유형의 규제는 정치인의 이해와 충돌할 것이다. 예를 들어, 솔직히 정치인들이 서브프라임(비우량주택담보대출) 위기를 중지시킬 규제를 마련할 것으로 생각하는가? 정치인들은 주택 소유자가 더 증가하기를 바랐다. 실제로 이들은 지역사회재투자법(Community Reinvestment Act)과 같은 정책을 마련하여 은행으로 하여금 신용이 낮은 사람들에게도 대출을 해주도록 종용했다. 더불어 명목 GDP의 급속한 증가에서 비롯된 자본 이익의 증가 역시 막대한 부를 창출한다. 그리고 정치인들은 이렇게 창출된 부를 자신들을 위해 적극적으로 활용한다.

신용을 기반으로 창조된 통화의 또 한 가지 속성이라면 정치인으로 하여금 좀 더 효과적으로 유권자의 마음을 살 수 있게 한다는 것이다.

첫째, 신용 팽창은 선거구민으로 하여금 일시적으로나마 실제 가진 것보다 넘치는 생활을 할 수 있게 한다. 대다수 정치인의 임기는 대개 한시적이기 때문에 부에 대한 한시적 착각만으로도 이들의 재선을 보장하는 데 충분하다.

둘째, 신용 팽창을 통해 정치인이 입을 수 있는 또 한 가지 혜택으로는 정부가 부담해야 할 비용은 극소수 사람에게 집중 부담시키고 혜택은 더 광범위한 유권자 집단에 분산시키는 데서 오는 효과를 들 수 있다. 신용 팽창은 명목 수익의 증가를 가져오며 이를 십분 활용할 능력이 되는 사람들에게 상당 수준의 자본 이익을 안겨준다. 정치인들은 이렇듯 극소수의 주머니를 채워주는 데 도움을 주고 난 다음에는 자신들을 위해 다시 그 주머니를 털어간다.

낸시 펠로시의 지역구 캘리포니아에서 벌어진 일을 보면 이 같은 상황을 이해하는 데 도움이 될 것이다. 닉슨이 금본위제를 포기하기 전인 1970~1971 회계연도에는 캘리포니아에서 상위 10%에 속하는 소득자가 캘리포니아 개인

소득세의 28.2%를 납부했다. 2006년에는 부채주의 경제 체계에서 소득의 집중이 심화하면서 상위 10%의 소득자가 캘리포니아 개인소득세의 78.5%를 납부하기에 이르렀다.

경기 호황이 계속된다면야 이러한 상황은 정치인에게 더욱 이로운 일이겠지만 캘리포니아 주가 파산 지경에 이르렀다는 것이 지금의 현실이다. 정치인들은 극소수 집단에 과도한 세금 부담을 지웠다. 그런데 대조정이 시작됐고 쉽게 얻었던 자본 이익도 다 사라졌다. 그러자 캘리포니아 주 정부의 재정은 피폐해졌다. 실제로 캘리포니아는 극소수 부자에 대한 의존도가 너무 높아서 이들 가운데 몇 사람만 네바다 주로 이주해도 주 정부의 채권 등급에 막대한 영향이 미칠 정도였다.

캘리포니아에서 벌어졌던 일은 그대로 미 연방정부에서 재현될 수 있다. 캘리포니아는 개인소득세 부문에서 훨씬 빨리 대조정 국면으로 들어갔기 때문에 연방정부보다 재정 상태가 더 심각했다. 그리고 캘리포니아의 차입 과정은 연방정부보다 훨씬 복잡했다는 점도 빼놓을 수 없다. 즉, 캘리포니아는 '이미 존재하는 돈'만을 빌릴 수 있었다. 반면에 연방정부는 무에서 통화를 창조하여 마음대로 사용할 수 있다. 결국, 연방정부는 2차 양적 완화(QE2)로 알려진 기간에 연방 재정 적자의 140%를 통화 발행을 통해 조달했다.

미국의 예산 적자와 그리스의 상황

21세기 미국의 대중매체가 저지른 두드러진 실수 가운데 하나가 미국 연방 정부의 암담한 재정 상태에 대해 침묵했다는 점이다. 미국인 개개인은 엄청난 수준의 부를 축적했음에도 정부의 현 재정 상태는 참담한 수준이며 이는 대다수 남아메리카 소국에서도 찾아볼 수 없는 정도다. 1970년 이후로 연방 지출 규모는 폭증했으며 이는 일반 가계 소득의 증가율보다 10배 이상 높은 수준이었다.[7] 2010년도 달러 가치(인플레이션 반영)를 기준으로 미국인의 소득 중앙치는 1970년에 3만 9,732달러에서 2009년에 5만 255달러로 증가했다. 40년 동안 27%밖에 증가하지 못한 셈이다. 한편, 정부 지출은 1970년에 8,090억 달러에서 2009년에 3조 5,510억 달러로 299%나 증가했다. 2010년을 기준으로 할 때 2008년에 리먼브러더스가 파산한 이후 연방 정부가 지출한 비용에서 1달러당 0.55달러를 차입(혹은 발행)한 것으로 나타났다.

내 말이 과장됐다고 생각하는가? 여기 사실 자료들이 있다. 2008년 9월부터 2010년 7월까지의 정부 순부채 규모가 3조 3,510억 달러다. 개인세 수입은 총 3조 1,850억 달러다. 환급금 6,600억 달러를 제하면 개인세 총수입은 2조 5,000억 달러가 조금 넘는 수준이다. 여기에 환급금을 제한 기업세 순수입 2,500억 달러를 가산하면 순세수입 총액은 2조 7,750억 달러가 된다. 다시 말해 세수입 0.45달러당 0.55달러를 차입한 셈이다. 이는 개발도상국 혹은 종전 이후의 선진국에서 볼 수 있었던 초인플레이션 및 경제 붕괴에서 항상 볼 수 있었던 것과 같은 적자 지출 유형이었다.

한때 세계 최대 경제국이었던 미국이 지금은 아주 쇠약해져 있다. 정치 및 경제 부문의 기득권자들은 아닌 척하고 있지만, 이들이 생각하는 것보다 훨씬 심각한 상황이다. 사실 나는 미국이 경제 붕괴 위험에 빠졌다고 생각될 만큼 경제 사정이 아주 나쁘다고 보는 쪽이다.

대공황 이후 가장 길었던 경기 하락세는 2009년 6월에 끝이 났다는 전미 경제연구소(National Bureau of Economic Research: NBER)의 발표를 보면 이러한 견해가 별로 미덥지 않아 보일 수도 있겠다. 그러나 경기 침체가 끝났다는 것은 너무 성급한 결정이었다고 생각하는 사람이 나뿐만은 아니다.

아마 여러분도 허버트 후버(Herbert Hoover)가 '경제가 곧 좋아질 것이다'라는 말을 하도 밥 먹듯이 해서 미국인들이 질색했다는 이야기를 읽어는 봤을 것이다(기억하지는 못한다 해도). 같은 내용이지만 오바마는 이보다는 좀 더 길게 말했다. 오바마는 자신이 "미국 경제를 단단한 반석 위에 올려놓음으로써 장기적 경제 성장과 번영을 위한 초석을 다졌다"라고 말한다.[8] 여러분은 이제 정치 혹은 정치인이 경제 상황을 다루는 방식이 지난 80년 동안 어떻게 진화해왔는지 알게 될 것이다. 오바마는 길을 걸으면서 동시에 그 길을 포장하는 책략을 쓴 셈이다.

후버는 자신의 책상 위에 전화기를 놓은 첫 번째 대통령일 것이다. 그러나 오바마는 자신의 경제 정책을 선전하는 데 인터넷을 활용한 부문의 선구자다. 오바마는 리커버리(recovery.gov)라는 웹사이트를 개설했으며 이 사이트를 통해 경제 회복에 관한 이야기를 중점적으로 다루었다. 이는 허버트 후버가 제공할 수 있었던 흑백 뉴스 영화보다는 훨씬 진보된 쌍방향 정책 홍보 채널이라 할 수 있다.

어쨌거나 허버트 후버는 실제로 오바마보다는 경기가 회복될 것이라는 자신의 주장에 대해 통계적으로 더 타당한 근거를 지니고 있었다. 후버는 오바마보다 더 이해하기 쉬운 확실한 문구로 표현했을 뿐 아니라 실제로 불황 타개를 위한 일도 오바마보다는 더 잘했다.

물론 경제에 관한 한 작은 사실 하나까지에도 정통한 사람이 아니라면 2008년 신용 붕괴 이후 오바마 정권하에서의 경제 회복보다 1929년 이후 허버트 후버 정권하에서의 경제 회복이 더 강건했다는 점을 깨닫기 어려울 수 있다.

일반적인 생각과는 달리 1930년대의 경제 불황기에는 분기별 GDP가 연속해서 감소하지는 않았다. 주식시장 붕괴로 말미암은 최초의 불황기에 공식적으로 기록된 경기 하락은 1929년 3/4분기부터 1933년 3/4분기까지로 대부분이 후버의 집권 시기와 겹친다. 1929년부터 1933년까지 최초 4년간의 경기 하락기에도 GDP가 증가한 분기가 6개나 된다. 그리고 GDP가 증가한 분기의 연평균 경제 성장률은 8%였다.

그린슛(green shoot: 회복 조짐)을 느끼면서 정치인과 그들의 자문가들이 1929년 당시 후버와 그 조력자들보다 훨씬 더 많은 것을 배웠을 것으로 생각하는 사람이 있다면 그 생각을 멈추고 다시 한 번 생각해보라. 경기 부양책에 수조 달러를 쏟아부어 실질 GDP 증가를 이루어냈다고 하는 오바마도 연평균 3% 정도의 경제 성장률밖에 기록하지 못했다. 다시 말해 후버가 이루어낸 경제 성과는 사상 최악으로 치부되고 있지만 사실 후버 집권 시절의 회복 수준은 오바마 집권 시 회복 수준의 두 배에 이르렀다.

후버 집권 시절의 주식 관련 잡지나 〈월스트리트저널〉을 찬찬히 들여다보면 대다수 사람이 경제 상황을 즉각적으로 포착하지 못했다는 것을 알 수 있다. 이들은 당시 후버가 그랬고 또 최근에는 오바마가 그렇게 하려고 시도하듯 신용 수축을 지연 혹은 방지하려는 노력은, 피할 수 없는 조정 기간을 더 연장하는 효과밖에 없다는 사실을 알지 못했다.

제2차 세계대전 이후 11차례 발생했던 경기 후퇴와 달리 불황은 재고 조정(在庫調整: 경기 변동에 대응하여 원자재, 제품, 반제품 등의 재고량을 적정 수준으로 유지하는 일—역주) 차원이 아니라 부채를 줄이고 수요를 억제하는 이른바 신용 수축이라는 차원에서 이해해야 한다. 과도한 신용이 해결되고, 악성 부채가 청산되고, 지급 능력을 기준으로 경제적 수요가 재조정되는 등의 상황이 아닌 한 신용 조정으로는 지속 가능한 경기 회복이 보장되지 않는다.

어떻게 하면 진정한 번영을 실현할 수 있을까? 오바마가 제시한 길을 따라가다 보면 그렇게 될지 아니면 오바마가 열심히 공사 중인 포장도로의 어느 한 귀퉁이에서 그 진정한 번영과 맞닥뜨리게 될지를 두고 고민할 필요는 없다. 수년간 아니 어쩌면 수십 년 동안 그러한 상황을 기대하기는 어려울 것 같다. 이는 많은 이들이 고대하는 현실은 아니다. 아니, 그 반대일 것이다. 시대와 장소를 막론하고 우리 인생의 공통 화두는 바로 '부정(否定)'이다. 지금의 상황처럼 때때로 패러다임의 전환이 계산 착오를 일으킬 때가 종종 있다. 그리고 이러한 계산 착오는 낙관론에 치중하게 되는 인간의 본성으로 말미암아 오판을 하게 만든다. 나 역시 낙관론에 기초한 생활 철학을 지니고 있기는 하다. 그러나 사실을 포착하는 현실적 국면에서는 낙관론이 더 생산적이라고 믿는 것도 하나의 편견에 불과하다.

80년 전 허버트 후버가 젊은 대통령으로서 불황을 막아보려 노력했을 그때 투자자들은 일시적 경기 회복과 일정치 않은 경기 변동을 호황으로의 전환이 임박했음을 나타내는 증거로 오판했다. 그리고 지금은 그린슛이 보일 때마다 이를 경기 회복의 징후로 생각하는 사람들이 너무 많다. 그러나 이들의 생각은 잘못됐다.

가장 극단적인 오인 사례가 1930년에 있었던 '눈속임 반등(sucker's rally)'이었다. 이때 하락세가 끝났다는 환상 속에 주가가 50%나 급반등했다. 그러나 이는 진짜 상승세가 아니었다.

좀 더 최근에는 오바마 집권하에서 분별력을 상실한 투자자들이 경제 강세의 미약한 징후를 맹신하고 혹은 주가지수를 올리고자 신용 창조를 통해 통화를 발행한 연방준비제도이사회의 공개시장조작(Permanent Open Market Operation)에 휘둘려 시장으로 몰려들었다. 투자자들은 건전성을 회복한 대차대조표 덕분에 수익 잠재력이 높아지고 경제 상황이 실제로 좋아졌다고 믿어서가 아니라 그저 빚을 내서 도박에 참여하는 것일 뿐이다. 이들은 인플레이션의 덕을 본 주가와 계속되는 달러화의 평가절하에서 이득을 기대하는 것이다. 시장을 움직이는 숱한 뉴스에는 미국 경제 상황을 낙관하게 하는 징후는 커녕 바닥권에서의 반등을 영구적 회복으로 오판하게 하는 통계적 왜곡만이 반영돼 있다.

인류 역사상 최대의 신용 거품이 꺼지고 있다는 현실을 고려할 때 지속 가능한 경기 회복이 조만간 이루어질 것을 기대하기는 어렵다. 실업률의 고저에 따라 시장의 성쇠가 계속되는 동안 전체 경제에 대한 큰 그림은 완전히 놓쳐버렸다.

1960년 이후로 소비와 부채 증가율 간에는 강한 상관관계가 있었다. 지난 반세기 동안 부채가 급증하자 소비 또한 소득보다 더 빠른 증가세를 나타냈다. 이와는 정반대로 가계 부채가 꾸준히 감소(혹은 상환)한다면 소비 증가세도 따라서 더뎌질 것이다. 2008년 이후로 바로 이러한 현상이 나타났다.

현재의 부채 감소(신용 수축) 혹은 탈부채화 과정은 1930년대 대공황 시절보다 잠재적으로 더 파괴적일 수 있다. 이러한 과정은 식량 구매표 배부와 같은 구호 제도와 기타 복지 정책의 도입이라는 모습으로 나타나기도 한다. 이러한 혁신적 재분배 정책 덕분에 대공황 시절의 아픈 그림이었던 길게 늘어선 배급 줄을 다시 봐야 하는 비극은 피할 수 있었다. 전미경제연구소(NBER)가 2009년 6월부터 경기 회복이 시작됐다고 선언할 수는 있다. 그러나 이것은 '경제가 곧 좋아질 것이다'라고 했던 후버의 과시적 약속과 다를 것이 없었다.

과도한 부채를 계상하느라 심하게 왜곡됐던 회계 장부를 개선하는 데 적지 않은 시간이 걸릴 것이다. 지난 55년간의 평균 가계 부채는 GDP의 55.4% 수준이었다. 평균 수준의 부채 규모로 돌아가려면 6조 3,300억 달러는 줄여야 한다는 계산이 나온다. 따라서 미국 경제는 앞으로 15~20년 동안은 여전히 침체 상태로 남아 있을 것이다. 아니, 어쩌면 이보다 더 길어질 수도 있다.

1990년에 기록적이었던 부동산 시장과 주식시장의 거품이 붕괴했던 일본에서처럼 경기 침체가 수십 년간 계속될 수도 있다. 적자 지출을 통해 도로 건설에 막대한 자금을 투입하는 등 끊임없는 경기 부양책에도 일본 경제는 아직도 회복되지 못했다.

과도한 부채의 짐에서 서둘러 벗어나고자 광범위한 부채 청산이 이루어지거나 파산을 하는 것 외에 경기 회복을 위한 마법의 약이라든가 선택지라 할 것이 딱히 없는 실정이다. 신용 팽창기에는 높은 부채율과 낮은 저축률이 맞물려 개인 소비 지출의 증가율이 가처분소득(可處分所得)의 증가율을 웃돌았고 이것이 경제 성장에 일조했다. 이와는 반대로 소득이 지출보다 많으면 기대했던 것보다 경제 성장 속도가 느려졌다.

GDP의 46% 수준으로 부채를 감소시킨다는 것은 미국 가계의 명목 부채 3분의 1이 줄어들었던 대공황 시절보다 더 길고 심각한 불황이 온다는 것을 의미한다. 일본은 GDP의 30% 수준으로 부채를 감소시켰다. 따라서 현재 미국의 부채 규모 감소 과정은 역사상 가장 어렵고 또 기나긴 여정이 될 것 같다. 다시 말해 현 상태에서 부채를 기반으로 한 미국 경제의 회복을 기대하는 것은 망상에 불과하다. 미국 경제는 이미 부채 포화 상태에 이르렀고 신규 창조된 부채의 상당 부분이 차환(借換: 새로 빚을 내서 이전 빚을 갚음—역주)에 이용되고 있다.

부채 상한선을 올리는 문제가 미국 의회의 뜨거운 감자였다는 사실은 부채 팽창이 경제적 번영이라는 착각을 만드는 데 중요한 역할을 한다는 점을 뒷받침한다. 이것이야말로 부채주의 경제의 취약성이라 할 수 있다.

루트비히 본 미제스가 관찰한 바와 같이 신용 팽창이 가져온 인위적인 호황은 영구적일 수 없다. 미제스는 이렇게 말했다.

사실, 정부는 단기적으로 금리를 인하할 수 있다. 추가로 지폐(법정 통화)를 발행할 수도 있다. 은행을 통해 신용 팽창의 길을 열 수도 있다. 이렇게 하여 인위적 호황과 외견상의 번영을 만들어낼 수 있다. 그러나 이렇게 만들어낸 호황은 얼마 못 가 끝이 나고 결국에는 불황의 늪으로 빠져든다.[9]

즉, 부채를 최대한도로 팽창시키는 것은 항상 비극으로 끝을 맺는다.

대공황 때보다 더 심각하다

현 경제 체계의 취약성은 법정 통화의 단명성(短命性)에서 비롯된다. 법정 통화는 무에서 쉽게 창조될 수 있는 것처럼 또 그렇게 쉽게 사라질 수 있다. 카드로 만든 집을 한 번 생각해보라. 경제 사슬의 가장 약한 고리가 모진 바람에 노출될 때 신용 팽창의 지속성도 위태로워진다. 리먼브러더스의 파산과 서브프라임 모기지 붐의 붕괴로 말미암아 미국에 위기가 닥쳤을 때가 바로 여기에 해당한다. 기록적 수준의 유질(流質: 담보물 회수권의 상실-역주) 발생 빈도에서 증명됐듯이 주택 가격이 계속해서 하락하는 현상도 같은 맥락에서 이해할 수 있다. 2011년 6월 14일, CNBC의 보도 내용을 보면 이렇다.

> 2006년에 시작됐고 최근에 더블딥(double dip: 침체 이후 일시적으로 회복되다가 다시 침체하는 이른바 이중 침체-역주) 국면에 접어든 주택 경기 위기는 대공황 시절보다 상황이 더 심각하다.
>
> 케이스-실러(Case-Shiller) 주택가격지수에 따르면 주택 시장이 붕괴하기 시작한 이후로 주택 가격이 33%나 하락했으며 이는 1920년대에 시작되어 1930년대 초에 절정에 달했던 주택 경기 침체기 때의 31%보다 하락폭이 더 크다.
>
> 다음으로는 이른바 깡통주택(부채가 주택 가치를 웃돎) 소유자의 문제가 있다. 즉, 주택 소유자의 23%가 대출금 상환 불이행 위험에 노출돼 있다.
>
> 실제로 대출금 상환이 3개월 밀려 있거나 유질 처분 절차가 진행 중인 가계가 450만 가구나 되는 상황에서 유질 문제가 호전될 가망성은 없어 보인다. 데일즈(Dales)의 조사에 의하면 유질 처분 대상이 100만 가구나 될 것이라고 한다.[10]

사실, 2011년이 막바지에 다다르면서 주택 경기는 더욱 나빠졌다. 신규 주택의 평균 가격은 2011년 후반 5개월(11월까지) 동안 연평균 -25%의 비율로 계속 하락했다. 한편, 주택 가격 중앙치는 연평균 -24%의 하락률을 기록했다. 대출금 상환이 지연되거나 이미 유질 처분을 받은 주택 소유자가 600만 명에 이르는 상황에서 디플레이션 압력은 계속 가해진다.

대량 유질 사태에서 주목할 만한 부분은 유질 처분으로 주택이 매각될 때마다 이 자산에 깃들어 있던 부채가 사라지고 따라서 통화량이 감소한다는 사실이다. 수많은 유질 자산이 현금으로 매각된다는 사실에서 이러한 통화 수축 효과가 더욱 증폭된다. 주택 매수자가 신용을 통한 자금, 즉 빚에 의존하지 않는다는 사실은 유질 부동산의 처분이 통화량을 증가시키지 않는다는 의미다. 즉, 채무 불이행이 발생하면 공중분해 돼버릴 부채를 상쇄시키고자 통화량을 증가시킬 이유가 없다는 이야기다.

능력이 부족한 허약한 참여자들이 불안정한 부채 체계를 내파(內破)시켜 디플레이션을 촉발하게 되는 그 지점이 바로 인위적인 신용 팽창의 한계점이 된다. 2008년에 월가 은행들에 대한 구제 금융 실시 그리고 좀 더 최근에는 그리스, 아일랜드, 포르투갈 등에 대한 유럽의 구제 금융 실시의 동인(動因)에는 본질적인 차이가 없다. 당국은 이 약한 참여자들이 채무 불이행을 통해 금융 체계 전체를 위태롭게 하는 것을 두고 볼 수 없었던 것이다. 그 결과 지급 불능 상태의 정부를 지급 불능 상태의 은행이 지원하고 또 이 지급 불능 상태의 은행을 지급 불능 상태의 정부가 지원하는 악순환 고리가 생성된 것이다.

부분지급준비금제도(상대적으로 작은 규모의 은행 자본을 토대로 수조 달러의 부채가 창출됨)의 논리상 기존 부채 가운데 극소량이라도 악성이 되면 전체 금융 체계 자체가 곧바로 지급 불능 상태가 된다. 부채 차환(借換)을 위한 구제 금융이 없으면 그리스 정부의 부채 혹은 미국 모기지의 가치 붕괴로 말미암아 조만간 이 금융 체계 내 '선량한' 참여자의 지급 청구를 충족시키지 못하는 사태가 발생하게 될 것이다.

이것이 재정적 문제와 함께 통화적 문제를 유발한다. 이 두 가지 문제가 교차하는 지점이 바로 정부가 IOU(차용증서)를 발행하고 이를 담보로 하여 무에서 통화를 창조하는 방식으로 적자 지출을 하는 상황이다. 신용 붐의 초기 단계에서 적자 지출의 마법이 발휘되는 근거는, 대개 중앙 정부의 신용에 대해서는 불신을 하지 않는다는 사실에 바탕을 두고 있다. 따라서 중앙 정부는 빚을 내고 또 그 빚을 갚고자 차환을 하는 방식으로 부채 규모(한도)를 계속해서 늘려갈 수 있었다(우리는 이것을 '깡통을 언덕 아래로 차내기' 혹은 '더 높은 다이빙대를 찾아 올라가기'라고 표현한다. 깡통이 아래로 더 많이 굴러 내려갈수록 나중에 가져오기 더 어렵고, 더 높은 다이빙대 위에서 다이빙할수록 더 오래 떨어져 내려야 한다. 즉, 이렇게 하면 나중에는 더 힘들어진다는 것을 의미한다). 그러나 중앙 정부의 '우량' 신용이라고 해도 그것이 무제한 가능한 것은 아니다. 이러한 부분은 유로존에서의 금융 위기 그리고 부채 상한선을 늘리는 문제를 놓고 미국 의회에서 벌어진 오랜 정치적 갈등 속에서 각기 다른 방식으로 문제가 불거졌다.

이 두 가지 유형의 위기는 랠프 왈도 에머슨(Ralph Waldo Emerson)이 《보상에 관하여(Essay on compensation)》에서 언급했던 것과 같은 불가피한 현실적 측면을 드러낸다. 에머슨은 무에서 무언가를 얻으려 하는 일의 무용성(無用性)을 언급했다. 에머슨은 이렇게 말했다.

> 주고받기의 절대적 균형은 명암의 법칙이나 작용—반작용의 모든 자연법칙과 같은 맥락에서 이해돼야 한다. 즉 모든 것은 다 저만의 가치를 지니므로 '그것'의 '값'을 치르지 않으면 그것을 얻을 수 없고 또 전혀 값을 치르지 않으면 아무것도 얻을 수 없다는 원칙은 국가 예산에서나 회계 처리에서나 마찬가지로 중요한 부분이다.[11]

에머슨이 이 글을 쓰고 나서 175년이 흐른 지금, 법정 통화와 함께 경제 성장 동력으로 작용했던 신용 거품의 경험 그리고 무에서 통화를 창조하려는 정치인들의 케인스식 정책 관행으로 말미암아 이러한 상식이 왜곡돼 버렸다. 그 결과 가계부와 비교하여 국가 재정 장부가 올바름과 정확함의 표준이었던 때는 이제 지나버렸다. 이제 정부 예산에 관한 부분은 존엄의 대상이기보다는 조롱의 대상이다. 그리스가 19세기에 터키에서 독립한 이후로 채무 불이행 기간이 대부분이었음에도 그리스 정부 채권의 수익률은 그리스가 유로존에 가입했을 당시 독일의 국채 수익률과 같은 수준으로 떨어졌다.

그리스는 독일과 같은 통화동맹에 가입함과 동시에 자국 국채의 가격이 갑자기 독일 국채와 같은 수준으로 책정되는 '기적'을 경험했다. 물론 독일은 제1차 세계대전 이후 그리고 제2차 세계대전 중에 발생한 초인플레이션으로 말미암아 20세기 후반기에는 좀 더 보수적인 재정 체계를 고수해왔다. 반면에 그리스는 재정 건전성에 관한 경험이 전혀 없는 국가였다. 시장은 그리스가 독일과 함께 유럽경제통화동맹(European Monetary Union: EMU)에 가입한 것만으로 자국 국채에 낮은 금리를 적용할 수 있게 됨으로써 그리스 정치인들이 선거 상의 상당한 이점을 누릴 수 있을 것이라는 결론을 내렸던 것이다.

갚을 능력에 안 되는데도 자금을 차입하는 것은 장기적으로 재정 붕괴를 유발할 수 있으나 그리스 정치인들은 이를 십분 활용했다. 즉, 국가가 재정적 여력이 없는데도 풍족한 공무원 급료, 조기 은퇴 정책, 북유럽 방식의 사회보장제도 등에 예산을 지출함으로써 단기적으로 민주적 합의라는 착각을 만들어낼 수 있었다. 전에는 그렇게 많은 급료를 받을 수 없었던 공무원들은 이러한 지출을 환영하지 않을 수 없었다. 그리고 지출 여력이 안 되는 국고임에도 복지 재정을 타내려고 애쓰는 선거구에 필요한 자금을 지출해도 이것이 납세자에게 즉각적인 부담이 되지 않았다. 이러한 혜택은 세금이 아니라 부채를 통해 재원이 마련됐기 때문이었다.

적자 재정을 통해 민주적 합의에 대한 착각을 도출하는 행태는 미국에서도 꾸준히 목격됐다. 미적립 부채의 축적 규모가 202조 달러나 된다는 사실에 주목하라. 미국의 국채는 규모와 종류 면에서 일반인의 상상을 초월하는 수준이다.

미국 정부 공식 GAAP(일반회계원칙)를 기준으로 국가 재정 상태를 분석한 자료에 의하면 정부의 적자 규모가 매년 약 5조 달러씩 증가했다고 한다. 이는 매년 미적립 채무가 GDP의 33% 이상의 비율로 증가한다는 의미다. 즉, 연간 미적립 채무의 증가율이 GDP의 33% 이상이라는 것이다. 미적립 채무가 급속도로 증가한다는 측면에서 미국의 정치 경제적 생존력을 평가한다면 미국 민간 경제 부문의 실질 성장률이 급격히 감소하고 있다고 봐야 한다. GDP 통계에서 미 정부의 연간 현금 적자분을 제외한다면 실제로 1980년 이후 미국의 연평균 경제 성장률은 -0.3%다. 참으로 암담한 수준이다.

　로런스 코틀리코프 교수가 '미국은 파산의 길로 접어들었고 우리는 그 사실조차 알지 못한다'라는 제목의 블룸버그 기사에서 밝힌 바와 같이[12] 발생주의(즉, 자산과 부채의 변화 상황을 고려함) 회계 기준에 따라 미 연방 예산이 균형을 이룰 수 있는 조건인 잠재적 세금 증가와 지출 감소는 분명히 존재하지 않는다. 그러나 유권자들이 국가의 심각한 재정 상태를 알지 못하고 따라서 그러한 부분에 대한 걱정 때문에 동요하지 않을 때는 정치인들이 부채를 기반으로 한 적자 지출을 선호한다는 것은 두말할 여지가 없다.

　이쯤에서 그리스의 재정난은 퍼주기 정책 그리고 케인스주의에 입각한 과도한 정부 지출이 절정을 이룬 데서 비롯된 것만은 아니라는 사실을 상기할 필요가 있다. 그리스가 유럽연합에 가입하고 나서 수년 동안 국가 재무 회계는 꼼수와 속임수 투성이였다. 그 한 예로 그리스의 국방 예산을 들 수 있다. 실제로 그리스 정부는 골드만삭스를 고용하여 이들이 파생 상품 거래를 통해 회계를 조작하는 것을 도왔다. 〈슈피겔(Der Spiegel)〉(유럽의 선도적 뉴스 잡지이자 독일 최고의 뉴스 웹사이트)은 이렇게 설명한다.

　　골드만삭스는 그리스 정부가 유럽연합 마스트리흐트조약의 적자 재정 규정을 합법적으로 피해갈 수 있는 수단, 즉 파생 상품 거래를 통해 실제 적자 규모를 교묘히 가리는 일을 도왔다. 일정 시점이 되면 이른바 통화 스와프가 만기에 도달할 것이고 그러면 이미 팽창 상태에 있는 적자가 더욱 늘게 될 것이다.[13]

　이러한 기만적 꼼수는 그리스가 처음으로 채무 불이행 위기에 몰렸던 2010년 초에 세간에 알려졌다. 그리스 정치인들은 유럽연합(EU)과 국제통화기금(IMF)에 손을 벌렸다. 초조와 불안 속에 몇 개월을 보낸 다음 그리스 정치 지도자들은 적자 규모를 감축한다는 약속을 조건으로 2010년 5월에 1,100억 유로의 구제 금융으로 급한 불을 끄게 됐다. 그제야 감당할 수도 없는 '적자 지출 지지'라는 사회적 합의에 대한 환상이 깨졌고 그 이후로는 힘겨운 내핍의 길로 들어서게 됐다. 이제 세금은 늘었고 지출은 삭감됐으며 15.9%로 치솟은 실업률과 함께 그리스 경제는 성장에 제동이 걸렸다.

이 과정에서 그리스의 재정 수지 적자는 늘어났고 앞으로도 적자는 더 늘어날 것으로 보인다. 부채를 추가하는 것으로는 관리불능 수준의 부채 문제를 해결할 수 없다는 자명한 원칙이 재확인되는 순간이다. EU와 IMF의 구제 금융은 국가의 부채 부담을 더욱 가중시키면서 이를 감당하기 더 어렵게 만들었을 뿐이다.

그리스 국채는 유로화로 표시됐으나 그리스 정부는 유로화를 발행할 수 없었기 때문에 그리스로서는 인플레이션을 통해 점진적으로 채무 이행을 거부할 수 있는 선택권이 없었다. 유일한 선택지는 일방적으로 채무 계약을 파기하거나 상환을 거절하는 방식으로 채무를 불이행하는 것뿐이었다. 그리스는 추가로 1,700억 유로를 지원받았는데도 정부는 아직 지급 불능 상태로 남아 있다. 그리스가 파국적 채무 불이행 사태를 맞는 것은 시간문제로 보인다.

그 결과로 1931년 크레디탄스탈트(Creditanstalt: 오스트리아 최대 은행—역주)의 파산에 버금가는 디플레이션 충격이 경제계를 강타할 것이 예상된다. 부수적 효과로서 다른 유럽 국가의 국채 수익률이 상승하고 따라서 해당국 은행들의 자금 조달 비용이 상승할 것이다. 그리고 물론 은행들과 기타 그리스 국채(그리고 기타 남유럽 국채) 보유자들은 장부상 그리스 부채 부분을 손실 처리해야 할 것이다. 이 과정에서 법정 통화는 공중으로 사라져 버린다. 무디스인베스터즈서비스(Moody's Investors Service)는 이 사태가 비엔피파리바에스에이(BNP Paribas S.A.)와 프랑스의 대형 은행 두 곳의 신용 등급을 강등시킬 수도 있다고 경고한다. 이들 은행이 그리스 채권을 보유하고 있기 때문이다. 런던에서는 영국의 전 재무부 관료 닐 맥킨논(Neil Mackinnon)이 이렇게 말했다.

"유로존에서 '제2의 리먼 사태'가 발생할 가능성이 커지고 있다. 시장은 이제 그리스의 채무 불이행 가능성을 점치는 수준에서 한 걸음 더 나아가서 이

것이 다른 유럽 국가에 미치는 영향에 대한 시나리오를 구체적으로 그려보는 단계에 이르렀다."

블룸버그 금융 뉴스에 따르면 리먼브러더스의 몰락으로 2조 달러가 공중분해됐고 세계적인 금융기관들이 큰 손실을 봤다고 한다. 이와 유사한 사태가 지금 발생한다면 크레디탄스탈트가 파산한 이후에 발생한 상황에 버금가는 정도로 세계 경제가 심각한 침체의 늪에 빠지게 될 것이다. 에드워드 해리슨(Edward Harrison)이 '크레디탄스탈트 사태 되짚어보기(Thinking about Creditanstalt Today)'에서 지적한 바와 같이 "1931년 당시의 언론들은 경기 회복에 대한 확신에 넘쳐 있었다."[14]

해리슨이 인용한 출처 중에는 하버드경제연구소가 발표한 자료도 있었다. 그 내용은 다음과 같다.

> 올봄의 경기 회복세는 1년 전보다는 보편성이 덜하지만 올해는 워낙 바닥에서 반등한 것이라 회복세가 더 오래갈 것이다. 우리는 이 추세가 계속되면서 그 범위가 더 확대되고 경기 일반에 걸쳐 상승 전환이 이루어질 것으로 보고 있다.[15]

이것이 경제 성장에 대해 강한 확신을 보이는 지금의 경기 예측 내용과 유사하다는 점에 주목하라. 미국의 경제 역동성은 그리스와는 조금 다르다. 미국은 그리스에는 없는 한 가지 정점이 있다. 그 국채가 달러로 표시돼 있다는 점이다. 달러는 미국 정부가 자국의 의지에 따라 발행할 수 있는 통화다. 비용을 전혀 발생시키지 않고 무제한으로 달러를 만들어낼 수 있는 능력 때문에 미국의 정치인들은 거의 아무런 제한 없이 적자 지출을 늘릴 수 있었을 것이다.

그러나 에머슨이 지적한 대로 이것은 착각에 기초한 잘못된 행동이다. 이는 '더 높은 다이빙대로 올라가는 것'과 같다. 즉, 더 높은 다이빙대를 찾아 올라갈수록 그 위에서 떨어질 때 더 한참 그리고 더 무시무시하게 떨어져야 한다. 에머슨은 이렇게 말한다.

"모든 것에는 대가가 따른다. 대가를 처음에 치르든 아니면 나중에 치르든 간에 말이다. 결국에는 자신이 진 빚 전부를 갚아야 한다. (갚을 능력이 안 되는) 현실과 (갚아야 한다는) 윤리 사이에서 잠시 고민할 수는 있으나 이는 얼마간 시간을 버는 것일 뿐 그 문제에서 벗어날 수는 없다. 결국에는 그 빚을 갚아야만 한다. 현명한 사람이라면 자신에게 부담만 더 가중시키는 것을 통해 부를 누리는 것을 경계할 것이고 또 그래야만 한다고 생각한다."[16]

미국은 그러한 행위가 통화의 가치를 떨어뜨릴 수 있는데도 계속해서 내키는 대로 자금을 차입하고 있다. 재차 언급했듯이 통화 발행을 통한 '과도한' 재정 지출에 대해서는 지금껏 이를 지지하는 쪽으로 사회적 합의가 이루어졌었다.

그러나 이 행위에 따른 비용이 상승하면서 이러한 합의에도 균열이 생기기 시작했다. 이제 이 챕터의 처음에 적었듯이 미국에서 부채 규모 제한 문제가 화두로 떠올랐다는 것은 미 당국자들이 미제스가 던졌던 그 카드를 만지작거리고 있다는 의미다. 즉, 신용(부채) 팽창이 가져온 호황은 결국 비극으로 끝날 운명이라는 점을 일단 받아들인 상태에서, 자발적으로 신용(부채) 팽창이라는 수단을 포기하고 좀 더 빨리 위기를 맞을 것인가 아니면 총체적이며 최종적인 재앙을 감수하고라도 신용 팽창 체계를 더 유지해나가면서 위기의 시기를 조금 더 늦출 것인가 하는 두 가지 선택지 가운데 하나를 고르려 하고 있다는 의미다.

2011년에 벌어진 사건들을 보면 미 하원 내에는 부채 한도 확대를 저지하거나 이를 상당 수준의 지출 삭감과 연계하려는 쪽에 선 보수적 공화당원들이 꽤 포진해 있다는 것을 알 수 있다. 이러한 일련의 사건 전개 속에서 공화당과 민주당은 10년 동안의 국채 증가액 10조 달러에 대해 이를 3~4% 감축하는 문제를 놓고 수개월째 논쟁을 벌이고 있다.

이러한 논쟁의 밑바탕에는 1886년의 낙관적 예측에 대한 불신이 깃들어 있다. 1886년에 당시 세계 최대 갑부였던 앤드류 카네기(Andrew Carnegie)가 미국을 찬양하는 내용의 《민주주의의 승리(Triumphant Democracy)》를 썼다. 카네기는 러시아, 프랑스, 기타 유럽 국가에 큰 부담이 됐던 과중한 부채에 초점을 맞췄다. 카네기는 이렇게 표현했다.

"국가 부채는 국가에 크게 누가 된다. 시간이 지날수록 국가의 생산적 에너지에 가해지는 부담을 감당하기가 점점 더 어려워진다."

요컨대 미국은 그러한 국가들과는 다르다는 것이다.

지금 판단하자면 잘못된 믿음이었지만 어쨌거나 카네기는 민주주의 덕분에 미국은 스스로 부채 부담을 지려는 유혹을 물리칠 수 있었다고 믿었다. "민주주의가 미국에 보장해준 가장 큰 이점은 부채로부터의 자유 바로 그것이다. 미국은 국가의 '부 대비 부채'의 비율이 놀랄 만큼 작다."[17]

125년이라는 긴 시간 동안 미국은 어떤 변화를 겪어왔던가! 내가 어렸을 때까지만 해도 미국은 세계 최대 채권국이었다. 그런데 지금은 사상 최대 채무국이다.

호황의 종말

미국의 정치인들이 시장 압력에 못 이겨 결국 지출 삭감안을 채택하기까지 시간이 얼마나 걸릴지 알아보는 것도 흥미있을 것 같다. 이 안은 20년 전에 당시 브라질 이타마르 프랑코(Itamar Franco) 행정부에서 재무장관을 지냈던 페르난두 엔리케(Fernando Henrique)가 제안했던 '레알 플랜(Plano Real)'과 유사한 것이 될 것이다.

이 레알 플랜의 시행을 통해 가용 수입과 균형을 맞춰 지출이 삭감됐기 때문에 재정 적자가 많이 완화됐다. 지금 미국이 이러한 정책을 채택한다는 것은 GDP가 급격히 감소하는 부작용 없이 정부 지출을 1조 3,000억 달러나 감축해야 한다는 의미다. 내가 이 책을 쓸 당시 미국 정부의 세수입은 15년 전 수준인데 국채는 1994 회계연도 이후로 약 10조 달러가 증가했다.

간단히 말해 미국 경제는 사람들이 생각하는 것보다 훨씬 침체해 있다. 적자 지출 규모의 급속한 증가가 실질적인 민간 경제 활동 부문에서의 후퇴와 하락을 가려버렸다. 실제로 이런 상황에서 적자 지출이 없었더라면 명목 GDP는 분명히 감소했을 것이다. GDP 통계에서 연간 정부 지출 부분을 빼버리면 1980년 이후 미국의 연평균 경제 성장률은 −0.3%가 된다. 정부의 적자 지출 부분이 실제 민간 부문 경제의 하락세를 가려주지 않았다면 명목 GDP는 10% 이상 하락했을 것이다.

부채 폭증에 대한 모든 부담은 연방준비제도이사회에 전가될 것이다. 연방준비제도이사회의 버냉키 의장과 그 일파들은 금융권의 수축성 붕괴를 피하고자 수조 달러를 더 투입함으로써 연방준비제도이사회 재정을 더 확대하려 할 것이다. 이러한 조치가 호황의 궁극적 붕괴를 막을 수 있을지는 예측하기 어렵다. 그러나 적자 지출 삭감은 명목 GDP의 감소와 실업률 급증을 유발할 가능성이 크고 이것이 정치적 결정의 주요 동인으로 작용하리라는 사실만은 분명히 알 수 있다. 민주적 합의라는 단단한 외양의 이면에는 폭증하는 적자 지출과 계속되는 국채 증가에서 예측되는 불길한 운명이 도사리고 있다.

다음 챕터에서는 로마의 멸망 과정과 닮아 있는 미국의 파산 경로에 대해 살펴볼 것이다.

BRAZIL IS THE NEW AMERICA

Chapter 7

로마 제국 멸망의 재현

미국을 파산으로 몰아가는 국지화 경제와 금융 불황

BRAZIL
IS THE
NEW
AMERICA

국가 파산이라는 위협적인 망령이
더 가까이 접근해왔다. 통화 가치 절하와
세수입 증대라는 일반적 처방은 내려졌다.
… 국민을 쥐어짜려는
국가의 피나는 노력이 시작됐다.
필요한 경제 자원이 부족하기 때문에
폭력과 파렴치한 행동을 불문한
온갖 수단을 동원하여 자기 몫을 챙기기 위한
투쟁이 벌어졌다.
… 3세기, 혼란과 대변동이 있었던 시기에
수많은 사람이, 특히 중산층에 속했던 사람들이
궁핍의 나락으로 떨어졌고
심지어 완전히 파멸해 버리는 사람도 속출했다.
그 이전까지만 해도
경제적 부를 누리고 살았던 사람들이었다.
무용지물인 국가 정책, 민간 경제 활동에 대한
끊임없는 개입, 인플레이션 등이
그동안 축적돼 있던 국부를 다 날려버렸다.

— 《케임브리지 고대사》 제11권

몰락은 많은 역사가가 상상하는 것보다 훨씬 갑작스럽게 일어났을 수도 있다. 재정 적자와 과도한 군사력 확장이라는 현 미국의 상황을 보면 몰락의 위기에 빠질 다음번 주자가 미국일 수 있다는 예상이 나올 법하다. 인류 역사를 들여다보면 국력의 최정점기일 때 교만에 빠진 지도자들이 나서서 자기 자신과 국민 그리고 자신의 국가를 위기에 빠뜨리는 경우가 많았다.

―니알 퍼거슨, 《콜로서스: 아메리카 제국의 흥망사》

우리가 지금 아메리카 시대의 종말을 향해 가고 있다고 말하면 대다수 사람은 터무니없는 생각이라는 반응을 보일 것이다. 어쨌거나 미국은 1세기 동안 세계 최대 경제 부국이었다. 현재를 사는 사람 중에 미국 말고 다른 국가가 세계 제일의 국가가 되는 때가 올 것으로 생각하는 사람은 거의 없을 것이다. 사실, 짧은 지식으로는 "고대는 로마의 시대였고 근대는 대영제국의 시대였으며 다가올 내일은 미국의 시대가 될 것이다"라고 한 월터 리프만(Walter Lippmann)의 말을 제대로 이해하기란 어렵다.[1]

그 '내일'이 얼마나 빨리 왔다 갔는가! 그 내일은 한 세대 동안 혹은 제2차 세계대전 이후의 시간 동안 계속됐고 그 시기 동안만은 미국 노동자들은 이 지구상에서 가장 높은 보수를 받는 사람들이었다.

국가 지급 불능 상태로 들어가다

1960년에는 독일, 벨기에, 프랑스, 영국의 근로자 모두가 미국인 평균 소득의 3분 1분에도 못 미치는 임금을 받았다. 일본은 이보다 더 심해서 당시 일본인의 평균 소득은 미국의 10분 1 수준에 불과했다. 예외적으로 스웨덴은 미국인 평균 임금의 45% 수준은 됐다.

그러다 1971년에 리처드 닉슨이 금본위제 포기를 선언했다. 마치 아메리칸 드림을 산산이 조각낼 시한폭탄이 장착된 것처럼 미국은 이때부터 국가 파산으로 가는 행보를 시작했다. 외국의 소득 수준은 높아지는데 미국은 소득 증가 추세에 제동이 걸렸다. 1978년이 되자 미국인 근로자의 임금 수준은 스웨덴이나 벨기에 근로자들보다 20%나 적었다. 독일과 네덜란드 근로자의 임금 수준 역시 미국인 근로자들보다 높았다. 미국의 10%에 불과했던 일본인의 소득 수준은 채 20년도 못 돼서 미국의 68% 수준으로 뛰어올랐다.

물론 미국인의 상대적 부가 하락 전환된 것은 달러의 환율이 크게 하락한 데서 비롯된 부분이 크다. 윌리엄 이스터리(William Easterly)가 말한 것처럼 세계 평균(비가중) GDP 증가율은 20세기 3/4분기에 약 5%에서 1970년대와 1980년대에 약 3% 수준으로 감소했다. GDP 대비 세계 평균 공공 부채 비율 역시 1970년대와 1980년대에 가파르게 상승했다.[2]

다시 말해 닉슨이 통화와 금의 연계를 끊어 세계 통화 체계를 일방적으로 변화시킨 이후 세계 평균 GDP 증가율이 급감했다. 그리고 달러의 교환 가치가 하락하면서 미국의 부 역시 급격한 감소세를 나타냈다.

40년이 지나 그러니까 내가 이 글을 쓰는 지금도 미국의 무역 수지는 적자 상태다. 그리고 달러화는 1971년의 달러보다 80% 이상 그 가치가 하락했다(금의 가치를 기준으로 했을 때 달러의 가치 절하가 훨씬 극적으로 다가온다. 이 책을 쓸 때를 기준으로 할 때 금의 가치는 온스당 1,506달러인데 달러는 1971년 당시 금의 가치의 2%를 겨우 넘는 수준에 머물러 있다).

Chapter 6에서 언급했다시피 그때는 아무도 이를 인식하지 못했지만, 금본위 통화 체계에서 법정 통화 체계로 전환되면서 부채−기반 소비가 경제 성장의 주요 동인이 됐다. 실제로, 이미 언급했다시피 닉슨이 1971년에 달러와 금의 연계를 끊음으로써 고정환율제를 폐지했을 때 미국은 세계 최대 채권국이었다. 그러나 이제는 아니다. 법정 통화 체계로의 전환을 계기로 미국 경제에서 자본이 차지하던 자리를 부채가 대신하게 됐다. 1인당 세계 에너지 생산량 감소가 이 같은 상황을 촉발했고 이것이 미국 경제의 핵심축 가운데 하나를 훼손하는 역할을 했다. 그리고 사상 최고 수준의 무역 수지 적자라는 악재가 상황을 더 악화시켰다.

1971년부터 2010년까지 미국의 경상 계정 누적 적자가 총 7조 7,500억 달러였다. 회계 등식에 따라 미국이 무역 적자를 기록하게 되면 필연적으로 외국 채권자로부터 적자분만큼을 차입하게 된다. 40년 동안 무역 적자 폭이 커지면서 자본주의 체계에 균열이 생겼다. 그 여파로 지급 능력이 있는(신용 등급이 높은) 사람들에게 부가 집중됐고 일반 서민의 실질 소득 증가는 기대할 수 없게 됐다.

미국의 실질 평균 시급은 제1차 석유 파동이 발생하기 직전인 1973년 1월에 시간당 23.30달러(현재의 달러 가치 기준)로 최고치를 기록했다. 그리고 22년이 지나자 실질 평균 시급은 16.39달러로 떨어졌다. 미국 가계가 더 높은 실질 소득을 올렸던 유일한 이유는 여성이 사회로 진출하면서 맞벌이 가구가 늘었기 때문이다. 물론 이러한 자료에 대해서는 다양한 해석이 나올 수 있다. 일부 경제학자는 실질 소득이 감소한 것은 정부가 인플레이션 계산을 잘못한 데서 비롯된 것일 수 있다고 주장한다. 물론 그러한 부분에 오류가 있을 수는 있다. 그러나 이 모든 것을 인플레이션 계산상의 오류로 치부하기에는 무리가 있다고 본다.

실질 소득의 차이를 비교하는 것만으로는 상황을 제대로 이해하는 데 충분치 않다는 주장이 있을 수도 있다. 그러나 1970년대 초에 극적인 수준의 추세 변화가 있었다는 것만은 분명한 사실이다. 정부 통계 자료에 '비관리직 근로자'로 분류됐던 미 중산층 수천만 명의 실질 시급이 1973년 1월 이후 정체 상태에 머물렀다는 것은 이전 시절과는 전혀 다른 상황이 전개됐다는 것을 의미한다.

이러한 관점에서 생각해보자. 현재와 같은 방법으로 인플레이션을 고려하여 조정한 세차감 전 평균 시급은 1947년부터 1973년까지 '실질적으로' 연평균 2.2%의 증가율을 나타냈다. 실질 소득이 계속해서 이 비율로 증가한다면 2006년에는 시급 수준이 이의 두 배인 40달러 이상이 됐을 것이다. 그런데 실제로는 40달러는커녕 18달러에도 못 미쳤다. 이는 한 세대, 즉 30여 년 전의 최고치보다 12%가 낮은 수준이다. 자식들은 자신들보다 훨씬 더 나은 삶을 살 것으로 기대했던 우리의 부모님 세대는 이러한 현실에 크게 실망했다. 나는 중산층의 황금기라 할 시기에 태어났다. 그런데 1973년 2월이 되자 모든 것이 갑자기 바뀌어버렸다.

닉슨이 달러와 금의 연계를 포기했을 그때 미국의 국내 석유 생산량은 막 정점에 도달했고 미국은 세계 제조업의 중심이었다. 따라서 상대적으로 학력이 낮은 미숙련 노동자에게도 높은 임금을 줄 수 있었다. 그러나 자본주의에서 부채주의로 전환되면서 이 모든 것이 바뀌었다. 경제 활동이 GDP로 측정되는 상황에서 경제 활동의 초점이 '진정한 부의 창조'에 맞춰지던 것에서 '부채를 기반으로 한 소비' 쪽에 맞춰지게 됐다.

소득이 증가하는 환경 속에서 기업은 소비자들이 사고 싶어하는 제품을 생산하고 또 이렇게 하는 데서 수익이 발생하는 것이 자본주의 경제였다. 그런데 부채주의 경제에서는 소득이 정체 혹은 감소하는 환경 속에서 소비자들이 비용을 줄일 수 있는 소비에 치중한다. 미국은 세계의 준비 통화인 달러의 지위를 철저히 이용했다.

즉, 분수에 넘치는 생활수준을 계속 유지하고자 경상 수지 적자를 통해 수조 달러를 빌려 썼다. 세계 제일의 군사 강국인 미국은 산유국으로 하여금 원유 가격을 달러로 책정하게 했다. 또 최종 소비자로서 미국인 자신들이 감당할 수 있는 수준을 넘어 높은 생활수준을 유지하려고 돈을 빌렸고 따라서 가격에 민감한 소비자가 됐다. 40년 동안 전개된 이러한 상황 속에서, 실직한 미국인들이 월마트에서 중국산 제품을 사려고 줄을 길게 서는 날이 오는 것은 시간문제인 듯싶다.

중산층의 몰락

기술력은 떨어지면서도 중국인 농민들보다 훨씬 높은 소득을 올렸던 미 생산직 근로자의 처지에서 보면, 저임금 경제의 개막은 이들이 중산층의 생활을 더는 누릴 수 없게 된다는 것을 의미한다. 중산층 가운데 최대 9,000만 명에 달하는 사람들이 '비관리직 근로자'로 분류됐다. 해가 갈수록 중산층의 토대가 더 넓어질 것으로 기대했으나 이러한 기대가 실현되기는커녕 오히려 기존의 중산층이 이탈하는 현실에 직면하게 됐다.

제조업 부문에서 일하던 저학력, 미숙련 노동자 집단이 빈곤층으로 떨어졌다. 하버드 대학 경제학과의 에드워드 글래서(Edward L. Glaeser) 교수가 밝힌 바와 같이 지난 10년 동안 학력 수준이 가장 낮은 카운티(county)들 가운데 5분의 3에 해당하는 지역의 인구 증가율이 3% 미만에 그쳤다.

이와는 대조적으로 2000년 당시 대학교 졸업 이상의 학력을 가진 성인 거주자 비율이 21%가 넘었던 카운티의 5분의 1에 해당하는 지역에서 동기간 인구 증가율은 13%가 넘었다.[3] 거주자 중 극소수에 속하는 총 1,320만 명의 고학력 숙련 근로자들은 연간 1만 달러 이상을 벌어들이며 더 성공적인 삶을 살게 됐다.

여전히 중산층의 생활을 계속하는 인구 집단이 또 있지만, 이들은 다른 많은 사람의 희생 위에서 그러한 삶을 누리는 것이다. 경쟁력이 없는 기술 수준으로도 풍족함을 누리는 집단 가운데 하나가 공무원 집단이다. 이들은 확정급여형 연금과 포괄적 건강보험과 같은 특전을 누림은 물론이고 임금도 계속해서 오르고 있다.

안타깝게도 쇠퇴기의 로마가 그랬듯이 장기적으로 볼 때 정부의 지출만으로는 침체하는 민간 경제에 활력을 불어넣기가 불가능하다. 우선, 소기의 목적을 달성하기에 충분할 만큼 가용 자원이 그렇게 많지가 않다. 경제가 쇠할수록 세수입은 점점 줄어든다.

많이 알려진 내용은 아니지만 2011년의 미국인 1인당 실질 납세액이 1994년도의 납세액 수준으로 감소했다. 다시 말해 17년 동안 증가한 GDP는 적자 지출과 부채를 토대로 한 것이었다. 실제로 순 GDP는 지난 10년간 거의 변화가 없었다.

1994년 이래로 소비의 주요 자금원은 신용카드 그리고 가격이 상승한 부동산에서 조달한 현금이었지만 역시 가장 큰 자금원은 계속 증가한 정부 지출금이었다. 2001년 이후 10년 동안 정부 지출이 GDP에 총 25조 9,400억 달러를 보태주었다.[4]

산업화 이전의 성장률

작금의 상황에서 불길한 또 한 가지 측면에 주목해보자. 이번 세기 첫 10년 내내 눈에 보이지 않게 저금리 기조를 유지했음에도 부채 상환의 토대가 되는 순 민간 경제 성장률보다 국가 부채 증가율이 훨씬 높았다.

정부 지출을 공제한 GDP는 2001년에 9조 3,149억 달러에서 2010년에 9조 7,215달러로 증가했다. 10년 동안 겨우 0.043% 증가한 셈이다.[5] 이러한 성장속도라면 순 민간 경제가 두 배로 성장하는 데는 167년이 걸릴 것이다.

이러한 성장률은 산업혁명 이전의 성장 수준이었다. 산업혁명 이전 시절의 낮은 소득 수준은 0~1%의 연평균 경제 성장률에서 비롯된 것이다. 이렇게 낮은 성장률로는 전쟁, 기근, 유행병 등과 같은 불가피한 악재의 충격을 완화해줄 수가 없다. 중세 영국이 바로 그런 경우였다. 반세기 단위로 측정한 농민의 실질 임금을 보면 1200~1249년에 해당하는 시기의 생산성과 1600~1649년에 해당하는 시기의 생산성에 큰 차이가 없음을 알 수 있다.[6]

지난 10년 동안 미국의 생산 경제 성장률은 쥐꼬리만큼 상승했는데 국가 부채는 2001년에 5조 8,070억 달러에서 2010년에 13조 5,610억 달러로[7] 133% 증가했다.[8] 국채 부담 증가율이 생산 경제의 성장률보다 3,000배 이상 더 높았다. 경제가 잘 돌아간다는 믿음을 정당화하기 위해 GDP 수치에만 의존하던 사람들이 갈 길을 잃고 말았다.

정부 지출, 특히 적자 지출에 기초한 GDP는 믿을 것이 못 된다. 이것은 진정한 번영이 아니라 부채에 기반을 둔 소비 경제일 뿐이며 우리의 미래를 불안케 하는 요소다.

세금을 두 배로 낼 준비가 돼 있는가?

미국 정부는 파산할 운명이다. 실제로는 이미 파산했다고 봐야 한다. 인류 역사상 지금의 미국 정부만큼 많은 부채를 진 정부는 다시 없었다. 이미 언급했다시피 정부 부채 전문가인 보스턴 대학의 로런스 코틀리코프 교수는 미국 정부의 부채가 다른 모든 국가의 GDP를 합친 것보다 많다고 했다. 그리고 미국이 진 부채는 미 달러화로 표기돼 있으며 이 달러는 미국 정부가 비용을 거의 혹은 전혀 들이지 않고 창조해낼 수 있는 통화다. 이 같은 사실은 앞으로 달러화의 가치가 붕괴할 것임을 의미하는 것 그 이상도 이하도 아니다. 여러분의 소득과 부가 달러화와 굳게 연계돼 있다면 여러분 역시 빈털터리가 될 수 있다는 말이다.

코틀리코프는 IMF가 이미 미국에 위기 타개책을 제시했다고 주장한다. 세금을 두 배로 올리라는 것이 바로 그것이다.

IMF가 아주 효과적으로 미국의 파산을 선언했다는 사실을 알게 될 것이다. 2010년 7월, 선별현안보고서(Selected Issues Paper) 제6조를 보면 이렇다. "오늘날의 연방 재정 정책과 관련한 미국의 재정 갭은 그럴듯한 재할인율 정책에서 비롯된 측면이 크다." 그리고 또 이렇게 덧붙였다. "이 같은 재정 갭을 해소하려면 GDP의 14% 수준만큼의 재정 조정이 이루어져야 한다. 즉, GDP의 14% 정도의 적자분을 감소시켜야 한다."

재정 갭은 미래의 예상 지출액(공식 부채 상환 포함)과 예상 수입액의 차액을 현재 가치로 나타낸 것을 말한다. GDP의 14%라는 언급은 현재 연방 총 세수입이 GDP의 14.9%라는 점과 관련이 있다. IMF는 세입이라는 관점에서 미국의 재정 갭을 해소하려면 연방보험료납부법(Federal Insurance Contribution Act)에 정한 급여세을 비롯하여 개인소득세와 법인세 등을 두 배로 늘려야 한다고 노골적으로 지적하는 것이다.[9]

문제는 세금을 지금의 두 배 수준으로 증액하는 것이 경제를 완전히 무너뜨릴 수 있다는 것이다. 그리고 샌프란시스코 연방준비은행 총재 존 윌리엄스(John C. Williams)가 계산한 대로 발생주의 회계 기준으로 수조 달러에 달하는 재정 구멍을 메워 예산 균형을 맞추려면 과감한 지출 삭감이 요구되는데 이러한 정도의 지출 삭감에 대한 의지가 별로 없어 보인다는 것도 분명한 사실이다.

국가 부채를 상환할 정도의 여유 재원이 발생할 것이라는 기대는 접어라. 인플레이션을 통해 사라지는 부분을 제외하고 미국 정부의 부채는 절대로 상환되지 않을 것이다. 결국, 그 돈은 직접 여러분의 주머니에서 나오게 될 것이다. 현실을 직시하라. 여러분은 저질 영화의 리메이크 판에 출연한 보조 출연자다.

'로마 제국' 몰락의 재현

로마 제국의 몰락을 들여다보면 미국의 운명에 대한 불길한 징후가 느껴진다. 지금 우리는 우리가 생각하는 것보다 훨씬 가난하다. 미국 정부의 무책임한 재정 및 통화 정책이 미국 국민을 더 가난하게 만드는 길을 아주 탄탄히 다지고 있다. 대다수 사람의 순진한 기대와는 달리 부자에게 세금을 더 많이 물리는 것이 오히려 가난한 사람들을 더 쥐어짜게 하는 일일 수도 있다.

브루스 바틀릿(Bruce Bartlett)은 '고대 로마를 멸망에 이르게 한 냉혹한 정부(How Excessive Government Killed Ancient Rome)'라는 글을 통해 다음과 같이 말했다. 바틀릿은 〈뉴욕타임스〉, 〈피스컬타임스(Fiscal Times)〉, 〈택스노트(Tax Notes)〉 등의 경제 블로그에 글을 기고하는 칼럼니스트다.

로마 제국에서 세금으로 징수되고, 몰수되고, 은닉되는 사적 재산이 점점 더 많아지면서 경제 성장이 사실상 중지됐다. 더 나아가 부자들이 더는 이러한 국가의 요구를 충족시킬 수 없게 되자 그 부담이 가난한 사람들에게로 넘어갔고 결국 악화된 경제로 말미암은 고통을 모든 사람이 공유하게 됐다. 로스톱체프(Rostovtzeff)의 말을 인용하면 이렇다. "상류층(부유층)에 대한 국가의 압력이 심해질수록 하류층의 삶도 힘들어진다."(로스톱체프 1957: 430)

로마 제국의 멸망은 역사적인 대사건이지만 대다수 로마 시민에게 로마라는 국가의 몰락은 이들의 생활에 큰 영향을 미치지 않았다. 헨리 피렌(Henri Pirenne)(1939: 33-62)이 지적한 바와 같이 일단 로마 정부를 효과적으로 대체한 침략자들은 새로운 환경에 맞춰 처신하기 시작했다. 즉, 이제는 약탈이 아니라 자신들이 정복한 지역을 평화롭고 안정된 곳으로 만드는 것이 유리하다는 사실을 알게 됐다. 국민이 더 부유해질수록 세수입이 더 늘어나는 법이니 말이다.

결론적으로 말해 로마 제국이 멸망한 근본적인 이유는 과도한 과세, 인플레이션, 지나친 규제 등에서 비롯된 경제 악화 때문이었다. 세금을 자꾸 올려도 부유층은 탈세를 통해 그러한 세금 폭탄을 피해갈 수 있는데 중산층(납세 능력이 되는)은 그 부담으로 아예 무너질 수 있기 때문에 세금 인상이 세수입을 늘리지는 못했다. 이러한 측면에서 보자면 서로마 제국의 멸망(동로마 제국은 비잔틴 제국이라는 이름으로 그 명맥을 유지했음)은 역사적으로는 매우 중요한 사건이지만 로마 시민에게 로마의 멸망은 곧 구원이었다.[10]

물론 미국이 게르만족에게 약탈당하는 따위의 일은 발생하지 않을 것이다. 그러나 《케임브리지 고대사》 제11권에서 인용한 내용을 보면 미국 정부가 로마 정부와 똑같은 방식으로 대응하여 결국은 '국가 파산'을 재촉할 것이라는 점을 예상할 수 있다.[11]

'국가가 국민의 고혈을 마지막 한 방울까지 쥐어짜 내려고 애쓰는' 모습을 보게 될 것이다. 미국 정부가 현재 거의 지급 불능 상태인 점을 고려한다면 이렇게 짜내는 혈세가 어마어마한 수준이 될 것이다. 우선은 부유층에 대해 거의 몰수 수준으로 세금을 올려 부과할 것이다. 대체최저한도세(Alternative Minimum Tax)가 그랬던 것처럼 이러한 고세율 신규 과세는 처음에는 극소수 집단(부유층)에만 적용될 것이다. 그러나 계속되는 통화 발행으로 달러 가치는 하락하고 물가가 치솟으면서 자신은 어느새 수백만 혹은 수억 달러를 벌어들이는 고소득자가 돼 있을 것이다. 이렇게 되면 결국 자신도 '부유층'에 속하는 사람이 되어 신설 세금의 적용을 받게 되는 것이다.

그러므로 초인플레이션과 달러 가치 하락의 위협이 점점 다가온다는 것이 우리의 생활수준에 가해지는 가장 큰 위험이다. 전에도 언급했다시피 우리는 지금 루트비히 본 미제스가 말한 '호황의 끝'을 향해 가고 있으며 '관련 통화, 즉 달러의 궁극적이며 전면적 붕괴'를 예상하지 않을 수 없다.

2011년 8월에 스탠더드앤드푸어스(S&P)가 미국의 국가 신용 등급을 강등한 것은 몇 년간 드러났던 미국 경제의 무기력을 확인해주는 것이었다. 이제는 전보다 그리고 생각하는 것보다 훨씬 많은 사람이 미국의 파산이 임박했다는 사실을 믿기 시작했다. 제네바에 거주하는 한 미국인으로부터도 이 같은 상황을 피부로 느낄 만한 이야기를 들었다. 이 사람은 베를린 주재 미국 대사관에서 근무하는 영사관원을 만나러 대사관을 찾았다고 한다. 그런데 그 대사관에서 근무하는 한 여성이 이 사람에게 아주 놀랄 만한 이야기를 들려줬다. 현재 미국 시민권 포기를 신청한 사람들을 대상으로 진행하는 출국 면접의 대기 기간이 3년이 넘는다는 것이다. 이러한 수치 자료를 보면 성공한 미국인들 사이에서 이제 미국 시민권은 '혜택'이 아니라 '부담'일 뿐이라는 인식이 확산되고 있음을 알 수 있다.

미국 시민권자가 부담해야 하는 납세 의무에서 벗어나고자 출국을 희망하는 사람들은 대사관에서 공식적인 출국 면접을 받아야 한다. 그리고 이 같은 사실은 미국을 떠나는 사람들에 대한 규제와 압박이 심해졌다는 것을 의미한다. 이제 미국 시민권은 다른 국가의 시민권보다 더 큰 재정적 부담을 안겨준다. 주요 선진국 시민 중에서 미국에 거주하는지 아닌지에 상관없이 미국 정부가 부과하는 세금을 내야 하는 것은 미국 시민이 유일하다. 2010년 4월 5일자 〈다우존스뉴스서비스〉에 게재된 내용을 살펴보자.

대다수 다른 국가와는 달리 미국은 미국 시민권자와 영주권자의 소득에 대해 그 사람들이 어디에서 소득을 올렸는지에 상관없이 세금을 부과한다.

미국 시민권을 포기하려면 먼저 다른 국가의 국적이나 시민권을 취득해야 한다. 그리고 새로운 국적지의 영사관원에게 자신의 여권과 입국허가증을 반환한다. 그리고 자산 목록을 포함한 세금신고서까지 IRS(미 국세청)에 제출해야 이 과정이 마무리된다.

대만에서 미국의 이익을 대변해주는 기관인 미국연구소(American Institute)의 크리스 카나바흐(Chris Kavanagh)는 2009년에 대만에서 43명이 미국 시민권을 포기했으며 이는 2003년 이래 최고치에 해당한다고 말했다. 그러나 카나바흐는 이 수치만을 가지고 어떤 결론을 이끌어내는 것은 경계해야 한다고 했다. IRS는 2009년 말엽에 국적 이탈자 수가 불어난 것은 IRS가 이 절차를 완료시키지 못한 사람들에게 절차를 완료할 것을 통지했기 때문이라고 밝혔다. 이미 여권을 반환했으나 IRS 서류, 즉 세금신고서를 제출하지 않은 것 때문에 절차가 마무리되지 않은 사람들이 그 대상이 된다. IRS에 이 서류를 제출하기 전까지는 계속해서 미국에 세금을 내야 한다. IRS의 대변인 브루스 프리드랜드(Bruce Friedland)는 "이제 적체분이 거의 다 처리됐다"라고 말했다.

2008년 말과 2009년 초의 주식 시장 하락도 국적 이탈자 증가에 큰 몫을 했다. 2008년 이후로 순자산이 200만 달러 이상인 미국인은 자신들의 보유 자산을 기준으로 출국세를 납부해야 했다. 시장 붕괴로 말미암아 수익이 감소하거나 자산을 날리게 되자 출국세 부담이 그만큼 줄어들면서 미국 시민권을 포기하려는 사람들에게 이것이 하나의 기회가 됐다.[12]

새로운 베를린 장벽

미국에서 상위 10%에 해당하는 고소득자가 소득세의 73%를 부담하는 하위 40%에 해당하는 소득자들은 세금을 '환급' 받는다. 이런 불공평한 과세 환경에 질린 고소득자들이 과도한 세금 부담에서 벗어나려고 하고 있다. 그런데 고소득자들의 이러한 시도를 방지하고자 당국은 이들에게 재정 부문의 '베를린 장벽'이라 할 출국세를 부과하기에 이르렀다.[13]

국가 파산 지경에 처했을 때 로마 당국이 어떠한 자세 혹은 태도를 보였을지는 이 챕터 처음에 쓰인 《케임브리지 고대사》 제11권의 다음 문구를 보면 알 수 있을 것이다.

"당국은 로마 시민을 모질게 쥐어짜기 시작했다."

버락 오바마 대통령의 '고속도로 법령'(상원 법안 1813, Section 40304) 상 '세금 체납이 발생한 상태에서 여권을 취소 혹은 거절하는 경우' IRS는 납세 의무가 있는 미국 시민에 대해 누구든 그 출국을 금지할 권한이 있다. 이러한 금융 억압으로 말미암아 한때 '자유의 땅'이었던 곳이 이제는 세계 최대의 채무자 감금 교도소로 변하고 있다. 여러분의 눈에는 미국 정부가 지급 불능 상태라는 사실이 분명하게 보일 수 있겠지만 내 눈에는 미국이 완전한 경찰국가가 되어 몰락을 재촉하다가 21세기판 아르헨티나가 될 운명으로 보인다. 물론 실제로 그렇게까지 될 것 같지는 않지만 말이다.

지나치게 소득 재분배 쪽에 치우친 경제 체계에서는 국외 이주를 철저히 봉쇄하기 위한 압력이 가해지게 마련이다. 약탈적 과세의 증가와 국외 이주에 대한 법적 규제의 강화는 성공한 미국 시민이 미국을 떠나려 할 때 더 큰 비용과 복잡한 절차를 요하게 한다. 미국 시민권을 포기하려는 사람에 대해서는 국외 자산에서 발생한 자본 이익에 대해 세금을 낼 것을 요한다. 그러나 이것이 상황을 더 악화시킨다. 미국 정부는 국외 이주 이후 최장 10년 동안 계속해서 세금 납부를 요구할 수 있다. 그리고 물론 국외 희망자의 출국이 금지된다면 이 사람은 아주 효과적으로 채무 노예가 돼 버릴 것이다. 또 만약에 도주를 시도한다면 새로운 국가에서의 정착과 그곳에서의 시민권 취득이 더욱 어려워질 수 있다.

매시간 742명의 미국 시민이 미국을 떠나려 한다. 그런데 약탈적 과세의 증가와 국외 이주에 대한 법적 규제의 강화가 출국 비용을 높이고 그 절차를 더욱 복잡하게 하여 이들의 발목을 잡고 있다.[14]

로마 제국도 납세자들이 도주하는 것을 막으려 했다. '출국세'와 국외 이주에 대한 각종 규제는 로마 황제 디오클레티아누스(284~305)가 만든 '세제 개혁'의 현대판이라고 할 수 있다. 디오클레티아누스 황제는 남아 있는 도시 중산층(쿠리알레스)까지 거덜을 내버렸다. 황제가 297년에 '세제 개혁'을 시행했을 때 로마는 끊임없는 전쟁과 사상 유례가 없는 최대·최악의 관료 정치 체계하에서 붕괴 직전에 몰려 있었다.

디오클레티아누스가 세금을 올리는 작업을 시작했을 때 도시 중산층 가운데는 이미 과도한 세금 부담을 피해 도주를 택한 사람들이 엄청나게 많았다. 이렇게 도주하려는 마음을 품지 못하도록 황제는 쿠리알레스에게 세금 징수의 책임을 맡겼다. 이들이 징수한 액수가 목표치에 미달할 때는 자신의 주머니를 털어 차액을 메우거나 자신의 재산을 억지로 팔아야 했다. 수많은 쿠리알레스가 도주 시도를 했으나 떠나는 것 또한 법에 저촉되는 행위였다. 로마 제국 말기에 사람들이 점쟁이에게 가장 많이 물어보는 말이 "도망을 가야 하나요?"였다는 것이 결코 우연만은 아니다. 머뭇거리다가 너무 오래 기다리기만 했던 사람들은 결국 후회하지 않을 수 없었다. 중산층은 재정적으로 파탄 지경에 이르렀다.[15]

점쟁이에게 부유층에 대한 금융 억압이 거세진다면 미국의 중산층 역시 로마 중산층과 비슷한 운명에 처할지 아닐지를 물어보고 싶지는 않다. 로마의 납세자들에게는 국외 이주가 법적으로 금지됐으나 미국인은 아직 국고(國庫)에 구속된 상태는 아니다. 그러나 그러한 일이 현실로 다가올 날이 머지않았다.

오바마 대통령의 고속도로 법안 관련 규정에 따라 IRS에 미국인의 외국 여행을 금지할 수 있는 권한이 부여될 것이다. 이러한 조치가 국외 이주를 더욱 어렵게 만들 것이다. 특히 합법적으로 미국의 세금 부담에서 벗어나려면 그전에 먼저 다른 국가의 여권을 소지하도록 한 조항 때문에 합법적으로 국외 이주 절차를 완료하는 데 족히 몇 년은 걸리게 된다. 외국 여행을 할 때 거의 여권 제시를 요하지 않았던 19세기 말처럼 그냥 탑승 수속대로 가서 수속을 마치고 바로 탑승구로 들어가면 그만이던 시절과는 완전히 다르다.

새로운 불법 이민자가 된 미국인

미국에 여러 나라에서 온 불법 이민자가 있는 것처럼 지금은 세계 각지에 미국인 불법 이민자가 있고 그 수는 점점 불어나고 있다. 통계 자료라는 것이 본래 완벽하지 않아서 이를 액면 그대로 믿을 수는 없지만, 국외에 거주하는 미국인의 수가 엄청나게 증가했다는 사실만은 분명히 알 수 있다. 언론에는 거의 보도가 되지 않았으나 오바마 정부하에서 금융 억압 때문에 점점 더 많은 사람이 국외 이주 행렬에 동참하고 있다. 앞서 언급했다시피 시간당 742명꼴로 미국을 떠나고 있다. 재외미국인협회(Association of American Resident Overseas: AARO)에 의하면 군인과 기타 미국 공무원을 제외하고 현재 508만 명이 국외에 거주하고 있으며 이 가운데 3분의 2가 2008년 이후에 불어난 것이라고 한다. 협회는 이렇게 말했다.

"관련 조사 자료에 언급된 내용을 보면 국외 거주자는 다양한 혜택을 누리는 것으로 나타났다. 즉, 이들은 미국에서보다 돈을 더 많이 벌고 세금은 덜 낸다. 그리고 일과 사생활의 균형을 유지하고 있고 생활수준은 더 향상됐으며 더 폭넓은 문화적 기회를 누리고 있고 더 좋은 일자리에 대한 선택 기회도 있다는 것이다."[16]

미 국무부는 AARO의 통계치가 실제보다 25% 정도 낮게 산출된 것이라고 했다. 국무부는 약 134만 명의 미국인이 '불법 이민자'가 됐다는 것이다. 말하자면 국외로 나가고 나서 연락이 끊긴 사람이 134만 명이라는 이야기다. AARO는 2007년 12월에 이른바 제2의 대위축(Second Great Contraction)이 시작된 이후로 미국을 떠나는 사람이 급증했다고 한다. 실제로 이때를 기준으로 국외 거주자 수가 3분 2가량 증가했다면 이 시점이 주요 변곡점이 될 수 있다. 좀 더 엄격한 국경 관리를 주장하는 이민연구소(Center for Immigration Studies)에 따르면 미국에 거주하는 불법 이민자의 수는 2007년에 1,250만 명에서 2008년에 1,100만 명으로 감소했다고 한다.[17] 1930년대 초 대공황 시기 이후 처음으로 미국을 떠나는 사람의 수가 들어오는 사람의 수를 넘어섰다.

앞으로 또 얼마나 많은 사람이 미국을 떠나 국외에서 불법 이민자로 살아갈지는 시간만이 그 답을 알고 있을 뿐이다. 아마도 그 수가 상당할 것이다. 실제로 미국 시민권을 포기하려는 의도를 가지고 미국을 떠났던 사람은 아마 얼마 되지 않았을 것이다. 대다수는 그저 미국이라는 땅에서 사라지고 싶었던 것이 아닐까 생각된다. 오바마 행정부는 그렇게 생각하는 것 같다. 설사 국외에 거주하는 사람이더라도 미국인이 미국 이외의 지역에서 은행 계좌 개설을 어렵게 하는 고압적 책략을 써가며 금융 억압의 강도를 줄곧 높여가는 이유가 바로 여기에 있다.

새로운 금융 억압 요소가 바로 국외 금융 자산을 5만 달러 이상 보유한 모든 미국인에게 국외자산신고서(Form 8938)를 작성토록 한 것이다. '금융 자산'에는 '모든 임대용 부동산'도 포함된다는 점에 주목하라. 미국 관보(Federal Register)에 따르면 IRS는 해당 납세자 '본인' 혹은 그 납세자의 '거래 상황'을 감사할 것인지(처벌을 할지 말지를 포함하여)를 결정하는 데 이 신고서 정보를 이용할 것이라고 한다.[18] 백만장자가 아니라서 IRS의 추적을 받을 이유가 없는 사람들로서는 시민권을 포기하는 극단적인 선택이 부적절하게 보일 수도 있을 것이다.

영국이 세계의 지배권을 잃고 쇠락의 길로 들어섰던 1세기 전의 상황과는 달리 앞으로 어떤 일이 펼쳐질지가 눈에 선하다. 지금은 미숙련 혹은 반숙련 젊은 노동자들에게만 국외 이주가 이로운 것이 아니다(미국에서의 경제적 기회가 줄어들면서 미국 내 불법 이민자 수의 증가세가 주춤해진 상황을 고려해보라). 나이가 든 부유층 역시 국외 이주를 고려할 이유가 아주 많다.

영국의 사례를 기억할 필요가 있다. 상대 소득의 감소는 국외 이주의 증가와 관련이 있다. 1901년 이후로 영국으로 오는 이민자보다 영국을 떠나는 사람이 더 많았다. 1997년이 되자 영국을 떠난 순 국외 이민자 수가 1,560만 명이었다.[19] 이와 비슷한 수준의 국외 이주가 미국에서 벌어질 것이다. 실제로는 이미 그러한 이탈이 시작됐는지도 모른다.

앞으로 우리가 해야 할 더 중요한 투자 결정 가운데 하나는 짐을 쌀 것이냐 말 것이냐다. 내 생각으로는 현 경제 체계에서 부채라는 요소를 빼버리고 세금을 어마어마한 수준으로 올린다고 봤을 때 앞으로 미국 경제는 아주 더

디게 성장하거나 혹은 전혀 성장하지 못할 것이다. 스스로 이렇게 생각하고 싶지는 않겠지만, 미국 시민인 이상 여러분은 미국 국고 '자산'의 일부라는 사실을 인정해야 할 것이다. 로마의 도시 중산층과는 달리 아직은 미국 국고의 '노예' 신세로 전락하지는 않았다 해도 달러 가치가 붕괴하고 미국의 파산이 임박해지면 결국은 재정적 파멸을 경험하게 될 것이다. 달러 가치는 금 가치의 발치에도 따라가지 못할 것이다.

다음에는 달러화 붕괴 이후의 세계에서 브라질이 대안으로 떠오르게 된 부분을 논할 것이다.

BRAZIL IS THE NEW AMERICA

Chapter 8

부채 순환 주기의 양지

초인플레이션이라는 유산이 남긴 번영의 기회

BRAZIL
IS THE
NEW
AMERICA

브라질 시중 은행 가운데
재정적 취약성이 의심되는 곳은 한 곳도 없었다.
재정 상태는 매우 양호하다.
브라질 기업은 과소차입 상태를 유지하고 있다.
브라질 국민 역시 과소부채 상태다.
브라질의 GDP 대비 부채는 30%를
약간 웃도는 수준이다.
평균적으로는 GDP의 20% 수준이며
30%라고 해도 그렇게 높은 수치가 아니다.
그런데도 유럽과 미국의 은행들은
모든 사람에게 브라질에 대해 주의를 요했고
신용 시장을 멈춰 서게 했다.

— 캔디도 브라서, 방코 이타우 은행장

　대다수 미국인은 미국이 세계에서 제일 잘 사는 국가라는 사실을 거의 신앙처럼 믿고 있다. 그러나 안타깝게도 이 말은 이제 사실이 아니다. 대다수 사람이 콜럼버스가 아메리카를 발견하고 나서 2년 후인 1494년 즈음에 세상에 공표된 중요한 사실 한 가지를 잊고 있었다. 이때 토스카나의 수도사 루카 바르톨로메오 파치올리(Luca Bartolomues Pacioli)가 복식 부기를 설명한 최초의 저서 《산술집성(Summa de Arithmetica)》으로 세상을 깜짝 놀라게 했었다.

　파치올리의 이 저서가 발표되고 나서 자신이 축적한 부의 가치를 정확하게 평가하려면 단순히 보유한 자산을 합산하기만 해서는 안 된다는 인식이 형성됐다. 즉, 전체 자산에서 자신이 진 부채 부분을 빼야 한다는 의미다. 아직도 미국이 세계 제일의 부국이라고 믿는 사람들에게는 귀에 거슬리는 말일 것이다.

　1990년대 초의 경기 하락기에, 그러니까 차입 자본으로 세운 자신의 부동산 왕국이 휘청거렸을 당시 도널드 트럼프와 관련된 이야기 하나가 생각난다. 어느 날 밤 트럼프는 자신의 아름다운 여자 친구와 함께 맨해튼의 어퍼이스트사이드(Upper East Side: 뉴욕 최고의 부촌—역주)를 산책하다가 부랑자 한 명을 보게 됐다. 트럼프는 그 노숙자가 자신보다 10억 달러는 더 가지고 있다고 말해 여자 친구를 놀라게 했다. 여자 친구는 "그렇지만, 저 사람은 땡전 한 푼 없어 보이는데?"라고 말했다.

그러자 트럼프가 이렇게 대답했다.

"그러니까 하는 말이지."[1]

일반적 회계 표준으로는 미국인의 생활수준이 여전히 높은 것으로 나오지만 실상 미국은 세계에서 가장 가난한 국가까지는 아니더라도 가난한 국가 쪽에 속한다. 수십 년 동안 빌린 돈으로 흥청망청 써댔던 우리는 이제 다른 국가에 14조 달러 넘게 빚을 진 상태다. 미 재무부 채권으로 전환된 국외 부채 부분을 고려한다면 이 정도 부채 규모는 빙산의 일각에 불과하다.

그동안 우리는 빚을 내는 것은 '우리의 이익을 위해 당연한 일'이기 때문에 부채가 아무리 늘어나도 그것은 문제 될 것이 없다는 식으로 우리 자신을 기만해왔다. 재무부 통계 자료를 보면 (2011년 8월 현재) 미국 정부는 중국 국민 한 사람에게 대략 865달러 그리고 브라질 국민 한 사람에게 1,034달러의 빚을 지고 있다. 다른 국가의 국민에게도 또 이에 못지않은 빚을 지고 있다. 우리는 현실을 좀 더 확실하게 알 필요가 있다. 확실한 사실을 알아야 하는 것은 중국인, 브라질인, 기타 국가의 국민도 마찬가지다.

미국 정부는 GDP의 100%가 넘는 빚을 내 흥청댔을 뿐 아니라 세계 총 생산량을 넘는 천문학적인 규모의 미적립 채무를 발생시켰다. 앞서 언급했다시피 로런스 코틀리코프 교수는 의회의 자료를 인용하여 국가 부채의 총 규모가 202조 달러라고 했다.[2] 좀 더 보수적인 혹은 덜 포괄적인 부채 추정치로서 〈유에스에이투데이〉는 미국의 미적립 채무를 62조 달러 내외로 '적게' 평가했다.[3] 〈이코노미스트〉가 2011년 5월까지 12개월 기준으로 세계 GDP를 65조 달러로 추산했는데 이 수치에 약간 '못 미치는' 수준이니 '적은' 수치라는 표현이 과히 틀린 것도 아니겠다.[4]

여기에 주 정부와 지방 정부 부채까지 합산하면 미국의 총 국가 부채 규모는 상상을 초월할 정도라서 어린 아이들의 눈물을 쏙 빼놓을 만하다. 물론 이것이 장차 자신들의 미래에 어떤 영향을 미치는지 이 아이들이 어렴풋이나마 알 수 있었다면 말이다. 헤지펀드나 자산 관리자마저 이익을 과도하게 부풀린 교묘한 회계 조작에 깜빡 속아 넘어간 듯 보이는 이 마당에 이 아이들이 자신들의 부모 혹은 조부모 세대보다 회계에 관해 더 잘 알고 있었다면 그 울음소리는 아마도 더 커졌을 것이다.

〈파이낸셜타임스〉에 보도된 대로 시티뱅크, 뱅크오브아메리카, J.P. 모건, 골드만삭스 등을 포함한 미국의 대형 은행들이 최근에 보고한 분기 순이익 16조 달러의 80%(약 13조 달러)는 자행 부채의 가치 하락분에서 비롯된 것이다. 이 같은 부채의 가치 하락분은 곧 이익이라는 은행의 주장에 토대를 둔 것이다. 이 무슨 정신 나간 소리인가? 그러나 그 정신 나간 일이 실제로 벌어졌다. 은행들은 자행 부채의 신용도가 하락했고 그 하락분만큼 부채의 장부 가치를 내릴 수 있었다고 주장했다. 은행들은 이렇게 발생한 차액을 수익으로 본 것이다.

이러한 사실들이 시사하는 바는 이렇다. 미국 정부와 금융권의 지급 불능 상태가 더는 가려지지 않을 것이다. 또 이러한 사태는 앞으로의 생활에 변화가 생길 것임을 말해준다. 우리가 자라던 그때의 세상 법칙과 지금의 법칙은 다르다. 경제사의 한 중요한 단계가 이제 막을 내리려 한다.

미국이 번영을 구가하던 시대는 이제 끝이다. 나는 정말 진지하게 이 말을 하는 것이다. 서민들은 그나마 현상유지라도 하려면 쳇바퀴를 점점 더 빨리 돌려야만 하는 참담한 상황을 맞고 있다. 대체 뭘 어찌해야 하는가? 나와 친분이 있던 빌 클린턴은 이렇게 경고한다.

"사람들은 지난 200년 동안 미국이 망하는 쪽에 돈을 걸었고 결국 이 사람들은 그 돈을 다 잃었다."[5]

요컨대 미국은 망하지 않았다는 말이다. 과거에 관해서라면 클린턴의 이 말은 틀리지 않았다. 그러나 나는 이 조언을 귀담아들으라고 말하고 싶지는 않다. 이 말이 미래에도 그대로 적용될지 의문이기 때문이다.

부채는 계속 증가하고 보유한 자산의 가치는 떨어지는 그러한 상황을 맞은 것이 정부만은 아니다. 1970년 이후로 미국 주택의 크기가 두 배로 커졌다. 그러나 집이 커졌다고 미국인이 더 잘살게 됐다는 의미는 아니다. 우후죽순 신축된 주택들의 가격이 폭락했고 이로 말미암아 미국인들은 7조 달러를 손해 봤다. 자산은 줄어들었는데 순 채무는 증가했다.

침몰하는 배 위에서

주로 단발적 통화 및 재정 부양책을 통해서지만 어쨌거나 경기 회복에 대한 낙관적 과장이 난무함에도 미국 경제는 고통스러운 조정기를 향해 치닫고 있다. 이렇게 되면 수년 아니 수십 년에 걸쳐 미국인의 생활수준은 하락할 것이다. 그리고 지난 50년 동안 축적해놓은 경제적 부가 홀랑 탕진되고 말 것이다.

현실을 직시하자는 측면에서 보자면 이 정도는 별로 노골적인 발언도 아니다. 일반 서민의 관점에서는 지난 40년 동안 손톱만큼도 나아진 것이 없었다. 일반 상근직 남성 근로자는 이 기간에 연간 구매력에서 800달러를 손해 봤다.

전체적으로 봤을 때 주로 다음과 같은 두 가지 이유 때문에 생활수준은 계속해서 향상되는 듯 보였다.

1 수많은 여성이 직업 전선에 뛰어들어서 맞벌이 가구가 일반화됐다.
2 수많은 가구가 더 많이 소비하기 위해 대출을 늘리면서 가계 부채가 20배나 증가했다. 이제 미국은 장기적인 부채 축소 과정에 있다.

〈이코노미스트〉는 '부채 축소: 이제부터 시작이다'라는 제목으로 맥킨지 연구소(McKinsey Global Institute)의 연구 내용을 게재했다.

수많은 선진국에서 공공 및 민간 부채 규모가 사상 최고치 수준에 도달해 있다. 과거의 부채 축소(탈부채화) 과정을 고려한다고 할 때 일단 탈부채화가 시작되면 자국의 부채 비율을 25% 정도 줄이는 데 평균 6~7년이 걸릴 것이다.[6]

이는 미국 경제의 성장 둔화를 의미하며 아마도 2015년 이전에 국가 신용 위기의 정점에 달할 것이다. 이미 미국의 재정 상태(세출입 비율)는 국가의 총부채가 GDP의 93.3%를 차지하며 지급 불능 위기를 맞았던 포르투갈보다 심각한 수준이다. 그리고 2011년에 정부 부채가 GDP의 61%를 기록했던 스페인보다도 역시 심각하다. 미국의 연방 총 부채는 GDP의 115%를 넘었다. 그리고 이는 명시적인 부채만을 일컫는 것이다. 미국의 미적립 부채는 그야말로 엄청난 규모다. 미국의 의료 부문 부채가 세계 총 GDP보다 많다. 2010년 초에 미적립 메디케어 부채의 현재 가치는 75조 1,670억 달러라는 어마어마한 액수였다. 처방약 보조금 18조 9,010억 달러를 추가하면 미적립 의료비 부채는 94조 680억 달러에 이른다. 이는 CIA가 추산한 세계 경제의 연간 총생산량 70조 1,600억 달러(〈이코노미스트〉의 추산액보다 5조 달러가 더 많음)보다 약 25%가 많은 액수다.[7]

부채 상환이 점진적으로 더디게 이루어지는 상황일 때 탈부채화는 특히 고통스러운 과정이 된다. 2011년 12월까지의 가계 부채 축소는 대부분이 모기지 채무 불이행의 결과였다. 미국에서 은행의 담보 대출 가운데 2%가량이 결손 처리됐다.[8]

일반적으로 가계와 비금융기관이 부채를 줄이면 오히려 정부는 부채에 더 깊이 발을 담그게 된다. 일찍이 리처드 닉슨이 자기 자신에게 그리고 동료 정치인에게 했던 "지금 우리는 모두 케인스주의자다"라는 말에서 해답을 찾을 수 있다. 이미 세상을 뜬 경제학자(케인스)에 대한 닉슨의 이 줏대없는 '충성 선서'는 제2차 세계대전 이후 모든 선진국이 채택했던 그러나 입 밖에 내놓지는 않았던 정책을 공개적으로 인정하는 것이자 과소비 재정에 대한 고백과 같은 의미였다.

존 케인스는 자신의 저서 《고용, 이자, 화폐에 관한 일반이론(General Theory of Employment, Interest and Money)》(1936)에서 과소비로의 전환을 합리화했다. 이 것이 선진국의 정치인들에게는 하나의 성서가 됐다. 《고용, 이자, 화폐에 관한 일반이론》에서 주장하는 바의 핵심은 고용 수준은 신고전주의자들이 주장하는 '임금'이 아니라 '지출(총 수요)'에 의해 결정된다는 것이다. 케인스는 우스꽝스러운 방식으로라도 정부가 돈을 씀으로써 경제 전망을 밝게 할 수 있다고 주장했다. 이러한 맥락에서 케인스는 폐광에 돈을 묻어두라고 조언했다. 그러면 기업인들이 그 돈을 파내려고 노동자를 고용한다는 것이다. 정치인들로서는 이러한 이론 전개가 매우 흡족했던 나머지 이 구식 패를 버리지 못했다. 그 결과 제2차 대전이 끝나자 모든 선진국이 만성적 적자 지출 기조를 유지했고 이것이 국가 지급 불능 사태를 유발했다. 이 중에서도 미국은 세계 역사상 최대 채무국이라는 오명을 쓰게 됐다.

케인스주의 경제학의 관점에서 보면 가계 부채를 줄이는 것은 지출 축소를 의미하며 이는 필연적으로 총 수요 감소로 이어진다. 케인스주의자인 오스트레일리아 경제학자 빌리 미첼(Billy Mitchell)은 이렇게 말한다.

"민간 부문에서 지출이 감소하고(총 수요 감소) 부채 수준이 감소할 때 GDP 증가세를 계속 유지하는 유일한 방법은 물론 그것이 가능하다는 전제하에 대외 무역이 호황을 누리거나(별로 가능성은 없어 보이지만) 아니면 재정적 지원을 하는 것뿐이다."9

그러나 케인스주의 관점에서조차 이것이 옳은지는 확실치 않다. 미국 가계 부문에서의 부채 축소를 촉발한 가장 큰 계기는 바로 채무 불이행이었다. 모기지 채무 상환을 중지하기로 한 이른바 깡통 주택 소유자들은 자신의 모기지 상환금을 다른 용도로 사용하게 됨으로써 총 수요를 증가시킬 것이다. 유질 처분량이 적체된 상태라 모기지 상환을 중지한 주택 소유자들도 1년 반 정도는 공짜로 그 집에서 살 수가 있다.

어떤 상황이든 부채 축소가 진행되면 통상적으로 정부는 GDP를 계속 증가시키기 위해 적자 지출 기조를 유지하게 된다. 그러나 이러한 재정 운용 기조는 영구적일 수 없다. 어느 시점이 되면 정부의 신용도 고갈된다. 경제 성장이 지체 혹은 정체되면 과세력(課稅力)을 담보로 점점 더 많은 돈을 차입할 수 있었던 정부의 능력도 사라진다. 케인스주의 경제의 종점은 결국 긴축이며 이것이 다른 수축성 불황 요인들을 악화시키게 된다.

그 종점이 다가오면 신용 시장이 경색된다. 이는 현 체계가 극한의 압력하에 놓여 있고 따라서 다른 큰 무언가가 다가오고 있음을 예고하는 징조다. 미국 경제는 2007년에 정점을 찍었다. 그러나 배럴당 150달러에 육박하는 석유 가격의 압박 때문에 금융 체계에 내파(內破)가 발생한 상황임에도 주식 시장은 계속해서 반등세를 이어갔다. 2011년이 막바지를 향해감에 따라 이러한 위기 전 상황이 재현됐다. 그런데 이번에는 문제의 심각도가 더해졌다. 서브프라임의 문제 외에도 미국의 각 가정은 자신들이 감당할 수 있는 수준을 넘어 주택을 매수했다는 사실을 깨닫게 됐다. 국가 전체가 파산 상태에 내몰리고 있다. '경제협력개발기구(OECD)에 속한 국가의 부채는 무위험 부채'라는 믿음은 한낱 환상에 불과한 허구적 가설이었음이 드러나고 있다.

과도한 지출의 중지

"하나를 보면 열을 알 수 있다"는 말은 전 세계 대다수 금융 및 통화 체계에 딱 들어맞는 표현이다. 거의 전부가 부분지급준비금제도를 바탕으로 한 법정 통화 체계인데 브라질은 이 부분에서 미묘하지만 중요한 차이점을 나타낸다. 그리고 이러한 차이는 비교적 최근인 1990년대 중반에 발생한 초인플레이션 경험에서 비롯된 측면이 있다.

"IMF의 물가 관리가 시작된 1980년부터 1995년까지 브라질의 물가는 1조 배나 뛰었다. 1980년에 1레알이었던 것이 1997년에는 1조 레알이 됐다는 의미다."[10]

브라질 최대의 민간 은행 브라데스코(Bradesco) 소속 경제학자들은 이 긴 과정을 관찰하고 나서 1961년부터 2006년까지 브라질의 누적 인플레이션이 1경 4,200조%였다고 주장했다. 즉, 14,200,000,000,000,000%다. 이는 45년간의 누적 인플레이션 중 세계 최고치에 해당한다. 초인플레이션이 진행된 수십 년 동안 브라질 국민은 아주 중요한 교훈을 얻었다. 이 끔찍한 경험을 통해 브라질 국민은 적어도 다음과 같은 두 가지 이득을 얻게 됐다.

1 초인플레이션 덕분에 브라질은 선진 온라인 뱅킹 분야의 선두주자가 됐다. 연간 2,000%의 속도로 통화 가치가 하락하는 환경에서 사람들은 가능한 한 서둘러 현금을 처분하고 싶어했다. 그 결과 통상적으로 수표의 현금화가 천천히 일어나는 미국은, 발행 후 24시간 내에 이를 현금화하는 브라질 사람들의 거래 행태를 더는 참을 수 없는 지경이 됐다. 그래서 브라질은 인터넷 홈뱅킹과 전자 자금 이체 분야를 개척하게 됐다. 매사추세츠 주 니드햄(Needham) 소재 타워그룹(Tower Group) 소속 분석가로서 금융 서비스와 기술 부문 전문가인 버지니아 필립(Virginia Philip)은 이렇게 말한다.

"단언하건대 온라인 뱅킹 분야에서 세계 최고는 브라질 은행들이다. 그래서 전 세계의 은행들이 이 분야에서 브라질 은행을 모범으로 삼고 있다."[11]

2 초인플레이션은 브라질에 첨단 뱅킹 기술을 선사했을 뿐 아니라 금융 위

기는 이론적 가능성 혹은 역사의 변방 지식으로만 남는 것이 아닌 생생한 현실이라는 사실도 가르쳐줬다. 그 결과 브라질의 지도자들은 예금자를 보호하고 은행권이 양적 완화 정책의 공범자가 되는 것을 막고자 은행의 부채 비율(레버리지)을 줄이도록 상당 수위의 보수적 규제를 가하려는 경향성을 보였다.

이 중에서도 두 번째가 훨씬 더 중요하다. 전 브라질 중앙은행 총재이자 '경제를 안정화할 수 있는 정책'을 마련하고자 10년 동안 고군분투했던 경제팀의 핵심 구성원 구스타보 프랑코(Gustavo Franco)의 말을 통해 이 과정이 어떻게 진행됐는지를 알 수 있다.[12]

프랑코 박사는 개혁팀이 넘어서야 했던 장애물에는 문제의 실제 원인을 파악하는 일도 포함돼 있었다고 설명한다. 초인플레이션 자체가 과도하게 왜곡된 회계 꼼수에 침잠해 있었던 탓에 초인플레이션의 인과관계가 모호해졌으며 이러한 부분은 사실상 별로 놀라울 것도 없다. 그러나 결국 그 당시 재무부 장관이었고 훗날 브라질의 제34대 대통령이 되는 페르난도 엔리케 카르도소(Fernando Henrique Cardoso)의 지휘 아래 프랑코와 그 동료들은 무분별한 지출이 초인플레이션의 근본 원인이라는 결론을 내렸다.

프랑코는 이렇게 말했다.

"브라질은 세수입의 두 배를 지출하기 시작했다. 그러나 이러한 사실을 통계 수치로는 확인하기 어려웠다. 그 당시 초인플레이션의 원인에 관해 이런저런 이론이 난무했다. 초인플레이션의 실질적 해결책을 찾아내는 데 10년이 걸렸다."[13]

무분별한 지출 문제를 효과적으로 해결하는 과정에서 개혁팀은 예산 문제의 전반을 쥐락펴락하는 이른바 특수이익집단과 맞서야 했다. 카르도소는 상파울루 대학 정치학 교수라는 배경으로 무장한 채 이 과업에 착수했다. 개혁팀이 성공할 수 있었던 근본적인 이유는 이들이 아주 운 좋은 시기에 활동할 수 있었기 때문이다. 프랑코의 말을 인용해보자.

> 과거 수십 년 동안 국가가 뒤를 봐줬으나 지금은 그 어떤 정치 세력도 특수 이익집단의 이익 증진을 위한 과정에 개입할 수 없었다. 페르난도 콜로르 드 멜로(Fernando Collor de Mello) 대통령이 탄핵을 받아 사임하고 이타마르 프랑코가 대통령직을 이어받았다.[14]

프랑코는 자신과 이름이 같은 프랑코 대통령이 '경제에는 도통 관심을 두지 않은 채 재무부 장관이 가져오는 보고서에 서명만 했다'는 것이 자신들에게는 큰 행운이었다고 회고한다. 믿기 어려운 일이지만 또 이를 통해 개혁 과정에서 정치색을 배제할 수 있었다는 것이다.[15]

또 브라질 의회는 큰 부정 사건으로 얼룩져 있었으며 이 또한 개혁팀에게는 유리한 상황이었다. 막대한 연방 자금을 자신들의 개인 계좌로 빼돌린 사건에 의원 26명과 주지사 3명이 연루돼 있었던 것이다. 따라서 이들 정치인이 개혁적 사안들에 대해 이러쿵저러쿵 끼어들 여력이 없었기 때문에 개혁을 추진하는 일이 한결 수월했다. 요컨대 정치인들이 개입하지 못하자 기회의 문이 열렸던 것이다.[16]

프랑코는 "정치적인 부정을 통해 우리는 재무부와 중앙은행에 민주주의를 타락시키는 권한을 부여했다"고 말했다(민주주의라는 관점에서, 특수이익집단의 자유로운 활동이 어떤 의미인지를 생각해보라). 문제는 특수이익집단과 이러한 집단의 지원을 받은 정치인들이 자신들의 이익을 위해 국가가 감당할 수 없는 일을 도모했다는 사실이다. 개혁팀은 이렇게 답한다.

"재무부 장관과 중앙은행은 1994년에 통과된 수정 헌법을 빌미로 예산을 집행하지 않았다."[17]

이들은 예산 외 지출을 중지했고 재무부 장관은 의회 예산에 대해 사실상의 개별 조항 거부권을 행사했다.

"의회는 8억 레알 규모의 프로젝트를 승인하고 이에 관한 예산안을 통과시켰으나 재무부는 실제로 2억 레알만 지출하는 쪽을 선택했다."[18]

텅 빈 국고에서 지출을 감축하는 일은 제도 개혁을 향한 큰 발걸음이었다. 그러나 이것으로는 충분치 않았다. 개혁팀은 자금을 조달하는 방식으로 무분별한 지출 행각의 공범자가 됐던 은행에도 개혁의 칼날을 겨눴다.

"정부 자체가 더는 감당할 수 없는 프로젝트의 자금을 지원하기 위해 은행이 부실 대출을 해주는 행위를 형사 처벌 대상으로 삼음으로써 이러한 행위를 중지시켰다."

프랑코는 이렇게 회고한다.

> 우리는 은행이 자사 주주에게 대출해주는 행위를 법으로 금지했다. 민간 은행의 임직원은 아예 자행에 당좌계정도 보유하지 않았다. 잔고 부족분을 메우고자 수표보증카드로 대출을 받는 행위 때문에 기소당하는 일이 없도록 하기 위함이었다. 그러나 주립 은행은 정부에 대출해줄 수가 있었다. 레알 플랜하에서 우리는 주립 은행에도 똑같은 규정을 적용하여 은행 임직원이 정부에 대출해주는 것을 금지했다. 우리는 인플레이션의 주 근원, 특히 지방 은행이 정부 채권을 매수하는 것을 법으로 금지했다. 이 또한 불법 행위로 규정한 것이다.[19]

1994년 중반 현재 40개가 넘는 브라질 은행이 정부 프로젝트에 자금을 대출해준 것 때문에 지급 불능 상태가 됐다.

"우리는 1994년 12월에 바네스파(Banespa: 상파울루 주립 은행)와 기타 주립 은행들에 대한 개입을 시작했다. 바네스파는 자체 추산 300억 달러의 자산을 보유한 브라질 최대 주립 은행이다. 그러나 이 은행의 실제 자산은 −250만 달러다."[20]

브라질의 물가 상승률은 레알 플랜의 영향으로 1994년 7월 이후로 급격히 하락했다. 1997년이 되자 물가 상승률이 한자릿수로 떨어졌다. 초인플레이션이 끝난 것이다. 프랑코와 카르도소 그리고 그 동료들은 고민 없이 받아들인 이론들과 정치 과정들에서 벗어나는 데 성공했다. 프랑코는 이렇게 회고했다. "특정 정파나 조합 혹은 주부모임 등과의 타협을 도모하지 않는 것 그리고 사적인 감정이 개입되지 않는 객관적 메커니즘을 창조하는 것이 핵심이었다. 우리에게는 시장 메커니즘이 필요하다. 이러한 상황에서는 어설픈 타협은 먹히지 않는다."[21]

요컨대 레알 플랜의 설계자들은 마치 당연한 일인 양 법인형 국가를 지배하던 특수이익집단과의 연결 고리를 끊음으로써 정치적 난국을 타개했다.

"이러한 연결 고리를 끊지 않으면 각 선거구가 저마다 이득을 얻고자 애쓸 것이다. 그리고 이것이 국가의 예산 운용을 어렵게 하고 물가 상승의 악순환을 유지하게 할 것이다. 우리는 이러한 상황을 원치 않았던 것이다."[22]

아이러니하게도 브라질은 탈부채 경제 구조로서 흥했고 그 결과 현재와 같은 불황 속에서 미국과 영국의 정책 입안자들을 당혹스럽게 했던 난제, 즉 부채 환경 속에서 저축률을 신장시켜야 하는 상황에 봉착하지 않아도 됐다. 브라질 경제의 부채 축소 환경은 부분적으로 오래지 않은 과거의 높은 실질 금리에서 비롯된 것이다. 2002년 6월 30일 현재 브라질 정부 부채의 금리는 17.7%였다. 기업 대출의 평균 금리는 38.28%였다. 그리고 은행의 소비자 대출 금리는 연평균 60.57%였다. 금리 수준만 보면 브라질에서 소비자 대출을 받는 것은 마피아 사채업자에게 돈을 빌리는 것과 별반 다를 바가 없었다.

내 스승 가운데 한 분인 고(故) 맨커 올슨(Mancur Olson)은 "가치 혹은 가격에는 자신에게 이익을 주던 경험이 반영돼 있다"는 말을 즐겨 했다. 경우에 따라서는 '자신에게 이익을 주지 않았던 경험'이라고 해도 상관은 없을 것이다. 불과 몇 년 전에 소비자 대출의 연평균 금리가 60%를 넘었다는 사실을 고려한다면 수백만 명의 새로운 소비자들이 중산층 수준의 소득을 벌어들일 정도로 경제적으로 변화가 있었음에도 브라질 사람들이 신용을 꺼리는 이유를 충분히 알 수 있을 것이다.

초인플레이션 경험에서 얻은 중요한 교훈

비교적 최근사(最近史)로서 1990년대 말에 끝이 난 브라질의 초인플레이션은 금본위제 메커니즘과 거의 같은 작용을 했다고 생각한다. 이것이 건전한 재정 및 통화 정책과 함께 극히 보수적인 은행 규제를 촉발하는 요소가 됐다고 본다. 금융권 위기는 국외에서 시작돼 브라질로 전파된 측면이 강했다. 브라질은 1997년 아시아 독감, 1998년 러시아 위기, 2002년 아르헨티나의 경제난 등등의 영향을 받았다. 브라질이 자국 통화 레알과 달러화의 연동을 끊었던 1999년에도 금융 위기가 있었다.

방코 이타우의 캔디도 브라서 은행장은 브라질의 경험을 이렇게 정리했다. "아시아 위기, 러시아 위기, 기타 모든 위기를 포함하여 1990년대에 발생한 다양한 위기들이 브라질을 강타했다. 우리는 국외 저축(외국인이 한 저축금)에 과도하게 의존해 있었다. 환율은 급격히 하락했다. 우리는 외국 자본을 끌어들이고자 금리를 정신없이 올려야 했다. 상황이 이러할진대 여기에 외국의 유동성 위기까지 겹치면 큰 타격을 입을 수밖에 없다."[23]

최근에 불거진 이러한 위기들을 염두에 둔 브라질의 은행 규제자들은 가까운 장래에 또 다른 위기와 은행권의 파산 사태가 도래할지 모른다는 사실에 촉각을 곤두세웠다.

대다수 국가에서 각 은행은 이른바 바젤 기준을 통한 국제결제은행(Bank for International Settlement)의 권고에 따라 최소 자본 비율을 유지하게 돼 있다. 그러나 은행들은 단순 레버리지 비율을 설정하는 대신에 위험 가중 접근법을 통해 이러한 기준을 조작했다. 요컨대 실질적 차원에서 보자면 세계적인 대형 은행들 가운데도 레버리지 비율이 턱까지 차 있는 최고위험 수준의 은행이 존재할 수 있다는 것이다. 그리고 선진국 경제의 금융 규제자들이 발표하는 것보다 신용 등급이 한참 떨어지는 서브프라임 채권과 국채가 신용 등급 AAA를 받을 수도 있다.

위험 가중 접근법이 지니는 문제 가운데 하나는 채권의 가격 급락 혹은 채무 불이행의 위험이 거의 혹은 전혀 없다는 점을 보여주는 과거의 기록들을 지나치게 맹신하는 경향이 있다는 것이다. 안타깝게도 수많은 세계적 은행들, 특히 미국과 유럽에 소재한 은행들의 관점에서 볼 때 바젤 기준에는 'OECD 국가가 발행하는 국공채는 무위험 채권'이라는 시대착오적 환상이 내포돼 있다.

바젤 기준과 관련하여 목격하게 되는 불합리성이 이것만은 아니다. 예를 들어, 신용 평가 기관인 무디스가 1920년부터 1996년까지의 경험을 바탕으로 작성한 '등급 철회를 위한 신용등급 변화표'를 보면 Aaa 등급 채권이 Baa 등급으로 강등될 가능성은 0.03%에 불과했다.

이는 도박사들이 러시안룰렛을 할 때의 자세와 다를 바 없다(그간의 기록은 당연히 아직은 내 머리가 날아가지 않았다는 사실을 나타낸다). 좀 더 들어가서 AIG가 자사를 휘청거리게 했던 값싼 신용부도스와프 수천억 달러어치를 팔아치운 이유가 바로 여기에 있다.

AAA 등급 서브프라임 모기지 채권들이 줄줄이 부도 처리되는 사태를 보면서 AIG가 얼마나 놀랐을지 한번 상상해보라.

은행의 최소 자본 비율: 위기가 다가오다

미국의 금융권 규제자들은 체계적 위험에 대한 오만한 가설을 액면 그대로 받아들였다. 이들은 AIG가 신용 붕괴는 일어나지 않을 것이라는 잘못된 믿음을 바탕으로 신용부도스와프 거래를 했을 때와 같은 방식으로 금융권 규제 구도를 짰다.

은행지주회사(미국의 상위 20%에 속하는 은행들이 포함된 그룹)가 소유한 이른바 자본 상태가 좋은 은행으로서의 자본 기준을 충족시키려면 그 비율이 5% 이하면 안 되는 데도 서브프라임 위기 발생 이전의 미 금융권에서는 효율적인 자본 비율이 4% 정도였던 적이 종종 있었다. 어쨌거나 위기가 시작됐을 당시 이들 은행의 자본 비율은 5%에서 8% 사이였다.

미국과 영국의 은행 규제자들이 바젤 II 협약(은행 파산에서 비롯된 위험에서 세계 금융 체계를 보호하려는 목적으로 2004년 6월에 발표됨) 협상에서 주요한 역할을 하기는 했으나 이들은 최소 허용 자본 비율을 자국 은행권의 규제 기준으로 채택했다. 그런데 브라질의 은행 규제자들은 이와는 완전히 다른 선택을 했다. 즉, 이들은 미래의 금융 위기 비용과 위험을 최소화하고자 은행권에 대한 레버리지를 제한하는 정책을 고수했다.

브라질의 모든 은행은 최소 자본 비율을 적어도 11%로 유지해야 했다. 그러나 수많은 브라질 은행이 미국이나 영국보다 두 배 혹은 새 배나 높은 16%의 자본 비율을 유지했다.

정치권에서는 기술 변화가 급속히 이루어지는 현실에서의 금융 규제의 어려움과 대조정과 관련하여 온갖 쑥덕공론이 오가고 있었다. 그러나 그것을 믿지 마라. 미국 당국자는 다른 것에서와 마찬가지로 이 부분에서도 오판을 했다.

각종 증거 자료를 보면 미국, 영국, 기타 산업 경제 부국의 당국자들은 자본 비율 축소를 통해 폭발적 수준으로 레버리지 비율을 올리도록 부추기고 이를 지원했다는 점이 분명히 드러난다.

미국의 지급 준비율: 제도상의 문제

이들은 지급 준비율에도 똑같은 '만행'을 저질렀다. 요컨대 지급 준비율도 상황은 마찬가지였다는 말이다. 브라질의 지급 준비율은 미국, 영국, 기타 선진국보다 훨씬 높았다. 은행 지급 준비금의 목적은 위기 발생 시 금융 체계의 안정화를 위해 손실을 보전하고 유동성을 제공하려는 것이다. 정치인과 공격적 은행가의 관점에서 볼 때 높은 지급 준비율의 단점은 이것이 금융권의 부채 축소로 이어진다는 것이다.

브라질에서 2008년 금융 위기 이전에는 은행들이 예금의 30%를 중앙은행에 예치하게 돼 있었다. 미국은 명목적 지급 준비율이 3%였다. 그러나 현실적인 규정 해석에 따라 은행들이 지급 준비율을 자유롭게 운용하는 것이 허용됐다.

금융권의 레버리지를 늘리려는 목적으로 당국이 행한 '예금 재분류'와 기타 눈속임 해석 덕분에 미국 은행들은 실질적으로 지급 준비금을 중앙은행에 예치하는 대신 자행의 시재금(時在金)으로 지급 준비 요건을 충족시킬 수 있었다. 은행의 금고, 책상, 로비에 있는 가구 등을 준비금에 포함한 것보다야 낫지 않겠는가!

그러나 실제로는 이러나저러나 얄팍한 꼼수이기는 마찬가지다. 명목 지급 준비금이 아니더라도 은행은 현금자동입출금기(ATM) 운영과 고객의 예금 인출 요구에 대응하려면 시재금을 보유하고 있어야 한다.

미국의 지급 준비금 제도는 오랫동안 있으나 마나 한 제도였다. 아이러니하게도 연방준비제도이사회는 2008년 10월 6일에 은행에 더 유리한 방향으로 더 진일보한 조치를 시행했다. 이날부터 연방준비제도이사회는 '법정 지급 준비금과 초과 지급 준비금'에 대해 이자를 부과하기 시작했다. 이는 신중하고 적절한 조치라기보다는 금융권에 대한 다각도의 대규모 구제 금융으로 이해하는 것이 더 타당하다.

2011년 11월 현재 미국 은행들의 지급 준비금은 1조 5,919억 달러로 불어났다. 본래 지급 불능 상태였던 은행이 고객에게 대출해주는 쪽보다 연방준비제도이사회에 지급 준비금을 예치하는 쪽을 선택했기 때문이다.[24] 2008년 말의 경우 연방준비제도이사회에 예치한 지급 준비금 총액이 95억 달러(은행권의 총 부채 13조 5,000억 달러에 비하면 턱없이 적은 액수임)에도 못 미쳤다는 사실을 보면 금융 위기 전 미국 지급 준비 제도의 실상이 어떠했는지 좀 더 이해하기 쉬울 것이다.

리먼브러더스가 파산했고 세계적 금융 위기가 지금까지도 맹위를 떨치고 있는데 사실상 미국 은행들에는 자신들이 의지할 수 있는 준비금이 한 푼도 없었다. 자행의 ATM 네트워크에서 뽑아낼 수 있는 액수로는 유동성 수요를 감당하기에 턱없이 부족했다.

경제 위기의 정치적 원인

지급 준비금 제도를 주물럭거린 미 당국은 결국 세금으로 은행의 준비금을 충당하기로 했다. 레버리지 확대를 통해 소비자들은 부를 축적하는 능력이 향상됐고 또 그 부를 통해 새 자동차, 최신 패션 혹은 이것들보다 더 중요하게는 새 주택 등을 구매할 수 있는 능력도 향상됐다는 것이 정치인들의 시각이었다.

이것이 장기적으로는(그 실상을 인식하지 못할 정도의 긴 시간) 파멸에 이르는 길을 의미한다. 그런데도 좌파와 우파를 불문한 정치인들로서는 그것이 일시적인 번영일지라도 그 번영을 가능케 하고자 신용과 레버리지 방식을 이용하고 싶은 유혹을 떨쳐내기 어려웠다. 미국과 영국의 정치인들이 금본위제를 폐기했을 때와 같은 맥락에서 이들은 또 양적 완화와 레버리지 증대라는 카드를 버리지 못했다.

그 결과로 양국의 금융권은 2008년 이후 지급 불능 상태를 간신히 모면하는 상황에 직면했다. 내 생각으로는 수십 년 동안 금융 완화 정책 덕분에 향상됐던 생활수준은 북대서양 국가들이 부채 축소 과정에 들어가면서 부풀었던 생활수준의 거품이 머지않아 꺼질 것이라고 본다(재무부 및 연방준비제도이사회가 후원하는 수조 달러 규모의 구제 프로젝트가 미국 은행 재정의 최대 73%를 지원했으며 이러한 구제 금융의 비용이 이제 막 수면 위로 부상하기 시작했다는 점에 주목하라).

이와는 대조적으로 브라질의 정치권 인사들은 자신들이 체계적인 위험을 관리할 수 있다는 따위의 헛된 자만심에 빠져 있지 않았다. 대신에 이들은 금융 위기에서 올 수 있는 파멸적 결과에 더 관심을 두었다. 그래서 이들은 좀 더 신중하고 보수적인 금융 규제책을 채택했다. 1980년대와 1990년대 초의 초인플레이션에서 벗어나려는 과정을 통해 반복적인 위기를 경험한 이들은 레버리지 축소에 더 민감하게 반응했다.

브라질 당국은 지급 준비금 제도에 손을 대기보다는 준비율을 높임으로써 부채의 증가를 성공적으로 억제했다.

2008년 9월에 서브프라임의 붕괴로 촉발된 세계 경제 위기가 급작스럽게 브라질을 강타했을 때 브라질 당국은 다행히도 이 난국을 타개할 여력이 있었다. 물론 브라질 금융권은 지급 능력이 있었기 때문에 브라질에 닥친 위기가 최소화됐다.

브라질에는 서브프라임 문제가 없었다. 모기지 채권도 거의 없었다. 그리고 브라질은 '정부에 대출해주는 것은 무위험 행위'라는 환상에 빠지지도 않았다. 대신에 주립 은행들이 정부에 대출을 해주었다가 거액을 날리는 것을 지켜봤고 따라서 그러한 대출 행위를 일절 금지했다.

브라질 은행에 대한 이러한 보수적 규제를 통해 우리가 알 수 있는 사실은 미국이나 영국의 은행들과는 달리 브라질 은행들은 레버리지 수준이 높지 않았다는 것이다.

핫머니(hot money: 투기성 단기 금융 자본—역주)의 이탈로 말미암은 유동성 경색 시기 동안에 브라질은 손실을 보전하고 유동성을 증가시키기 위해 은행들이 지급 준비금을 이용하는 것을 허용했다.

다시 말해 브라질 금융권은 위기에 대처하기에 충분할 만큼의 준비금을 확보하고 있었기 때문에 은행들의 구제를 위해 브라질 납세자들의 손을 빌릴 필요가 없었다.

제2의 스코틀랜드인이 된 브라질인

이 챕터의 시작을 장식한 글이기도 한데, 방코 이타우의 브라셔는 금융 위기 이후 곧이어 다음과 같은 말을 했다.

> 브라질 시중 은행 가운데 재정적 취약성이 의심되는 곳은 단 한 곳도 없었다. 재정 상태는 매우 양호하다. 브라질 기업은 과소차입 상태를 유지하고 있다. 브라질 국민 역시 과소부채 상태다. 브라질의 GDP 대비 부채는 30%를 약간 웃도는 수준이다. 보통은 GDP의 20% 수준을 유지했다. 그리고 30%라고 해도 그렇게 높은 수치가 아니다.[25]

이와는 대조적으로 브라서가 위와 같은 언급을 했을 무렵인 2009년에 연준이 추정한 미국의 정부, 기업, 개인의 총 부채는 GDP의 371%였다.

지난 10년간 브라질에서 거래된 주택 매매 가운데 어떤 형태로든 모기지의 도움을 받아 이루어진 것은 전체의 3분의 1에 불과하다는 사실도 레버리지 주기상 브라질이 미국과는 다른 위치에 있었다는 것을 보여준다. 브라질은 주택을 구매할 때 100% 자기 돈으로 충당한다고 할 정도로 레버리지 비중이 작았다.

그리고 브라질에서 이용할 수 있었던 모기지 신용은 서브프라임 붐 시절의 모기지 신용보다는 1920년대의 미국 모기지 행태와 더 비슷했다. 서브프라임 붐 시절에는 알트에이(Alt–A: 신용 등급이 프라임과 서브프라임의 중간 수준—역주) 모기지 혹은 라이어스 론(Liars' Loan: 소득을 부풀려 기재하고 대출을 받는다는 데서 나온 말—역주)이 난무했고 그래서 대출을 받은 사람들은 구매하려는 주택 가격보다 더 많은 돈을 그것도 소득 증빙 서류조차 없이 대출받아 그 차액을 이용할 수 있었다.

서브프라임 시절의 모기지와는 달리 브라질의 모기지는 그 기간이 최장 10년이며 주택 가격 평가액 내의 범위에서 높은 이자를 붙여 대출해주는 형태였다.

아이러니한 역사의 터널을 거쳐 브라질인은 제2의 스코틀랜드인(구두쇠라 할 정도로 근검절약의 상징처럼 된 국민—역주)이 돼갔다. 브라질 국민은 내 스코틀랜드 선조가 그랬던 것처럼 빚을 극도로 싫어했다. 그렇다고 브라질 사람들이 어느 날 갑자기 장로교파 신도가 돼버렸던 것은 아니었다. 브라질 사람들이 이토록 빚을 혐오스러워하는 것은 자신들에게 모진 시련을 줬던 경제적 트라우마에서 비롯된 것이다. 그리 오래지 않은 과거인 2002년 6월 30일 당시 소비자 대출 금리가 평균 60.5%였으니 브라질 소비자들이 대출을 꺼리는 것도 그리 놀라운 일은 아니다.

이 모든 일이 다 최근에 발생했다. 1980년 이래로 물가가 1조 배나 상승하는 상황이 사람들의 뇌리에 아직도 생생하게 남아 있을 것이다. 초인플레이션과 함께 브라질 국민의 실질 소득은 완전히 정체됐다. 여기에는 수많은 경제적 모순이 내포돼 있다. 초인플레이션이 통화 가치를 떨어뜨린다는 면에서는 채무자에게 득이 되지만 마찬가지로 신용도 떨어뜨려 결국 아무도 돈을 빌릴 수 없게 한다.

초인플레이션 때문에 결국 대출 기회는 줄어들고 대출에 따른 비용은 증가한다. 주로 초인플레이션 때문에 브라질은 지난 10년 동안 세계에서 금리가 가장 높은 국가가 됐다. 높은 실질 금리는 저축을 촉진하고 차입은 억제한다. 높은 실질 금리 덕분에 브라질은 민간 부문의 과도한 부채 부담에서 상대적으로 자유로울 수 있었다.

브라질의 안정적 금융 체계

세간에 미국 정부는 신용이 높다는 인식이 깊이 뿌리박혀 있는 것이 사실이다. 미국 관료들은 이 사실을 맹신한 나머지 국가 재정의 보호 문제를 그다지 심각하게 고려하지 않는 경향이 있었다. 이와는 대조적으로 비교적 최근인 2002년의 금융 위기 동안 브라질의 대외 차관 도입 능력에 매번 의문이 제기돼왔던 점을 인지하고 있던 브라질 관료들은 자국의 재정 및 통화 체계를 공고히 하는 데 더 많은 신경을 썼다.

브라질 금융 체계의 네 가지 기본 틀을 살펴보면 브라질이 취했던 좀 더 신중하고 보수적인 접근법의 특성을 이해할 수 있을 것이다.

1 브라질 헌법에는 양적 완화를 금지하는 조항이 포함돼 있다. 브라질 중앙은행(Banco Central do Brasil)은 헌법 규정상 연방 정부에 대한 대출이 금지돼 있다. 중앙은행은 연방 기관에 대출해줄 수 없고 브라질 정부가 발행한 국채를 매수할 수도 없다.

2 1999년 이후로 브라질은 재정흑자규칙(Fiscal Surplus Rule)을 제정했고 이를 통해 연평균 재정 흑자는 GDP의 4~5%를 기록하게 됐다.

3 2000년 5월에 재정책임법(Fiscal Responsibility law) 통과와 더불어 브라질은 쉬쉬하던 미국의 집안 비밀을 알아챘다. 즉, 예산 외 미적립 부채와 우발 부채가 미국 경제를 압박하게 됐다는 사실을 인식했다. 이러한 사실이 드러나자 브라질 재무부는 연금 수당, 공공 보증, 분쟁의 사법적 해결 등 불가피한 장래의 지출금을 생각하면 공채의 순현재가치(NPV: 미래 비용과 이득의 현재 가치)가 GDP의 약 6~8% 정도로 높아져야 한다는 사실을 깨달았다.

4 재정책임법의 한 가지 중요한 측면은 브라질 연방 정부가 주 정부를 비롯한 하위 정부 기관에 자금 지원을 하는 것을 금지한 조항이다. 이는 주 정부와 지방 정부가 연금과 기타 지출 계획을 방만하게 운영하고 그 부담을 연방 정부에 떠넘기는 일을 더는 할 수 없다는 의미다.

미국의 부채 104조 달러

미적립 부채가 상상을 초월하는 수준으로 불어난 미국의 상황과 비교해보라. 댈러스 연방준비은행 총재 리처드 피셔(Richard Fisher)가 21세기 첫 10년이 끝날 무렵에 미국의 미적립 부채 규모가 104조 달러라고 추산했었다. 당시로써는 이 정도만 해도 상당히 높게 예상한 수치지만 좀 더 최근에 코틀리코프가 미국의 국가 부채를 202조 달러라고 추정한 것과 비교하면 이의 절반 남짓밖에 안 된다.

그러니 이러한 맥락에서 보면 피서가 낙관론자 축에 들어가는 셈이다. 여러분은 어느 쪽인가? 하기야 이는 수심 104피트와 202피트 물속 가운데 어느 곳에 빠질 것이냐고 묻는 것과 다를 바 없는 무의미한 질문일 지도 모르겠다.

공표되지는 않았지만 분명한 사실은 미적립 부채의 순현재가치가 104조 달러에 이르렀다는 것이다. 이는 미국 GDP의 약 8배에 해당하며 2009년부터 2014년까지 축적될 정부 부채 규모의 약 20배에 해당하는 수준이다. 그리고 사회보장 신탁기금이 1년 앞서 감소하기 시작할 것이라는 점도 재정적으로 매우 중요한 의미가 있지만, 미적립 부채가 100조 달러 이상으로 증가한다는 것이 경제 성장에 훨씬 더 심각한 영향을 미친다. 현재 우리가 당면한 예산 적자 상황을 타개할 방안이 별로 없다는 점에서 더욱 그러하다.

그러나 한 예산 분석가는 미국 정부의 미적립 부채를 상환하려면 연방 세수입이 68%는 증가해야 할 것이라는 계산 결과를 내놓으며 피서의 이 낙관론(?)에 찬물을 끼얹었다.

미국의 정치인들이 실제 거주가 아니라 시민권을 기준으로 과세하는 이른바 약탈적 조세 제도를 수립했을 때 지금과 같은 상황을 미리 헤아렸던 것이 분명하다. 미국이 다른 대다수 국가처럼 거주를 기준으로 과세하는 제도를 채택했다면 지금쯤 미국의 공항과 항구는 외국으로 떠나려는 사람들로 장사진을 이뤘을 것이다.

이러한 '꼼수'가 힘을 발휘하는 와중에도 여전히 미국인들의 등을 떠미는 요인들의 위력이 만만치 않다는 것이 내 개인적인 생각이다. 미국의 재정 및 통화 체계, 세금 제도, 통화적 혼란 가능성 등등이 미래의 성공과 번영에 전혀 영향을 미치지 않는다고 확신하는 상황이라면 모를까, 그것이 아니라면 미국이 조만간 끔찍한 곤경에 처하게 될 것이라는 점을 반드시 인식해야만 할 것이다. '바이마르 공화국의 운명'이야말로 작금의 현실에 가장 잘 들어맞는 시나리오일 것이다(피셔가 언급한 미적립 부채에서 주목해야 할 부분은 이것이 초인플레이션으로 쉽게 해소될 수 있는 것이 아니라는 점이다. 사회보장과 기타 정부 연금 기금은 인플레이션과 연동돼 있다).

브라질과 테일러 법칙

2010년 4월에 내 동료 찰스 델 발레(Charles Del Valle)는 '브라질이 새로운 아메리카'라는 주장을 폈다. 이러한 결론은 브라질이 신용 순환 주기상 탈부채화(탈레버리지) 과정에 있다는 데서 비롯된 것이다. 미국과 브라질의 레버리지 격차는 상당하다. 미국과 브라질은 레버리지 주기상의 양 극단을 차지하고 있다고 볼 수 있다. 미국의 모기지 부채는 GDP의 75.7% 선을 유지하고 있다. 그런데 브라질은 총 모기지 부채가 GDP의 2%에도 못 미친다. 양국의 다른 부채 역시 이와 비슷한 격차를 보이고 있다. 2008년에 미국 소비자의 신용 카드 부채가 브라질 소비자 부채의 41배였다.

그런데 브라질의 신흥 중산층이 패스트푸드를 즐기는 것이라든가 신용 카드 부채에 익숙한 모습 등 미국 소비자의 나쁜 습관을 그대로 답습하는 듯한 징후를 보이고 있다. 2012년의 브라질 소비자들은 대위축 때보다 부채를 더 많이 졌고 더 뚱뚱해졌다.

그래도 브라질 소비자는 비만과 지급 불능이라는 두 가지 변수에서 아직은 미국 소비자보다 훨씬 나은 상태다. 브라질과 미국이 레버리지 주기상 극과 극을 달리고 있다는 점은 이러한 통계치를 보면 알 수 있지만, 그보다 패션과 신용 주기 간의 관계를 살펴보면 이러한 상황이 더 실감 나게 다가올 것이다.

나 역시 한 사람의 남자로서 부르카(burqa: 눈 부위만 내놓고 몸 전체를 가린 형태의 중동 여성의 의상-역주)로 온몸을 휘감은 여성보다는 꼭 조인 비키니 차림의 여성에게 더 눈이 간다. 비키니를 만드는 데 들인 천은 손수건 한 장 크기면 충분할지도 모르겠다. 어쨌거나 이 옷은 합성섬유가 털과 가죽의 자리를 대신한 이후로 브라질 여성의 신체를 가리는 가장 효율적인 패션이 됐다.

이러한 맥락에서 1920년대에 와튼스쿨(펜실베이니아 경영대학원)의 경제학자 조지 테일러(George Taylor)가 처음 관찰한 이른바 '치마길이 효과'의 타당성에 주목해볼 필요가 있다. 테일러는 경제가 흥할 때는 여성의 치맛단이 올라가면서 밖으로 드러나는 신체 부위가 더 넓어지는 것을 관찰했다. 그러나 여성의 치맛단이 아래로 내려오고 천이 몸을 더 많이 가리게 되면 그때는 허리띠를 꽉 졸라매야 하는 시기다.

1929년에 월가 붕괴 이후 1920년대를 풍미했던 미니스커트가 긴 치마로 바뀌었다. 대공황기에는 치맛단이 발목까지 내려왔다. 브라질 여성들이 온몸을 많이 드러내는 옷으로 치장한 모습이 내 눈에 확 들어왔다는 사실은 브라질 경제에 관한 내 관찰 내용과 무관하지 않다.

즉, 브라질은 레버리지 주기상 북반구에 속한 국가들과는 확연히 다른 위치를 점하고 있다는 것이다.

브라질의 소비자 경제는 상대적으로 무차입(무레버리지) 경제에 가까우므로 '테레모토'(포르투갈어로 '지진'이라는 의미)로 알려진 브라질의 신용 위기 조정에서는 부채 축소 과정이 필수적 과정이 아니었다. 따라서 브라질 여성의 매력적인 갈색 피부를 많이 가릴 일도 없게 됐다.

레버리지와 성장

미국같이 레버리지 수준이 높은 부채 경제와 브라질같이 레버리지 수준이 낮은 경제의 차이점은 전 경제 수준에서 다양한 모습으로 나타난다.

미국과 같은 국가에게는 안 된 일이지만 레버리지가 증가할 때는 성장이 가속화되지만 레버리지가 감소할 때는 경기가 후퇴한다. 실제로 닉슨이 금 창구를 닫아버린 이후, 즉 금본위제를 포기한 이후 미국의 경제 성장은 소득 증가가 아니라 전적으로 레버리지 증가에 의존해 있는 것처럼 보였다. 다음 표를 보자.

미국 경제의 성장과 레버리지

(단위: 1조 달러)

연도	총계	총계 가계	총계 기업	총계 주 및 지방	총계 연방	총계 금융	총계 외국
1974	2.408	0.680	0.823	0.208	0.358	0.258	0.081
Q1 2009	52.859	13.795	11.156	2.259	6.721	17.021	1.907

출처: 미 연방준비제도이사회, '부문별 신용시장 부채 증가 수준'

1973년 미국의 1인당 실질 소득 중앙치는 지금보다 높았다. 지금으로부터 40년 전 그러니까 닉슨이 금본위제를 폐지한 직후가 1인당 소득의 정점이었다. 표에서 보는 바와 같이 그 이후 미국 가계의 총부채가 20배 증가했다.

우리는 미국의 경제적 번영은 자유 시장이 주는 활력에서 비롯됐다고 생각하는 경향이 있으나 실상은 조금 다르다. 최근 수십 년 동안의 GDP 증가는 소득 증가에서 비롯된 것이 아니고 일종의 금융 공학에서 비롯된 것이라 할 수 있다. 그 금융 공학이란 바로 경쟁력이 떨어지는 경제 체계 내에서 레버리지 수준을 계속해서 증가시키는 것이었다.

이러한 맥락에서 현 경제 체계 내의 레버리지 수준이 감소하게 되면 미국 경제는 크게 위축될 수밖에 없을 것이다. 미국은 무에서 창조해낸 막대한 규모의 통화를 무분별하게 지출했고 이 때문에 국가 파산의 위기에 몰려 있다. 세간의 관심을 이 부분에 돌리게 하고자 수십 년의 시간을 허비했던 한 사람으로서 나는 미국이 경제 붕괴의 위기를 피할 가망성은 거의 없다고 본다. 미국이 지급 불능 위기에서 파생되는 온갖 트라우마에 노출되기 전에 중대한 재정 및 통화 개혁을 이룰 수 있으리라 기대하는 것은 헛된 망상일 뿐이다. 탈부채화를 가속화하는 방향으로의 개혁을 시도할 수는 있을 것이다. 그러나 이러한 시도는 막강한 힘을 지닌 이익 집단들의 심기를 불편하게 할 것이 뻔하다.

브라질에서는 물가가 1조 배 심지어 1경 4,000조 배나 뛰어오른 초인플레이션으로 말미암아 실질 소득 증가가 완전히 정체된 바 있었다. 이러한 상황은 경제에 내포된 수많은 역설 가운데 하나에 주목하게 한다. 초인플레이션은 통화 가치를 떨어뜨려 채무자에게 이득이 되기도 하지만 이와 동시에 신용 기회도 앗아가 버린다.

소득 증가를 기반으로 한 GDP 증가

이 부분은 브라질이 지닌 또 다른 장점에 관한 것이라 할 수 있다. 즉, 브라질의 경제 성장은 신용 팽창이 아니라 실질적 소득 증가에 바탕을 두고 있다. 레버리지 수준이 낮았던 지난 10년 동안 브라질의 1인당 GDP는 미 달러화 기준으로 두 배 이상 증가했다. 이는 실질 금리가 세계 최고 수준이었던 상황에서 발생한 일이었다. 미국에서 그린스펀과 버냉키가 눈에 띄지 않은 낮은 금리로 신용 거품을 부풀리고 있을 때 브라질은 때때로 60%가 넘었을 정도로 소비자 대출 금리 수준이 매우 높은 상황에서도 경제 성장을 이루어내고 있었다. 이 정도 금리 수준이면 미국 경제는 당장 붕괴하고도 남았을 것이다.

법으로 대출을 극대화하려 하지 않았던 것도 금리 수준이 이렇게 높았던 이유 가운데 하나였다. 예를 들어, 최근까지 지급 불능의 위험은 채무자가 떠안았었다. 채무자가 지급 불능 상태가 됐을 때 채권자에게 담보물에 대한 우선 청구권을 부여하는 쪽으로 브라질 파산법을 개정한 것이 불과 10년 전의 일이었기 때문이다. 따라서 자연히 대출이 억제됐고 그 파급 효과는 확산됐다.

높은 실질 금리는 예금자에게는 득이 된다. 여러분이 예금자라면 미국이나 기타 레버리지 수준이 높은 국가, 즉 경기 회복을 위해 혹은 지급 불능 상태에 빠진 금융권 구제를 위해 금리 수준을 낮게 유지하는 기타 국가보다 브라질에서 예금할 때 더 높은 수익이 난다는 점을 알게 될 것이다.

실질 및 명목 금리가 높다는 것은 위기 시 활용할 패에 여유가 있다는 의미이기도 하다. 선진국들이 둔화한 경제를 활성화하고자 쓸 수 있는 패를 다 쓰고 나서 한참 후에도 브라질의 손에는 경기를 부양하는 데 사용할 무기가 아직 남아 있을 것이다. 2011년 11월 30일 현재 브라질의 기준 금리(SELIC rate: 미국의 재할인율에 해당)는 11%였다. 이 기준 금리는 세계 경제가 침체할 위험이 증가했던 지난 2011년 하반기에 두 차례 인하됐다. 현 기준 금리인 11%에서 미국의 재할인율 수준인 0.25%가 될 때까지는 아직 여러 차례 인하할 기회가 남아 있는 셈이다.

선진국 정부들이 전면적 경제 붕괴 위기와 맞서 싸우는 와중에 만약 세계 경제가 침체기에 돌입하게 되면(이렇게 될 가능성이 커 보임) 경기 부양을 위한 효과적인 방법을 찾으려 애써야 할 때 이들 국가는 맨 밑바닥에서부터 다시 출발해야 하는 상황이 될 것이다. 찰스 휴즈 스미스(Charles Hughes Smith)는 이렇게 말한다.

> 연방준비제도이사회의 '시장 조작자'들이 아무리 그럴듯한 말로 자위한다 해도 이들이 쓸 만한 조작적 기술은 모두 다 써버렸다는 것이 현실이다. 금리도 이미 제로에 가까운 상태에서 가장 기본적인 도구 상자는 텅 비어 있다. 이들은 무용지물이 돼버린 도구 상자를 보고 한숨을 내쉬면서 이제 장기 채권 수익률과 모기지 금리를 주물럭거리고 있다. 일자리 혹은 주식과 주택에 대한 본질적(예: 실질적, 비조작적) 수요를 창출할 가능성은 거의 없는 그러한 도구를 만지작거리고 있다는 말이다.[26]

브라질의 정치인과 중앙은행 당국자들이 시장 조작 기능을 완전히 외면하는 것은 아니다. 그러나 브라질은 명목 금리와 실질 금리 수준이 높은 상태이기 때문에 경제 활동을 촉진할 통상적 메커니즘이 제 기능을 다할 여지가 있다.

미국이나 영국, 일본에서처럼 소수점 수준까지는 아니더라도 재할인율을 한자릿수 수준으로 낮추는 것은 가능할 것이다. 재할인율이 11%로서 매우 높은 만큼 여기에서 한자릿수까지 낮춰 내려오려면 한참이 걸릴 것이고 그만큼 정책 활용에 여유가 있다는 말이다.

미국, 그리스, 포르투갈, 스페인 등과는 달리 브라질은 비 오는 날, 즉 비상시에 사용할 준비금을 충분히 보유하고 있다. 브라질 사람들은 이 '비 오는 날'을 가리켜 포르투갈어로 아노스 드 바카스 마그라스(anos de vacas magras)라고 하는데 이는 '소가 바짝 마르는 시기'라는 뜻이다. 브라질의 GDP 대비 순부채 총액은 미국에 비하면 조족지혈 수준이다. 그리고 브라질은 준비통화량이 3,500억 달러나 되는데 미국은 준비금이 한 푼도 없다.

나는 브라질이 브릭스 중에 가장 매력적인 국가라는 부분에 대한 신념이 확고한 편이었다. 이미 언급했다시피 나는 아름다운 브라질 여성과 결혼까지 할 정도로 브라질에 대해서는 편견에 가까운 기대를 한 것이 사실이다. 그러나 인생사라는 것이 대부분 그렇듯이 내 결혼 생활은 그다지 순탄치 못했다. 그렇다고 해도 이 개인적인 불행이 브라질이라는 국가에 대한 매력까지 반감시키는 것은 아니다.

브라질은 빅토리아시크릿(속옷 브랜드—역주) 카탈로그에서 보는 것보다 훨씬 매력적이며 전체 경제 구조의 레버리지 수준도 매우 낮다. 물론 레버리지 수준이 매우 높아서 앞으로 수십 년 동안은 고통스러운 탈부채화 과정을 겪어야 할 그리스나 미국과 비교하면 이 사실 하나만으로도 브라질은 충분히 매력적이지만 말이다.

다음에는 또 다른 차원에서의 '유동성' 문제에 초점을 맞출 것이다. 즉, 세계의 물 부족 상황과 더불어 열대 기후 국가로는 최초로 초강대국의 반열에 들 만큼 독특한 브라질의 지위에 일조한 한 부분으로서의 브라질의 물 자원 현황을 살펴볼 것이다.

BRAZIL IS THE NEW AMERICA

Chapter 9

풍부한 물 그리고 경지

열대 국가 최초의 초강대국 브라질

풍부한 물 그리고 경지

하느님께서는 당신의 보물 창고인

하늘을 여시어

너희 밭에 철 따라 비를 내려 주시고

너희가 손으로 하는 모든 일에

복을 주실 것이다.

그리하여 너희는

다른 많은 나라에 돈을 꾸줄지언정

너희가 남에게서 돈을 빌려 쓰는 일은

없을 것이다.

— 신명기 28:12

다른 생물을 물고 찌르고 물어뜯고 먹어치우는 온갖 종류의 곤충들, 감당하기 어려운 극심한 고통, 시대착오적인 괴이한 믿음 등으로 가득 찬 이 숲 속 오지. 열대의 참혹한 실상을 두 눈으로 직접 본 사람이라면 아무리 어리석은 사람이라도 브라질이 '자비로운 나라'라는 말을 받아들이기 어려울 것이다.
— 시어도어 루스벨트, 《브라질 황무지 탐험기》

브라질과 물

경제학에서 가장 혼동되는 부분 가운데 하나가 통화 팽창적 인플레이션과 상대적 물가 상승 간의 차이점에 관한 것이다. 이러한 상황은 2011년 12월 중국의 인플레이션율(혹은 물가)이 전년 대비 4.1% 상승했다는 2012년 1월 초 발표에서 다시 한 번 확인됐다.

지속가능성

언뜻 보면 2011년에 평균 인플레이션율 5.4% 대비 25%가 상승했음을 보여주는 것처럼 느껴진다. 그러나 이 수치를 좀 더 자세히 들여다보라. 이는 중국의 식품 가격이 12월 기준으로 전년 대비 9.1% 상승했음을 나타내는 수치다. 이러한 사실은 중국에는 매우 불길한 징조이고 브라질에는 매우 희망적인 징조다.

그 이유를 설명하자면 이렇다. 최근 몇 년 동안 중국은 다른 어느 국가보다 농산물을 많이 생산하면서 세계 최대 농업국으로서의 면모를 보였다. 문제는 중국의 농산물 생산 능력이 지속 불가능한 속성을 지녔다는 점이다. 과밀 경작, 잘못된 토지 관리, 관개용수의 부족 등으로 말미암은 토양 침식이 중국 내 경지의 생산성을 약화시켰다.

40년 전과 지금의 위성사진을 비교해보면 중국 서부와 몽골 서부를 가로질러 거대한 황진지대(黃塵地帶)가 새로 생겨난 것이 눈에 보인다. 중국의 저명한 사막 전문가 왕 따오(Wang Tao)는 매년 1,400제곱마일(약 3,640제곱킬로미터)의 비율로 중국 북부 지역의 경지가 사막으로 변하고 있다고 추산했다. 지난 20년 동안 중국 북부와 몽골의 곡물 수확량은 절반 넘게 감소했다.

이 문제는 몽골 지역에 국한된 것이 아니다. 인도 곡창 지대의 대부분 그리고 중국 평야 지대의 대부분에서 강수량이 부족하여 대수층에 물이 보충되지 못하고 있다. 이는 20세기 후반기 동안 관개를 통한 농작물 재배가 자연 수계(水系)에서 조달한 용수 외에 지하 화석 대수층에서 끌어올린 물에 의존해왔다는 것을 의미한다.

중국의 경작 지대에서는 수계의 도움을 받지 못하고 수천만 년에 걸쳐 채워진 지하의 화석 대수층에서 관개용수를 조달하고 있다. 대수층의 물이 매년 관개용수로 사용되고 쉽게 보충되지 못하는 바람에 대수층이 급격히 고갈되고 있다.

중국과 인도에 거주하는 수십억 명을 포함하여 세계 인구의 70% 이상이

지하수를 이용하는 관개 농지에 의존하고 있고 그 탓에 지하수면은 계속 하강하고 있다. 그 결과 매년 수천 제곱마일의 농지가 사막으로 변하고 있다. 중국 북부 지역에서는 이렇게 화석 대수층의 물을 과도하게 끌어 사용한 탓에 중국 밀 생산량의 50% 그리고 옥수수 생산량의 3분 1 이상을 감당하는 농지가 급격히 사막화하고 있다.

전체적으로 볼 때 중국의 전체 곡물 수확량의 약 5분의 4는 관개 농지에서 생산된 것이다. 중국에 있는 수많은 호수의 물이 고갈되고 있다는 것은 농지가 점점 불모지로 변하고 있음을 보여주는 명확한 징후다. 황하 강의 본류가 흐르는 중국 서부의 칭하이성(省)에는 한때 4,077개의 담수호가 있었다. 그런데 지난 20년 동안 이 호수 가운데 2,000개 이상이 사라져버렸다. 베이징을 둘러싼 허베이성(省)에는 1,052개의 담수가 있었는데 지난 20년 동안 이 중 969개가 사라졌다.

〈온라인 과학기술 이슈(Issues Online in Science and Technology)〉의 내용을 인용하면 이렇다.

대수층에 물이 채워지는 속도를 넘어서 물이 끌어올려 지는 바람에 지하수면이 하강하고 있다. 수백만 년 전에 형성되어 이제는 물이 보충될 수도 없는 지하 깊숙한 속의 화석 대수층의 물까지 고갈되고 있는 형편이다. 인간이 사용한 전체 담수의 90% 이상이 관개용으로 사용된다. 유엔식량농업기구(FAO)에 따르면 세계 경지의 단 16%만이 관개 농지인데 이 농지가 세계 농산물의 36%를 생산한다고 한다.

목초지와 삼림의 벌채 그리고 경사지의 개간으로 강수(降水)가 급속히 말라버렸다. 그렇지 않았다면 이 강수는 지표면 근처의 대수층을 채우는 역할을 했을 것이다. 수많은 지역에서 부적절한 배수 체계가 토양의 염분 함량을 증가시켰고 이것이 생산성의 저하 그리고 경우에 따라서는 농사의 포기로까지 이어졌다. 한때 비옥한 땅이었던 중동의 초승달 지역이 그 좋은 예이며 미국,

중국, 기타 지역에서도 이와 비슷한 형태의 염류화가 가속화되고 있다. 앞으로 농업용수 사용의 효율성이 향상될 수 있고 또 반드시 필요한 일이지만 이것이 물 손실분을 완벽하게 메워줄지 혹은 연간 농산물 수확량을 충분히 증가시켜줄지는 미지수다.

전 세계적으로 황진지대 확산과 사막화가 큰 문제가 되고 있다. 예를 들어, 중국 북부 평야 지대 지하의 화석 대수층의 고갈이 극심한 모래 폭풍을 유발했고 이것이 동진하여 매년 한국을 괴롭히고 있다.[1]

황진지대 확산과 사막화는 한국의 대기를 오염시키는 정도로 끝나는 문제가 아니다. 식량 가격의 급등은 중국의 안정을 위협하는 요소다. 중국의 1인당 소득이 튀니지와 비슷하다는 점을 기억하라. 안정되게 독재 정권을 유지하던 튀니지가 식량 가격이 폭등하면서 2011년 초에 무너졌다. 중국도 그 오랜 역사 중에 기근 때문에 왕조가 붕괴했던 적이 한두 번이 아니었다.

이 챕터 처음에 인용된 신명기 구절은 강수량과 적자 지출 간의 상관성을 보여준다. 현대적 맥락에서 보자면 강수량이 부족할 때 대수층이 고갈되는 것과 세수입이 부족할 때 지출 재원 마련을 위해 차입을 하는 것 간에는 상당한 유사점이 있다. 양쪽 모두 장기적 차원에서의 몰락 가능성에 신경 쓰기보다는 단기적 목표, 즉 이 경우에는 식량 가격을 낮추고 농부의 소득을 증가시킨다는 목표를 달성하는 것에 우선순위를 둔다.

범세계적 물 부족 현상

화석 대수층이 급속히 고갈되고 있는 곳이 중국 뿐만은 아니라는 점에 주목하라. 관개용수의 부족으로 말미암아 전 세계 경지 3분의 1에서 생산성 저하 현상이 나타나고 있다.

현재 적어도 18개국에서 식량 생산량의 급증으로 말미암아 물 보충이 완료되지 않은 화석 대수층이 고갈되는 현상이 나타나고 있다. 1968년부터

1998년까지 지하 대수층의 물을 무분별하게 사용한 덕분에 인도의 식량 생산량이 급증했다. 전문가들은 인도 인구의 15% 이상이 화석 대수층의 관개용수로 재배한 밀, 쌀, 보리에 의존하고 있다고 추산한다. 펀자브(Punjab)와 하리아나(Haryana)를 중심으로 한 인도의 곡창 지대에서는 지하수면이 매년 3피트(약 90센티미터)씩 하강하고 있다. 인도 서부의 구자라트(Gujarat) 주에서는 지난 30년 동안 지하수면이 지표 밑 50피트(약 15미터) 수준에서 지표 밑 1,300피트(약 396미터) 수준으로 하강했다.

미국 중서부 지역의 상황도 더 나을 것이 없다. 존 스타인벡(John Steinbeck)의 《분노의 포도》를 읽어본 사람은 알겠지만, 미국 땅의 상당 부분이 대공황기 동안 강수량 부족으로 황진 지대로 변했다.

그런데 이러한 문제는 강수량의 증가가 아니라 지하 깊숙한 곳에 있는 오갈라라(Ogallala) 화석 대수층의 물을 끌어올릴 수 있는 좀 더 강력한 디젤식 및 전동식 양수기를 개발하는 방식으로 '해결'됐다.

물 부족 문제를 우려하는 레스터 브라운(Lester R. Brown)은 이와 관련하여 이렇게 말한다.

> 세계는 지금 극심한 물 부족 문제에 직면해 있다. 《모래 기둥: 관개의 기적은 계속될 것인가?(Pillar of Sand: Can the Irrigation Miracle Last?)》의 저자 샌드라 포스텔(Sandra Postel)은 중국, 인도, 사우디아라비아, 북아프리카, 미국 등지의 대수층이 연간 1,600억 세제곱미터(1,600억 톤)씩 고갈되고 있는 것으로 추산한다. 이는 이들 지역 지하수의 과도한 추출에 관한 자료를 바탕으로 한 것이다. 대충 계산하자면 곡물 1톤을 생산하는 데 물 1,000톤이 들어간다. 그러므로 물 1,600억 톤이면 미국 곡물 수확량의 2분의 1에 해당하는 1억 6,000톤을 생산할 수 있는 양이다.[2]

안타깝게도 현재 그리고 가까운 장래의 일인 물 부족 현상은 레스터 브라운의 상상 속에만 존재하는 허구가 아니다. 미국 곡물 생산량의 대부분이 오갈라라 대수층에서 뽑아 올린 관개용수에 의존하고 있다. 미국인들은 미국의 농업 능력이 세계 제일이라는 것을 너무도 당연하게 생각하지만, 연방 재정 적자가 그런 것처럼 미국 농업이 누리는 번영 또한 지속 불가능한 것일 수 있다. 〈뉴욕타임스〉의 보도 내용을 보자.

"오갈라라 대수층의 수위가 점점 낮아지고 있다. 그리고 일부 지질학자는 이 대수층이 25년 혹은 30년 내에 고갈될 수 있음을 염려하고 있다. 이는 비단 8개 주만이 아닌 국가 전체가 직면한 중요한 문제다."[3]

유엔의 추정치에 의하면 2050년이 되면 세계 인구는 91억 명으로 증가할 것이다. 그러나 그때가 되기 아주 오래전부터 전 세계적인 담수 부족 현상 때문에 식량 가격이 감당치 못할 수준으로까지 치솟을 가능성이 농후하다.

물은 세상에서 가장 귀중한 '상품'이지만 그 본질적 특성상 수출이 쉽지 않다. 그 첫째로 물은 너무 무겁다. API 비중(원유의 비중을 나타내는 지표로서 미국석유협회(API)가 제안한 표준—역주)이 10보다 낮은 초중질유('역청유'가 여기에 해당)를 제외하면 물은 원유보다 더 무겁다.

담수는 장거리 수출에는 적합하지 않지만 적어도 직접적인 방식이 아닌 실질적 물 수출이 브라질의 경제적 번영을 가능케 하는 주요 요소가 될 것 같다. 물과 식량 부족난이 가시화되는 이 시점에서 전 세계적으로 심지어 신흥경제국인 인도와 중국에서조차 이로 말미암은 경제적·정치적 혼란이 예상되는 가운데 유독 브라질에는 이 위기가 기회로 다가오고 있다.

재생 가능한 물 자원

2010년에 〈이코노미스트〉는 재생 가능한 물과 관련하여 브라질이 지닌 장점을 상세히 설명했다.

유엔의 2009년도 세계물자원평가보고서(World Water Assessment Report)에 따

르면 브라질은 재생 가능한 물을 매년 8조 세제곱킬로미터 이상 확보하고 있으며 이는 지구촌의 어느 국가보다 많은 양이다. 아시아 전체의 물을 합한 것만큼의 물을 보유한 국가는 브라질이 유일하다. 그리고 브라질의 물 자원이 이렇게 풍부한 주요 이유가 아마존은 아니다. 브라질 북동부에 있는 피아우이(Piaui) 주는 브라질에서 가장 건조한 지역 가운데 한 곳인데도 미국의 콘 벨트(corn belt: 옥수수 지대로 불리는 세계적인 곡창지대—역주)보다 물을 3분 1이나 더 많이 확보하고 있다. 연간 강수량이 975밀리미터 이상인 전 세계 농지 가운데 4분의 1 이상을 브라질이 소유하고 있다.[4]

아마존에 관해 말하자면 세계 담수의 20% 이상이 초당 13만 3,000세제곱미터씩 아마존 강 유역으로 흘러든다. 브라질이 세계 최대 수계를 보유한 국가라는 점을 확인할 수 있는 것은 이뿐만은 아니다.

2011년 8월에 리우데자네이루에서 있었던 브라질지구물리학회국제회의(International Congress of the Society Brasiliera Geophysical)에서 발표된 내용을 보면 이러한 상황을 더 잘 이해할 수 있을 것이다. 연구원들은 지금까지 알려지지 않았던 '지하 하천' 리오함자(Rio Hamza)에 관해 상세히 기술하고 있다. 리오함자는 아마존 지하 4킬로미터에서 대서양으로 흘러들어 간다고 한다. 일부 과학자는 리오함자가 다량의 물이 졸졸 흘러나오는 다공성 대수층이 아니라 실제 하천이라고 주장한다. 〈와이어드(Wired)〉(영국의 과학기술 잡지—역주)는 이렇게 설명한다.

"평균 유속은 초당 약 3,000세제곱미터이며 이는 아마존 강의 3%에 불과하다. 그래도 템스 강보다는 유속이 46배 이상이나 빠르다."[5]

그래서 미국을 포함한 다른 주요 국가의 대수층이 고갈 수준으로 말라가는 데도 브라질은 매년 8,000세제곱킬로미터(미국식 계산으로는 1,919세제곱마일)의 재생 가능한 물을 보충받는다.

이 같은 사실은 최근에 세계 경제 성장의 주요 동력으로 부상한 브라질의 위상이 앞으로도 계속 유지될 것임을 시사한다. 2007년부터 2010년까지 브라질은 현재 환율 기준으로 세계 시장 성장에서 10.03%의 공헌도를 나타냈으며 이는 겨우 8.2%(주로 달러화의 환차익 덕분)를 보태는 데 그친 미국보다 나은 성적이고 세계 경제 성장률을 9.2%나 갉아먹은 유럽과는 비교할 수도 없을 정도다. 2007년부터 2010년까지 세계 경제 성장에서 중국과 브라질이 담당한 몫이 43.4%였다. 브라질은 풍부한 담수라는 천혜 자원이 있고 중국은 식량 자급자족 능력이 갈수록 감퇴하는 상황에서 양국 간의 무역 결속력은 더욱 공고해질 수밖에 없다.

이번 세기의 중반 무렵을 미리 내다본다면 아마도 브라질은 곡물과 단백질의 형태로 실질적인 물 수출이 증가하게 될 것이다. 담수 그리고 물을 식량으로 전환하는 데 필요한 여분의 농지를 브라질만큼 여유 있게 보유한 국가는 다시 없다. 유엔식량농업기구(FAO)에 따르면 브라질의 총 경지 면적은 4억 헥타르가 넘는데 현재 사용 중인 경지는 5,000만 헥타르에 불과하다고 한다.

이러한 사실은 브라질 국채를 보유한 투자자에게는 상당히 유리한 부분이다. 이 챕터 처음에 등장한 신명기 구절은 성경이 쓰였던 그때와 마찬가지로 미래에도 역시 타당한 말이 될 것이다.

"하느님께서는 당신의 보물 창고인 하늘을 여시어 너희 밭에 철 따라 비를 내려 주시고 너희가 손으로 하는 모든 일에 복을 주실 것이다. 그리하여 너희는 다른 많은 나라에 돈을 꿔줄지언정 너희가 남에게서 돈을 빌려 쓰는 일은 없을 것이다."

인구 밀도가 높아지고, 도시화가 점점 더 진행되고, 기아가 극심해지는 이 지구촌에서 브라질의 무역 여건은 앞으로 극적으로 호전될 것이다. 브라질은 지구촌에서 거의 유일하게 식량을 수출할 수 있는 능력을 갖추게 될 것이다.

2011년 '아랍의 봄'은 수십 년 동안 존속했던 독재자 네 명을 물러나게 한 대사건이었다. 이전의 정상 가격과 비교하면 말도 안 되게 비싼 수준이라고 해도 어느 국가의 정치인이든 이와 같은 부분을 상기한다면 이 가격에라도 브라질의 식량을 구매할 수밖에 없을 것이다.

이러한 관점에서 브라질은 주도적인 채권국에 속하게 될 것이다. 그리고 거의 모든 국가가 인플레이션으로 고생하는 상황이 오히려 브라질에는 이득을 될 것이다. 궁극적으로는 '수많은 국가'에 돈을 빌려주는 국가가 될 것으로 보인다. 따라서 현재 12.5%의 이자를 지급하는 장기 브라질 국채가 지구촌 최고의 투자 상품 가운데 하나가 될지도 모르겠다.

브라질이 만드는 새로운 농업 체계

1세기 전만 해도 농경제학자들은 자신들이 농경에 최적인 조건을 만들어낸 요인을 알아냈다고 생각했다. 그때 그리고 그 이후로도 오랫동안 성공적인 농업은 과거 빙하기 역사를 기반으로 한다고 봤다. 물론 이러한 인식은 온대 기후 지역 국가가 농업의 최적지라는 의미를 포함하고 있다. 이러한 견해를 대표하는 주장은 코넬 대학 자연지리학과 교수 엥겔른(O.D. von Engeln)의 입에서 나왔다. 엥겔른은 이렇게 썼다.

> 홍적세의 대륙빙은 북대서양 해분(海盆)을 중심으로 전개됐다. 이 빙하 작용의 중심지는 북대서양 해분 주변이었고 이 지역은 현대의 주요 강대국들이 위치한 곳이기도 하다. 따라서 이들 국가가 세계의 주도국이 될 수 있었던 것은 대륙빙에서 비롯된 자연적 혜택과 무관하지 않다는 주장이 제기되곤 했다. 이들 국가가 보유한 수많은 자연 자원이 바로 빙하의 침습 덕분이라는 데는 의문의 여지가 없다.[6]

엥겔른은 더 나아가 농업이 번성한 것은 빙하가 덮이지 않았던 땅이 아니라 빙하가 덮였던 땅을 개간한 데서 비롯됐다는 가설을 좀 더 확실하게 뒷받침하는 주장을 내놓았다. 이러한 주장은 대륙빙이 광물질의 토양 침전에 미치는 영향에 대한 분석에 그 바탕을 두고 있다.

엥겔른에 따르면 대부분 사례에서 빙하 작용이 토양의 질을 향상시켰다고 한다. 즉, 빙하 작용을 통해 광물질이 분쇄되고 이것이 토양과 섞이면서 작물 재배에 도움이 되는 비옥한 표토층이 형성됐다는 것이다. 엥겔른은 1910년도 농지의 가치에 관한 미국의 통계 자료를 바탕으로 각 주 혹은 주 내부 지역 간 농지 가격의 차이에는 각 지역의 빙하 패턴의 차이가 반영돼 있다는 사실을 보여주었다. 요컨대 빙하 패턴에 따라 각 지역의 토지 가격이 달라졌다는 것이다.

예를 들어, 《미국지리학회회보집(Bulletin of the American Geographical Society)》 제46권 249쪽에 있는 지도를 보면 인디애나 주 각 카운티 소재 농지의 상대적 가격이 나와 있다. 그런데 빙하로 덮였던 지역이 빙하가 덮이지 않았던 더 남쪽 카운티 소재 농지보다 최대 10배가 더 비쌌다. 엥겔른은 당시의 관점에서 자신의 주장을 피력했다.

> 북대서양 지역에 주요 선진국들이 모여 있는 것에는 빙하 작용 이외에 다른 지리학적 요인이 작용했을 수도 있고 또 기타 역사적 고려 사항을 전적으로 배제하는 것도 아니다. 더 나아가 프랑스, 이탈리아, 뉴질랜드, 오스트레일리아 등 빙하로 덮여 있지 않았던 지역의 국가들도 선진국 대열에 올라 있다는 사실을 잊어서도 안 된다.[7]

물론 프랑스, 이탈리아, 뉴질랜드, 오스트레일리아 등이 빙하 지역이 아니었다는 엥겔른의 말은 잘못된 것이다. 《미국지질조사연구논문집(U.S. Geological Survey Professional Paper 1386-E-1)》에 따르면 프랑스에는 350제곱킬로미터의 빙하 토지가 있었고 이탈리아도 608제곱킬로미터가 빙하에 덮여 있었다. 오스트레일리아는 코지우스코(Kosciuszko) 산 주변 지역 일부가 빙하 지역이었고 뉴질랜드는 남 알프스 전체가 빙상에 덮여 있었다. 아마도 엥겔른은 이들 국가의 경우 전에 빙하로 뒤덮였던 바로 그 땅이 자급자족의 주요 원천은 아니었다는 말을 하고 싶었던 것 같다.

이 같은 사실을 중언부언할 필요는 없고 어쨌거나 이러한 분석 내용은 브라질 농업에 도움이 되는 부분은 확실히 아니었다. 이러한 분석대로라면 브라질이 북대서양 지역 국가처럼 농업으로 성할 가망성이 있는 방법은 그나마 온대성 기후 지역에서 곡물과 밀을 재배하는 것뿐이다. 상파울루 시를 지나는 남회귀선(남위 23도 27분) 이남 지역이 여기에 해당한다. 이곳은 브라질 남부 지역으로서 소를 사육하는 가우초(남미의 카우보이) 문화로 유명하다. 브라질 하면 떠오르는 이미지와는 달리 이곳은 남반구의 겨울에 해당하는 6월부터 9월까지는 서리와 눈을 볼 수 있다.

1752년 이후에 히우그란지두술 주에 정착한 아조레스(Azores: 포르투갈 앞바다에 있는 군도—역주) 사람들이 이곳에서 처음 밀농사를 시작했고 19세기까지 밀은 이 주의 주요 수출품으로 남아 있었다. 현재 530만 미터톤에 달하는 브라질의 밀 생산량 가운데 약 90%가 파라나 주와 히우그란지두술 주에서 생산된다. 브라질에서 가장 남쪽에 있는(그리고 가장 추운) 파라나, 산타카타리나, 히우그란지두술 등 세 주의 면적은 프랑스 면적보다 더 큰 57만 6,409제곱킬로미터이지만 브라질 전체 면적인 851만 4,877제곱킬로미터의 6%밖에 되지 않는다.

세계의 신 곡창 지대

20세기 말까지 전문가들은 열대 기후 지역에서는 농업이 유리하지 않다는 데 의견의 일치를 보였다. 부분적으로는 역사적 전례가 이러한 견해를 뒷받침하는 역할을 했다. 〈이코노미스트〉의 표현대로 브라질이 '열대 국가 최초의 식량 부국'으로 부상하기 전까지 지구촌의 주요 농업 국가는 전부가 온대 기후 지역에 속하는 국가들이었다.[8]

새천년이 시작됐을 때까지도 브라질의 농업 생산성이 크게 향상되리라는 예측을 하기는 쉽지 않았다. 1990년대 중반까지의 통계 자료에 의존했던 농경제학자, 신중한 관찰자, 관계 당국과 관료 등으로서는 온대 지역의 농업이 열대 지역보다 생산성이 50%는 더 높다는 그때까지의 상식을 뒤집어야 하는 이유를 찾아내기 쉽지 않았다.

엥겔른의 주장에서도 드러났듯이 이러한 생산성의 차이는 토양의 상태에서 비롯된 것이었다. 브라질의 토지는 빙하 퇴적 작용의 덕을 보지 못했을 뿐더러 열대성 토양은 척박하고 또 유기화합물이 흡착되기도 쉽다. 겨울철에 내리는 서리가 비옥한 표토층을 형성해주는 온대 지역의 토양과 달리 열대 지역의 토양은 영양분이 급속히 소실되는 경향이 있다.

열대 지역의 농업 생산성을 떨어뜨리는 또 한 가지 요소는 병충해의 창궐이다. 이 때문에 수확한 농작물에 큰 손실이 발생한다. 크리스토퍼 위틀리(Christopher Wheatley)를 비롯하여 국제열대농업센터(International Center for Tropical Agriculture: 스페인어의 머리글자를 따서 CIAT로 알려짐)의 동료 전문가들은 "오취급, 변질, 해충 등으로 말미암은 농작물 손실률이 25%이며 이는 수확량의 4분의 1은 이를 재배한 농민의 손에 들어가지 않는다는 뜻이며 여기에 들어간 시간과 노력은 그대로 물거품이 돼버린다는 의미이기도 하다"라고 말한다.[9] 한편 과일, 채소, 근채 작물 등은 손실률이 더 높다. "감자, 플랜틴(바나나와 비슷한 열대 과일), 토마토, 바나나, 감귤류 등의 손실률이 50%나 된다고 보는 전문가들도 있다."[10]

경제학자 제프리 삭스(Jeffrey D. Sachs)는 2000년 12월에 발표한 자신의 논문 〈낙후된 열대 기후 지역(Tropical Underdevelopment)〉에서 열대 기후 지역에서의 작물 재배의 취약성에 관해 분석했다. 그 일부를 인용하면 이렇다.

열대 기후 지역 생태계의 두 번째 특징은 병충해가 기승을 부린다는 점이다.

일반적으로 열대 지역 생태계는 생물 다양성 수준이 매우 높다는 특징이 있다. 따라서 온대 기후 지역의 일반적 작물 생산 방식인 단일 재배는 이곳에 적합하지 않다. 열대 지역에서 단일 재배를 하면 식물병, 해충 그리고 생물 다양성이 높은 생태계에서 살아남기 위한 기타 유형의 '경쟁'으로 말미암아 농사를 망치기 십상이다.

인간의 질병과 마찬가지로 1년 내내 유지되는 열대 지방의 '높은 기온' 그리고 기생충과 해충을 죽이는 역할을 하는 '추운 겨울의 부재'가 근본 원인이 되어 변질로 말미암은 농작물의 손실과 식물병의 창궐을 유발한다. 수면병과 같은 동물 질병의 높은 발병률은 온대 지역 생태계의 특징인 혼합 농업 그리고 축산업의 오랜 걸림돌이었다.[11]

제프리 삭스가 열대 지역 농작물의 손실 요인으로서 병충해를 든 것은 틀린 주장이 아니다. 이것은 온대 지역 중심의 상상에서 빚어진 허구가 절대로 아니다. 더불어 삭스는 기술의 전파를 방해하는 이른바 생태적 장벽(ecological barrier)이 존재한다는 사실도 알게 됐다. 삭스는 아주 설득력 있는 가설을 제기했다.

> 온대 지역 국가의 기술 혁신율은 열대 지역 국가의 혁신율보다 훨씬 높았다. 그런데 핵심 기술은 생태적 장벽을 건널 수 없었기 때문에 양 기후대 간의 기술 전파율은 매우 제한적이었다.[12]

발 빠르게도 삭스는 이러한 쟁점들을 이론화했다. 그러나 나는 이 명료한 분석이 잘못된 결론을 이끌어내고 있다고 생각한다. 삭스가 이에 관한 내용을 발표했을 바로 그때 이미 그러한 상황에 대해 근본적인 변화가 일어났고 이후로 그 변화에 점점 가속도가 붙었기 때문이다.

브라질 농업부 산하 농업기술연구소 엠브라파(Embrapa: Empresa Brasileira de Pesquisa Agropecuaria)가 진행한 연구 덕분에 브라질은 지금 열대 지역의 농업 역사상 유례가 없던 농업 기술 혁신에 주력하고 있다. 엠브라파의 수장 실비오 크레스타나(Silvio Crestana) 박사는 생태적 장벽을 넘어 핵심 기술을 전파하기 쉽지 않다는 삭스의 주장을 재확인했다.

크레스타나는 이렇게 설명한다.

"우리는 미국에 가서 1970년대의 첨단 농업 기술을 전부 도입해왔다. 그러나 이러한 기술은 브라질에서는 전혀 소용이 없었다. 그래서 우리 실정에 맞는 고유 기술을 개발하는 데 30년이 걸렸다."[13]

그렇다. 온대 지역과 열대 지역 간에 혁신적 농업 기술을 전파하는 데 걸림돌이 되는 생태적 장벽이 분명히 존재한다. 과거에는 생태적으로 온대 지역 농민에게 유리한 부분이 많았다. 그리고 19세기와 20세기 동안은 온대 지역의 기술 혁신율이 훨씬 높았던 것도 사실이다. 그러나 이제 더는 그렇지 않다. 삭스 그리고 소수이기는 하지만 일부 전문가들도 21세기가 시작되자 열대 지역에서 농업 기술에 혁신이 일어났고 이를 통해 브라질이 세계의 신 곡창지대로 부상했다는 사실을 알게 됐다. 이러한 혁신에는 다음과 같은 것이 포함된다.

1 엠브라파는 산성 토양의 질을 향상시키는 데 목적을 둔 접근법을 고안했다. 특히 이전에는 농업에 부적합하다고 봤던 광활한 세하도의 토양이 그 주요 대상이었다. 녹색 혁명의 아버지로 불리는 미국의 저명한 식물학자 노먼 볼러그(Norman Borlaug)는 이렇게 말했다. "그 토양이 생산 능력을 갖추게 되리라 생각한 사람은 아무도 없었다."[14] 그러나 엠브라파는 이 땅에 석회 수백만 톤을 뿌려 세하도 토양의 산도(酸度)를 감소시켰다.

2 엠브라파는 목초의 신품종을 개발하여 초지를 확대시켰고 이를 통해 1970년에 7,800만 두였던 것이 지금은 2억 두가 넘을 정도로 브라질의 소가 엄청나게 증가했다. 그리고 도축할 때까지 소를 사육하는 데 필요한 시간이 4년에서 18개월로 60%나 감소했다.

3 엠브라파는 온대성 작물인 콩의 열대 버전을 만들어냈다. 그리고 산성 토양에서도 잘 자랄 수 있는 콩 품종도 개발했다. 일조량이 풍부하다는 천혜의 자연조건을 고려하여 온대성 기후에 적합한 품종보다 더 빨리 자랄 수 있는 콩 품종으로 맞춤 개발을 했다. 이러한 작물은 8~12주 정도 빨리 자라기 때문에 브라질 농민들은 작물을 1년에 두 번 생산할 수 있었다. 즉, 이모작이 가능했다. 전에는 두 번째 작물의 수확량이 매우 적었으나 지금은 첫 번째 수확 때와 별반 다르지 않았다.

4 엠브라파는 밭을 갈지 않고 씨를 뿌리는 이른바 무경간(無耕墾) 농법을 도입했다. 이 농법을 사용할 때는 잔류 작물을 뽑아 내지 않고 그대로 두어 부식되게 한다. 이를 통해 토양에 영양분을 더 많이 공급해줄 수 있다. 2010년 현재 브라질 농민들은 곡물의 50% 이상을 이 무경간 농법을 이용하여 재배했고 이 방법은 시에라 클럽(Sierra Club: 미국의 자연환경보호 단체—역주)을 비롯한 기타 환경주의자들의 찬사를 받았다. 무경간 농법에는 토양 침식을 줄여주고 물 사용의 효율성을 높여주며 해충에 대한 취약성을 감소시키는 등 많은 장점이 있다.

5 엠브라파는 브라질의 농업 생산 역량 증진을 위해 포괄적인 연구 계획을 수립해 놓고 있다. 돼지 분뇨에서 배출되는 메탄가스를 채취하여 이를 생물 가스로 만드는 시스템을 개발하는 것 그리고 질소고정세균의 변종을 통해 질소 비료에 대한 수요를 줄이는 것 등이 여기에 해당한다.

6 '엠브라파 유전자원 및 생명공학 센터(Embrapa CENARGEN)'는 해충 및 질병에 저항력이 있는 작물을 개발하고 있으며 수확 후 저장 시의 손실이 적은 품종을 개발하는 데도 주안점을 두고 있다. 이 기관은 유전자 도입 기술을 통해 각종 콩 바이러스에 내성이 있는 강낭콩, 파파야윤문바이러스에 내성이 있는 파파야, 패션프루트 목질화 바이러스에 내성이 있는 패션프루트, 제초제에 내성이 있는 콩 등을 개발하는 데 성공했다고 한다.[15]

작물 다양성

〈이코노미스트〉는 '브라질 농업: 세계의 농장'이라는 제하의 기사에서 이렇게 말하고 있다.

> 35년 만에 브라질은 식량 수입국에서 세계 최대 식량 수출국 가운데 하나가 됐다. 열대 기후 지역에 속하는 국가로서 식량 수출 대국의 반열에 오른 국가는 브라질이 처음이다(나머지는 전부 온대 기후 지역 국가들임). 브라질은 이제 국제적으로 거래되는 5개 작물의 세계 최대 수출국이고 콩과 옥수수는 세계 제2위 수출국이다. 세계 최대 농산물 수출국 가운데 브라질처럼 다양한 작물을 수출하는 국가는 없다. 아마도 가장 놀라운 성과는 콩 재배 분야에서 거뒀을 것이다. 콩은 본래 온대성 작물이다. 따라서 브라질 과학자들은 열대 지역인 세하도에서 자랄 수 있는 신품종을 개발해야 했고 결국 열대 사바나 같은 토지에서 농장의 기적을 이루어낼 수 있었다.[16]

2000년부터 2010년까지 브라질의 콩 생산량이 132% 증가했다는 사실에서 이 점이 분명히 드러난다. 유엔식량농업기구(FAO)에 따르면 이 기간에 마투그로수(Mato Grosso) 주의 콩 생산 비용이 60킬로그램들이 한 자루당 약 6.23달러로 떨어졌다고 한다. 이는 미국의 콩 생산 비용 11.72달러의 53%에 불과한 수준이다. FAO의 기록을 좀 더 살펴보자면 이렇다.

> 2002년에 사상 최초로 브라질의 평균 콩 수확량(헥타르당 2.6톤)이 미국의 평균 수확량(헥타르당 2.4톤)을 앞질렀다. 아메리카 중서부 지역에서 브라질 농부들이 세계에서 가장 선진적이고 지속 가능한 농업 체계를 운영하고 있다고 해도 무리는 아닐 것 같다.[17]

FAO와 기타 농업 전문가들이 브라질의 농업 잠재력에 관해 저마다 신나게 의견을 쏟아내고 있다.

　전 세계적으로 한계수익이 감소하는 상황인 마당에 지난 35년 동안 콩 생산량이 3,000% 증가한 사실에서 확인할 수 있듯이 브라질의 농업 생산성이 향상된 것은 전적으로 한계수익이 증가한 덕분이라 할 수 있다. 저명한 브라질 경제학자 안토니오 델핌 네토(Antonio Delfim Netto)에 따르면 지난 30년 동안 브라질의 농업 생산성이 향상된 것은 그 90%가 총 요소생산성(Total Factor Productivity)의 향상에서 비롯된 것이고 토지, 노동력, 자본 이용의 확대에서 비롯된 부분은 10%도 안 된다고 한다.

　브라질은 전체 경지 면적의 6%밖에 안 되는 땅에서 세계 콩 수출량의 4분의 1을 생산하고 있다. FAO에 따르면 브라질은 다른 어느 국가보다 잠재 농지를 많이 보유하고 있다. 즉, 브라질의 잠재 농지는 최대 4억 헥타르이며 이 가운데 현재 사용하는 농지는 겨우 5,000만 헥타르다. 이 챕터의 초반부에서 언급했다시피 브라질은 담수량도 세계 최고 수준이다. 즉, 브라질은 아시아 전체를 합친 것보다 많은 연간 8,000세제곱킬로미터(1,919세제곱마일)의 재생 가능 담수를 보유하고 있다.

관개

　샌드라 포스텔은 자신의 저서 《모래 기둥: 관개의 기적은 계속될 것인가?》에서 관개의 기적은 영원히 계속될 수 없다고 주장한다. 포스텔은 역사에서 얻은 중요한 교훈 한 가지는 관개를 기반으로 한 농업은 대부분 실패한다는 사실이다. 포스텔은 이렇게 쓰고 있다.

　토양 염분화 때문에 관개지 5헥타르 중 1헥타르꼴로 생산성이 떨어지고 있다. 그리고 물 부족 현상이 심해짐에 따라 인접 주와 국가 간, 농촌과 도시 간, 사람들과 그 주변 환경 간의 물 확보 경쟁이 치열해지고 있다. 이제 물 부족은 세계 식량 생산의 가장 큰 위협 요소다.[18]

수많은 지역에서 급격히 고갈되고 있는 화석 대수층에서 관개용수를 충당하는 상황인데 브라질은 다른 어느 국가보다 많은 담수를 보유하고 있다. 신흥 농업 강국으로서의 브라질이 지닌 장점 가운데 하나는 작물 재배의 대부분을 자연 강수량에 의존하고 있다는 사실이다. 연간 강수량이 975밀리미터 이상인 전 세계 농지 가운데 4분의 1 이상을 브라질이 소유하고 있다. 중국, 인도, 아메리카 중서부 등지에서 작물 생산의 토대가 된 화석 대수층이 고갈되고 나서 한참이 지나도 브라질은 연평균 8,000세제곱킬로미터의 재생 가능한 물을 계속해서 사용할 수 있을 것이다.

맬서스가 예측한 대로 2050년에 세계 인구가 90억에 다다르면 맬서스의 위기를 피하고자 하는 우리 인류의 희망은 브라질 농민에게서 찾아야 할 것이다.

옥스퍼드 대학 경제학과 교수이고 《빈곤의 경제학(The Bottom Billion: Why the Poorest Countries are Failing and What Can Be Done about It)》의 저자 폴 콜리어(Paul Collier)는 "수년간 안정 상태를 유지하다가 2005년 이후로 세계 식량 가격이 83% 상승했다. 이는 전 세계적인 식량 위기에 대한 경고 신호라 할 수 있다"고 말한다.[19] 콜리어는 몇 가지 근거를 들어 OECD 국가들을 향해 쓴소리를 하고 있다.

> 사실, 정치인들과 정책 입안자들은 식량 가격을 낮추는 데 초점을 맞춰왔다. 그러나 근린궁핍화를 조장하는 각종 규제, 농업 보조금 지원 확대를 위한 압박, 낭만적 농업 체계로의 회귀 등 지금까지 식량 위기 대책과 관련하여 이들이 보인 반응은 그다지 환영할 만한 것이 못된다. … 보조금을 노리는 이른바 보조금 사냥꾼들은 이 위기를 기회로 바꿔버렸다. 예를 들어, EU 농무 담당 집행위원회 위원인 프랑스의 마이클 바니에(Michel Barnier)는 이 보조금 지원 확대 조치를, 유럽위원회(European Commission)로 하여금 공동농업정책(Common Agricultural Policy)상의 보조금 삭감 개정안을 파기하도록 종용하는

기회로 삼았다.

낭만적 몽상가들은 이 식량 위기가 자신들이 오래전부터 마뜩찮게 생각했던 과학적인 기업형 농업의 실패를 보여주는 증거라는 식으로 이를 이용하고 있다. 따라서 이들은 소규모 유기 농업의 형태로 회귀하자고 주장한다. 앞으로 90억 명으로 불어날 세계 인구를 이미 폐기한 농업 기술과 방식으로 먹여 살리자는 것이다.[20]

콜리어는 계속해서 "상업적(기업형) 농업을 줄이는 것이 아니라 더 증가시켜야 한다"라고 말하며 미사용 토지를 보유한 지역에서는 브라질의 농업 방식을 도입하는 것도 생각해볼 필요가 있다고 주장한다.[21]

물론 식량 부족에 시달릴 전 세계가 브라질에 의지하는 상황이기는 하지만 500만 브라질 농장주 전부가 생산성 향상이라는 열매를 맛보는 것은 아니다. 이 가운데 약 절반인 250만 명은 연간 1만 레알 이하의 소득을 올리고 있고 이들이 생산한 작물은 브라질 전체 농작물의 7%밖에 안 된다. 다시 말해 이들은 엠브라파가 이룬 기술 혁신과는 상관없이 여전히 생산성이 낮은 상태를 유지하는 전형적인 열대 지역 농민이다. 브라질의 농업 생산성 향상은 엠브라파의 연구와 기술 혁신 내용을 반영하여 대규모 상업적 농업에 매진했던 160만 농장 경영주 덕분에 가능해진 일이다. 이들 대농장주가 생산한 작물이 브라질 전체 농작물의 75% 이상을 차지한다.

FAO는 각 작물을 기준으로 하여 브라질 농부들을 전통적 방식을 구사하는 열대 지역의 자급자족농보다 '월등한 농부'로 표현했다. 예를 들어, 2004년에 브라질의 평균 옥수수 생산량은 헥타르당 3톤이었다. 그런데 상업적 농장에서는 헥타르당 10톤을 생산했다. 콩의 경우 연평균 생산량이 헥타르당 0.7톤이었다. 그런데 대농장주들은 이보다 5배(헥타르당 3.5톤)를 더 수확했다. 평균 밀 수확량은 헥타르당 1.6톤인데 대농장에서는 헥타르당 6톤을 생산했다. 브라질 농산물 생산량의 평균을 깎아 먹는 소농장의 낮은 생산성 문제는 적절한 농업 기술이 없어서가 아니고 소농장주들이 이러한 기술을 적용하지 않거나 적용할 능력이 부족한 데서 비롯된 것이다.[22]

소농장과 대농장의 역사

자본 집약적이고 수출 지향적인 대농장과 자급자족형 소농장이 확연하게 나뉜 것은 브라질의 역사와 깊은 연관성이 있다.

브라질의 역사가 시작되고 처음 4세기 동안의 경제적 번영은 주로 열대 농업에 그 바탕을 두었었다. 오랫동안 브라질의 주요 수출품은 연안 지역 혹은 항행할 수 있는 하천 주변 15마일(약 24킬로미터) 이내에 조성된 대농장에서 생산된 사탕수수였다.

노예 노동력을 이용하는 사탕수수 대농장은 이른바 '규모의 경제(생산량의 증가에 따라 평균 비용이 줄어드는 현상)' 효과를 톡톡히 누리고 있었다. 농장의 규모가 크면 클수록 수익성이 더 좋아지는 경향이 있었다. 그리고 포르투갈 식민지 정책이라는 정치 문화가 대규모 사탕수수 농업을 지지하는 경제적 논리에 더욱 힘을 실어주었다.

포르투갈 국왕 주앙 3세는 이른바 세습적 카피타니아(captaincy: 식민지의 행정 단위) 제도를 만들어 1534년부터 1536년까지 토르데시아스 경계선(스페인 태생의 교황 알렉산더 11세가 정한 포르투갈과 스페인의 영토 분할선) 동쪽으로 정해진 포르투갈의 공식 영토를 분배했다. 이후 토르데시아스 경계선 서쪽으로 영토가 더 확대되기는 하지만 초기의 세습 카피타니아는 토르데시아스 조약에 따라 신중하게 그 범위가 정해졌었다.

부자들이 세습 영토의 수중 대상자였고 이들은 자본이 있는지 여부뿐 아니라 수천 마일을 항해하여 완전히 다른 문화를 지닌 원주민들과 까다로운 조건의 협상을 벌일 의지가 있느냐를 기준으로 선택된 사람들이었다. 포르투갈로서는 카피타니아를 중심으로 현지 비용으로 식민지 개발에 성공하여 본토의 국고에서 나가는 식민지 개발 비용이 줄어들기를 바랐던 것이다. 15개

카피타니아 중 단 2개만이 사탕수수 재배와 수출로 이익을 내고 있었다.

두 곳 가운데 더 성공적이었던 카피타니아가 페르남부쿠였는데, 두아르테 코엘료(Duarte Coelho)는 이곳에서 사탕수수 공장을 운영하여 큰 성공을 거뒀다. 그러나 이렇게 성공한 두 곳인 페르남부쿠와 상비센테(São Vicente)를 제외하고 나면 나머지 13개 카피타니아는 거의 파탄 지경이었다. 이곳의 수증자들은 원주민을 다루는 데 실패했거나 아니면 광활한 토지를 개발하는 데 필요한 투자를 하지 않았거나 둘 중 하나였을 것이다.

카피타니아 제도가 실패로 돌아가자 포르투갈 왕은 브라질의 식민지화를 지원하는 작업에 착수했다. 왕의 토지 하사 규모는 축소됐으나 결과는 크게 달라지지 않았다. 포르투갈 왕은 최소한의 왕실 비용으로 가능한 한 신속하게 브라질의 개발과 이주민 정착이 가속화되기를 바랐다. 그 당시 포르투갈은 브라질 외에도 동아시아와 아프리카 지역에서의 식민지 건설에도 많은 관심을 쏟고 있었다.

왕실 자본에 여유가 없어진 상황에 프랑스, 영국, 네덜란드, 기타 국가의 탐험단이 브라질 해안에 속속 당도하는 것에 몹시 신경이 쓰인 포르투갈은 결국 브라질을 개발하는 데 필요한 자본을 보유했다고 생각되는 귀족들에게 브라질의 광활한 영토를 떼어주기로 했다. 이렇게 해서 포르투갈의 군인뿐 아니라 부자들에게도 왕실의 땅, 세스마리아스(sesmarias)를 나눠주게 됐다.

이론적으로는 정착민이라면 누구나 이러한 토지의 무상 불하(拂下)를 신청할 수 있었으나 그러려면 그 농장을 운영할 수 있는 자본 그리고 노동력으로 사용할 노예를 조달할 능력이 있다는 점을 증명해야 했다.

이렇게 해서 브라질 영토는 로마 시대의 라티푼디아(latifundia: 대토지)와 같은 거대한 토지 구획으로 분할됐다. 이러한 대토지는 카피타니아보다는 작지만, 북미 지역에서 영국인 정착민들이 보유한 거대한 영지보다는 훨씬 컸다. 북미 지역에 건설된 영국의 식민지에서는 곡물과 건초를 주로 생산했으나 큰 이익을 내지 못한 것과 달리 광활한 토지에서 사탕수수 같은 단일 작물을 재배하는 방식은 생산비를 절감해 주는 효과가 있었다.[23] 또 대농장은 사탕수수 가공 공장의 처리 능력에 맞출 수 있을 만큼 사탕수수를 충분히 생산할 수 있었기 때문에 더 높은 수익을 올릴 수 있었다. 소농장에서 생산한 사탕수수만으로는 공장을 건설 및 가동하는 비용을 감당할 수 없었다. 그리고 당연한 말이지만 16세기와 17세기 브라질의 운송 환경을 생각할 때 미가공 사탕수수를 생산지에서 멀리 떨어진 곳까지 운송하는 데는 비용이 엄청나게 많이 들어간다.

앞서 언급했다시피 이러한 대규모 사탕수수 농업이 자기 강화적 속성을 지닌 불평등한 대토지 소유 제도의 근간이 됐다. FAO는 브라질 농업의 발전 역사를 정리한 내용 가운데 이러한 부분이 있다.

"이러한 방식으로 브라질 영토가 대단위 토지로 분할됐고 주로 유럽인들이 거주했던 연안 지역에는 주인 없는 땅이 거의 남아 있지 않았다."[24]

소농장주들이 이용할 수 있는 땅이 제한돼 있다 보니 백인, 노예 출신, 메스티소(백인과 남미 원주민 혼혈) 등이 모여 큰 땅덩어리의 극히 일부에서 자급자족용 및 인근 시장에 내다 팔 소규모 작물을 재배하게 됐다. 그리고 이보다 더 중요한 부분일 듯한데 인구가 희박한 변경 지대에서 주인 없는 토지를 무단으로 점유하는 전통을 만들었던 사람들이 바로 소농장주들이었다.

일찍이 언급했다시피 브라질의 험난한 지형으로 말미암은 높은 운송 비용 때문에 해안 인근 지역은 오랫동안 브라질의 변방으로 남아 있었다. 실제로 브라질이 발견되고 나서 200년 후인 18세기 초만 해도 브라질의 총 인구는 30만 명에 불과했다.

대농장에서 사탕수수를 주로 생산하는 단일 작물 재배 체계에서는 누군가는 지주 계층, 노예, 사제, 군인, 기타 정부 관료 등을 위한 농작물을 생산해야 했다. 그러나 브라질에 적용된 포르투갈의 법체계에는 소규모 토지의 소유권 보호에 관한 규정이 마련돼 있지 않았다. 브라질이 독립했던 1822년까지 소농장의 수가 증가한 것은 토지의 불법 및 무단 점유 때문이었다. 그때가

지 포르투갈 왕실로부터 개인적으로 토지를 하사받는 것 외에는 토지를 획득할 방법이 없었기 때문이다.

19세기 중반 브라질의 토지 소유 체계가 미국과 사뭇 달랐던 부분을 이해하려면 이러한 역사를 짚고 넘어가는 것이 중요하다. 미국에서는 1862년에 자영농지법(Homestead Act)에 따라 토지 경작을 약속한 소농(小農)들에게 토지를 무상 불하했다.

이를 계기로 농지를 소유할 기회를 얻고자 유럽에서 많은 이주민이 미국으로 흘러들어왔으며 이 땅에서는 주로 곡물이 재배됐다. 이와는 대조적으로 브라질에서는 대농장에서 수출용 고부가가치 작물이 재배됐다. 따라서 소지주가 설 자리가 상대적으로 적었다.

1822년에 브라질이 포르투갈로부터 독립하면서 왕실의 땅을 나눠주던 제도는 폐지됐다. 그러나 이상하게도 그 이후 28년 동안 토지에 대한 법적 소유권을 부여하는 절차가 진행된 적이 없었다. 실제로 근 30년 동안 토지 소유권을 부여하는 체계화된 절차가 마련돼 있지 않았다. 새로 토지를 획득하는 유일한 방법은 토지를 물리적으로 점유하는 것뿐이었다. 이를 통해 소지주들은 인구가 희박한 변경 지대에서 해당 토지에 대한 잠정적 소유권을 주장할 수 있었다. 그러나 브라질의 토지 소유권 제도가 정립돼 있지 않았던 30년 동안 가장 큰 득을 본 수혜자는 바로 대토지 소유자들이었다. 경제 사학자 리 알스턴(Lee Alston), 개리 리브캡(Gary Libecap), 베르나르도 뮬러(Bernardo Mueller) 등이 관찰한 바대로 대토지 소유자들은 "추가로 토지에 대한 소유권을 주장하고 이 권리를 방어하는 데 필요한 자본과 기타 자원을 보유하고 있었다."[25]

19세기 중반이 되자 브라질에서 사탕수수에 대한 상대적 중요성이 감소했다. 이 시기에 브라질의 전체 수출 규모에서 사탕수수가 차지하는 비중은 26.7%에 불과했는데 커피는 그 비중이 41% 이상으로 치솟았다(그리고 그 비중은 계속 증가하여 전체 수출의 약 70%를 차지하게 된다). 30년 동안 광활한 미사용 토지에 대한 신규 소유권 부여 절차가 진행되지 않았는데 이 30년이 지난 다음 세계 커피 수요가 급격히 증가한 것이 대농들에게는 큰 위기가 됐다. 우선, 고정 자본을 많이 투자할 필요가 없는 커피 농사에 소농들이 뛰어든 것이 문제였다. 그러므로 대지주들로서는 미사용 토지(브라질에 이런 땅이 많았음)에 대해 무단 점유를 통한 소유권 주장을 금지하도록 요청하는 일이 갑작스럽게 매우 중요한 사안으로 떠올랐다. 소농들의 경쟁 잠재력이 대농의 수익성을 약화시킬 우려가 있었기 때문이다.

국제적으로 노예 거래가 중지되고 노예 제도가 쇠퇴했다는 사실은 해결해야 할 문제가 많은 대농장 소유자들의 어깨를 더 무겁게 했다. 대농장주들은 유럽인의 이주 증가를 통해 자유노동자를 많이 끌어들이고 싶어했다. 그런데 이 새로운 이주 노동자들이, 브라질에 널려 있다시피한 미사용 토지를 점유하여 자신들이 직접 농사를 짓겠다고 하면 아무 소용이 없었다. 그래서 이들이 대농장에서 일자리를 구하려 하는지에 촉각을 곤두세워야 했다.

그러다 1850년에 토지법이 제정됐다. 이 법은 고액의 세금 납부를 조건으로 1850년 이전에 이루어진 비공식적 토지 점유에 대해 그 소유권을 인정해주었다. 그리고 왕실 하사 토지에 대한 소유권도 인정했다. 이와 동시에 점유에 의한 취득을 더는 허용하지 않았다.

그 이후로 브라질에 있는 미사용 토지는 오직 매입을 통해서만 취득할 수 있다고 규정했다. 토마스 스키드모어(Thomas E. Skidmore)는 "이 법의 주요 목적은 대농장 제도를 활성화하는 것이었다"고 말했다.[26]

농작물 생산 증가

이처럼 판이한 브라질의 토지 소유 제도는 적어도 부분적으로는 열대 기후와 대규모 경제에서 비롯됐다. 이는 이주민 정착 초기에 성행했던 사탕수수 재배 방식과 밀접한 관련이 있었다.

브라질 역사가 시작되고 처음 322년 동안은 포르투갈 왕이 개인적으로 하

사하는 이른바 세스마리아스 제도하에서만 토지 소유권을 취득할 수 있었
다. 그리고 이것이 브라질에서 중산층이 등장하는 것에 대한 제한 요소로 작
용했다. 브라질의 주요 수출 품목이 열대성 작물이었던 시기에는 부를 축적
하는 주요 수단이 농업이었기 때문에 이 같은 사실이 충분히 이해가 가는 상
황이다.

이와 관련하여 〈이코노미스트〉는 이렇게 쓰고 있다.

> 브라질의 농업 생산성은 놀라울 정도로 향상됐다. 1999년부터 2006년까지
> 브라질이 생산한 작물의 총 가치는 230억 레알에서 1,080억 레알로 365% 증
> 가했다. 10년 동안 브라질의 쇠고기 수출량이 10배 증가하면서 세계 최대 수
> 출국인 오스트레일리아를 따라잡았다. 그리고 브라질은 인도 다음으로 많
> 은 소를 보유하고 있다. 또 가금류, 설탕, 에탄올의 세계 최대 수출국이다. …
> 1990년 이후로 브라질의 콩 생산량은 1,500만 톤에서 6,000만 톤으로 증가했
> 다. 브라질은 세계 콩 수출량의 약 3분의 1을 차지하며 미국에 이어 세계 2위
> 의 콩 수출국이다. 1994년에 브라질의 콩 수출량은 미국의 7분의 1 수준이었
> 으나 지금은 7분의 6 수준으로 증가했다. 더구나 브라질은 전체 경지의 6%밖
> 에 안 되는 곳에서 세계 콩 거래량의 4분의 1을 생산하고 있다.[27]

다음 챕터에서는 브라질 경제와 밀접하게 연관된 새로운 장점을 주제로 살
펴볼 것이다. 피크오일 시대 에너지 강국으로서의 브라질의 역할이 바로 그것
이다. 온대 기후 지역에 속한 선진국들은 에너지 가격이 치솟음에 따라 성장
지체로 고민하는 데 반해 브라질은 독보적인 농업 생산력을 바탕으로 석유
부국이라는 명성과 함께 생물 연료 부문에서 세계를 주도하는 국가로 부상
하고 있다.

BRAZIL IS THE NEW AMERICA

Chapter 10

상황의 역전

신흥 에너지 강국으로서의 브라질

우리는
재생 가능한 청정에너지를 이용하는 국가가
21세기를 주도하게 될 것이라는 사실을
알고 있다.

— 버락 오바마

지우마 호세프 대통령은 이런 말을 한 적이 있다.

"우리는 아직도 암염하부층에 석유가 얼마나 들어 있는지 정확히 모른다. … 우리는 '신은 브라질 사람'이라는 사실에 대한 확실한 증거를 가지고 있다."

이것으로 지우마 대통령이 무슨 말을 하는지 언뜻 이해가 가지 않을 수 있다. 이렇게 정리해 놓으면 좀 더 이해가 빠를 것이다.

"우리는 이 암염하부층에 석유가 얼마나 묻혀 있는지 정확히 모르지만, 브라질에 석유가 이렇게 풍부한 것을 보면 '신은 브라질 사람'이라고 주장한 룰라 전 대통령의 말이 사실임이 입증된 것이다."

미 하원 천연자원위원회(Natural Resources Committee) 위원장 덕 해스팅스(Doc Hastings)에 따르면 브라질의 해양 석유 매장량이 580억 배럴이라고 한다.[1] 에너지정보국(Energy Information Administration)에 따르면 2006년 미국의 확인된 석유 매장량이 210억 배럴(3.3×10^9세제곱미터)이라고 하는데 이에 비하면 브라질의 석유 매장량은 환상적인 수준이라 아니할 수 없다.

이러한 사실을 보면 종교적 관점에서는 아니라 할지라도 적어도 브라질의 미래에 어떤 전환점이 생긴 것만은 분명해 보인다. 새천년이 도래할 무렵 〈낙후된 열대 기후 지역〉이라는 제목의 논문을 통해 이 분야에 대한 세밀한 분석을 시도했던 제프리 삭스는 19세기와 20세기에 온대 지역에 속한 국가의 소득 수준이 높았던 이유는 적어도 부분적으로는 이들 국가의 에너지원 동원 능력에 있었다고 주장한다. 삭스는 "1995년에 세계 탄화수소(석유와 석탄) 생산량을 살펴보자면, 열대 지역 국가의 1인당 탄화수소 생산량은 비열대 지역 국가의 1인당 탄화수소 생산량의 28%에 불과했다"고 말한다.[2] 다시 말해 열대 지역 국가의 경제 발전이 지체됐던 것(지금의 브라질은 이러한 사실을 뒤집는 반례로서 의미가 있지만)은 에너지 생산의 부족과 밀접한 관련이 있다.

제로섬 게임

21세기를 시작하고 10여 년밖에 지나지 않았는데 브라질은 이제 더는 에너지가 부족한 열대 국가가 아니라 새로운 에너지 강국이라는 점이 점점 더 분명해지고 있다. 브라질은 지금까지 세계를 주도해왔던 온대 지역 국가들보다 석유 가격 상승에서 받는 압박감이 덜할 것이다.

미국의 정치인들이 1970년대 이래로 에너지 자립의 중요성을 열심히 피력했음에도 전체 석유 소비량의 30%를 수입하던 것에서 이제는 소비량의 70%를 수입하게 되는 등 정작 에너지 자립 부문에서 별 진전을 보이지 못했다. 미국이 에너지 자립에서 큰 성과를 내지 못한 것은 에너지 정책과 통화 정책 간의 충돌에서 비롯된 측면이 있다. 미국 정부가 비용을 거의 들이지 않고 창조해낼 수 있는 통화(달러화)로 석유 가격이 표시된다. 따라서 석유의 대량 수입은 달러화에 대한 수요를 꾸준히 유지해주는 역할을 했다. 덕분에 미국인들은 달러화가 세계 준비 통화라는 사실을 등에 업고 실제 소득 수준을 넘어서는 풍족한 생활을 영위할 수 있었다.

반면에 브라질은 준비 통화로 말미암은 상충적 문제 자체가 아예 존재하지 않으며 에너지 자립 면에서도 극적인 진전을 보였다. 1974년에 브라질은 석유의 약 80%를 수입에 의존했다. 그런데 지금은 수입 비율이 거의 제로에 가깝다. 그리고 브라질은 2009년에 드디어 석유 수출국의 반열에 올랐다.

이 책의 초반부에서 지금 우리는 값싼 석유를 바탕으로 고속 성장을 이룩하던 주기의 끝자락에 와 있다고 봐야 한다고 주장하면서 그 이유를 몇 가지 제시했었다. 이것은 수요와 공급의 두 측면 모두가 관계된 문제다. 석유 수요가 급증한 데 반해 공급 수준은 정체됐다. 브릭스를 비롯하여 신흥시장 동지들이 증가하면서 석유 수요가 급격히 증가했다.

2006년과 2007년에 세계 실질 GDP는 연 5% 상승했다. 이것이 석유 소비 증가로 이어졌다. 중국만 해도 혼자서 세계 석유 소비량을 엄청나게 끌어올렸다. 즉, 2005년과 2007년 사이에 중국의 일일 석유 소비량은 84만 배럴 증가했다. 이보다 장기적인 추세를 살펴보자면 중국은 1998년 이후 10년 동안 연평균 6.3%의 소비 증가율을 나타냈다.[3] 중국의 석유 수요 증가율이 앞으로 20년 동안 이와 동일하게 유지된다고 가정할 때 2033년이 되면 중국의 석유 소비량이 미국의 현재 석유 소비량의 두 배가 된다.[4]

석유 생산이 정점을 지났다고 보기 때문에 일부 국가에서 석유 소비가 급증한 부분을 해소하려면 다른 국가에서 석유 소비를 줄이는 수밖에 방법이 없다. 결국, 이러한 상황은 석유 가격 급등으로 이어진다. 경제 역사가 제임스 해밀턴(James D. Hamilton)은 이렇게 말한다.

"석유 생산량이 증가하지 않는 상황에서는 다른 국가들이 자국의 소득 수준이 아무리 높아지더라도 석유 소비를 줄여야 한다. 석유 수요의 단기 가격 탄력성은 그렇게 높지 않다. 이는 석유 가격이 크게 오르면 수요를 억제해야 할 필요가 있다는 의미다."[5]

피크오일의 도래는 앞으로 수십 년 안에 이보다 더 급작스러운 가격 상승이 있으리라는 것을 의미한다. 오랫동안 값싼 석유를 기반으로 한 경제 성장으로 세계를 지배해왔던 OECD 회원국들은 전 세계적인 에너지 전환기를 맞아 위기 상황에 직면하게 된다. IMF에서 발행하는 2010년도 세계경제전망(World Economic Outlook: WEO) 보고서 요약본을 보면 이 쟁점의 핵심이 잘 정리돼 있다.

"석유 수요의 증가는 그 전부가 비(非) OECD 국가에서 비롯된 것이며 이 가운데 중국이 그 절반을 차지하고 있다. OECD의 석유 수요는 일일 기준으로 600만 배럴이 감소했다."[6]

언뜻 보면 그러한 생각이 들지 않을 수도 있겠지만 사실 WEO의 내용에는 낙관적인 측면이 내포돼 있다. 그 이유는 무엇일까? WEO는 2035년의 석유 생산량을 일일 9,900만 배럴로 추정하고 있기 때문이다. 이는 WEO의 2007년의 예측치보다는 상당히 낮은 수준이지만 2011년의 석유 생산량보다는 12% 증가한 수치다. 다시 말해 WEO 보고서는 석유 생산량이 감소하는 것이 아니라 증가할 것임을 나타낸다.

그러나 석유 생산이 2005년에 정점을 찍었다면 생산량은 이 수준에서 더 증가하지 않을 것이다. 일부 분석가는 기존 유전 가운데 나중에 개발하기로 하고 미뤄둔 유정도 새로운 발견으로서 계산에 넣어야 한다고 주장하기도 하지만, 실제로 석유 발견은 1965년에 그 정점에 도달했다는 것은 기지의 사실이다.

그러나 단도직입적으로 말하자면 기존의 유전에서 손쉽게 석유를 생산하던 시기는 이제 끝이 난 것이 분명하다. 드레이크의 타이터스빌 유전에서 시작된 펜실베이니아의 석유 생산 역사를 살펴보면 이 같은 사실이 더욱 분명하게 보인다. 드레이크가 이 유전에서 성공을 거두자 펜실베이니아 주 애팔래치아 주변은 대형 유전을 개발하려는 사람들로 북적였다. 1890년이 되자 펜실베이니아와 뉴욕의 석유 생산량은 1870년 생산량의 5배로 증가했다.[7] 그러나 1890~1891년의 경기 침체 때 석유 가격이 배럴당 0.56달러로 떨어진 다음에는 생산 정점에 도달한 애팔래치아 유전의 석유 생산량이 1894년에는

1,400만 배럴 감소했다. 그리고 이곳의 생산량은 이전 수준으로 회복되지 않았다. 경제 역사가 제임스 해밀턴은 "실제로 수십 년 후에 채택된 훨씬 진보된 2차 회수 기술력으로도 생산력은 1891년 때의 수준을 회복하지 못했다"고 말했다.[8]

텍사스와 북해에서의 석유 생산 기록을 보면 텍사스는 1972년 그리고 북해는 1999년에 도달한 생산 정점 이후 비슷한 패턴으로 생산량이 감소했다고 보는 것이 타당하다. 텍사스의 석유 생산은 1972년부터 1982년까지 연간 3.5%의 속도로 감소하여 1982년의 생산량은 1972년의 생산량보다 31%나 적었다. 북해의 석유 생산량은 1999년부터 2009년까지 연간 4.5% 감소했다. 그리고 2009년의 석유 생산량은 1999년 대비 38% 감소했다.[9]

40여 년 전에 처음 개발된 기타 주요 재래형 유전들도 이와 비슷한 경로를 밟을 가능성이 크다. 이러한 오래된 유전의 생산 잠재력은 해가 갈수록 감소한다. 수십 년 동안 이용한 거대 재래형 유전에서 매년 고갈되는 부분을 메워주는 것이 수많은 소규모 신규 유전들이다.

석유 가격이 배럴당 100달러나 되고 관련 기술도 많이 향상됐지만, 과거와 같은 대형 유전을 발견하기가 쉽지 않다. 따라서 석유 수요 증가와 공급 지체의 문제에 관한 한 우리는 앞으로 제로섬 게임에 직면하게 될 것이다. 요컨대 비 OECD 국가에서 석유 수요가 증가한 부분은 신규 생산이 아니라 OECD 국가의 수요를 대체하는 것으로 해결하는 상황이 된다. 여기서 '수요 대체'는 실질적으로 '수요 붕괴'로 이해해야 한다. 요컨대 경제가 흔들리는 OECD 국가들이 유가 상승 때문에 이전처럼 석유를 마음대로 사용할 수 없는 상태라는 점에 초점이 맞춰져야 한다. 2006년에 일일 2,100만 배럴 이상으로 증가했던 미국의 석유 소비량이 일일 1,880만 배럴로 감소했다.

간단히 말해 우리는 이제 피크오일의 제로섬 단계에 다다른 것이다. 이는 기존의 석유 사용자(국)들에게는 아주 반갑지 않은 소식이다. 이들로서는 값싼 석유를 기반으로 하여 확립된 기존의 체계를 유지해야 하고 또 그러려면 계속해서 석유를 사용해야 한다. 고부가가치 생산 활동에 석유를 사용하여 높은 수익을 얻을 수 있고 따라서 석유 가격이 오르더라도 그 가격으로 석유를 사올 능력과 의지가 있는 신흥 사용자에게 재정적으로 밀리는 상황이 오면 기존 사용자들은 더는 성장을 기대할 수 없을 것이다. 대체로 신흥 경제국들은 석유를 확보하기 위해 얼마든지 더 높은 가격을 지급할 능력이 된다. 따라서 OECD 국가들의 경제 성장에 필요한 석유를 이들 신흥 국가들이 '가로채' 버릴 것이다.

암울한 전망

'익스퍼트 랜드 모형(Export Land Model)'의 수립자 가운데 한 명인 제프리 브라운(Jeffrey J. Brown)은 석유 수입국의 미래는 통계학자들이 제시하는 것보다 훨씬 암담하다고 주장한다.

브라운은 수출 감소율이 생산 감소율을 앞서는 경향이 있고 또 시간이 지남에 따라 이 수출 감소율에 가속도가 붙는 경향이 있다고 주장한다.[10] 브라운과 그 동료들은 16개 석유 수출국을 대상으로 국내 소비의 증가와 생산 고갈 그리고 수출 기록 간의 관계를 자세히 분석한 결과를 바탕으로 석유 수입국(대다수가 OECD 국가들이고 여기에는 당연히 미국도 포함돼 있음)의 불길한 앞날을 예고했다.

석유 수출국의 2005년부터 2009년까지의 석유 소비 증가율을 바탕으로 2015년까지의 석유 소비 증가율을 추정하고, 2005년부터 2009년까지 친디아(각각 중국과 인도를 의미하는 차이나와 인디아의 합성어)의 석유 수입 증가율을 바탕으로 2015년까지의 수입량을 추정한다고 하자. 그리고 석유 수출국의 석유 생산량은 약간 감소(2005년부터 2015년까지 연간 0.5%)한다고 가정해보자.

그렇다면, 비(非) 친디아 국가들이 2005년에 수입한 양이 3배럴이라고 하면 2015년에는 2배럴로 만족해야 한다는 계산이 나온다.[11]

이 시나리오는 미국과 기타 OECD 국가의 앞날에 어두운 그림자를 드리운다. 2010년에 미군이 석유 생산 부족 사태가 임박했음을 경고하고 나선 것도 이러한 현실 인식과 무관하지 않다. "제임스 매티스(James N. Mattis) 장군의 서문으로 시작된 이 보고서는 '2012년이면 석유의 잉여생산능력이 완전히 사라지고 생산 부족량이 일일 1,000만 배럴 수준에 도달할 수 있다'라고 밝혔다."[12]

미군의 예측치는 사실 브라운의 추정치보다 5배는 더 암울하다. 미군이 석유 부족 위기를 경고하고 나섰을 당시 세계 석유 생산량은 일일 8,600만 배럴 수준이었고 미군은 2015년이 되면 일일 석유 생산량이 1,000만 배럴 정도 줄어들 것으로 예상했다. 이는 연간 2.5%가 감소하는 것이고 브라운의 추정치 0.5%보다 5배나 높은 수준이다. 세계 석유 생산에 관한 한 브라운이 예측한 것보다 훨씬 암담한 미래를 예고하는 미군의 예상이 현실이 된다면 OECD 국가들은 에너지 투입량의 급감(그리고 이에 따른 잔존 석유의 가격 폭등)에서 오는 재앙적 수준의 위기에 봉착하게 될 것이다.

그러나 여기서 문제는 에너지 투입량이 감소하면 경제가 반드시 쇠하게 되는가 하는 부분이다. 안타깝게도 이 질문에 대해서는 '그렇다'라는 대답을 해야 할 것 같다.

에너지 문제 분석가 캐머런 렉키(Cameron Leckie)는 OECD 산하 국제에너지기구(IEA)가 OECD의 석유 수요가 일일 600만 배럴씩 감소해도 OECD의 GDP에는 영향을 미치지 않을 것으로 예측했다고 말한다. IEA는 "OECD 국가들은 앞으로 석유 집약도, 다시 말해 석유 사용의 효율성을 향상시키는 방향으로 나아갈 것이다"라고 봤다.[13]

석유 집약도는 시장 환율 기준으로 GDP 1,000달러당 총 석유 소비량으로 표시되며 이는 에너지 소비의 효율성을 평가하는 지표가 된다. 그런데 선진국의 에너지 효율성이 갑자기 개선될 것이라는 예측은 논점을 교묘히 피해간 다는 인상 그 이상을 보여주지 못한다. 물론 에너지 효율성을 향상시키는 일은 항상 가능하다. 그러나 지금까지 이러한 노력을 기울이지 않았던 것이 아니다. 대다수 국가가 1, 2차 석유 파동을 겪으면서 아주 오랫동안 에너지 효율성 증가를 위한 확실하고도 손쉬운 방안을 열심히 찾아 이를 시행해왔다. 문제는 그러한 노력이 효과가 있었느냐 하는 것이다.

최근의 에너지 집약도(에너지원단위라고도 함) 자료를 자세히 검토해보면 선진국(서유럽 국가와 북미 지역 국가, 오스트레일리아, 뉴질랜드 등)은 1인당 GDP도 높았고(1만 달러~4만 3,000달러) 1인당 석유 소비량도 많았다(100~350기가주울)는 사실을 알 수 있다.[14]

에너지 효율성을 높이는 일이 그리 만만하지 않다는 사실은 구소련 연방 국들의 사례에서 확인할 수 있다. 2008년에 배럴당 146달러를 넘을 정도로 석유 가격이 몹시 비쌌는데도 다른 유럽 국가들과 비교하여 구소련 연방국들의 1인당 에너지 소비와 GDP당 에너지 소비는 계속해서 높은 수준을 유지했다.[15] 이들 국가는 에너지 효율성을 향상시켜야 하는 동기와 이유와 보상은 차고 넘쳤지만 이를 쉽게 실현할 수가 없었던 것이다.

과거 기록을 보면 석유 집약도가 낮아지면 경제가 흥할 수 있다는 낙관론이 그다지 크게 와 닿지 않을 것이다.

인공호흡기 떼버리기

지난 40년 동안 미국의 석유 집약도가 낮아진 것은 에너지 집약적인 제조업의 국외 진출과 중산층의 실질 소득 정체에서 비롯된 측면이 크다. 닷컴과 부동산 경기 거품이 미국에서의 에너지 집약도를 낮추는 역할을 했다. 경제의 금융화가 진행되면서 농업, 건설업, 제조업 등보다 에너지 집약도가 훨씬 덜한 경제 활동을 통해 이윤을 챙기는 금융업이 GDP에서 차지하는 비중이 커졌기 때문이다. 대조정이 시작되기 직전인 2005년 당시 미국 기업들이 4달러를 벌었다면 이 가운데 1달러는 금융업에서 벌어들인 수익이었다.

미국 경제에서 금융업이 차지하는 비중이 높은 데도 미국의 GDP 대비 에너지 소비가 브라질보다 높은 수준이었다. 2011년도 IMF 자료를 보면 미국의 1인당 GDP는 4만 8,187달러인 데 반해 브라질의 1인당 GDP는 겨우 1만 1,845달러로서 미국의 4분 1 수준밖에 되지 않았다. 그러나 에너지 소비량(단위: 석유 환산 100만 배럴)은 미국이 1만 7,260이고 브라질은 겨우 1,750으로 그 비율은 9.86 대 1이었다.

전체적으로 미국은 1인당 GDP 대비 에너지 사용량이 브라질의 2배 이상이었다. 에너지 효율성을 향상시키는 일이 가능하기는 하나 그것이 실현될 것 같지는 않다.

캐머런 렉키는 이렇게 말한다.

> 특히나 현재와 같은 상황에서는 이러한 과제를 실현하기가 더 어렵다. 수많은 OECD 국가가 노령화 사회로 진입했고 부채 수준이 과도하게 높은 데다가 극소수(노르웨이와 멕시코)를 제외하고 OECD 회원국 거의 전부가 석유를 수입에 의존하고 있으며 제조업 기지를 개발도상국으로 이전한 경우가 대부분이다. 경제의 석유 집약도를 낮추려면 막대한 규모의 자본 투자가 필요하다. 그런데 경제 사정 악화로 고생하는 OECD 국가들로서는 그렇게 할 여력이 없어 보인다. 석유 집약도를 낮추는 것은 수익의 감소로도 이어진다. 따라서 석유 집약도를 낮춰 에너지 효율성이 향상될 때마다 비용도 증가하고 그런 만큼 이러한 목적을 달성하기가 더 어려워진다. 이러한 맥락에서 볼 때 석유 집약도를 많이 낮추는 것은 그만큼 획기적인 성과로 인식될 것이다.[16]

경제적 번영의 기반을 흔들지 않으면서 에너지 집약도를 낮추는 것은 렉키가 설명하는 것보다 훨씬 더 힘겨운 일이다. 왜냐하면, 경제란 것은 창발적(創發的: 전혀 예기치 못했던 것들이 갑작스럽게 발현된다는 의미―역주) 속성으로 가득 찬 매우 복잡한 체계이기 때문이다. 경제학자 제임스 리처드(James Richard)는 이렇게 설명한다.

> 복잡한 체계(사회)는 수많은 자율적 요소의 상호작용과 진화를 통해 스스로 설계하는 메커니즘에 따라 운용된다. 복잡한 체계의 두 번째 특징은 창발적 속성에서 찾을 수 있다. 기술적 방식으로 표현하자면 '전체는 부분의 합보다 크다'는 말이 여기에 해당할 것이다. 요컨대 부분의 행동을 관찰하는 것으로는 전체의 행동을 유추할 수 없다. 세 번째 특징은 복잡한 체계를 운용하는 데 필요한 에너지의 양이 기하급수적으로 증가한다는 것이다. 이때의 에너지는 다양한 형태를 취할 수 있지만 여기서 말하고자 하는 핵심은 이것이다. 즉, 이 체계의 규모를 10배로 늘리면 필요한 에너지의 양은 1,000배로 늘어나는 식이다. 네 번째 특징은 복잡한 체계는 재앙적 수준으로 붕괴하기 쉽다는 것이다. 그리고 세 번째와 네 번째 특징은 상호 연관돼 있다. 복잡한 체계가 특정 수준의 규모에 도달하면 규모와 필요 에너지 간의 기하급수적 관계로 말미암아 이용 가능한 자원이 소진돼 버리기 때문에 에너지 투입량이 점점 줄어들다 결국은 에너지를 투입할 수 없는 지경에 이른다. 요컨대 복잡한 체계는 자생적으로 발생하여 예측 불가능하게 행동하고 자원을 고갈시키며 종국에는 재앙적 수준으로 붕괴하고 만다.[17]

처참한 몰락을 맞이하지 않으려면 우리 눈에 익숙한 경기 침체의 징후들이 점점 증가하는 상황에 대비해야만 한다. Chapter 4 피크오일을 다루는 부분에서 언급했다시피 미국은 역대 최고의 부채 국가가 되면서 국가의 운명을 저당잡혔다. 채권자에게 자신을 맡기고 그 사람이 자신을 마음대로 하게 내버려둘 수는 없는 노릇이다. 우리 모두의 경제적 안정과 미국의 번영 사이에는 밀접한 관련이 있어서인지 우리는 모두가 '미국에 좋은 것이 세계 경제에도 좋은 것'이라는 편견에 사로잡혀 있는 것인지도 모르겠다.

이러한 생각이 아직 우리를 지배하기 때문인지, 지금보다 더한 상태로 경기가 악화될 위험이 있다손 치더라도 설마 중국이 자국의 채무자인 미국을 낭떠러지로 밀어내기야 하겠느냐는 생각이 팽배해 있는 듯하다. 이러니저러니 해도 미국 소비자는 중국 최대의 고객이 아닌가! 자신의 물건을 사줄 소비자를 파산의 구렁텅이에 몰아넣을 사람은 없을 것이다. 이러한 맥락에서라면 자국의 무역 상대국을 믿는 것이 일리가 있을 수도 있다. 요컨대 중국이 미국을 경제 파산의 구렁텅이로 밀어 넣지 않을 것이라고 믿는 것이 영 타당성 없지는 않다는 말이다.

그러나 이러한 '태평한' 생각은 제1차 세계대전이 발발하기 전에 사람들이 했던 생각을 떠올리게 한다. 그때 사람들은 모든 국가가 자유 무역 체계를 보존하고 또 이를 통해 경제적 번영을 추구해야 할 강한 동기와 이유가 있었기 때문에 전쟁이 일어날 가망성은 없다고 생각했었다. 그런데 결국 어떻게 됐는가!

중국 지도자들은 맬서스주의자라는 점을 기억하라. 이들은 장기적으로 자국의 경제 성장에 필요한 자원을 안정되게 확보할 수 있는 계획을 수립하는 데 주안점을 두고 있다. 중국의 한 자녀 정책에 이러한 부분이 잘 드러나 있다. 즉, 이들은 자원은 한정적인 데 반해 인구가 기하급수적으로 불어나는 바람에 자원에 대한 인구 압박이 가중되어 이것이 경제 성장에 악영향을 미친다고 판단될 때 이러한 악영향을 최소화하기 위해서라면 어떤 극약 처방이라도 불사할 사람들이다.

중국이 자국의 금융 영향력을 사용하여 현재 미국이 소비하는 일일 1,880만 배럴의 석유를 조금이라도 더 가져오고자 애를 쓰는 날이 오는 것은 시간문제라고 생각한다. 피크오일과 더불어 더욱 심각하게 고려하는 부분이 바로 이것이다. 대체 에너지니 뭐니 하는 한가로운 논리와는 달리 석유의 에너지 밀도는 풍요 경제의 핵심 요소다. 각국이 석유 확보를 위해 각축전을 벌여야 하는 상황에서는 특히나 더 그렇다.

중국의 통치자들이 피크오일이 자국 경제 성장의 걸림돌이라는 부분을 얼마나 심각하게 인식하고 있는지에 따라 또 식량 가격 상승이 정권의 안정성을 해칠 수 있다는 우려감이 얼마나 큰지에 따라 중국이 미국 경제의 인공호흡기를 떼려고 달려들 시기가 더 가까워질 수도 있다. 미국의 수요 수준을 낮춰버리면 중국의 판매량도 감소하겠지만 그와 동시에 생산 비용도 감소하기 때문에 중국은 석유와 기타 상품 가격 수준을 더 낮게 다시 책정할 기회가 생긴다.

알라딘의 요술 램프가 있다면 모를까 OECD 국가들이 아주 오랫동안 일일 석유 투입량이 600만 배럴씩 감소하는 환경에서 경제 성장 기조를 유지할 가망성은 없어 보인다.

이 챕터를 시작하면서 소개했던 제프리 삭스의 말을 되새겨볼 필요가 있다. 삭스는 열대 지역 국가들이 경제적으로 낙후됐던 이유는 에너지 투입량이 상대적으로 적었던 것과 밀접한 관련이 있다고 했다. 19세기와 20세기에 열대 지역 국가들이 맞았던 상황은 피크오일을 맞은 21세기 온대 지역 국가들의 상황과 다를 것이 없었다. 세계 최대 열대 국가인 브라질이 21세기에 들어와 새로운 에너지 강국으로 떠오르고 있다는 사실이 참으로 아이러니하지 않은가!

침몰하는 경제

높은 에너지 가격은 미국을 비롯하여 부채 수준이 높은 국가에는 재앙과도 같은 의미가 될 것이다. 탄화수소 에너지의 가격 재책정과 관련한 무수한 경제적 위기를 생각한다면 대조정은 그저 빙산의 일각에 불과할 뿐이다. 궁극적으로 이는 OECD 국가의 경제적 몰락을 의미한다.

석유 문제 분석가이자 에너지 부문 투자자인 그레거 맥도날드(Geogor Macdonald)는 석유 가격 상승이 신흥 경제국보다는 선진국(조만간 '침몰하는 경제국'으로 알려지게 될)에 더 큰 피해를 주는 이유를 설명한다.

> 석유 가격 상승은 개발도상국보다 OECD/선진국에 더 큰 타격을 준다. 개발도상국은 에너지 소비에서 석탄이 차지하는 비중이 매우 크고 석유는 새로이 사용하게 되는 만큼 석유 사용의 한계효용이 매우 높다. 반면에 OECD 국가들은 오래전부터 1인당 석유를 훨씬 많이 사용하는 체계에 깊이 함몰돼 있다. 그러나 개발도상국은 새로운 석유 사용자로서 적은 양만을 사용해도 그 효과가 극대화된다. 그러므로 앞으로 석유 가격이 더 상승하더라도 점점 더 많은 석유를 사용하려고 할 국가군은 바로 개발도상국이다. 이들 국가의 1인당 사용량은 적겠지만, 전체 수요는 극히 높을 것이다. 어쨌거나 선진국과 달리 개발도상국에 속한 국가의 체계는 석유에 크게 의존해 있지 않다. 이들 국가는 새롭게 석유를 사용하게 된 사용자로서 우리와 달리 석유 가격이 치솟으면 붕괴 위험이 커지는 그런 체계와는 거리가 멀다.[18]

여기서 중요한 대목은 "어쨌거나 선진국과 달리 개발도상국에 속한 국가의 체계는 석유에 크게 의존해 있지 않다. 이들 국가는 새롭게 석유를 사용하게 된 사용자로서 우리와 달리 석유 가격이 치솟으면 붕괴 위험이 커지는 그런 체계와는 거리가 멀다"라고 한 부분이다. 그리고 여기서 '붕괴(break)'는 '파산(bankruptcy)'과 같은 의미로 사용된다. '파산(bankruptcy)'이라는 단어는 '부서진 의자'를 뜻하는 이탈리아어 '방카로타(banca rotta)'에서 비롯됐다. 중세 이탈리아 상인들이 자신의 채무를 더 이상 이행할 수 없다는 것을 나타내는 의미로 의자(좌판)를 부쉈던 데서 유래한 말이라고 한다.

캘리포니아를 떠올려보라. 캘리포니아 주는 1950년대 환경에서 건설된 고속도로망을 중심으로 조성됐다. 그때는 휘발유 값이 갤런당 0.30센트였던 시대였다. 미국의 다른 교외 지역과 마찬가지로 캘리포니아 교외는 천지 사방으로 뻗어나간 형태로 조성된 것이라서 출퇴근 때만 되면 자동차가 간 행렬을 이루곤 한다. 캘리포니아가 생산량보다 3배나 많은 에너지를 소비하는 것도 다 이 때문이다.

중국인과 인도인이 석유 가격을 천장까지 끌어 올려놓으면 파산 지경에 처하는 곳은 상하이나 뭄바이가 아니라 로스앤젤레스와 샌디에이고다. 상하이나 뭄바이는 값싼 휘발유를 전제로 조성된 도시가 아니기 때문이다. 미국이 값싼 석유에 의존한 경제 구조였다는 점과 관련해서는 이외에도 할 이야기가 아주 많다. 이는 특정 대도시의 건설, 개발과 관련한 지역적 현상이 아니라 전 국가적인 차원의 현상이자 문제였다. 일례로 미국의 일반 가정은 자동차를 세 대씩 보유하고 있었고 대다수가 연료 소비가 엄청난 SUV(스포츠범용차량) 차종이었다. 이제 중국이 세계 최대 신차 시장이었던 미국의 자리를 대신했다. 미국의 기준으로 보면 중국인이 구매하는 자동차는 아주 작은 것이다. 인도의 자동차 시장도 이와 마찬가지다.

중국과 인도의 관점에서 보면 석유 가격이 상승한 환경에 적응하는 문제는 무엇을 살 것인가 그리고 어떻게 만들 것인가를 결정해야 하는 선택의 문제로 귀결될 뿐이다. 그러나 미국으로서는 이것이 훨씬 더 고통스러운 문제가 된다. 석유 가격 급등은 교외의 가치 하락을 의미한다. 교외 거주 중산층이 소유한 부동산 대부분이 깡통 재산이 돼버리면서 수많은 미국인의 투자 대상이었던 부동산의 가치가 하락하고 금융권의 지급 불능 사태가 심화됐다. 이는 부동산 가격의 순환적 가치 하락이 아니라 미국 중산층의 성장 기반이었던 값싼 석유가 가격이 급등한 데서 비롯된 수익의 장기적 하락이라는 데 문제의 심각성이 있다.

이제 우리는 경제사적으로 볼 때 고통스러운 다음 단계를 맞이하게 될 것이다. 이는 피크우드로 촉발된 산업혁명의 초기 단계와 흡사할 수도 있겠다.

한 가지 차이점이 있다면 이번에는 값싼 석유를 기반으로 과도하게 팽창했던 선진국의 복잡한 체계가 몰락한다는 부분일 것이다.

요컨대 앞으로 번영을 누리가 될 곳은 OECD가 아니라 중국, 인도 그리고 특히나 미래의 땅이 될 브라질 같은 신흥 경제국이다.

제2의 휴스턴, 리우

보편적으로 새로운 에너지원으로의 전환은 광범위하고도 파괴적인 영향력을 지닌다. 우리가 Chapter 4에서 살펴봤던 마운더 극소기와 함께 찾아왔던 그 냉기와 분위기를 생각해보라. 물론 나중에는 이것이 '냉기'를 가장하고 나타난 '축복'이었다는 사실이 드러나기는 했지만 말이다. 더 추워진 날씨가 인류 역사상 경제적으로 가장 번성했던 시기를 만드는 기폭제가 됐다는 사실을 기억하는가! 이러한 상황은 나무 가격이 100만 BTU당 은 6그램에서 BTU당 은 12그램 수준으로 오르면서 시작됐다. 날씨가 추워지자 유럽의 삼림이 감소하기 시작하면서 피크우드를 맞게 됐다. 피크우드는 나무의 가격을 상승시켰고 결국에는 다른 에너지원, 즉 석탄으로의 전환을 촉발하게 된다. 리처드 월킨슨(Richard Wilkinson)은 산업혁명 초기가 바로 그러한 압박감과 스트레스가 최고조에 달했던 시기라고 주장한다.[20]

한랭기로 전환되던 다른 때와 달리 소빙하기 때의 유럽은 복잡한 체계의 붕괴 현상이 나타나지도 암흑기로 들어가지도 않았다. Chapter 4에서 살펴봤다시피 체계가 붕괴하는 대신에 유럽은 식민지를 통해 보충적 에너지를 더 확보했고 더불어 고밀도 에너지원인 석탄을 산업혁명의 동력으로 사용하기 시작했다. 에너지 투입량이 증가하면서 18세기 중반에 유례없는 경제 성장이 이루어졌다.

그러나 앞으로 사용할 수 있는 고밀도 에너지원이 없다면 미국과 같은 선진국의 몰락은 멀지 않은 이야기가 될 것이다. 이와는 대조적으로 브라질은 피크오일로 받는 타격이 석유의 수입 의존도가 높은 다른 국가들보다는 크지 않을 것이다. 적어도 지금으로서는 그리고 브라질의 종합적 미래 에너지 전략을 고려하면 그렇다. 2012년에 브라질은 세계 11위의 석유 수출국이었고 석유 가격이 계속 상승하게 되면 2020년에는 세계 5위권에 드는 석유 수출국이 될 것이다.

이 챕터를 시작하면서 브라질의 해양 유전에는 '580억 배럴의 원유'가 매장돼 있다는 미 하원 천연자원위원회 위원장 덕 해스팅스의 말을 인용한 바 있다. 2011년 1월 19일에 발표된 블룸버그 보고서는 해스팅스 위원장이 말한 수치는 보수적 관점에서의 추정치였다고 말한다. 브라질 암염하층의 석유 매장량은 실제로 해스팅스가 추정한 것의 두 배가 될지도 모른다. 블룸버그는 "북대서양의 암염 하층부에 있는 브라질의 석유 매장량은 최소한 1,230억 배럴은 되며 이는 정부의 추정치보다 두 배 이상 많은 것이다"라고 말한다.[21]

블룸버그 보고서는, 브라질 정부의 석유 매장량 추정치가 너무 낙관적이었다는 사실을 증명하려고 시작했으나 결국에는 매장량이 1,230억 배럴이라는 정부 추정치의 신뢰도가 90%라는 결론에 도달했던 한 대학의 연구 조사 결과에 그 바탕을 두고 있다. 이 정도면 상당히 높은 신뢰도 수준이다. 이 추정치가 사실이든 아니든 간에 페트로브라스(Petroleo Brasileiro SA, NYSE: PBR, 브라질 최대 국영 석유회사—역주)는 그 어떤 석유 회사들보다 피크오일 이론을 부정하려는 사람들에게 유리한 일들을 많이 해냈다. 새로 발견한 해양 유전의 매장량이 1,230억 배럴이든 그 절반 수준인 580억 배럴이든 아니면 겨우 330억 배럴이든 간에 브라질 에너지부의 낙관주의자들이 오랫동안 넌지시 흘렸던 대로 이 유전의 발견은 근래 30년 중 가장 큰 발견이자 사상 최대 발견 가운데 하나가 될 것이다.

피크오일 이론을 인정하지 않는 사람들은 세계 석유 생산량이 감소하지 않을 것이라는 자신들의 희망에 힘을 실어주려는 목적으로 이러한 암염하층 유전의 발견을 거론한다는 사실에 주목하라. 그러나 페트로브라스의 CEO 세르지오 가브리엘리(Sergio Gabrielli)는 지구촌의 석유 생산 전망이 밝지 않음을 시사하는 예측을 했다. 가브리엘리는 2009년 12월에 있었던 프레젠테이션에서 생물 연료를 포함하여 세계의 석유 생산 능력이 석유 감소율을 상쇄할 수 없을 것임을 시사했다. 가브리엘리는 "앞으로 석유 생산량의 감소분을 상쇄하려면 2년마다 사우디아라비아가 하나씩은 생겨나야 할 것이다"라고 말했다.

2009년 1월에 〈비즈니스위크〉와 한 인터뷰에서 가브리엘리는 페트로브라스의 내부 전망은 다소 낙관적이었다고 주장했다.

> 페트로브라스의 예측으로는 신기술을 사용하여 석유 생산이 감소하는 속도를 낮춘다고 해도 기존 유전에서의 석유 생산량은 일일 1,800만 배럴을 약간 웃도는 수준에서 그 절반에 가까운 수준으로 감소할 것이다. 따라서 석유 생산에서의 현상 유지를 하려면 더 많은 유전을 발견해야 하고 또 3년에 한 번씩 새 사우디아라비아가 생겨나야 한다.[22]

실제로 1,230억 배럴이라는 추정치가 사실로 드러난다면 브라질이 새로 발견한 암염하층 유전에는 1951년에 생산이 시작되기 전의 추정 매장량이 1,000만 배럴이었던 사우디아라비아의 가와르 유전보다 더 많은 석유가 묻혀 있다는 이야기다. 1951년 이후로 가와르 유전에서는 650억 배럴이 생산됐다. 실제로 암염하층 유전의 매장량이 추정치의 절반만 돼도 브라질은 세계 에너지 강국으로 부상하는 데 무리가 없을 것이다. 심해 에너지 자원을 개발하는 부분에서 아주 저조한 성공률을 나타낸다 해도 미래의 에너지 강국으로서의 브라질의 위상에는 변화가 없을 것 같다.

〈포브스〉 지에 따르면 브라질에서의 유전 탐사 및 시추에 1조 달러 규모의 투자 계획이 세워져 있는 등 크게 보아 세계 석유 및 가스 산업의 무게 중심이 브라질로 이동하고 있다고 한다. 페트로브라스만 해도 앞으로 5년간 리우데자네이루 연안 심해 암염하층의 석유를 시추 및 개발하는 데 2,240억 달러를 투자할 계획이다.[23]

일부 투자 분석가는 페트로브라스가 이러한 생산 목표를 달성하는 데 성공한다면 1조 달러 가치를 지닌 최초의 주식회사가 될 수 있다고 주장한다. 페트로브라스는 이미 세계 심해 석유 생산량의 22%를 차지하고 있다. 페트로브라스의 투자 계획에 따르면 2014년까지 연간 석유 생산량을 390만 배럴로 끌어올리는 것으로 돼 있다. 천연가스 역시 2014년까지 일일 1억 3,000억 세제곱피트(약 367만 9,000세제곱미터)로 생산량을 끌어올리는 것으로 돼 있다. 페트로브라스는 2014년이 되면 연간 2,500억의 매출을 올려 300억 달러가 넘는 수익을 올린다는 목표에 맞춰 석유를 생산할 계획이다. 앞으로 4년 동안은 이 같은 추세로 석유 생산이 이루어질 것이다. 분석가 라이언 푸어만(Ryan Fuhrmann)은 이 목표를 달성한다면 페트로브라스는 10년 안에 시가총액이 1조 달러가 될 기회를 얻게 된다고 보았다.[24]

페트로브라스의 사례는 브라질의 밝은 미래를 엿볼 수 있는 일례이기도 하다. 총 2,240억 달러의 투자 계획은 앞으로 10년 동안 심해 유전 개발에 1조 달러를 투자하겠다는 원대한 계획의 첫 발자국에 불과하다.

상파울루에 있는 컨설팅 회사 베인앤드컴퍼니(Bain & Company)의 석유가스 사업부 책임자 페드로 코르데이로(Pedro Cordeiro)는 "이는 인류 역사상 최대 수준의 민간 부문 투자 계획으로서 실제로 달착륙 투자 계획보다 더 큰 규모다"라고 말한다.[25] 인플레이션율이 반영된 가격을 기준으로 할 때 이는 제2차 세계대전 이후의 유럽 부흥 계획이었던 마셜플랜(Marshall Plan)보다 더 규모가 컸다.

〈이코노미스트〉가 보도했던 대로 이에 낙관주의자들은 브라질이 엄청난 규모의 심해 석유와 천연가스를 생산하는 데 성공할 것이라는 기대에 부풀었다. 가브리엘리는 "심해 유전에서의 석유 탐사 성공률은 87%로 이는 세계 석

유 산업계의 평균 성공률 20~25%를 훨씬 웃도는 수준이다"라고 주장했다.[26]

막대한 규모의 석유 매장량이 브라질의 경제 성장을 가속화하는 역할을 할 것이다. 장기간 석유 가격이 비싸게 형성되는 한 페트로브라스는 더 많은 수익을 내는 세계적인 기업이 될 것이다. 닷컴 열풍으로 투자액 통계치에 잔뜩 거품이 꼈던 1995년 이전만 해도 석유 산업이 투하자본수익률에서 다른 업종을 능가했다는 점을 기억하라. 그것도 오늘날의 기준으로 석유의 실질 가격이 40달러를 조금 웃도는 수준까지 오르는 데 그쳤을 만큼 석유 가격이 낮게 형성됐던 시기에 그러했다는 것이다.

페트로브라스는 배럴당 200~300달러의 수익을 올릴 것이다. 이 정도면 과거 어느 석유 회사도 기록하지 못했던 역대 최고 수준의 수익률에 해당할 것이다. 해양 유전에서 엄청난 양의 석유를 생산할 것으로 기대되는 석유 회사가 브라질에 페트로브라스 하나만 있는 것이 아니다. 브라질 최고 갑부 에이케 바티스타(Eike Batista)가 이끄는 석유 회사 오지엑스(OGX Petroleoe Gas Participacoes)는 자사가 2020년까지 일일 140만 배럴을 생산할 것이라고 했다. 이는 브라질의 확정된 석유 생산량의 약 4분의 1에 해당하는 수준이다.

브라질은 수십 년 동안 국내 석유 및 가스 탐사 작업에 막대한 자금을 투자한 끝에 2009년에 드디어 순 석유 수출국이 됐다. 2012년에 브라질의 석유 생산 능력은 일일 약 300만 배럴 수준이었다. 2020년까지 일일 생산량을 550만 배럴로 늘리는 것이 목표라고 한다. 이 가운데 일일 150만 배럴이 수출용으로 할당될 것이다.

브라질은 국내 석유 소비를 증가시키는 것이 아니라 감소시킬 수도 있을 것이다. 브라질은 지구촌 경제국들 가운데 매우 특이하게도 재생 에너지 부문에서 경제성과 효율성이라는 두 측면 모두에서 우월한 지위를 확보하고 있기 때문이다.

온대 기후 지역의 선진국들이 입으로는 대체 에너지원을 운운하지만 실제로 이를 현실화하기 어렵다는 사실은, 2000년에 제프리 삭스가 강조했던 낙후된 열대 국가와 선진국의 상황이 지금은 보기 좋게 역전됐다는 점에서도 확인할 수 있다.

1945년 이후로 에너지(BTU)의 실질 가격이 469%(인플레이션이 반영된 연평균 석유 가격 기준으로 계산)나 상승했음에도 대체 에너지가 세계 에너지 수요를 충족시키는 데 공헌한 부분은 극히 미미하다. 온대 기후 지역에 있는 선진국에서 특히 더 그렇다. 예를 들어, 2011년 7월 현재 태양 에너지는 겨우 66만 1,339BTU다. 이는 세계 총 에너지양인 2억 6,775만 7600BTU의 0.002%에 불과하다. 풍력은 총 에너지의 0.012%를 그리고 지열은 단 0.0007%를 생산하는 데 그쳤다.

이는 각국이 더 가치 있는 탄화수소 연료, 특히 석유를 가능한 한 많이 확보하기 위한 경쟁에 돌입함에 따라 맬서스 자원 공포가 점점 다가온다는 것을 의미한다. 대충 보더라도 석유 수입국에 공급되는 석유의 양은 해가 갈수록 줄어들 것이라는 전망이 전혀 잘못된 것은 아닐 것이다.

지구촌은 지금 새로 유전을 발견하는 것보다 더 빠른 속도로 석유를 소비하고 있으며 이러한 추세는 수십 년 동안 계속됐다. 그러므로 현재의 에너지 사용 수준을 유지하거나 더 확대할 수 있는 상대적 능력에 따라 미래의 흥과 망이 결정된다고 해도 과언은 아니다. 브라질이 에너지투입수익률(EROEI)을 증가시키는 방향으로 1인당 에너지 투입량을 늘리는 능력이 대다수 다른 국가보다 월등하다고 보는 데는 다 그만한 이유가 있다.

재생 에너지 부문의 선도자

수많은 국가에서 재생 가능한 대체 에너지원 개발은 이미 실패한 계획으로 치부되고 있다. 그 와중에도 〈리뉴어블 에너지 월드(Renewable Energy World)〉 지는 "재생 에너지원을 통한 에너지의 절반가량을 브라질이 공급하는

상황에 비추어볼 때 이 분야에서는 브라질이 아마도 세계의 모범이 될 국가로 보인다"라고 했다.[27]

반면에 미국은 대체 에너지원으로의 전환이 매끄럽지 못하다. 그 한 가지 이유로 브라질이 누리는 것과 같은 수많은 자연 혜택이 미국에는 존재하지 않는다. 대체 에너지 부분에 관한 한 조지 더블유 부시 대통령의 셀룰로오스 에탄올 계획이 남긴 어처구니 없는 결과만큼 미국의 이러한 상황이 확연히 드러난 사례는 없을 것 같다. 이 원대한 계획이 담긴 부시 대통령의 2006년도 일반교서 내용을 기억할 것이다.

"우리는 옥수수만이 아니라 폐목재, 식물 줄기, 지팽이풀 등에서도 에탄올을 추출하는 첨단 기술을 개발하는 데 자금을 지원할 것이다. 우리의 목표는 이 신종 에탄올을 6년 이내에 실용화하여 상품으로서의 경제성과 경쟁력을 갖게 하는 것이다."

그 이후 미 의회는 이 최첨단 연료에 대해 갤런당 1.01달러의 세금을 공제해주는 내용의 에너지 법안을 통과시켰다. 또 의회와 부시 그리고 오바마 대통령은 2011년에 2억 5,000만 갤런을 구매하도록 강제함으로써 이 신 연료의 판로를 보장해 주었을 뿐 아니라 생산자에게 대출, 보조금, 장려금 등의 혜택을 제공했다. 그러나 안타깝게도 2011년에 실제로 생산된 신 연료의 양은 겨우 660만 갤런이었다. 목표 공급량에서 97%나 부족한 상황에서 석유 회사들은 구매 명령을 준수하지 못한 것에 상응하여 세액공제 포기증서를 구매해야만 했다. 2010년부터 2011년까지 미국의 석유 회사들은 존재하지도 않는 제품을 구매하지 못한 부분에 대해 1,000만 달러를 지급했다. 미 국립학술원(National Academy of Science)이 2010년 10월에 발표한 생물 연료에 관한 보고서는 "현재 셀룰로오스 생물자원을 연료로 만들어내는 생물 연료 정제소 가운데 상업성이 있는 곳은 없다"는 결론을 내렸다.[28] 〈월스트리트저널〉은 이 부분에 대해 이렇게 쓰고 있다.

의회는 존재하지도 않는 제품에 대해 자금을 지원했다. 그리고 생산이 완료됐을 것으로 생각되는 그 시점이 돼서도 여전히 존재하지 않는 그 제품의 구매를 강제했던 의회가 이제는 존재하지 않는 그 제품을 구매하지 않았다는 이유로 석유 회사에 징벌을 가하고 있다. 또 이제는 언젠가 그 제품이 존재하게 되리라는 희망을 품은 채 이에 대한 장려금을 두 배로 늘리고 있다.[29]

한편, 브라질은 2010년에 에탄올 69억 2,000 미국 갤런(U.S. gallon: 양의 단위)을 생산했다. 이는 석유를 직접 대체할 수 있는 규모다. 로이터의 보도 내용은 이렇다. "IEA는 월간 석유 시장 보고서에서 '브라질의 에탄올 생산량과 생물 연료는 OPEC 비회원국의 에너지 공급량을 증가시키는 주요 동인이며 이 부분에 대한 분석적 조사의 필요성이 증가하고 있다. 2010년과 2011년에 브라질의 연간 에탄올 생산량은 일일 47만 5,000만 배럴에서 52만 배럴로 일일 평균 5만 배럴이 증가했다'고 말했다."[30]

더구나 보조금 지원도 받지 않은 브라질의 사탕수수 에탄올이 미국의 옥수수에서 추출한 에탄올보다 에너지 밸런스(energy balance)가 7배나 높았다. 여기서 에너지 밸런스는 에너지 생산에 필요한 에너지의 양과 해당 에너지원을 사용했을 때 얻을 수 있는 에너지 양과의 차이를 말한다. 브라질의 사탕수수 에탄올은 이 에탄올을 생산하는 데 필요한 에너지보다 8배나 많은 에너지를 산출한다는 부분이 일반적인 사실로 받아들여지고 있다. 미국의 옥수수 에탄올의 에너지 밸런스는 1 대 1.25 정도로 보인다. 그러나 캘리포니아 주립대학 버클리 캠퍼스 소속의 지질학자 태드 팻젝(Tad Patzek)처럼 미국의 옥수수 에탄올 생산에 회의적인 사람들은 에탄올과 기타 생물 연료는 일반적으로 '에너지 부적(−)'인 에너지원이며 따라서 최종 생산물에 포함된 에너지의 양보다 그것을 생산하는 데 투입되는 에너지의 양이 더 많다고 주장한다.[31] 미국 생물 연료의 에너지 밸런스가 부적(−)이거나 기껏해야 근소하게 정적(+)이라는 점을 고려한다면 특히 옥수수 에탄올 개발 계획에 관한 한 브라질이 세계의 모범이 될 수 있다. 일부 비평가는 브라질의 에탄올이 지속 가능한 속성을 지닐 수 있었던 것은 순전히 광활한 경지와 선진 농업 기술 덕분이라고 주장하지만, 지금까지는 가장 성공적인 대체 에너지 가운데 하나가 브라질의 에탄올이라는 사실이 폭넓게 받아들여지고 있다.

한편, 브라질은 피마자유, 대두유, 면실유, 해바라기씨유와 함께 야자유 등을 주로 사용하는 바이오디젤(식물성 기름으로 만드는 디젤유—역주) 부문에서도 꽤 성과를 올렸다. 페트로브라스는 미나스제라이스, 바이아, 카에라, 파라나, 히우그란지두술에서 총 생산 능력이 연간 7억 2,140만 리터인 바이오디젤 공장 5곳을 운영하고 있다.

19세기 그리고 20세기의 3/4분기까지 미국이 에너지 부문에서 비교우위를 누렸던 것과 같이 지금은 브라질이 생물 연료 부문에서 그러한 비교우위를 누리고 있다. 그리고 이러한 이점은 이외 다른 재생 에너지 부문으로도 그 범위가 확장된다. Chapter 3에서 설명했듯이 브라질은 세계적인 수력 발전 강국에 속한다. 브라질 전력의 82%는 재생 가능한 청정 에너지원에서 생산된 것이다. 미국은 전체 전력원 가운데 재생 에너지원의 비중이 11%에 불과하다. 브라질의 에너지 수요는 미국보다 10배나 빠르게 증가하고 있다. 그 주된 이유는 브라질의 성장 잠재력이 크기 때문이다.

2008년에 브라질에서 가동 중인 수력 발전소는 706곳이었다. 이 발전소가 그해 브라질 전력의 약 85%를 공급했다. 브라질은 댐 건설과 수력 발전소 건설에 관한 전문 기술을 수출하는 국가가 됐다. 현재 브라질의 1인당 전력 소비량은 560킬로와트시(時) 정도다. 이는 온대 기후 지역에 속한 선진국의 전력 수요에 훨씬 못 미치는 수준이다. 예컨대 1인당 전력 소비량이 영국은 1,900킬로와트시이고 미국은 4,500킬로와트시 이상이다.

브라질에너지공사(Energy Research Company: EPE)는 브라질의 인구 증가와 소비 지출 증가로 말미암아 TV, 세탁기, 냉장고, 에어컨의 사용 대수가 늘어나는 상황을 고려할 때 국가 전력망의 잠재 설비 용량이 2010년에 110기가와트에서 2020년 말까지 171기가와트 수준으로 증가할 것으로 내다봤다. 대규모 수력 발전소는 현재 85기가와트인 설비 용량을 2012년에는 115기가와트 이상으로 증가시킬 것이다. 이 계획의 중심에는 파라(Pará) 주 싱구 강(Xingu River)에 건설 중인 벨로몬테 댐(Belo Monte Dam)이 있다. 2019년 1월에 설비 용량이 최대치에 도달하게 되면 이 벨로몬테 댐 하나만으로도 1,800만 가구 총 6,000만 인구가 사용할 수 있는 전력을 공급할 수 있을 것이다. 이로써 브라질은 세계 3위 수준의 수력 발전 설비를 갖추게 될 것이다.[32] 브라질의 추정 수력 발전 용량은 261기가와트로서 이는 일일 357만 석유환산 배럴에 해당하는 규모다.

브라질은 바이오전기(bioelectricity: 생물자원 연소를 통한 전기 생산—역주) 부문에서도 세계를 주도하고 있다. 브라질의 사탕수수 에탄올 정제소 전부가 전력을 자급자족한다. 이들 시설 대다수는 잉여 전력을 생산하여 이를 인근 전력 회사에 판매까지 한다. 실제로 브라질 에탄올 생산업자가 올리는 수익의 35%는 이렇게 전력 회사에 판매하는 잉여 전력에서 나오는 것이다. 재활용하지 않았다면 그냥 쓰레기로 버려졌을 사탕수수 찌꺼기지만 이의 연소를 통해 생산한 바이오전기(설비 용량 3,400메가와트)가 현재 브라질 에너지 생산량의 3.1%를 차지한다. 브라질은 인도, 중국, 일본, 기타 국가뿐 아니라 수많은 아프리카 국가들에 에탄올 공장 건설에 관한 전문 기술을 수출하고 있다.

〈리뉴어블 에너지 월드〉는 '북동부 지역 대부분에서 세계에서 가장 강하고 지속적인 바람이 불어대는' 브라질은 풍력 에너지 용량도 세계 최고 수준에 속한다고 말한다. 또 풍력 기지의 생산성이 높아서 브라질의 풍력 에너지는 세계에서 가장 값이 싸다(지난해 경매가 기준)고 한다.[33] EPE는 2020년까지 풍력 발전 기지의 설비 용량이 12배 증가할 것으로 예상한다. 그러나 브라질풍력에너지협회(Brazilian Wind Energy Association: ABE Eolca)의 페드로 페렐리(Pedro Perelli)는 설비 용량이 22배 증가할 것으로 보고 있다. 이 수준에서 설비 용량은 브라질의 풍력 에너지 잠재 용량의 단 6%에 불과하다. 추정 용량은 350기가와트이며 이는 일일 479만 석유환산 배럴에 해당한다. 거대 공익 사업체인 페트로브라스는 세계 최대 청정에너지 생산자가 되겠다는 야심을 품고 풍력 에너지 부문에 뛰어들었다.

특히 흥미로운 부분은 브라질 국가전력국(National Electric Power Agency)이 2011년에 시행한 공매 이후 브라질 풍력 에너지의 가격이 천연가스보다 더 싸다는 점이다. 브라질 국가전력규제위원회(National Electricity Regulatory Agency: ANEEL)의 넬슨 우브네르(Nelson Hübner) 위원장은 "이 에너지 공매의 결과는 에너지원 패러다임의 변화를 나타내는 것이라 볼 수 있다. 화력 발전은 오염물질 배출이 문제다. 그런데 화력 발전 방식으로 얻어낸 에너지와 경쟁할 수 있는 가격으로 풍력 에너지를 생산할 수 있다는 가능성을 확인해주었다는 점에서 그렇다"고 말한다.[34]

빛이 있으리라!

일반적인 관점에서 볼 때 운송과 관계없는 용도로 사용되는 경우 경제적으로 생산된 전력은 탄화수소 에너지를 대체하는 데 적합할 수 있다. 아니 어떻게 보면 탄화수소 에너지보다 훨씬 나을 수도 있다. 1859년에 에드윈 드레이크로 하여금 펜실베이니아 주 타이터스빌에서 지하 69피트(약 21미터)까지 파 들어가게 하여 결국 유전을 발견하면서 세계 석유 산업의 막을 올리게 했던 그 절대 동인이 바로 상당히 비쌌던 당시의 석유 가격이었다는 사실을 요즘 사람들은 잘 기억하지 못한다.

그때는 석유를 주로 조명용으로 사용했다. 첫 번째 유전에서 채굴이 시작되기 전에도 오일크리크(Oil Creek)와 앨러게니밸리(Allegheny Valley) 인근 염정(鹽井)에서 흘러나오던 석유에 대해서 이미 시장이 형성돼 있었고 그 가격이 갤런당 0.75달러에서 1.50달러 정도였고 심지어 2달러까지 갈 때도 있었다. 1배럴이 약 42갤런이라고 할 때 상술한 가격의 상한가(2달러)를 기준으로 하면 배럴당 80달러(1859년 달러 가치 기준)가 된다. 2009년도 달러 가치를 기준으로 하자면 배럴당 1,900달러라는 이야기다.[35]

그 후 30, 40년이 지나자 조명용으로 등잔(등유 사용) 대신 전등을 사용하게 됐다. 배럴당 1,900달러나 하는 비싼 석유를 사용해야 하는 등잔보다 전구가 훨씬 효율적이었다. 오늘날 미국 가정에서 사용하는 전력은 1킬로와트시당 평균 0.12달러밖에 들지 않는다. 1킬로와트시의 열량은 3,412.3BTU다. 석유 1배럴의 열량이 560만 BTU이므로 석유 1배럴은 1,641.12킬로와트시의 전력을 생산하는 셈이다. 그러므로 석유 가격이 배럴당 1,900달러(2009년도 달러 가치 기준)였던 1859년에 등잔을 사용한 소비자들은 킬로와트시당 1.16달러를 들여야 했을 것이다.

브라질은 재생 에너지 부문에서 세계를 선도하는 위치지만 재래형(전통적) 에너지 부문에서도 상당한 경쟁력을 지닌 국가다. 금세기 그러니까 21세기 초에도 거대 유전을 발견하여 세상의 이목을 집중시켰다. 석유뿐 아니라 천연가스의 확정 매장량도 어마어마한 수준이다.

〈오일앤드가스저널(The Oil and Gas Journal)〉에 따르면 2011년 기준으로 브라질 천연가스의 확정 매장량은 12조 9,000억 세제곱피트(약 3,650억 세제곱미터)라고 한다. 더불어 심해저에서도 거대 천연가스 유전이 계속 발견되고 있다. 페트로브라스는 투피(Tupi) 광구에만 회수 가능한 천연가스가 5~7조 세제곱피트(약 1,415~1,982억 세제곱미터)가량 매장돼 있다고 말한다. 브라질 국토 가운데 미개발 상태인 곳이 아직도 상당히 많다는 점을 고려한다면 브라질의 천연가스 매장량은 어마어마한 수준일 수 있다. 미 에너지부 에너지정보관리국의 보고서에는 아마존 지역에 엄청난 양의 천연가스가 매장돼 있을 수 있다고 적혀 있다.

천연가스는 브라질 에너지 소비의 약 8%를 차지한다. 약 85개의 발전소에서 천연가스를 이용하여 10.6기가와트의 전력을 생산하고 있다.

브라질은 석탄도 보유하고 있으며 현재 추정 매장량은 약 320억 톤이다. 현재 브라질은 연간 1,120만 톤의 석탄을 생산한다. '석탄은 주로 온대 기후 지역에 집중적으로 매장'돼 있다고 한 제프리 삭스의 주장은 사실이다.[36] 실제로 브라질의 석탄 광산은 파라나, 산타카타리나, 히우그란지두술 등 세 주에 모여 있으며 이 지역은 모두 온대 기후 지역에 속한다. 석탄은 주로 남부 주에 있는 10개 소형 화력 발전소에서 사용되며 이들 발전소의 설비 용량은 2,100메가와트다.

브라질에서 화력 발전은 주요 전력 공급원이라기보다는 수력 발전을 보조하는 역할을 한다. 브라질 석탄 산업계는 수력 발전소가 첨두부하(peak load: 전력 사용이 공급 능력의 최대치에 도달하는 상태—역주)일 때를 대비하여 화력 발전용으로 석탄을 사용할 수 있고 이것이 최종 소비자가 부담해야 하는 비용을 낮춰주는 역할을 한다고 주장한다.

브라질은 우라늄을 토대로 한 원자력 발전 능력 또한 갖추고 있다. 브라질 우라늄의 추정 매장량은 30만 9,000톤으로 세계 6위에 해당하는 수준이다. 브라질 최초의 원자력 발전소는 앙그라 1호이며 657메가와트의 설비 용량을 갖춘 채 1983년에 가동이 시작됐다. 이보다 규모가 더 큰 앙그라 2호는 발전 용량이 1,350메가와트다. 그리고 발전 용량은 2호기와 같은 1,350메가와트급이지만 기술력이 더욱 향상된 세 번째 원자력 발전소가 건설 중이다. 이 발전소가 완공되면 브라질 원자력 발전소의 총 설비 용량은 3,357메가와트가 된다.

에너지원 전환 이후 강대국의 쇠락

나는 제1차 세계대전 직전 피코콜의 도래 이후 영국 경제가 내리막길을 걸었던 결정적인 이유는 고밀도 에너지원인 석유를 충분히 확보할 수 없었기 때문이라고 확신한다.

이와 마찬가지로 앞으로 피크오일과 함께 석유 공급 부족 현상이 심화할 것으로 보고 이로 말미암아 미국 경제가 큰 타격을 입을 것으로 생각된다. 영국은 미국과 달리 석유가 풍부하게 매장돼 있지 않았고 반면에 미국은 이 석유 덕분에 20세기 내내 고속 성장을 이룩할 수 있었다. 이와 마찬가지로 미국은 브라질과 달리 열대 기후 지역의 이점을 지니지 못했으나 브라질은 이 기후 조건 덕분에 사탕수수 에탄올을 생산할 수 있었고 또 1년 내내 따스하게 내리비치는 풍부한 태양열 덕분에 태양 에너지의 보고가 될 수 있었다. 또 바람의 형태로 이 태양 에너지를 간접적으로 이용하는 부문에서 세계를 이끄는 역할을 할 수 있었다. 브라질의 10개 주 전역 혹은 대부분 지역, 그러니까 총 면적이 150만 제곱킬로미터가 넘는 광활한 지역이 하루에 제곱미터당 5,700와트시에서 6,300와트시의 태양 복사 에너지를 받는다.[37]

확실히 이러한 지역은 북유럽, 일본, 북미 지역처럼 구름이 잔뜩 끼어 있는 곳보다는 태양 에너지를 많이 확보할 수 있다. 브라질 전력 공사 일레트로브라스(Eletrobras)는 산타카타리나 주 플로리아노폴리스(Florianopolis)에 있는 자회사 일레트로수(Eletrosu) 사옥 옥상에 브라질 최초의 태양열 발전 시설을 설치했다.

이는 현재 진행 중이거나 이미 가동 중인 수많은 소규모 태양열 에너지 활용 프로젝트 가운데 하나에 불과하다. 일례로 상파울루는 2007년부터 모든 신규 건축물에 태양열 온수난방 설비를 갖추는 것을 의무화했다.

브라질은 온대 지역 국가(태양 복사 에너지의 양이 제곱미터당 4,500~4,700와트시)의 태양열 에너지 활용법을 적용하고 있다. 그러나 브라질의 열대 지역에는 상술한 온대 지역보다 태양 복사량이 40%는 더 많으므로 태양열 에너지 활용 잠재력이 훨씬 크다. 브라질은 1년 내내 태양열이 풍부하게 쏟아지기 때문에 앞으로 기술적 진보만 뒷받침된다면 태양 에너지 활용의 이점을 최대한 누리는 국가가 될 수 있을 것이다.

이외에도 브라질은 태양광전지판 제조의 주 원료인 실리콘도 풍부하게 보

유하고 있다. 브라질의 실리콘이 세계 실리콘 매장량의 90%를 차지한다고
한다.

제프리 삭스가 "에너지 자원의 차이가 온대 지역 국가와 열대 지역 국가
간의 소득 격차를 벌리는 데 중요한 역할을 했을 것"[38]이라고 주장하고 나서
10년 남짓 지났는데 브라질은 온대 지역 국가와의 에너지 격차를 엄청나게
줄였을 뿐더러 더 나아가 그 격차를 역전시키는 방향으로 진보했다.

브라질이 거둔 이 같은 성공은 결코 우연의 소치가 아니며 이는 농업 생산
성을 향상시키고 수십 년간 석유와 천연가스를 탐사하는 데 수십억 달러를
투자하고 연구한 노력의 대가였다. 브라질이 신흥 농업 강국으로 부상한 것
은 에탄올과 바이오디젤 같은 재생 가능한 연료 부문에서의 성공과 직결됐
다고 해도 과언이 아니다.

그리고 21세기 유전 발견 가운데 가장 눈부신 발견으로 꼽히는 암염하층
유전의 발견은 페트로브라스의 심해 석유 시추 기술이 없었으면 불가능했을
것이다. 가브리엘리는 브라질의 대규모 신규 유전 발견을 회고하면서 "브라질
이 이를 잘 활용할 능력을 갖출 그때가 오기까지 신은 이 석유를 숨겨 놓고
있었다"라고 말했다.[39]

영국은 피크우드 이후 기업인들이 새로운 에너지원으로의 전환에 성공함으
로써 18세기 세계의 경제적 패권을 거머쥐었다. 브라질이 피크오일 이후 18세
기 영국의 전철을 밟아 그와 같은 성공의 맛을 보게 될 것이라는 사실이 지
금은 잘 실감이 나지 않을 것이다. 그러나 슈테판 츠바이크가 브라질을 두고
"이 나라는 미래의 후손들이 마음껏 누리며 살 수 있는 곳이 되리라는 기대
는 절대 망상이 아니다"라고 말하고 나서 70년이 지난 지금 츠바이크가 말한
그 미래가 마침내 브라질 앞에 당도했다는 사실이 그 어느 때보다 실감이 난
다.[40]

Chapter 11에서는 브라질의 인구통계학적인 이점을 고찰해보도록 하겠다.

BRAZIL IS THE NEW AMERICA

Chapter 11

인구통계학적인 동력

성장이라는 기적이 기다리는 브라질의 미래

이 기적의 절반 이상이
'인구'라는 동력에서 비롯된 것이다.
이것으로 경제 기적의
전부를 설명할 수는 없지만,
인구라는 동력이 가장 중요한
성장 결정 인자인 것만은 분명하다.

— 데이비드 블룸과 제프리 윌리엄슨,
'신흥 아시아의 인구통계학적 변화와 경제 기적'

이 책 초반부에 언급했던 맬서스주의와 관련한 논점 가운데 가장 흥미로운 측면이 바로 인구와 경제 간의 관계다. 오랫동안 경제학자와 정책 분석가들은 저개발국가에서의 인구 팽창이 만성적 빈곤의 주요 원인이었다고 역설해왔다. 특히 관찰자들은 점점 더 불어나는 인구가 물적 자본의 형성을 방해했다고 생각한다. 이들은 개발도상국이 출생률을 감소시키면 수많은 아동들이 소비해야 했을 자원을 다른 생산적인 곳에 투자할 수 있을 것이라는 이론을 세웠다. 실제로 인구 증가 억제를 위해 한 자녀 정책을 채택하기로 한 중국의 결정에 이 같은 견해가 반영돼 있다.

중국이 역대 최고 수준의 성장률을 기록했다는 사실(1980년 이후로 연간 9.8%의 성장률을 나타냈고 21세기 들어 첫 10년 동안 성장 속도에 더 가속이 붙었음)만 보면 출생률 감소를 주장한 맬서스주의자들의 견해가 옳았음이 입증된 것처럼 보일 수도 있겠다. 그러나 그 내막을 좀 더 자세히 들여다볼 필요가 있다. 레버렌드 토머스 맬서스가 저 유명한 저서 《인구론》(1798년)을 발표하고 나서 2세기가 지났는데 인구가 많은 것과 적은 것 가운데 어느 쪽이 경제 성장에 더 유리한가에 관한 논쟁이 더욱 복잡한 양상을 띠게 됐다. 경제학자 데이비드 블룸과 제프리 윌리엄슨은 이렇게 말한다.

> 비관론자들은 인구의 급속한 증가는 기술적 진보와 자본 축적이 만들어낸 성과를 가려버리는 경향이 있기 때문에 인구 팽창은 빈곤화의 원흉일 뿐이라고 생각한다(얼리치 1968; 코울과 후버 1958). 반면에 낙관론자들은 인구의 급증은 '규모의 경제'를 현실화하고 기술적 및 제도적 혁신을 촉진한다고 생각한다(보즈럽 1981; 사이먼 1981; 쿠즈네츠 1967). 그런데 최근 연구는 양측의 주장을 다 무너뜨리는 것이었다. 즉, 인구 증가가 경제 성장에 미치는 영향은 긍정적이지도 그렇다고 또 부정적이지도 않았다(블룸과 프리먼 1986; 켈리 1988).[1]

블룸과 윌리엄슨이 정리한 내용을 바탕으로 하면 경제학자들은 경제 성과의 주요 변인을 총 인구에서 찾으려던 종래의 관점에서 벗어나 인구 구조, 즉 인구통계학적 측면에서 찾으려는 쪽으로 관점의 변화를 보이고 있다.

최근 연구에서는 인구 구조가 경제 성장과 밀접한 관련이 있다는 사실을 보여주었다. 생산 가능 인구의 비율이 높을수록 경제 성과가 더 좋아진다. 블룸과 윌리엄슨은 1965년부터 1990년까지의 아시아 경제 기적의 3분의 1 더 나아가 그 절반 이상은 인구 동역학에서 비롯되는 인구 보너스(demographic bonus: 전체 인구에서 생산 연령 인구가 차지하는 비중이 증가하는 것—역주) 덕분이라고 주장했다.[2]

또 앨런 켈리와 로버트 슈미트(Allen C. Kelly and Robert M. Schmidt)는 1960년부터 1995년까지 유럽에서 1인당 생산량이 상대적으로 미미한 증가율을 나타낸 원인 가운데 20%는 '인구통계학상의 핵심 변인'들이 차지한다는 사실을 알게 됐다.[3]

사람들은 계량 경제학 모형을 들먹이며 어물쩍 넘어가려 하지만 생산 연령 인구의 크기와 경제적 생산성 사이에 밀접한 관련이 있다는 사실을 뒷받침할 만한 강력한 논리적 근거가 있다. 은퇴자 75%, 아동 15%, 생산 활동을 하는 성인 10%로 이루어진 경제 구조와 은퇴자 10%, 아동 15%, 생산 활동 인구 75%로 구성된 경제 구조의 성과가 어떠할지 생각해보라. 비교 자체가 무의미하지 않겠는가! 물론 실제로는 위와 같은 극단적 인구 구조를 보이는 국가는 거의 없을 테니 그 점은 다행스럽다고 하겠다. 어쨌거나 아동이 없는 국가는 역시 미래도 없다. 이와 마찬가지로 은퇴자 비율이 75%나 되는 국가는 큰 문제를 안고 있을 것이다. 켈리와 슈미트는 이렇게 설명한다.

> 논리는 매우 간단하다. 인구 증가율이 높으면(낮으면), 소비만 할 뿐 소득에는 거의 혹은 전혀 공헌하는 바가 없는 아동(노인)의 수가 불균형적으로 증가한다. 이러한 '피부양자'의 소비에는 재정적 지원이 필요하고 저축금이 이의 재원이 된다.[4]

이러한 인구통계학적 분석이 의미하는 바는 생산 활동에 참여하는 연령대의 인구가 많고 더 나아가 그 수가 점점 증가할 때 경제가 가장 좋은 성과를 나타낸다는 사실이다. 인구통계학의 동태적 속성을 고려할 때, '인구 보너스'로 표현되기도 하는 이른바 성장의 스위트스폿(sweet spot: 최적 지점 혹은 최적 시기를 의미)은 생산 연령 인구의 증가와 피부양 인구의 감소 비율에 좌우된다고 할 수 있다. 문제는 일단 인구 보너스 단계에 도달한 이후에는 그 효과가 점점 줄어들 수밖에 없다는 점이다. 생산 활동을 하는 사람들이 나이가 들고 결국 은퇴하게 되기 때문이다. 인구가 무한히 증가하지 않는 한 또 전염병이나 유행병으로 사망자 수가 급증하지 않는 한 생산 활동 인구가 책임져야 할 피부양자의 비율, 즉 부양률은 필연적으로 증가하게 된다. 그러나 이와 같은 부양률의 증감은 국가마다 시차를 두고 나타나는 경향이 있다.

선진국의 상대적 경제 성과는 앞으로 20년 혹은 30년 동안의 다양한 코호트(cohort: 통계 인자를 공유한 집단—역주)로 구성되는 인구 구조의 영향을 크게 받을 것이라는 점은 분명하다. 지금 한창 생산 활동에 참여하고 있고 2030년 즈음에 은퇴하게 될 연령 집단을 기준으로 앞으로의 성장 전망에 관한 유용한 정보를 입수할 수 있다.

우선 러시아의 생산 연령대 인구는 1,700만 명이 감소하여 1억 120만 명이 될 것으로 예측되며 2030년부터 2050년까지는 1,420만 명이 더 감소할 것으로 보인다.

인구 통계치에 내포된 또 한 가지 놀라운 사실은 한국의 생산 인구는 2030년에 370만 명이 감소할 것으로 보인다는 점이고 이는 남북한 통일 논리를 강하게 뒷받침하는 역할을 할 것이다.[5] 블룸과 윌리엄슨은 1965년부터 1990년까지 아시아 4대 호랑이가 이룩한 경제 성장의 50%는 인구 보너스 덕분이라는 점을 보여주면서 "이러한 결과는 미래의 인구 변화가 동아시아 국가의 경제 성장을 압박하는 요소로 작용할 것이라는 점을 시사한다"고 주장한다.[6] 지금은 그 인구 보너스가 역전됐고 이에 따라 한국의 생산 인구가 늘지 않는 한 이전과 같은 경제 성과는 기대하기 어려울 것이다.

이와 마찬가지로 유럽의 생산 가능 인구는 10%(약 5,000만 명) 감소할 것으로 추정되며 이는 유럽 경제의 침체 정도가 더욱 심각해질 것임을 예고하는 징표다. 앞으로 20년 동안 유럽의 인구는 흑사병이 돌았던 때보다 더 많이 감소할 것으로 보인다.

이와는 대조적으로 지금부터 2030년까지 브라질의 생산 인구는 중국 생산 인구의 두 배 가까이 증가할 것이다.

중국이 기회를 잡을 것인가?

인구통계학적 분석과 관련하여 가장 놀라운 경제 성장 전망은 중국이 생산 인구의 급격한 감소로 말미암아 경기 침체를 경험하게 될 것이라는 점이다. 중국이 경험한 최근의 경제 성장은 1979년에 한 자녀 정책이 시행되기 이전까지 계속된 인구 팽창 덕분이었다. 그러나 인구 보너스는 그것으로 끝이다. 중국의 인구 증가 억제 노력의 단점은 아이러니하게도 이러한 노력이 성공을 거두었다는 사실에 있다. 앞으로 1, 2년 남짓이면 생산 인구상의 이점도 다 사라질 것이다.

중국에서 10년간 일했고 지금은 베를린 인구개발연구소(Institute for Population and Development)를 이끌고 있는 라이너 클링홀츠(Reiner Klingholz)는 이렇게 말한다.

"중국은 15년에서 25년 내에 큰 위기를 겪게 될 것이다."[7]

스탠포드 대학의 '수명연구소'에 따르면 앞으로 20년 동안 중국의 생산 인구는 990만 명 증가하는 데 그칠 것이라고 한다. 이는 브라질의 생산 인구 증가 추정치 1,840만 명의 절반에 해당하는 수준이다.[8] 중국 인구가 브라질의 6.5배라는 점을 고려한다면 앞으로 20년 동안 브라질의 생산 인구가 중국 생산 인구보다 2배나 더 증가한다는 사실은 중국 경제의 급격한 둔화를 나타내는 징후일 수 있다. 또 한 가지 주목해야 할 부분은 중국의 생산 인구는 2015년을 고비로 그 증가세가 중지될 것이라는 점이다. 그 이후로는 한 자녀 정책의 효과가 나타나게 될 것이다.

한 자녀 정책은 모든 부부에게 한 자녀만을 허용하는 단순한 규정이 아니라 다양한 예외가 포함된 매우 복잡한 체계라는 점에 주목하라. 이 정책이 처음 시행됐을 당시 세계 경지의 단 7%를 차지한 중국이 세계 인구의 4분의 1을 보유하고 있었다. 중국 인구의 3분의 2는 30세 이하였다. 한 자녀 정책은 처음에는 '임시' 조치로 시행된 것이었다. 〈뉴잉글랜드 저널 오브 메디신(New England Journal of Medicine)〉에 실린 내용을 살펴보자.

한 자녀 정책은 소수 인구 집단에 적용된다. 도시 거주자와 공무원에게는 거의 예외 사항 없이 이 규정이 엄격히 적용됐다. 첫 아이가 장애아이거나, 양쪽 부모 모두 고위험 직업군(광부 등)에 속하거나, 부모 자신들이 한 자녀 가정 출신인 경우(일부 지역에서)는 예외로 한다.[9]

이 정책은 중국 가정으로 하여금 한 자녀를 갖게 하거나, 두 자녀 혹은 세 자녀가 허용된 경우에는 터울을 5년으로 가져가게 하는 것을 골자로 한다. 중국인 대다수가 거주하는 농촌 지역은 일반적으로 5년 터울로 둘째를 가질 수 있도록 허용하는데 첫째가 여아인 경우는 특히 그러했다. 미개발 오지 혹은 소수 민족이 거주하는 지역에 대해서는 셋째를 허용하기도 한다. 중국이 한 자녀 정책을 엄격히 시행했음에도 〈뉴잉글랜드 저널 오브 메디신〉은 "중국의 낙태율이 상대적으로 낮다. 중국은 가임 여성 중 최소한 1회 낙태를 한 여성의 비율이 25%인데 미국은 이 비율이 43%다"라고 기술했다. 더불어 이 여성들이 낙태한 주된 이유는 "한 자녀 정책에 따라 정부의 승인을 받지 못한 채 임신을 했기" 때문이라고 했다.[10]

중국에서 여성 1인당 정상 출산 횟수는 1979년 2.9회에서 2004년 1.7회로 감소했다(도시 지역은 한 여성당 1.3명, 농촌 지역은 약 2명). 중국 당국은 이 정책으로 출생자 수가 2억 5,000만~3억 명 정도 감소했다고 한다.[11] 인도의 생산 인구 증가율을 중국과 비교해보면 이 출생 억제 추정치에 신빙성이 있어 보인다.

2011년 인도 인구는 12억 1,019만 3,422명으로 중국 인구(13억 3,972만 4,852명)보다 1억 3,000만 명이 적었다. 그런데도 2030년까지 인도의 생산 인구는 2억 4,100만 명이 증가할 것으로 추정되는 데 비해 중국은 990만 명이 증가하는 데 그칠 것으로 보인다. 중국의 인구 증가율이 인도의 증가율과 같았다고 하면 중국의 생산 인구는 2억 5,000만 명에서 3억 명 사이인 2억 7,800만 명이 증가해야 했을 것이다.

중국의 엄격한 인구 억제 정책은 1990년대 초부터 슬슬 효과가 나타나기 시작한 이른바 '인위적' 인구 보너스 효과를 창조했다. 이 정책이 시행되지 않았을 때의 추정치보다 아동 인구가 줄어듦으로써 부양률이 감소하고 생산 연령 인구의 비율이 증가하는 효과를 낳았다. 인구통계학자들은 1990년대 이후 중국 경제 성장의 최대 30%는 한 자녀 정책을 통한 인구 보너스의 효과라고 추정한다.

워싱턴에 본부를 둔 국제전략연구소(Center for Strategic and International Studies) 노령화 연구단(Global Aging Initiative)의 책임자 리처드 잭슨(Richard Jackson)은 중국의 생산 가능 인구는 지난 30년 동안 연평균 2.5%의 증가율을 나타낸 이후 그 증가세가 거의 멈췄다고 지적한다. 잭슨은 지금부터 2020년대까지 중국의 생산 가능 인구의 증가율은 연평균 1% 정도로 감소할 것이라고 말한다.

이와 유사하게 유엔은 2025년까지 중국의 15~24세 인구는 약 6,200만 명이 감소한 1억 6,400만 명이 되는 데 비해 노인 인구는 78% 증가하여 1억 9,500만 명이 될 것으로 예측한다.[12]

베이징에 소재한 브루클린-칭화 공공정책연구소의 왕펑(Wang Feng) 소장은 2015년이 되면 중국의 인구 증가율이 마이너스로 돌아설 것이라고 한다. 왕펑은 한 자녀 정책은 처음에 의도했던 것과 정반대 효과를 나타내고 있다고 말한다.

"젊은 부부들이 아이를 더 많이 낳도록 장려하는 방안을 마련할 필요가 있다."[13]

브라질의 인구 보너스

브라질의 인구 2억 300만 명은 중국이나 인도의 인구와 비교하면 아주 적어 보이지만 그래도 브라질은 세계에서 다섯 번째로 인구가 많은 국가다. 수십 년 동안 출생률이 감소해온 브라질은 머지않아 인구 보너스 효과가 정점을 찍게 될 것이다.

미나스제라이스 대학 카시오 투라와 베르나르도 퀘이로즈(Cássio Turra and

Bernardo Queiroz) 교수는 연구를 통해 경제적으로 가장 생산성 있는 연령대(15~64세)의 인구가 1억 3,000만 명으로 증가한 데 따른 인구 보너스 요인 하나만으로도 브라질의 GDP가 연간 2.5% 정도 추가로 상승할 가능성이 있다고 결론 내렸다. 제툴리오 바르가스 재단(Fundacao Getulio Vargas) 산하 사회정치연구소 소속 연구원 마르셀로 네리(Marcelo Neri)는 별도로 진행한 연구를 통해 '브라질의 평균 소득이 연간 최대 2.7% 증가'한 것은 인구 보너스 덕분이라고 주장했다.[14]

브라질의 경제 잡지 〈에자미(Exame)〉에 따르면 브라질의 생산 가능 인구는 1,700만 명이 증가하여 전체 인구의 71%(2011년에 전체 인구의 3분의 2 수준에서 이 수치로 증가함)를 차지하는 선에서 최고점을 찍을 것이라고 한다.

〈에자미〉는 인구 보너스를 통해 브라질은 앞으로 20여 년 동안 전보다 더 굳건한 성장세를 나타낼 수 있을 것으로 예상한다. 브라질의 인구 보너스가 정점을 찍는 시기는 2022년으로 추정하고 있다. 이때가 되면 그 이전과 이후를 통틀어 생산 인구 대비 피부양 인구(아동과 노인 등)가 최저치를 기록하게 된다. 이 시점에서는 생산 활동에 참여하지 않는 인구 대비 생산 활동에 참여하는 인구의 비율이 1990년대 초의 7 대 10에서 4 대 10으로 감소할 것이다. 〈에자미〉에 게재된 바와 같이 캘리포니아 주립대학 버클리 캠퍼스 인구통계학 및 경제학과 학과장이자 미국노령화연구위원회(American Committee on Aging Research) 위원인 로널드 리(Ronald Lee)는 이렇게 말한다.

어느 국가든 이와 같은 인구 보너스의 정점은 천재일우의 큰 기회일 수밖에 없다. 브라질에도 그러한 황금 기회가 다가왔다. 그러나 이 또한 일시적인 기회일 뿐이다. 20년이 지나면 인구의 노령화로 말미암아 이러한 기회 곡선이 역전되고 비생산활동인구가 증가하게 될 것이다. 그러므로 그때가 되기 전까지 브라질이 할 수 있는 최선책은 특히 양질의 기초 교육을 제공하는 등 새로운 세대에 대한 투자를 늘리는 일이다.

리가 브라질에 전하고자 하는 메시지는 단순명쾌하다. 즉, 브라질에는 20년 이라는 시간이 남아 있다. 이 시간 동안 경제를 현대화하고 교육의 질을 높임으로써 부국으로 성장해야 한다는 숙제를 완수해야 한다는 것이다.

브라질 인구의 연령 중앙치는 28.9세로서 대다수가 소비 순환 주기의 시작 단계에 해당할 정도로 낮은 수치다. 이와는 대조적으로 미국 인구의 연령 중앙치는 36세다. 중국의 연령 중앙치는 35.2세로서 미국에 못지않게 높은 수준이다. 러시아는 연령 중앙치가 38.5세로서 이는 러시아의 인구 구조 붕괴를 상징하는 지표일 수 있다(이상 2010년도 자료임).

인도(연령 중앙치 25.9세)와 함께 브라질은 젊은 인구가 이끌어 가는 주요 2개국 가운데 한 곳이며 앞으로 적어도 높은 부양률 때문에 경제 성장이 방해받을 가능성은 없어 보인다.

그러나 인도의 생산 인구가 10억의 4분의 1 그러니까 약 5억 명이 증가하는 만큼 인도의 경제도 성장할 가능성이 크지만, 인도는 이외 다른 인구통계학적 문제들도 껴안고 있다는 점을 기억하라.

러시아의 인구 구조는 붕괴한 상태다. 인구통계학자들은 러시아의 인구는 현재 1억 4,300만 명에서 2050년에는 1억 1,100만 명으로 감소할 것으로 예상한다. 러시아가 적어도 투자 기회를 찾아 러시아로 오는 이주민들을 통해 인구 감소분을 채울 가능성은 없어 보인다.

러시아에 40억 달러를 투자하는 것으로 러시아 최대 외국인 투자자로서 유명세를 치른 빌 브라우더(Bill Browder)의 의견은 적어도 그렇다. 이 투자에 대해 러시아 정부는 브라우더를 체포하고 투자금 일부를 몰수하는 것으로 반응했다. 2005년에 브라우더는 '국가 안보를 위협'했다는 이유로 러시아 입국을 거부당했다. 이는 브라우더가 러시아 고위층의 부패 사실을 폭로한 이후의 일이었다. 2009년 11월에 브라우더의 변호사는 러시아 교도소에 1년 동안 투옥돼 있다가 그곳에서 숨을 거뒀다. 최근에 브라우더는 스탠퍼드 경영대학원에서 있은 강연에서 "그것이 누구든 간에 러시아에 투자하는 것은 미

친 짓이다"라고 말했다.[15]

BHP(Broken Hill Proprietary Company Limited: 호주 최대 광산 업체—역주) 직원들이 중국의 철광 수요를 조사하려고 했을 때 '국가 기밀 누설' 혐의로 이들을 체포했던 것처럼 중국은 상업적 문제에 대해 정치적 관점에서 강압적 행동을 취하는 경우가 종종 있다. 브라질 역시 부패와 관련한 크고 작은 문제들을 안고 있기는 마찬가지다. 그러나 수십억 달러를 투자한 이후에 브라질에서 체포되거나 브라질 입국이 거부된 사람은 지금까지 없었다. 다른 브릭스 국가 중에 투자자를 겨냥하여 심각한 범죄 행위를 이유로 이들의 목을 조른 일은 거의 없었던 것 같다.

그러나 이와는 좀 다른 관점에서 인도와 중국은 심각한 곤경에 처해 있다. 이 두 국가는 다른 형태의 범죄 행위, 즉 젠더사이드(gendercide: 성 차별적 여아 살해—역주)를 종용하고 있기 때문이다. 인도와 중국에서는 선택적 낙태와 여성 영유아 살해가 자행되고 있다. 그 결과 남녀 성비 불균형을 초래했고 더불어 결혼을 못하는 남성의 비율이 증가하는 문제를 낳았다. 남부 인도에서 4년간에 걸친 연구를 진행한 결과 '여성 사망의 72%가 살해' 때문이었던 것으로 드러났다. 즉, 여아에 대한 공공연한 살해 혹은 의도적 방치가 있었던 것이다.[16]

중국의 일부 성(省)에서는 젊은 남성과 여성의 성비가 1.4 대 1이다. 여아에 대한 대량 살해 행위는 도덕적으로도 문제가 있지만, 사회적으로도 큰 문제를 일으킨다. 즉, 통제 불가능한 신부(新婦) 부족 현상 때문에 엄청난 사회 불안을 촉발할 것이 뻔하기 때문이다.

브라질에서도 유아 살해가 발생하기는 하나 이는 전적으로 개인적인 비극일 뿐이지 이 자체가 문화적인 현상은 아니다. 브라질 부모들은 신부에게 들려 보내는 지참금의 부담을 덜고자 여아를 살해하는 일 따위는 하지 않는다. 인도나 중국과는 달리 젠더사이드는 노후를 보장해주는 방식이 못된다. 브라질 부모들은 아들만큼이나 자신들의 아름다운 딸도 사랑한다. 브라질에는 남성보다 여성이 100만 명이나 많다(이미 언급했다시피 혈기왕성한 지구촌의 모든 남성에게는 희소식일 것이다.).

OECD 자료를 보면 그리스에서 65세 이상 인구의 비율은 생산 가능 인구 대비 40.62%라고 한다. 이는 유럽 은퇴 문화의 상징이라 할 수 있는 현상이다. 2030년이 되면 이 비율은 58.26%로 껑충 뛰어오르리라 예상된다. 이는 채무 불이행 외에 그리스의 부채 위기가 해결될 가능성이 없음을 시사하는 확실한 지표다.

현재 일본은 생산 가능 인구 대비 38.29%가 65세 이상 인구라고 한다. 이 비율은 20년 내에 68.84%로 증가할 것이다. 이는 수많은 분석가가 금세기 상반기 안에 브라질이 일본을 앞지를 것이라 예상하는 한 가지 이유가 된다.

인구 보너스 덕분에 경제 성장이 촉진될 것이라는 점은 브라질이 다수 시장에서 두각을 나타내게 된다는 사실에서 더욱 확실해질 것이다. 브라질은 2011년에 이미 미국과 일본에 이어 세계 3위의 위생용품 및 화장품 시장으로 부상했다. 유로모니터(Euromonitor: 세계적인 시장조사 기관 — 역주)의 예측에 의하면 브라질은 10년 이내에 미국과 일본을 제치고 세계 최대 화장품 시장이 될 것이라고 한다.

〈에자미〉는 2020년이 되면 브라질 화장품 시장이 미국의 현 시장 규모의 두 배에 해당하는 1,080억 달러 규모가 될 것으로 예측했다.[17] 놀랍게도 브라질 사람들은 다른 나라 사람들보다 양치질을 더 자주 한다. 그리고 개인 위생을 중시하는 경향 때문에 미국 사람들보다 탈취제를 더 많이 사용한다.[18] 이제 막 생산 활동에 참여하기 시작한 수백만 명이 브라질의 새로운 가구 형성을 가속화할 것이다. 〈에자미〉는 이렇게 보도하고 있다.

"브라질에서는 매년 170만 가구가 생성될 것으로 추정된다. 그리고 2030년이 되면 주로 중산층에서 최소한 3,500만 가구가 생성돼 있을 것이고 이에 따른 주택 수요도 증가하게 될 것이다."[19]

신제품 시험 장소

새로워진 브라질은 이제 새로운 세계 경제의 시험 장소 같은 존재가 돼 가고 있다. 마이클 칭코타와 일카 론카이넨(Michael R. Czinkota and Ilkka A. Ronkainen)은 자신들의 저서 《국제 마케팅(International Marketing)》에서 이렇게 쓰고 있다. "일부 국가들이 신제품의 시험 시장으로 부상하고 있으며 브라질은 프록터앤드겜블(Procter & Gamble)과 콜게이트(Colgate)의 시험 시장으로 이용된다."[20] 스티븐 카니츠(Stephen Kanitz)는 자신의 블로그 '브라질에 베팅하기(Betting on Brazil)'에서 "2009년 상반기에 7,000개의 신제품이 브라질에 소개됐다. 이는 전 세계에 소개된 신제품의 6%에 해당하는 수준이다. 이유가 무엇일까?"라고 쓰고 있다.[21] 여기에는 소득이 증가함에 따라 브라질의 소비 경제가 신장되고 있다는 점을 포함한 몇 가지 이유가 있다.

브라질에서 신제품을 출시하겠다는 결정을 내리게 하는 또 한 가지 요인은 바로 낮은 광고 비용이다. 이 부분은 거의 모든 브라질인이 한 가지 언어, 즉 포르투갈어를 사용하고 있다는 점과 무관하지 않다. 이에 비해 미국은 두 가지 언어를 그리고 스위스는 네 가지 언어를 사용한다.

카니츠는 또 브라질은 상대적으로 연령 중앙치가 낮다는 점에서 인구통계학적인 장점이 있으며 엄청나게 많은 새로운 소비자들이 생애 처음으로 시장에 진출하고 있다는 점도 고려해야 한다고 지적한다. 이러한 장점들이 브라질의 성장 가능성을 높여주고 또 브라질을 훌륭한 신제품 시험 시장으로 만들어 준다. 스위스 사람들은 30년 이상 된 브랜드에 대한 충성도가 높은 편이다.

이런 곳을 신제품의 시험 시장으로 선택하면 다른 곳보다 신제품을 수용하는 것에 대한 저항이 심하다는 사실에 직면하게 될 것이다. 그러나 브라질의 신흥 중산층은 별 제한 없이 소비 행위에 참여할 만큼 충분한 소득을 올릴 수 있게 된 것이 비교적 최근의 일이다. 따라서 수세대에 걸쳐 특정 브랜드에 대한 선호도가 깊이 각인된 소비자들보다 새로운 제품과 서비스에 대해 좀 더 개방적이고 좀 더 수용적이다.

이러한 이유를 포함한 기타 여러 가지 이유 때문에 브라질 사람들은 새로운 것에 대한 선호도가 상당히 높은 편이다. 지난 세기 그러니까 20세기 초 미국 경제가 '성년'에 도달했을 때의 미국 소비자들이 그랬던 것처럼 말이다. 브라질 사람들은 호기심이 많고 기술 지향성이 강해서 새로운 것이라면 뭐든 다 사용해보고 싶어하는 경향이 강하다.

같은 맥락에서 브라질 사람들은 휴대전화와 인터넷도 많이 사용하는 편이다. 구글의 소셜네트워크서비스 오르컷(ORCUT) 가입자의 절반 이상이 브라질 사람들이다. 브라질 사람들은 한 마디로 열성적 신기술 얼리어댑터라고 할 수 있다.

진정한 멜팅팟

브라질의 또 한 가지 특징은 이탈리아를 제외하고 이탈리아계가 가장 많고 또 수많은 폴란드인, 레바논인, 기타 인종들이 모여 있는 진정한 멜팅팟 (melting pot: 인종과 문화 등 여러 요소가 하나로 융합 및 동화되는 현상이나 장소—역주)이라는 점이다. 브라질 사람인 내 전처의 혈통을 따지자면 네덜란드인, 포르투갈인, 이탈리아인, 독일인 등을 다 포함해야 한다. 브라질에는 아시아인도 많이 살고 있다. 특히 일본인의 경우 일본을 제외하고 세계에서 일본인이 가장 많은 나라이기도 하다.

또 미국보다 아프리카 출신 흑인들이 더 많이 살고 있고 독일계도 수천만 명이나 된다. 지구촌의 축소판에 가장 근접한 곳이 바로 브라질이며 그런 만큼 브라질은 세계 소비자를 겨냥하여 제품을 생산하는 기업들이 신제품의 시험 장소로 선택하기에 가장 적합한 국가다.

미국은 오래전부터 자국이 세계의 멜팅팟이라고 자부해왔다. 그러나 브라질도 이에 못지않다. 1940년에 오스트리아의 소설가 슈테판 츠바이크는 브라질을 이렇게 묘사했다.

> 수세기 동안 브라질은 오직 한 가지 원칙, 즉 흰색, 검은색, 갈색, 노란색 등의 피부색을 지닌 모든 사람이 완전한 평등을 누리며 아무런 제한 없이 자유롭게 섞여 살 수 있는 곳이라는 대원칙을 토대로 지탱해온 국가다. 다른 국가는 이론상으로만 혹은 말이나 글로써만 공적 및 사적 생활의 절대적 평등을 부르짖지만, 브라질은 이 가치가 구체적으로 실현되는 곳이다. … 그리고 이 세상 어느 곳보다 아름다운 여성과 아이들이 많은 곳이 바로 브라질이다.[22]

브라질은 수많은 문화, 다양한 인종과 배경이 혼재된 진정한 멜팅팟이며 자사 제품의 세계화를 꾀할 때 찾고 싶은 지구촌의 축소판이다. 브라질에는 모두가 한 가지 언어를 사용하는 젊은 소비자들이 많고 대개가 신기술과 신제품을 열성적으로 좋아하는 얼리어댑터이기 때문에 앞으로는 브라질이 대다수 다국적 기업이 수립하는 마케팅 전략의 중심지로 부상할 것이다.

전 세계적인 경기 침체로 말미암아 상품 혹은 완제품에 대한 수요가 감소한다면 세계 어느 국가든 예외 없이 지금보다 더 빈곤해질 것이다. 어떤 측면에서 보면 중국에 불리하게 작용하는 인구통계학적 요소가 브라질의 상품 수출에 부정적 영향을 미칠 수도 있다. 어쨌거나 중국은 거대한 상품 시장이기 때문에 중국의 수요가 급감하는 것은 브라질 경제에도 상당히 큰 영향을 미칠 것이다.

세계 경제가 붕괴 와중에 있음에도 나는 브라질이 중국의 경기 침체로 말미암은 위기 상황을 그 어느 국가보다 쉽게 극복할 것이라고 본다. 브라질은 중산층이 증가하여 내수 시장을 늘려갈 것이다. 그리고 브라질이 누리는 인구 보너스 덕분에 고속 성장을 이룩했던 이전 아시아 신흥 경제국과 같은 기적적 경제 성장률을 기록할 수 있을 것이다.

지금까지 열심히 침을 튀겨가며 브라질에 아첨하는 말을 했으니 이제 다음 챕터에서는 브라질이 지닌 문제점을 살펴보도록 하겠다.

BRAZIL IS THE NEW AMERICA

Chapter 12

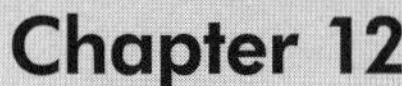

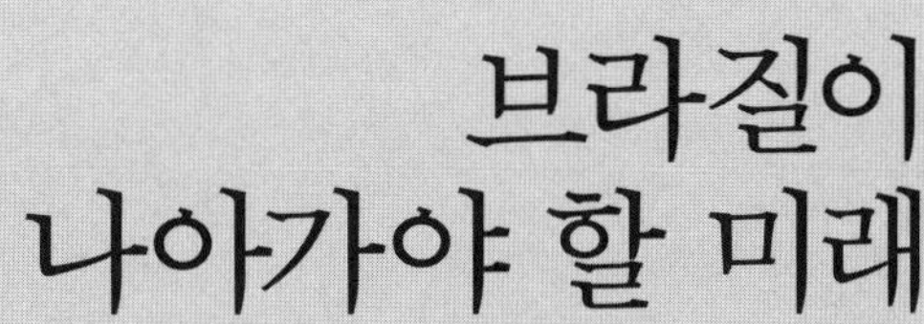

브라질이 나아가야 할 미래

무엇을 경계해야 하는가

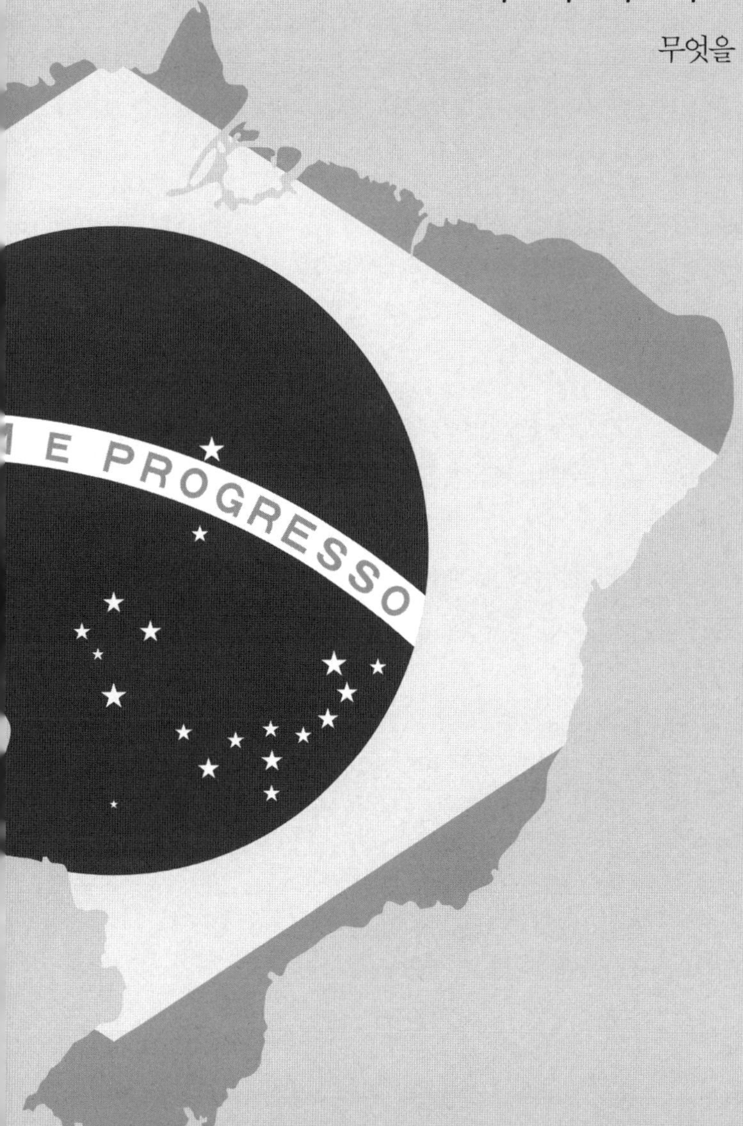

BRAZIL
IS THE
NEW
AMERICA

브라질은 초보자들에게
만만한 국가가 아니다.

– 안토니오 카를로스 조빔

'이파네마의 여인(The Girl from Ipanema)'을 만든 옥스퍼드 대학 출신의 브라질 시인 비니시우스 데 모라에스(Vinícius de Moraes)는 브라질 여성의 열렬한 찬미자였다. 모라에스는 브라질 여성 일곱 명과 결혼까지 했을 정도였다.

모라에스는 여성의 아름다움을 아주 대놓고 찬미하는 스타일이었다. "못생긴 여성들이여 나를 용서해 주오. 어쩌겠는가! 내겐 아름다움이 중요한 것을"이라고 한 말은 아주 유명하다. 모라에스는 브라질 해변 문화의 매력과 관련하여 전 세계 남성들의 상상력을 자극할 만한 글을 많이 썼다. 엘로이사 에네이다 메네제스 파에스 핀토(Heloísa Eneida Menezes Paes Pinto)라는 긴 이름을 가진 '이파네마의 여인'은 실제로 존재하는 인물이었다. 1962년에 이파네마 해변에 있는 벨로소(Veloso Bar)라는 술집에 앉아 있던 모라에스에게 에메랄드 빛의 초록색 눈에 슈퍼모델급 미모를 지닌 17세 소녀가 해변을 산책하는 모습이 눈에 띄었다.

'이파네마의 여인'은 1965년 그래미상 시상식에서 '올해의 레코드 상'을 받았고 역대 두 번째로 가장 많이 녹음된 인기곡이 됐다. 리우데자네이루가 세계에서 가장 아름다운 여인들의 도시라는 이미지를 심어주는 데 이 노래만큼 큰 도움을 준 것은 다시 없을 것 같다. 빅토리아시크릿은 '브라질 여인들'이라는 광고에서 "브라질만큼 빅토리아시크릿의 모델을 많이 배출한 국가는 없다"라고 했다.

나 역시 모라에스의 주문에 걸린 숱한 남성 가운데 한 사람이라는 점을 솔직히 인정한다. 나는 리우데자네이루에 발을 들여놓기 전부터 하얀 백사장을 뛰노는 반라의 브라질 여성들의 모습에 완전히 매료돼 있었다. 이미 실토했듯이 나는 〈스포츠 일러스트레이티드(Sports Illustrated)〉 지의 수영복 모델은 저리 가라 할 정도로 멋진 브라질 여성과 결혼했다. 지난 10년의 대부분은 그런 아내를 보면서 브라질에 관해 알아가는 시간이었다.

이제 앞으로 자세히 설명하겠지만 그렇게 알아낸 사실이 전부 다 좋다고는 할 수 없다. 브라질은 상당히 복잡한 국가다. 모든 국가가 다 그렇듯이 브라질에는 매혹적인 것뿐 아니라 경계해야 할 덫도 존재한다. 고백하건대 나는 브라질의 덜 매력적인 부분보다는 매혹적인 부분, 특히 아름다운 여성 쪽에 더 관심을 보였던 것이 사실이다. 그러나 브라질에 대해 알아가면서 장밋빛으로 빛나는 브라질의 경제 전망에 크게 이끌리게 됐다. 나는 내가 발행하는 뉴스레터 〈스트러티직 인베스트먼트(Strategic Investment: 전략적 투자)〉를 통해 투자자에게 권하는 포트폴리오 모형을 제시하고 있다. 그런데 최근에는 이 포트폴리오 모형이 미 재무부 채권보다 훨씬 높은 수익이 보장되는 브라질 주식과 채권 쪽으로 많이 편향돼 있었다. 미 재무부 채권은 S&P500 수익률을 기준으로 했을 때 미국 주식보다 수익성은 낮지만 '무위험' 수익으로 알려진 투자 종목이다.

북미인들은 남미를 조금 얕보는 경향이 있기 때문에 나는 가능한 한 개방적인 시각으로 브라질이 품은 기회를 포착하고자 했다. 미국 학교로 유학한 브라질 학생에게 동급생들은 "너 엘리베이터 본 적 있니?"라고 묻곤 했다. 브라질에 대한 낯뜨거울 만큼 어이없는 이 무지를 깨뜨리고 싶은 마음이 앞선 나머지 의도하지 않게 브라질의 장점만을 부각했을지도 모르겠다. 즉, 실제로 브라질이 당면한 그리고 여러분이 브라질에서 살거나 사업을 하려 할 때 부딪히게 될 실질적인 어려움과 난점들을 나도 모르는 사이에 축소하여 표현했을 수도 있다.

그래서 이 챕터에서는 브라질이 당면한 어려움에 관해 살펴보도록 하겠다. 안타깝게도 브라질이 미국의 전철을 밟는 듯한 징후가 여러 곳에서 포착되고 있다.

브라질이 미국의 전철을 밟고 있는가?

러시아, 중국, 인도 등 브라질을 제외한 다른 브릭스 국가들은 미국과 문화적인 유사성이 거의 없다. 신흥 경제국 가운데 브라질이 유일하게 미국과 문화적 유사성을 공유한 아메리카 국가다. 골드만삭스의 짐 오닐(Jim O'Neil) 회장은 이렇게 말한다.

"지금으로서는 미국이나 유럽보다 브라질, 러시아, 인도, 중국 등 이른바 브릭스의 수요가 세계 경제에 더 큰 영향을 미친다."[1]

오닐은 브라질이 매우 빠른 속도로 세계를 주도하는 경제국 가운데 하나가 돼가고 있다고 본다. 그리고 이제부터 내가 말하고자 하는 요점은 오닐의 이 관찰 결과와 본질적으로 다르지 않다. 사실 나는 오닐보다 한 술 더 뜰 수도 있다. 다만, 눈을 더 크게 뜨고 모든 측면을 다 고려하려는 것뿐이다. 브라질에는 많은 장점이 있는 것이 분명하나 약점이 전혀 없는 것이 아니다. 좋든 싫든 간에 브라질이 '노화'가 덜 진행된 또 다른 버전의 '미국'이라는 점은 분명해 보인다.

브라질이 성숙해질수록 같은 '아메리카인'으로서 미국과의 유사성이 점점 더 두드러질 것이다. 이 챕터에서 다루게 될 여러 가지 걱정스러운 징후에는 비만 인구의 증가, 소비자 신용의 남용, 경쟁을 억제하는 경제 규제 등등이 있다. 그리고 브라질이 미국 다음으로 1인당 변호사의 수가 많은 국가라는 점도 신경 쓰이는 부분이다. 물론 이러한 미국적 '병증'을 감내할 자신과 능력이 있는 사람이라면 브라질에서 맛볼 수 있는 미국과 유사한 그 환경이 편하게 느껴질 수도 있겠다.

일단은 '이파네마'에서부터 시작해보도록 하자. 비니시우스 데 모라에스는 프랑스 대통령 샤를르 드골(Charles de Gaulle)이 브라질을 업신여기는 듯한 발언을 했을 즈음에 심장이 멎을 정도로 아름다운 이 여인에 관한 노래를 만들었다. 드골은 "브라질은 미래의 국가다. 그리고 아마도 항상 미래의 국가로만 남을 것이다"라고 비아냥댔다. 나는 그 여인이 해변을 걸을 때마다 벨로소 술집 안의 모든 사람이 넋을 잃을 정도로 정말 아름다웠는지 확인하고자 드골의 시대로 한번 거슬러 올라가 보기로 했다.

모라에스는 진실을 말했던 것일까? 아니면 브라질의 매혹적인 해변 문화는 그저 환상에서 비롯된 허무맹랑한 전설에 불과한 것인가? 비니시우스 모라에스가 아주 못생기지만 않았으면 누구하고라도 사랑에 빠질 만큼 브라질 여성이라면 사족을 못 쓰는 그런 사람은 아니었을까?

생각만 해서는 그 해답을 찾기 어렵겠지만 나는 단 몇 분 동안의 조사를 통해 엘로이사라는 소녀의 미모에 흠뻑 빠졌던 모라에스의 반응이 결코 과장된 것은 아니라는 확신이 들었다. 인터넷을 뒤지던 끝에 '이파네마의 여인' 엘로이사 피네이루(Heloísa Pinheiro)의 58세 때 사진이 게재된 2003년도 〈플레이보이〉 지를 발견했다. 그 나이에 〈플레이보이〉 모델이 될 만한 여성이 또 어디 있겠는가! 수십 년 동안 햇볕에 노출돼 피부가 많이 상했으련만 한때 '이파네마의 여인'이었고 지금은 '이파네마의 할머니'인 이 여성은 2003에도 여전히 매혹적인 모습이었다.

엘로이사의 58세 때 모습을 보고 나니 17세이던 1962년에는 정말 말할 수 없이 아름다운 여인이었을 것이라는 사실을 믿지 않을 수 없었다. 모라에스

와 그 동료인 작곡가 안토니오 카를로스 조빔이 이 여성에게 홀딱 빠졌던 것
도 충분히 이해가 된다. 이 여성은 브라질을 특별하게 만드는 그 무언가가 구
체화된 일종의 상징물 같은 존재다. 믿을 수 없을 정도로 아름다울 뿐 아니
라 그 아름다움을 오랜 시간 유지했다는 점에서 말이다. 몇 년 전에 인터넷
을 통해 급속히 퍼졌던 브라질의 '미스 할머니 대회'를 보면 이 같은 부분이
더욱 분명해진다.

체중

브라질 여성은 중년 나이까지 자신의 모습을 잘 유지하는 것 같다. 그러나
안타깝게도 최근 들어 이러한 경향에 변화가 생겼고 브라질에서 대체 무슨
일이 벌어지고 있는가를 우려해야만 하는 추세가 진행되고 있다. '이파네마의
여인'은 키가 크고, 마르고, 젊고, 아름다운데 오늘날의 브라질 여성은 뚱뚱하
다. 현재 과체중 여성의 50% 이상이 비만을 향해 가고 있다.

브라질의 실질 소득이 증가한 것의 부정적인 측면이 바로 비만 인구의 증
가다. 브릭스에 속한 다른 국가와 마찬가지로 브라질 역시 부유해질수록 사
람들의 체중은 점점 불어나고 있다. 브라질 사람들의 체중이 증가했다는 사
실은 20세기 마지막 분기에 가속화됐던 영양 부족 인구의 급감에서 확연히
드러난다.

1975년에는 저체중이 비만보다 4배나 많았다. 그런데 소득이 증가하면서
이 상황에 변화가 생겼다. 가난했다가 중산층의 소득 수준에 오르게 된 사람
들은 사회적 지위에 대한 불안감을 느끼는 경향이 있다. 특히 이런 사람들은
부자는 음식을 직접 준비하지 않는다고 알고 있다. 그 결과 가난하게 살았던
사람들이 소득 수준이 높아지면 직접 준비해서 먹던 음식 문화를 포기하는
일이 발생할 수 있다. 더 신선한 양질의 식재료로 직접 음식을 준비하던 예

전의 방식을 버리고 가게에서 살 수 있는 빵과 케이크, 냉동식품, 패스트푸드 등과 같은 기성 식품을 사먹는 쪽을 선호한다. 전통 방식으로 조리된 식품에서 가공된 식품으로 선호도가 바뀌면서 사람들의 체중은 점점 증가하는 경향을 나타냈다.

영양부족을 없애고 전통적인 음식 문화를 버리게 하는 것 외에 소득 증가가 비만의 원인으로 작용하는 또 한 가지 요인은 신체적 움직임이 덜한 여가 활동을 하게 한다는 점이다. 1인당 소득을 기준으로 하면 1970년에 브라질은 브릭스 중 가장 부유한 국가였다. 그리고 TV 수상기를 보유한 가정은 1970년에 전체의 24%에서 1990년에 88%로 엄청나게 증가했다.[2] 2011년 5월까지 9년 동안 3,950만 명이 빈곤에서 벗어나 중산층이 될 정도로 실질 소득이 증가한 이후 이 비율은 90% 이상으로 치솟았다.[3] TV 시청과 같이 움직임이 거의 없는 여가 활동에 더 많은 시간을 할애하는 사람들이 뚱뚱해지는 경향이 있다.

열량 섭취의 증가와 움직임이 적은 여가 활동 참여 외에 소득의 증가와 함께 체중 증가를 불러 일으키는 또 다른 요인들이 존재한다. 트랜스 지방과 고과당 옥수수 시럽(HFCS)과 같은 인공 성분이 많이 함유된 가공 식품을 소비하는 것이 비만을 일으키는 주요 요인이라고 생각한다.

고과당 옥수수 시럽의 위험성을 잘 모르는 사람들을 위해 간단히 설명하자면 이것은 고도로 정제된 인공 식품으로서 이러한 식품은 자당과 같은 세포 에너지원인 ATP(아데노신삼인산)로의 물질대사가 쉽게 이루어질 수 없다. 과학자와 자연식품 옹호자들은 1970년부터 1990년까지 미국에서 HFCS의 소비가 1,000%나 증가한 것이 비알코올성 지방간이 증가한 것과 무관하지 않다고 본다.[4] HFCS가 함유된 청량음료를 많이 마시는 것은 보드카 혹은 세계에서 세 번째로 많이 마시는 술인 브라질산 럼주, 즉 카샤샤를 마시는 것만큼이나 간에 해로운 것으로 나타났다.

물론 브라질은 효율성이 가장 높은 세계 최대 설탕 생산국이기 때문에 미국보다는 HFCS로 말미암은 문제의 심각성이 덜한 편이다. 브라질은 톤당

170~210달러의 비용으로 세계 설탕의 20%를 생산하고 있다. 이에 비해 미국의 설탕 생산 비용은 톤당 525달러다.[5] 브라질에서 천연 설탕 산업의 효율성이 높아질수록 HFCS가 설탕을 대체하는 시기는 지연될 것이다. 그러나 설탕보다 더 싸고 더 단 것으로 대체하고픈 욕망이 결국은 브라질의 전통 식품 영역을 침범하게 될 것이다.

패스트푸드에 익숙해질 정도로 소득 수준이 높아진 거의 모든 집단에서 체중 증가 현상이 나타나고 더 나아가 이들 집단은 인슐린 무감증과 제2형 당뇨병으로 진행하게 된다.

지난 10년 동안 빈곤에서 벗어난 약 4,000만 명의 브라질 사람들이 전통적 식습관에서, 가게에서 파는 빵과 패스트푸드를 포함한 가공 식품 혹은 기성 식품 쪽으로 옮겨가는 경향성을 나타냈다. 소비하는 식품의 유형에 변화가 생긴 것은 어떤 사람들에게는 건강상의 문제를 유발하지만, 또 한편으로 다른 사람들에게는 투자의 기회를 제공하기도 한다. '스트러티직 인베스트먼트'가 제안하는 포트폴리오 모형에는 브라질의 거대 담배회사 소우자크루즈(Souza Cruz) 주식도 포함돼 있었다. 사람들은 제임스 1세 시절부터 흡연이 건강에 해롭다는 사실을 알고 있었다. 그러나 사람들은 이 부분에 이상하리만치 무심하다. 이러한 사실을 알고 있으면서도 매년 수백만 명이 새로이 흡연자 대열에 합류하고 있다.

전 테니스 챔피언 조지 파울로 레만(Jorge Paulo Lemann)을 포함한 브라질 갑부 세 명은 새로 중산층에 진입한 집단 사이에서 패스트푸드 소비가 증가하는 점에 주목하고 이를 투자의 기회로 삼기로 했다. 이들은 버거킹을 40억 달러에 인수했고 뒤이어 브라질 내 버거킹 매장을 108개에서 1,000개 이상으로 늘리겠다고 선언했다.[6] 아마도 이들은 자신들이 무슨 일을 하고 있는지 알았을 것이다. 이 사람들은 520억 달러에 버드와이저 인수를 진두지휘했던 아주 영리한 투자자들이다. 술을 마시고 유흥업소를 들락거리는 것이 다 경제를 위하는 일이라고 떠드는 미국인들의 말이 그냥 농담만은 아닌 셈이다. 버드와이저를 소유하게 된 브라질의 억만장자들은 아마도 이 말에 쾌재를 부르고 있을지도 모르겠다.

브라질에서도 이와 비슷한 현상이 벌어지고 있다. 빈곤에서 벗어난 브라질 사람들이 신선한 과일과 채소를 사기보다 패스트푸드를 사는 데 돈을 낭비하는 일이 계속되는 한 브라질의 비만 인구는 점점 증가할 수 있다.

로이터가 2010년에 보도한 내용을 보면 브라질 성인 가운데 거의 절반이 과체중이고 15%가 비만이다. 브라질 보건부 장관 호세 고메즈 템포라오(José Gomes Temporão)의 말을 인용하면 이렇다.

"지금 이 추세대로라면 미국이 그랬던 것처럼 앞으로 10년 내에 브라질 인구의 3분의 2가 과체중 혹은 비만이 될 것이다."[7]

해변을 거니는 아름다운 여인들로 대표되는 브라질의 이미지를 완전히 망가뜨리듯 사람들의 허리둘레는 날이 갈수록 불어나고 있다. 이전의 인구 조사(1996~1997년)에서 20~24세 연령대 중 과체중 여성의 비율은 28.7%에서 48%로 증가한 것으로 나타났다. 10여 년 전만 해도 이파네마 해변은 미인들로 가득했는데 지금은 미국 여성의 전형적인 모습이라 할 뚱뚱한 브라질 여인들이 절반이다.

〈이코노미스트〉와 제휴하여 발행된 브라질 잡지 〈카르타캐피털(CartaCapital)〉은 눈부시게 빛나는 하얀 백사장 위를 거니는 비만 여성의 사진을 싣고는 하루에 단 50~100칼로리만 초과해도 비만에 이를 수 있다고 경고했다.[8] 그나마 다행스러운 부분은 과체중 인구가 70%, 비만 인구가 30%, 병적 수준의 비만 인구가 10%로서 비만이 심각한 수준으로까지 진행된 현 미국의 실정과 비교하면 브라질은 그래도 아직은 시간이 있는 편이라는 점이다. 이보다 더 놀라운 사실은 존스 홉킨스 대학의 연구자들이 현 추세대로라면 2048년이면 미국의 모든 성인이 과체중 상태가 될 것으로 예측했다는 부분이다.[9]

아름다운 브라질 여성을 숭배하는 한 사람으로서 브라질이 미국처럼 비만으로 가는 경로를 밟고 있다는 사실은 너무도 슬픈 일이다. 이러한 감상적 측면 외에 브라질이 비만 왕국이 돼가고 있다는 징후는 투자 측면에서도 시사하는 바가 크다.

이는 브라질의 기회와 위험은 브라질 고유의 문화적 특성이 직접적으로 작용한 결과라기보다는 경제 발전의 전형적 단계를 밟아가는 경향성에 좌우된 것이라는 사실을 의미하기 때문이다.

아름다운 여성을 찬미하는 사람들에게는 참으로 안 된 일이지만 소득이 증가하면서 브라질 사람들의 몸은 점점 뚱뚱해지고 있다. 브라질에서 가장 부유한 지역인 남부 지역 여성들이 북부 지역 여성보다 더 뚱뚱하다. 그리고 소득 수준이 가장 높아진 집단 사이에서 비만화가 급속히 진행되고 있다. 농촌 지역에서도 부유층 여성이 빈곤층 여성보다 더 뚱뚱하다. 1975년 이래로 브라질에서 시행한 전국적 연구 조사 결과 가운데 긍정적인 부분이라면 남동부 지역에 거주하는 최고 부유층에 속한 여성들의 비만 수준이 떨어지고 있다는 점이다. 이는 1989년 이후로 운동에 참여하는 여성들이 늘었기 때문으로 풀이된다.

이는 개발도상국 중에서는 특이한 현상으로 보인다.[10] 다른 개발도상국 가운데 비만화라고 하는 전 국가적 흐름과는 정반대 추세를 보이는 인구 집단이 있는 곳은 브라질 외에는 없는 것 같다. 브라질의 경제적 부가 남동부에 편중돼 보이는 이러한 현상에는 경제 발전의 지역적 편차가 크다는 점이 반영돼 있다. 상파울루, 리우데자네이루, 미나스제라이스 등이 오스트리아, 벨기에, 룩셈부르크, 네덜란드, 이탈리아, 덴마크, 독일 등 유럽연합의 핵심 7개국을 모두 합한 것보다 더 크다. 조시 W. 부시의 저 유명한 말이 떠오르는 대목이다.

"와, 브라질은 정말 크다."

전 국토의 10분의 1에 해당하는 크기에다 인구가 7,500만 명인 브라질의 남동부 지역은 개발도상국보다는 중산층 국가와 더 유사한 모습이다.

브라질 고소득층 여성들 사이에서 운동을 통해 비만을 방지하려는 추세가 확립된 것은 브라질 내 헬스클럽 운영자 혹은 운동복 및 운동용품 판매업자에게는 장밋빛 미래를 꿈꾸게 하는 더없이 반가운 소식일 것이다. 현재 미국 시장 진출을 통해 시장을 확대한 브라질 브랜드 트랙앤드필드(Track & Field)는 뉴욕 어퍼이스트사이드의 매디슨 애브뉴 77번가에 있는 센트럴파크 부근에 첫 번째 미국 본토 매장을 개장했다.

비만이 보건의료 부문에 미치는 영향

과체중 혹은 비만 인구가 증가한다는 것은 보건의료 비용이 증가한다는 측면에서 역시 반갑지 않은 현상이다. 이는 보건의료 부문 지출에 대한 한계수익이 놀랄 만큼 낮은 미국의 선례를 좇아 앞으로 브라질의 보건의료 부문 지출의 한계수익이 감소할 것임을 시사한다.

이른바 오바마케어(Obamacare)를 둘러싼 논쟁에서 짐작할 수 있는 바와 같이 미국은 1인당 보건의료비 지출이 다른 선진국보다 두 배나 많았으나 이에 비해 그 성과는 아주 미미했다. 비알코올성 간경변의 증가와 HFCS 소비의 증가는 심장병과 신장병의 발병 위험을 높였고 이 모든 상황은 보건의료비 상승이라는 결과로 이어진다.

비만화의 주된 요인은 유전적 혹은 문화적 요소보다는 경제 발전 단계와 더 깊은 연관성이 있는 것 같다. G−20(주요 20개국) 가운데 가장 뚱뚱한 지역은 북미이고 캐나다, 미국, 멕시코 등이 비만 순위표 상위권에 포진해 있다. 영국인 이주민들 역시 영국 본토 주민들보다 비만도가 훨씬 높다. 캐나다인, 오스트레일리아인, 영국인, 독일인 등 모두가 비만 문제를 껴안고 있다. 이탈리아인과 프랑스인은 그래도 비만화 경향이 조금 덜한 편이다.

일본인은 좀 예외적인 경우라 하겠다. 일본은 지난 20세기 마지막 분기 동안 세계 2위의 경제 대국 반열에 올랐다. 그러나 경기를 위해 일부러 살을 찌우는 스모 선수들 외에 일본인들 중에 비만인 사람들은 좀처럼 찾아보기 어렵다.

문제는 브라질 같은 다른 국가는 실질 소득의 증가가 비만으로 이어지는 것을 방지할 만한 문화적·유전적 이점을 지니고 있느냐, 또 그러한 이점이 있다면 그 정도는 얼마나 되느냐 하는 부분이다. 브라질 인구의 약 1%가 일본계다. 이는 브라질이 일본인의 마른 체형과 관련이 있는 어떠한 유전적 특질을 다소나마 공유하고 있다는 의미다.

역사적 자료에서 무엇을 알 수 있는가? 다른 이주민 집단과 마찬가지로 일본인 후손들 역시 브라질 사람으로 빠르게 동화돼갔다는 사실을 강력하게 보여주는 증거가 있다. 이 같은 사실은 20세기 말경에 일본 정부가 인구 감소로 말미암은 인구통계학적 문제들을 걱정하면서 일본계 브라질인들을 대상으로 본국 귀향을 요청하기로 했을 때 확실히 드러났다. 일본 정부는 일본인 조상을 둔 일본계 브라질인이 일본에 좀 더 쉽게 적응할 것으로 판단한 것이다. 이러한 결정에 따라 1990년에 일본으로 다시 돌아오는 일본계 브라질인 후손에게 우선적 지위를 부여하는 내용의 특별법이 통과됐다.

그러나 기대와는 다르게 브라질에서 '돌아온 일본인'은 이제 더는 일본인이 아니라 브라질인이었다는 사실만 분명해졌다.

"일본에 있는 브라질인은 겉모습은 일본인과 같았지만 오로지 포르투갈어만 사용하는 등 문화적으로는 브라질인이었고 그래서 외국인 대우를 받았다."[11]

순전히 내 추측이기는 하지만 일본계 브라질인의 비만 경향은 유전자보다는 식생활 및 신체 활동과 더 관계가 깊다고 본다. 일본계 브라질인의 신체적 특성은 완벽하게 혼합된 브라질의 유전자 풀(gene−pool)과 브라질 고유의 문화적 특성이 복잡하게 결합한 결과물이라 할 수 있다.

다양성

브라질의 혼합적 유전자 풀의 문제가 처음으로 내 관심을 끌었던 시기는 브라질 여성이 아주 오랫동안 세계에서 가장 아름답다는 찬사를 받아온 이유가 무엇인지 생각하기 시작했을 때였다.

그 이유를 설명하겠다. 미를 간단명료하게 정의하자면 조화와 균형이 갖춰진 것이라고 표현할 수 있겠다. 이 조화와 균형을 갖출 수 있는 가장 좋은 방법은 인간의 유전자 풀을 완전하게 휘저어 혼합하는 것이다. 이 작업이 가장 근사하게 이루어진 국가가 바로 브라질이다. 오스트리아 작가 슈테판 츠바이크는 약 75년 전에 자신의 저서 《브라질: 미래의 땅》에서 브라질을 이렇게 묘사하고 있다.

> 수세기 동안 브라질은 오직 한 가지 원칙, 즉 흰색, 검은색, 갈색, 노란색 등의 피부색을 지닌 모든 사람이 완전한 평등을 누리며 아무런 제한 없이 자유롭게 섞여 살 수 있는 곳이라는 대원칙을 토대로 지탱해온 국가다. 다른 국가는 이론상으로만 혹은 말이나 글로써만 공적 및 사적 생활의 절대적 평등을 부르짖지만, 브라질은 이 가치가 구체적으로 실현되는 곳이다. … 초콜릿 우윳빛 혹은 커피색 피부부터 시작해서 다양한 피부색을 지닌 어린이들이 손에 손을 잡고 교문을 나서는 모습을 보면 그렇게 감동적일 수가 없다. 이는 수세기에 걸쳐 새로운 혈통을 지닌 사람들이 꾸준히 유입되고 계속해서 혼혈이 이루어진 결과다. 유럽의 모든 국가에서 또 일본인과 같이 아시아에서 이주민들이 계속 유입되어 브라질 내에서 다양한 인종 간의 교배가 무수히 이루어지면서 인종 집단은 점점 더 복잡 다양해졌다. 이곳에 오면 각기 다른 생리학적 특성을 보이는 온갖 유형의 사람들을 만나볼 수 있다. 다른 도시에서라면 1년을 봐야 모두 볼까 말까 한데 브라질에서는 리우 거리를 한 시간만 걸어도 이 다양한 인종들을 다 목격할 수 있다.[12]

츠바이크는 "이 세상에서 브라질만큼 아름다운 여인과 아이들이 많은 곳은 없다"고 결론 내렸다.

이상의 것은 아름다움을 구성하는 표면적인 요인들에 관한 부분이라고 보고 여기서 더 나아가자면 급속한 '인종적 혼합'이 더 건강하고 더 마른 국민을 만드는 데 도움이 되겠는가 하는 문제가 남는다. 내가 아는 한 아직 이를 주제로 한 연구는 이루어진 바가 없다. 그러나 미국, 캐나다, 오스트레일리아 등이 이 지구촌에서 가장 뚱뚱한 국가군이라는 사실을 보면 상술한 질문에 대해서는 '아니다'라고 답해야 할 듯하다. 이 세 국가 모두 세계 각지에서 온 사람들로 구성돼 있으니 말이다.

지금까지 미국은 지구촌 최고의 멜팅팟으로 자주 거론됐다. 미국이 한참 잘나가던 시기에 미국 문화는 이민자들이 동화되고 싶어할 만큼 매력적이었다.

그러나 이제는 아니다. 지금의 미국 이민자들은 자신들만의 집단을 만들어 미국 사회 전체와 고립된 채 조국의 언어를 계속해서 사용하고 있다. 70여 년 전에 츠바이크가 관찰한 바와 같이 브라질은 세계 최대 멜팅팟이다. 유전적으로 또 문화적으로 브라질은 미국보다 훨씬 더 통합된 사회다. 다양한 인종 간의 유전자 교배가 건강상 이점이 있다면 그 부분은 브라질에서 더 분명하게 나타나야 한다.

한편, 비만 문제에 관한 한 아주 오랫동안 서구의 전통 식습관에 노출돼 있던 집단이 아무래도 적응력이 더 뛰어날 수 있다는 부분도 생각해볼 수 있다. 서구식 식생활을 하기 시작한 지 얼마 되지 않는 사람들이 유럽계보다 비만이나 제2형 당뇨병에 걸리기가 더 쉽다는 증거가 있다.

예를 들어, 뉴질랜드로 간 폴리네시아 이주민들이 병적 비만 집단에 많이 포함돼 있다. 또 당뇨병 환자의 비율이 높고 과체중으로 말미암은 기타 질병에 걸리기가 쉽다.

브라질로 이주한 집단들이 브라질이라는 국가에 완전히 동화된 것 또한 브라질 국민의 전반적 건강 수준을 향상시키는 데 일조한 측면이 있다. 미국으로 이주한 아랍인과 브라질로 이주한 아랍인을 비교해 보면 이 부분이 좀 더 명확히 드러난다. 19세기에 미국과 브라질로 이주한 아랍인들(주로 오스만 제국 사람들)은 특유의 이슬람 공동체를 형성하지 않았다. 이주민 대다수가 더 넓은 미국 사회 혹은 브라질 사회에 급속히 동화돼갔다.

그러나 좀 더 최근에는 미국의 아랍 이주민들이 그들 고유의 아랍계 미국인 공동체를 형성하기에 이르렀다. 아랍계 미국인 연합회는 현재 미국에는 350만 명의 아랍계 미국인이 거주하는 것으로 추산한다.[13] 그런데 시간이 지날수록 이들 아랍인은 미국 사회에 동화되는 수준이 점점 더 낮아진 것으로 드러났다. 현재 미국에서 이슬람교를 믿는 사람은 180만 명 정도인 것으로 추산된다.[14]

이와는 대조적으로 〈워싱턴타임스〉에 따르면 약 1,000만 명으로 추산되는 재브라질 아랍 이주민들은 자신의 조상이 아랍인이었다는 사실조차 인식하지 못하는 사람들이 많다고 한다.[15] 최근의 인구 조사 결과를 보면 브라질 주민 가운데 이슬람교를 믿는다고 한 사람은 1만 7,000명에 불과했다. 아랍계 브라질인 가운데 이처럼 자신들의 인종 정체성에 대한 인식 수준이 매우 낮은 이유는 무엇일까?

이들은 자신들만의 공동체를 형성하지 않았기 때문이다. 인종이나 종교에 관계없이 아랍계 브라질인과 다른 혈통의 브라질인과의 결혼 비율이 매우 높았고 아랍계 브라질인은 양쪽 부모 모두가 아랍계인 경우도 거의 없었다. 결과적으로 아랍계 브라질인은 세대가 거듭될수록 아랍 문화와 멀어지는 경향을 나타냈다. 아랍어를 사용하는 사람도 소수에 불과하다. 특히 젊은 세대들은 포르투갈어만 사용한다.

상파울루 주 주지사 제라우두 알키민(Geraldo Alckmin)은 최근에 있었던 브라질 및 아랍 기업인 모임에서 이렇게 말했다.

"불가능한 일은 아니겠지만, 브라질은 동화와 통합 수준이 워낙 높은 국가라서 사실 아랍인과 아랍인이 아닌 사람을 구별하기가 어려울 때가 많다."

또 아랍–브라질 상공회의소 회장 안토니오 사르키스(Antonio Sarkis)는 이렇게 말했다.

"현재 브라질에 거주하는 아랍인이 약 1,000만 명이다. 중동 지역을 제외하고 아랍인이 가장 많은 곳이 브라질이다."[16]

미국보다 브라질에 아랍계 사람들이 많은 것은 사실이지만 최근까지도 브라질은 이슬람 테러리즘과 관련된 사건과는 거의 무관했다. 브라질은 새뮤얼 헌팅턴(Samuel Huntington)이 '문명의 충돌'로 묘사했던 것에서 비롯된 분쟁 혹은 말썽과는 거리가 멀었건만 2011년 4월 초에 이슬람교도인 브라질인이 리우데자네이루에 있는 타소 다 실베이라(Tasso da Silveira) 초등학교에서 총기 난사 사건을 일으키는 순간에 그 이미지도 산산조각이 나버렸다. 범인인 웰링턴 올리베이라(Wellington Oliveira)는 여학생 10명과 남학생 2명을 죽였고 12명에게 부상을 입혔다. 범인은 브라질 경찰이 쏜 총에 다리를 맞은 다음에 자살로 생을 마감했다. 올리베이라의 이웃과 친척들은 범인이 친구가 거의 없었고 내성적인 성격이었다고 말했으며 최근에 여호와의 증인에서 이슬람교로 개종했다고 한다.[17]

사실 브라질의 큰 장점이라고 하면 폭력, 분란, 문명의 충돌에서 비롯된 사회적 비용 등과 무관하다는 부분이었다. 그런데 이제는 고유의 문화를 지닌 잘 통합된 국가라 해도 살인광의 무차별적 만행으로부터 완전히 자유로울 수는 없다는 점을 뒷받침하는 반갑지 않은 증거가 우리에게 있다. 여러 가지 불만을 내재한 인종 집단에서 그러한 테러가 발현되지 않더라도 이와 비슷한 불행의 씨앗은 인터넷을 통해 '친구도 거의 없고 내성적인' 정신병자들에게 퍼뜨려질 수 있다.

신뢰할 만한 광대역 연결망만 존재한다면 여호와의 증인 신도라 해도 얼마든지 테러리스트로 변할 수 있다. 브라질의 고민 가운데 하나는 광기가 인터넷을 통해 전파될 수 있는 것이라면 인터넷 보급률이 증가할수록 브라질 또한 그러한 광기에 노출될 기회가 늘어날 것이라는 점이다. 인터넷월드스태츠(Internet World Stats)에 따르면 2010년 현재 브라질 가정의 인터넷 이용률은 34.3%라고 한다. 미국은 인터넷 가입률이 74%였다.[18]

지금까지는 브라질이 테러리즘의 무풍지대라는 점이 내게는 가장 매력적이었다. 브라질에서 여행할 때에는 공항에서 고압적인 보안 검색을 당하지 않아도 되고 테러 공격을 받을까 염려하지 않아도 된다는 점이 항상 좋게 느껴졌었다. 미국으로 출국하는 경우를 제외하고는 브라질 공항의 보안 수준은 그리 거슬리지 않는 편이었다. 나는 이것이 무척 마음에 들었다. 비행기에 탑승하려 할 때 허리띠를 풀거나 신발을 벗을 필요도 없고 주머니 안을 다 비울 필요도 없었다. 보안검색을 위해 가방에서 컴퓨터를 꺼내 놓을 필요도 없었다. 이러한 부분들이 브라질에서의 여행을 더욱 즐겁게 해주었었다.

인프라

반면에, 즐겁지 않은 소식이라고 하면 공항을 시작으로 하여 인프라(사회기반시설)를 확충하는 데 수십억 달러를 투자할 필요가 있다는 것이다. 경제학자들은 브라질이 인프라 병목 때문에 손해 보는 부분이 연간 GDP의 1%는 된다고 주장한다. 내 생각으로는 이마저도 실제보다 과소평가된 수치라고 본다.

예를 들어, 브라질에는 미개발 철광산이 아직 많다. 그런데 운송 병목 때문에 매장량이 엄청난데도 철 생산이 방해받고 있다. 거대한 철광석 매장지에 접근하는 데 필요한 운송 및 항구 자산 대부분은 세계 최대 철강 수출업체 발레(Vale)와 앵글로아메리칸(Anglo American, PLC.)의 자회사 앵글로페로스(Anglo Ferrous)가 관리하고 있다. 브라질 정부는 발레 측에 사유 철도 일부를 다른 철강 업체와 공유할 것을 요구했다. 그러나 그 수요가 운송 능력을 훨씬 초과했다.

브라질은 철도 시설 확충을 위해 막대한 자금을 투입할 계획이다. 이러한 계획에는 리우데자네이루와 상파울루 간 고속철도 건설도 포함돼 있다. 그리고 공항, 화물 철도, 고속도로 등을 확충하는 데도 수십억 달러를 지출해야 할 것이다.

인프라 개발이 지연된 것에는 브라질 특유의 지형적 요인에도 한 원인이 있다. 앞에서 이미 언급했다시피 브라질은 세계 최대 물 풍족 국가(다른 어떤 국가보다 담수가 풍부하다는 측면에서)이지만 물길이 운송에 적합하지는 않다. 항행이 가능한 강 가운데 아마존만 바다로 흘러들어 간다. 그러나 아마존 강이 흘러드는 지역 대부분이 생산성이 극히 낮은 열대 밀림 지역이다. 가장 생산성이 높은 지역인 브라질의 남동부는 수로를 통해 바다로 접근하기가 쉽지 않다. 미국의 연안 지역과 달리 브라질의 대서양 연안은 대부분이 대절벽(Grand Escarpment)으로 알려진 높은 장벽으로 경계가 지어져 있다. 이는 이른바 브라질 방패 혹은 아마존 방패라고 하는 또 다른 불리한 지질학적·지형적 특성의 한 측면이라 할 수 있다. 브라질 방패는 대다수 강이 북쪽 혹은 서쪽으로 흐르는 지역으로서 이 지류들은 결국 파라나 강 수계를 적시고 라플라타 강으로 흘러들었다가 부에노스아이레스와 몬테비데오를 지나 대서양으로 흘러들어 간다.

이미 설명했다시피 브라질 제품을 운송하기 위한 인프라를 구축하는 데 필요한 기술은 미국에서 그러한 인프라를 구축할 때보다 훨씬 복잡하고 비용도 더 많이 들어간다. 브라질의 인프라 구축이 더딘 데에는 기본적인 물류 체계의 미비가 한몫하고 있다. 인프라 구축을 저해하는 또 한 가지 요인은 공공 부문에서 자행되는 이탈리아식 부패 관행이다. 이탈리아에서처럼 브라질의 관료들은 고압적이고 경직돼 있다. 이탈리아 국민이 경험한 것처럼, 그 결과로 브라질 국민에게 남은 것이 바로 삼류 중등교육 제도, 요행적 보건의료제도, 전혀 막을 수 없는 것들을 구태여 막는 것이 존재 이유인 듯 허가에

목을 맨 관료체계 등등이었다.[19] 무릇 고압적인 관료는 부패의 시녀인 법이다. 브라질 정부 기관 가운데 가장 부패한 곳이 바로 교통부다. 2011년 7월 7일에 BBC 방송이 보도한 내용을 보면 이렇다.

> 알프레도 나시멘토(Alfredo Nascimento) 장관은 교통부의 고위 관리가 운송 인 프라 구축과 관련한 연방 계약 과정에서 금품을 수수한 혐의를 받은 이후 사 임했다. 나시멘토는 상기 부정행위에의 연루를 부인했으며 이와 관련한 어떠 한 조사에도 적극적으로 협조할 것이라고 말했다.
>
> 나시멘토는 지우마 호세프 행정부에서 부패 혐의로 사임한 두 번째 인사로 알려졌다. 호세프 대통령의 수석 보좌관 안토니오 팔로치(Antonio Palocci)는 언론이 부정 축재 의혹을 제기한 이후 사임했다. 팔로치 역시 이러한 의혹을 부인했다.[20]

나시멘토 장관이 그 부정 사건에 연루됐는가 하는 문제는 제쳐놓고라도 브라질의 고속도로를 달려본 사람이라면 누구든 인프라 건설 사업에 거액의 뇌물이 오가고 있다는 말이 일리가 있다고 믿을 것이다. 고속도로는 여기저 기가 항상 수리를 요하는 상태다. 포장도로는 울퉁불퉁하고 군데군데 파손 돼 있으며 둥근 웅덩이가 패여 있기도 하다.

브라질 고속도로 이용자에게 다행스러운 부분은 수많은 도로의 관리권이 민간 사업자에 양여(讓與)됐다는 사실이다. 일반적으로 민자 유료 고속도로의 유지 상태가 공공 고속도로보다 훨씬 낫다. 브라질의 민자 유료 고속도로는 수익성이 매우 좋은 사업일 수 있다. 브라질에서는 연간 12억 명 이상이 고속 도로를 이용한다. 그리고 자동차 판매가 급증하면서 브라질은 독일을 제치 고 세계 4위의 자동차 시장이 됐다.

우리가 '스트러티직 인베스트먼트'의 투자 포트폴리오에 브라질 유료 고속 도로 관리업체 씨씨알로도비아스(CCR Rodovias)를 포함함으로써 상당한 수익을 올렸다는 점에 주목하라. 2011년 7월 현재 우리는 173.69%의 미실현 이익을 올렸다. 이는 고정 만기 미 재무부 채권 수익률의 약 1,000년분에 해당하는 수치다. 이 책을 쓸 당시 뱅크레이트닷컴(Bankrate.com: 미 금융 통계 사이트—역주)은 1년 만기 재무부 채권의 고정 만기 수익률이 0.16%라고 했다.[21] 미 재무부 채권으로 173.69%의 수익률을 올리려면 1,000년 하고도 한평생은 더 기다려야 한다는 의미다(1,085년이므로). 브라질에도 분명히 어려움이 있다. 그러나 그러한 것은 지급 불능 상태의 정부에서 비롯된 어려움과는 무관하다. 따라서 투자할 돈이 있는 브라질 사람들은 금융 억압으로부터 자유롭다.

민영화 고속도로에 대해 광범위한 정치적 합의가 도출된 듯 보이기는 하지만(좌익 성향의 노동자당 정권마저 민영화를 추진했을 정도) 일반 대중은 통상적으로 높게 책정된 민자 고속도로 통행료에 불만을 표하는 사람들이 많다. 세금을 많이 내는 데 비해 돌아오는 혜택은 너무 적다고 느끼는 사람들이 많다는 것이다. 그러므로 우리는 민자 유료 고속도로에 대한 대중적 반발이 일어날 위험성이 없는지 눈을 크게 뜨고 주시해야 할지도 모르겠다. 이러한 반발이 우리의 돈줄인 씨씨알로도비아스의 고수익을 잠식할 수도 있기 때문이다. 그러나 아직은 괜찮은 것 같다.

부정부패

2011년 7월 25일에 브라질의 뉴스 잡지 〈에포카(Epoca)〉는 '브라질사례금국(Agencia da Nacional da Propina)'이라는 제목으로 브라질석유개발공사(Agencia Nacional do Petroleo: ANP)의 부패상을 고발하는 내용의 표지 기사를 게재했다. 이 기사는 ANP의 고위 관리들이 자신들이 속한 기관을 뇌물과 부당 이득의 온상으로 바꿔버린 과정을 상세히 기술하고 있다. 첨부된 사진들과 함께 제시된 대화 기사에는 석유 채굴권 취득 과정에서 석유 회사의 주식 등록 과정 설명회 개최를 보장하는 것에 대한 대가로 사례금 4만 5,000레알을 아주 당당하게 요구하는 내용이 담겨 있다. 이 기사에는 이와 비슷한 부정 의혹이 있는 또 다른 9개 기관의 목록도 제시돼 있다.[22]

이 같은 〈에포카〉의 비리 사실 폭로는 브라질에서 사업하는 모든 사람에게 너무도 익숙한 논리, 즉 여간해서는 움직이려 하지 않는 굼뜬 관료들과 뇌물 및 부당이득이 상호 연계돼 있다는 치명적 논리를 강조한다(플로리다 주 브로워드 카운티에서 사업을 벌이는 경우를 생각해보라). 각부 장관이나 의회 의원급이 아닌 지방자치단체의 장과 기타 고위 관료들이 그 직책을 수행하는 과정에서 2, 3년 내에 큰 부를 축적하는 것은 아주 흔한 일이다. 건설과 관련한 면허 및 허가 승인 절차를 진행하는 데 이 사람들의 지원이 필요할 때가 종종 있기 때문에 주요 건축업자들은 사업 비용의 일부로서 이들에게 프로피나(사례금)를 쏟아 붓는다. 관료들은 생산적 절차에는 크게 공헌하지 못할지 모르나 이들의 지원은 필수적이다.

최근에 나는 브라질의 관료들은 공공의 복리 증진이라는 허울 좋은 목표보다는 자신들의 이익을 추구하는 경향이 있다는 사실을 분명히 보여주는 사례를 하나 전해 들었다. 브라질의 주요 산업 도시 벨루오리존치(Belo Horizonte)에서 활동하는 한 재계 거물이 자비로 시민회관을 건립하여 시에 기증하겠다는 제안을 했다. 이 사람은 건물이 세워질 부지를 제공하고, 일류 업체에 설계 작업을 의뢰하고, 건축 비용 전액을 지급하겠다는 등의 제안을 했다. 전부 합해 1,000만 레알의 가치가 있는 '선물'을 시에 제공하겠다는 것이었다. 그런데 이 사람이 준비하지 못했던 것이 하나 있었다. 그 '선물'을 받을지 말지를 결정하는 위치에 있는 관료에게 떼어줄 사례금을 준비하지 못했던 것이다. 이 치명적 결함(?) 때문에 결국 그 관료들은 시민회관 건립 제의를 거부하고 말았다.

시를 위한 이 엄청난 기증 제의를 호기 있게 거부한 행위는 자신들이 받는 프로피나의 액수를 최대한 끌어올리겠다는 관점에서 보면 나름대로 경제적인 선택이었다 하겠다. 이러한 기증을 허가해주는 절차에서는 자신들이 챙길 부당이득이 많이 떨어지지 않는다는 점은 분명했다.

이보다는 영리 목적의 건설 공사를 진행하려는 토지 소유자 쪽을 상대하려 할 것이다. 시민회관 기증 제의를 거부하면 이들 관료에게 그러한 기회가 생긴다. 이 제안을 했던 재계 거물이 여전히 그 부지를 소유하고 있다. 시에 시민회관을 지어 기증하려던 제안이 받아들여지지 않아 실망한 이 사람은 대신에 그 자리에 영리 목적의 콘서트홀을 짓기로 했다. 이번에는 영리를 목적으로 한 건물의 건축 허가를 취득하기 위해 해당 관리들에게 '사례금'을 내줄 준비가 돼 있을지 아닌지는 그때 가서 알게 될 것이다. 그러나 이 사람도 브라질에서 사업하여 큰돈을 벌었으므로 브라질인의 방식으로 사업하는 것을 편안해한다고 봐도 가히 틀리지는 않을 것이다. 브라질 관료들의 관점도 바로 이런 것이고 공공의 이익을 위해 일해야 하는 공무원들이 굵직한 기증 제의를 거부했던 것도 다 이러한 이유에서일 것이다.

관료들은 위 사례와 같은 기증 행위로는 별로 이득을 보지 못한다. 그러나 영리를 목적으로 건축, 사무실 건물, 아파트, 상가 그리고 예의 그 콘서트홀 같은 경우에는 시간이 곧 돈이 되는 상황이 전개되고 또 알짜배기 자리에 있는 공무원들은 토지 소유자, 부동산 개발업자, 건설업자 등이 많은 시간을 절약하기 위해 돈을 내놓음으로써 시간과 돈 간의 등식을 좀 더 유리하게 만들어내도록 도와주는 방식으로 상당한 이익을 챙길 수가 있다.

관료주의

브라질이 지닌 어려움 가운데 하나는 이곳에서 사업하기가 쉽지 않다는 점이다. 창업 절차 자체가 신속히 처리되지 않을뿐더러 규제도 엄청나게 심하다. 지난 40여 년 동안 나는 여러 국가에서 회사를 설립하는 일에 관여했었다. 그런데 필요 서류 한두 장 정도를 작성하는 것으로 절차가 완료될 정도로 창업 절차가 간단한 미국, 캐나다, 뉴질랜드, 오스트레일리아 혹은 대다수 유럽 국가 등과는 달리 브라질에서 회사를 창업할 때는 시간도 오래 걸리고 절차도 매우 복잡하다. OECD 국가에서는 창업에 걸리는 시간이 평균 2주 미만인데 브라질은 새로 회사를 설립하는 데 평균 120일 정도가 소요된다. 나는 최근에 브라질에서 회사를 설립하는 데 거의 1년이라는 시간을 허비해야 했다. 공중인 앞에서 몇 시간을 기다려야 했고 또 여러 관청을 돌아다녀야 했다. 그리고 브라질 사회보장번호 혹은 납세자등록번호(CPF) 발급 신청을 해야 했다. 이러한 과정을 겪다 보니 안토니오 카를로스 조빔이 "브라질은 초보자에게 만만치 않은 국가다"라고 경고했을 때의 심정이 어떠했을지 익히 짐작이 갔다.

일종의 기존 기업 보호 정책(기존 사업자의 관점에서 보면 이렇게 번잡한 절차를 요구하게 되면 잠재적 경쟁자의 의욕을 꺾어 결국 경쟁이 심화하는 상태를 막아준다는 측면에서) 혹은 브라질 특유의 접근법일 수 있겠는데 다른 국가와는 다르게 브라질은 공식 신청서를 작성할 때 이름을 제일 먼저 쓴 다음에 중간 이름을 쓰고 맨 마지막에 성을 쓰도록 하고 있다. 미국, 영국, 캐나다 등에서는 공문서를 작성할 때 성을 제일 먼저 쓰고 그다음에 이름, 중간 이름의 순서로 기재하게 돼 있다. 나는 CPF 신청서를 작성할 때 늘 하던 대로 성을 맨 처음에 썼다. 별문제 없이 일이 진행되어 한 달이 조금 넘자 드디어 내 CPF가 발급됐다. 그런데 브라질의 신청서 작성 방식에 익숙하지 않았던 탓에 창업 절차에서 새로 발급된 이 CPF를 쓸 수가 없다는 사실을 알고 적지않이 당황했다. 성명란에서 이름 기재 순서를 달리하는 바람에 그 CPF에는 '데이비드슨'이 내 성이 아니라 이름으로 기재돼 있었던 것이다. 이를 바로 잡고자 공중사무소를 방문하고 또 이 관청 저 관청을 들락날락하느라 많은 시간을 허비해야 했다.

이 일을 겪으면서 한 가지 알게 된 사실은 서류 작성 작업을 브라질 국내에서 하는 것이 꼭 유리하지만은 않다는 사실이었다. CPF를 비롯하여 대다수 공문서는 재외 브라질 영사관에서도 입수할 수 있다. 영사관을 이용하여 서류 작업을 하면 한 장소에서 모든 것을 처리할 수 있어서 각기 다른 수많은 관청을 방문하느라 이 도시 저 도시를 날아다녀야 할 필요가 없다. 그리고 영사관에서 서류 작업을 하면 브라질에서 할 때보다 포르투갈어 이외의 언어를 사용해야 할 때도 도움을 받을 수 있다.

브라질과 미국 간에는 이처럼 극명한 차이를 나타내는 부분이 있지만, 전체적으로 보면 브라질이 미국을 많이 닮아가고 있다. 나는 평소에 미국에 변호사가 넘쳐날 정도로 많다는 것이 마음에 들지 않았다. 미국의 변호사 수는 미국인 265명당 한 명꼴이다. 그런데 브라질 또한 변호사가 306명당 한 명꼴로서 미국 못지않게 변호사가 많으며 이는 브라질로서는 그다지 긍정적인 징후가 아니라고 본다.[23]

물론 미국과 달리 브라질의 법적 전통은 영국의 보통법(영미법)에 근간을 두지 않는다. 이 부분에서 브라질과 미국의 공통된 특성은 변호 업무로 고수익을 올릴 수 있다는 점이다. 양국에서 사람들이 변호사 개업을 하는 이유는 이 일이 돈이 되기 때문이다. 그런데 안타깝게도 경기 침체 여파로 변호사의 전성시대도 머지않아 막을 내릴 듯하다.

브라질은 경직된 관료주의가 산업 발달을 저해한다는 사실을 보여주는 '산 증인'이다. 이에 관한 좀 더 확실한 사례 가운데 하나가 바로 치과 부문이다. 브라질은 치과 부문에서 시장 혁신을 주도할 여지가 충분함에도 예의 그 관료주의 때문에 치고 나가지를 못하고 있다. 이른바 선진국에 거주하는 사람들도 브라질 사람들이 다른 어떤 국가의 국민보다 양치질을 자주 한다는 사실을 알면 아마 깜짝 놀랄 것이다. 그리고 브라질의 치과 기술은 세계 최고 수준이다. 최근에 미국의 치과 용품 제조업체 울트라덴트(Ultradent)는 경쟁사인 독일의 카보(KaVo)와 함께 자사 제품 조사 범위를 브라질로까지 확대했다.

〈파이낸셜타임스〉 기사를 살펴보자.

울트라덴트 브라질 및 남아메리카 지역 사업부의 제너럴매니저 루이즈 아브레우(Luiz Abreu)는 이렇게 말한다.

"이곳은 독자적 연구(獨自研究)가 촉진되는 시장 환경이다. 브라질은 치열 교정술 저널에 발표한 논문 수로는 세계 3, 4위에 해당할 정도로 치과술이 발달한 국가이기 때문에 항상 우리의 관심을 끌었다."

아브레우는 또 이렇게 덧붙였다.

"그런데 우리가 이곳에 도착하고 나서 현실에 맞닥뜨리고 보니 브라질은 신기술 혹은 신개념의 온상이었고 특히나 더 정교한 재료와 신체 침습도가 덜한 기술을 접목하는 부분에서 공헌한 바가 크다는 사실이 더욱 분명해졌다."[24]

그런데 〈파이낸셜타임스〉의 기사는 이러한 결론으로 끝을 맺었다.

그러나 브라질의 모든 조건이 혁신에 이상적인 것은 아니다. 브라질의 불평등성 못지않게 반생산적인 관료주의 역시 큰 문제다. 브라질 사람이 개발한 울트라덴트 틸로스를 미국과 유럽, 일본에서는 판매하고 있는데 브라질에서는 아직 아니다. 아브레우는 이렇게 말한다.

"이곳 브라질은 신제품을 얼마든지 개발할 능력이 있다. 그런데 제품 등록 절차가 세계에서 가장 복잡하다는 것이 큰 걸림돌이다."[25]

1, 2년 내에 브라질에서 개발한 신기술을 브라질 치과의사들도 사용할 수 있지 않을까 한다.

브라질 비용

경직된 관료 사회와 관련한 브라질의 또 한 가지 문제는 인건비가 엄청나게 비싸다는 점이다. 브라질에서 사업하려는 계획을 세우는 사람들이 공통으로 잘못 생각하는 부분이 바로 브라질의 임금 수준이 낮다고 보는 것이다. 이른바 D, E 등급에 속하는 빈곤한 노동자 계층의 연간 소득이 미화로 9,880달러 (월 760달러) 이하라는 사실을 기준으로 하면 일리 있는 추정이기는 하다. 그러나 브라질에 빈곤층이 많다고 해서 평균 임금마저 싸다고 단정하는 것은 무리가 있다.

한 예로 브라질은 급여소득세 수준이 상당히 높다. 월 임금 1만 레알짜리 직원을 고용하는 데 드는 실질 비용이 2만 레알 이상이다. 따라서 직원 월급으로 매월 1만 레알을 지급하는 경우에 실질적으로 2만 레알을 지급하는 셈이 된다. 게다가 법적으로 모든 직원에게 매년 12개월 월급 외에 한 달치 월급을 상여금으로 지급하게 돼 있다. 따라서 연간 인건비를 계산할 때는 한 달 월급에 12를 곱하는 것이 아니라 13을 곱해야 한다. 그리고 직급이 올라갈수록 고용 비용은 훨씬 더 비싸진다. 〈파이낸셜타임스〉에서 모이제스 나임 (Moises Naim)은 이렇게 말했다.

"상파울루의 이사 월급이 런던에서 일하는 이사의 월급보다 더 많다."[26]

조지프 레이히(Joseph Leahy)가 〈파이낸셜타임스〉에서 밝혔듯이 '브라질 코스트'라고도 하는 이른바 '브라질 비용' 때문에 '적어도 수익성 측면에서 볼 때, 특히 창업 단계 기업들의 눈에 브라질은 마진율이 낮은 시장'으로 인식되는 경향이 있다.[27]

브라질에서는 법정 고용세와 기타 사회복지혜택에 관한 부담이 너무 커서 주 및 지방 정부는 예산을 절약하려는 목적에서 법으로 정한 사회복지 관련 의무를 슬그머니 비켜갈 때도 있다. 지방 정부 등은 원천세, 연금, 기타 부과금을 납입하지 않는 방법으로 비용을 엄청나게 절감할 수 있을지 몰라도 이것은 어마어마한 규모의 미래 부채를 만들어내는 일일 뿐이다.

최근 몇 년간 가속화된 경제 성장에서 확인할 수 있듯이 브라질은 경제 현대화에서 상당한 진보를 이루었다. 그런데도 고압적 관료주의, 고질적 부정부패, 세계 최고 수준의 금리 등이 브라질의 성장 잠재력을 계속해서 약화시킬 것이다. 지난 몇 년 동안 실질 소득이 많이 증가하면서 브라질 국민 약 4,000만 명이 새로이 중산층에 편입됐는데 이를 토대로 소비자 신용이 급격히 증가했다. 〈파이낸셜타임스〉의 보도 내용을 보면 이렇다.

"브라질 가계의 평균 소득은 2003년 이후 연간 GDP를 1.8% 포인트 웃도는 수준으로 증가했다. 이는 연간 GDP가 가계 소득보다 2% 포인트 높았던 중국과는 정반대되는 현상이었다."[28]

다시 말해 브라질이 중국보다 가계 소득 증가율이 더 높다는 것은 브라질 경제가 더 소비 의존적이고 중국보다 투자율이 더 낮다는 것을 의미한다. 블로그 라틴텔리전스(LatIntelligence)의 개설자 섀넌 오닐(Shannon O'Neil)이 관찰한 바대로 중국의 성장은 투자에서 비롯된 측면이 크다.

2000년부터 2008년까지 중국은 평균적으로 GDP의 41%를 투자했으며 이는 브라질(그리고 미국 같은 기타 국가들)의 투자 비율보다 두 배나 높은 수준이다. 세계 경제가 극심한 침체 상태로 치달았던 2009년에는 투자 비율이 GDP의 50% 수준으로 높아졌고 그 대부분이 인프라 구축에 투입됐다. 덕분에 지난 10년 동안 수천 개의 공장, 수백만 마일의 도로, 항구, 고속도로, 공항 등이 건설됐다. 이제 중국에는 완전히 새로워진 도시들과 생산 시설들이 들어서서 경제 성장을 이끌고 있다.

이와는 대조적으로 브라질은 연간 투자 비율이 GDP의 19%에도 못 미친다. 인프라 수준은 열악하다. 일부 경제학자는 이 낙후된 인프라가 미래 성장의 약 1%는 잡아먹는다고 주장한다. 대신에 소비가 브라질의 최근 성장세를 뒷받침했다. 2009년에 브라질의 소비 수준은 GDP의 84%로서 GDP의 13%에 불과했던 중국의 소비 수준과 비교할 만하다. 현재 브라질은 신용 팽창, 국내외 소매상의 증가, 1억 인구에 달하는 강력한 중산층 기반 등을 토대로 세계 최고 쇼핑객 명단에서도 최상위권에 이름을 올리고 있다. 현재와 같은 소비

의존적 경제는 경제학자와 정책 입안자들로 하여금 과열 경기를 염려하게 하는 요소가 된다.

더구나 중국의 경제 성장이 위력적인 것은 필요 자금과 비용을 자체 충당하는 체계였기 때문이다. 21세기에 들어선 이후로 국내 저축률이 꾸준히 증가하다 2007년에 GDP의 54%로서 정점을 찍는 등 GDP의 23%인 OECD의 평균 저축률을 무색케 하며 이 부문에서 세계를 주도하는 국가가 됐다.[29]

브라질을 연구했던 수많은 경제학자가 "투자를 늘리는 가장 좋은 방법은 공공 부문의 효율성을 높이는 것이다"라고 주장한다. 브라질 정부의 부패로 말미암은 손실 규모가 어느 정도인지를 구체적으로 추산한 연구가 있었는지는 알 수 없으나 이탈리아에서 있었던 저 유명한 탄젠토폴리('뇌물 도시'라는 의미) 사건을 분석한 결과 이로 말미암은 손실이 GDP의 7% 수준이었던 것으로 나타났다.

국제투명성기구(Transparency International)가 발표한 부패지수에 의하면 브라질은 73위로서 69위인 이탈리아보다 부패 정도가 약간 더 심한 편이다.[30] 브라질의 부패 비용이 GDP의 7%라고 가정했을 경우 부패로 말미암아 연간 1,500억 달러의 손실이 발생한다는 의미다. 이론상으로는 그러한 부패를 근절할 수 있다면 투자율을 25%까지 올리는 데 가용 자원을 사용할 수 있을 것이다.

어쨌거나 장기적 성장 가능성을 높이는 가장 좋은 방법은 정부의 비효율성과 부패 관행을 근절하는 것이다. 〈파이낸셜타임스〉에 실린 레이히의 기사에서 인용한 바 있듯이 하버드 대학 경제학과 교수이자 《이번엔 다르다(This Time Is Different)》의 공저자 켄 로고프(Ken Rogoff)는 이렇게 말한다. "정부의 몸집이 불어난 것이 유연성을 떨어뜨리는 요인이 된다. … 이것이 문제다. 이 모형에서는 바로 그것이 실질적인 약점으로 작용한다."[31]

미국과 마찬가지로 브라질은 소비 지향적인 국가다. 결국, 브라질도 '아메리카' 경제국이라는 말이다. '쇼핑센터'를 정식 포르투갈어로 번역하면 '센토코 머셜(cento comercial)'이 되지만 브라질에서는 일반적으로 '움쇼핑(um shopping)'이라고 한다. 브라질 사람들은 형용사 '쇼핑'을 남성 명사로 바꾸었다.

최근에 브라질의 주요 쇼핑센터를 가보면 익숙하면서도 독특한 브라질의 소비 문화적 특성을 확인할 수 있다. 브라질의 쇼핑센터를 방문한 사람이 놀라는 이유는 그곳 쇼핑센터가 움쇼핑으로 불려서만이 아니라 수많은 매장이 브룩스필드(BrooksField), 베이직블루(Basic Blue), 핸드북(Handbook), 스케치(Sketch), 오덴틱피트(Authentic Feet), 트랙앤드필드(Track & Field) 등과 같은 영어 이름으로 영업을 하고 있다는 사실 때문이다. 벨루오리존치 최초의 쇼핑센터 비에이치쇼핑(B.H. Shopping)에만도 브라질 쇼핑객에게 손짓하는 영어 브랜드가 수십 개가 넘는다.

브라질의 신발 가격을 알아보려고 미스터캣(Mr. Cat) 매장에 들어갔을 때 브루노 마스의 감미로운 목소리가 들렸다. 매장 안에서 브루노 마스가 피처링으로 참여한 '빌리어네어'라는 곡이 흘러나왔던 것이다.

브라질의 움쇼핑을 방문하면 고객서비스의 질에서 미국과 확연한 차이가 있다는 사실을 금방 느낄 수 있다. 미국은 벌써 수십 년 동안 소득이 정체된 상태인지라 비용 절감 전략을 구사하지 않으면 성공하기 어려웠다. 그래서인지 미국에 있는 상점에 들어가면 매장 안을 마음대로 돌아다녀도 판매원이 따라붙는 일이 좀처럼 없다. 미국에서는 살 물건을 고른 다음에도 계산대 앞에 줄을 서서 한참을 기다렸다가 돈을 내야 한다(제발 내 돈을 가져가라며 이리도 오래 기다려야 한다니).

그러나 브라질에서는 절대 그렇지 않다. 내가 신발 매장인 미스터캣 안으로 들어가자 나를 포함하여 네 명의 손님을 다섯 명의 판매원이 응대했다. 브라질에서 쇼핑할 때는 물건을 팔려고 손님에게 열정적으로 달라붙는 판매원에게 익숙해져야 한다.

신용

파산법 개정 그리고 소득 수준 향상이 브라질의 소비자 대출 팽창으로 이어졌다. 그러나 새로 중산층에 진입한 수많은 사람이 역시 새로운 신용 수요자가 됐다는 부분이 호황의 맥을 끊는 요소로 작용할 수 있으며 그래서 이 점이 조금 우려스럽다. 일례로 소비자 신용의 증가가 중국산 가전제품과 같은 내구재 수입을 크게 늘리는 데 일조했다. 결과적으로 전 세계적인 원자재 가격 상승을 통해 증가한 브라질의 무역 이익 30%가 저축 혹은 투자보다는 소비 부문에 투입됐다.

미국식 식생활을 좇았던 브라질 사람들이 비만에 이르렀듯이 미국식 신용 남용의 덫에 걸린 브라질 사람들 역시 미국인과 같은 곤경에 처할 수 있다. 브라질은 금리 수준이 세계에서 가장 높으므로 신용 남용의 폐해도 미국보다 훨씬 극심하다.

2011년 5월 브라질의 평균 소비자 대출 금리는 41%에서 47%로 상승했고 신용(무담보) 대출 금리는 147%에 이르렀다. 금리가 이 정도 수준이면 눈 깜짝할 사이에 빚이 두 배로 불어난다. 그러므로 브라질은 2011년 7월 15일 기준 신용 카드 대출 금리가 16.43%였던 미국에서보다 출발선에 훨씬 더 가까운 지점에서 신용 주기 변곡점을 맞게 될 것이다.[32] 브라질의 금리 수준이 미국보다 3배나 높다는 사실을 고려하면 세계 10대 카드 발행사 가운데 이타우-우니방코(Itau-Unibanco), 브라데스코(Bradesco), 브라질은행(Banco do Brasil) 등 세 곳이 브라질 은행이라는 점도 그리 이상할 것이 없다.

부분적인 이유가 되겠지만, 브라질은 아직 미국보다 소비자 대출 규모가 크지 않기 때문에 현 소비자 대출법상 미국의 대응법보다 급여 압류를 허용하는 범위가 더 넓다(브라질에서는 소비자 대출의 약 60%는 급여, 자동차 혹은 기타 부동산을 담보로 그 지급이 보장된다). 이러한 이유 때문에 미국법 아래에서의 상황과 비교하자면 브라질 은행은 악성 소비자 대출에 대한 노출 정도가 심각한 수준은 아니라고 하겠다.

그런데도 2011년 상반기 5개월 동안 대출금 연체(15일 초과)율이 전체 대출의 7.8%에서 9.1%로 급격히 증가했다. 신용평가기관인 세라자엑스페리언(Serasa Experian)의 별도로 분석한 결과에 의하면 2011년 6월까지 연체율이 23%로 뛰어올랐다.[33]

물론 차입자의 90% 이상이 내는 고금리 이자로 연체에 따른 은행의 손실분을 메우고 있기는 하다. 이 같은 신용 지표 악화에서 가장 우려되는 부분은 경제가 아직은 상승세를 유지하고 있고 실업률도 매우 낮은 상태에서 이러한 현상이 나타났다는 점이다. 폴 마셜(Paul Marshall)은 이렇게 말한다.

> 통상적으로 신용 지표는 경제 순환 주기에 후행하는 경향이 있다. 그런데 경기 악화 이전에 신용 지표 악화가 먼저 나타난다면 이는 기초 현금 흐름 혹은 신용의 질 약화와 관련한 구조적 문제가 존재한다는 의미다. 브라질은 이두 가지 문제를 다 지니고 있다.[34]

높은 실질 및 명목 금리와 연체율 증가라는 현상이 맞물린다는 것은 필연적으로 브라질의 신용 주기가 짧아질 수밖에 없다는 의미다. 신용 행위에 익숙하지 않은 대다수 브라질 가계가 현재 소득의 20%를 빚 갚는 데 쓴다. 전에는 흥청망청 써버렸던 돈을 이번에는 빚 갚는 데 쓰는 것으로 생각하며 이를 대수롭지 않게 여긴다 해도 브라질에서 고금리 소비자 대출의 팽창도 이제 점점 한계점에 다다를 것이다.

소비자 대출과 소비 증가가 경제 성장을 촉진하는 요소이기는 하나 브라질이 미래에도 이러한 성장 기조를 계속 유지하려면 투자를 증가시킬 필요가 있다. 같은 맥락에서 브라질은 특히 주요 에너지 부문에서 미국을 앞설 만큼 이미 많은 투자를 했다는 점 또한 잊어서는 안 된다.

앞으로 좀 더 확실히 알게 되겠지만, 미국 정치인들은 지난 수십 년 동안

에너지 자립의 중요성을 역설해왔다. 그런데 브라질에서는 이것이 한낱 몽상이 아니라 어엿한 현실이다.

브라질은 에너지 자립을 이루었을 뿐 아니라 이른바 대체 에너지 개발 부문에서도 미국보다 훨씬 나은 성과를 나타냈다. 브라질은 생물 연료 부문에서 세계를 주도하고 있다. 그리고 재생 에너지를 통한 발전 비율이 82%로서 이 부문에서도 역시 세계 정상급이다. 미국은 이 비율이 11.14%밖에 되지 않는다.

재생 에너지를 통한 발전 용량을 두 배로 늘리는 데 수조 달러를 투입하는 계획에 대한 지지를 얻어내려는 과정에서 "우리는 재생 가능한 청정에너지를 이용하는 국가가 21세기를 주도하게 될 것이라는 사실을 알고 있다"고 말한 사람은 다름 아닌 버락 오바마 대통령이었다. 의식했든 의식하지 않았든 간에 오바마는 에너지에 관한 한 브라질이 미래를 주도할 국가라는 점을 인정한 셈이었다. 전기의 상당량을 청정한 재생 에너지를 통해 생산할 것이라는 미국의 약속은 실업을 없애고 연방 예산 균형을 이루겠다는 오바마의 약속만큼이나 공허해 보인다. 그러나 브라질은 다르다. 적어도 재생 에너지에 대한 브라질의 약속은 절대로 '그림의 떡'이 아니다. 브라질에서는 지금 실현되고 있는 일이다.[35]

재생 에너지를 이용한 발전이 대규모로 이루어지고 있을 뿐 아니라 여기에서 큰 수익도 올리고 있다. 미나스제라이스 에너지회사(CIA Energetica de Minas Gerais: NYSE 종목 기호: CIG; 현재 주가: 17.55달러)는 화력발전소 세 곳과 풍력기지 두 곳을 포함하여 저비용 재생 에너지원을 사용하는 수력 발전소 54곳을 가동하고 있다. 미국 정치인들이 입으로만 '청정한 재생 에너지'를 기반으로 한 미래의 발전 체계를 운운할 때 CEMIG(미나스제라이스 에너지회사를 일컬음)는 탄화수소 연료와는 거의 무관한 재생 가능한 발전을 통해 프랑스보다 면적이 더 큰 한 주(미나스제라이스 주)에 실질적으로 전력을 공급하고 있다.

더구나 내가 이 글을 쓸 당시 CEMIG는 11.14%의 배당금을 지급했다. 이는 30년 만기 미 재무부 채권의 수익률이 3.75%(역시 이 글을 쓸 당시 기준)였다는 점과 비교해볼 만하다. 개인적으로 나는 오바마 대통령이 굉장한 통찰력으로 많은 부분을 꿰뚫고 있었다고는 생각하지 않는다. 다만, "재생 가능한 청정에너지를 이용하는 국가가 21세기를 주도하게 될 것으로 생각한다"고 말하는 그 순간만큼은 우리가 말하고자 하는 바의 핵심을 찔렀다고 본다. 문제는 미국은 재생 가능 에너지원을 통한 액체 연료와 전기 수요를 충족시키는 부문에서 큰 진전을 보이지 못하고 있다는 데 있다. 그런데 브라질은 이것이 가능할 것이다.

앞으로 수십 년 후를 내다보자면 파산 지경인 정부가 발행한 30년 만기 채권의 수익률은, 세계 최고 수준의 재생 에너지원 발전소에 대한 투자 수익률보다 훨씬 낮을 것으로 예상된다. 특히나 CEMIG의 수익률이 미 재무부 채권 수익률의 3배에 이르는 상황에서는 더욱 그러하다.

과거에는 브라질이 열대 기후 지역에 속한 국가라는 것이 불리하게 작용하는 듯 보였으나 지금은 천혜의 에너지 자원 덕분에 큰 혜택을 입는 곳이 되었다. 그 한 예로 지구촌이 점점 추워지는 상황에서 브라질은 태양 에너지의 가장 큰 수혜자 가운데 하나다. 이 글을 쓰던 시점인 8월에 미나스제라이스 주의 주도 벨루오리존치의 예상 최고 기온은 화씨 77도(섭씨 25도)였다. 브라질로서는 분명히 겨울인데 기온이 이렇게 높았다. 이런 높은 기온 덕분에 브라질 사람들은 집안을 따뜻하게 하려고 난방유를 사는 데 돈을 쓸 필요가 없다.

어느 국가든 다 단점이 있고 문제점이 있으며 이에 관한 한 브라질도 예외는 아니다. 성공적인 투자의 핵심은, 생활은 점점 나아지고 문제는 해결될 그러한 곳을 찾는 것이다. 브라질이 천국이라는 환상을 애써 주입할 생각은 없다. 그리고 그 환상이 사실도 아니다. 다른 국가에서도 그렇듯이 이곳 브라질 사람들도 노령화 및 비만화가 진행되고 있다. 그러나 세계가 금융 위기에 시달리는 동안 브라질보다 더 잘사는 수많은 국가가 경기 침체를 경험한 것에 비해 브라질은 2010년에 7.5%의 성장률을 기록했다. 이는 높은 실질 금리 수준과 핫머니(hot money: 투기성 단기 자금—역주)의 회수라는 환경에서 이루어진 것이라 더 의미가 있다.

높은 금리 수준 그리고 소비자 부채의 증가라는 환경에서도 브라질은 부채가 축소된 그리고 지급 가능한 경제의 이점을 한껏 누리고 있었다. GDP 대비 총부채에 대한 신빙성 있는 자료를 입수하기는 어렵지만, 브라질의 총부채 규모는 미국보다 최소한 50%는 작은 것 같다(맥킨지 연구소의 2010년도 조사에 의하면 브라질의 총부채는 GDP의 142%이고 미국은 GDP의 296%다). 브라질의 GDP 대비 대외 부채 규모 역시 미국보다는 훨씬 작다. 사실 브라질은 세계 4위의 대외 채권국이자 미국 국채 보유국이다.[36]

1940년에 슈테판 츠바이크가 묘사했던 브라질의 모습을 다시 한 번 상기해 보자.

"브라질은 아직 발달 초기 단계에 있으며 이 나라의 후손들이 마음껏 누리며 살 수 있는 미래의 땅이 되리라는 기대가 절대 헛된 망상은 아니다. 브라질의 현재를 말한다고 하는 사람은 누구든 은연중에 이미 브라질의 과거를 말하고 있다."[37]

이런저런 문제들이 있음에도 츠바이크가 간파했던 대로 브라질은 '이 지구촌에서 가장 중요한 미래의 땅 가운데 하나'로 남아 있다.[38]

이 지구상 어디에든 번영된 미래를 약속하는 곳이 있다면 그곳은 바로 브라질일 것이다. 다음이자 마지막 챕터에서는 브라질의 밝은 미래 부분을 살펴보고자 한다.

BRAZIL IS THE NEW AMERICA

Chapter 13

브라질 들여다보기

번영의 길로 향하는 기회의 땅

BRAZIL
IS THE
NEW
AMERICA

가라앉기를 기다리면서
침몰 중인 배 안에 있는 것과 같다.

― 스콧 하커와 맨디 하커,
'미국을 떠나 브라질로 가는 이유에 관하여'

북미 지역 그리고 기타 선진국의 중산층에 속한 사람들의 머릿속에는 앞으로 인도 혹은 중국의 중산층과 같은 생활 및 소득 수준으로 자신의 삶이 하향 평준화되지나 않을까 하는 걱정이 떠나지 않았다. 특히 미국인들에게는 이것이 더욱 끔찍한 일이었다.

브라질 중산층 수준으로 생활수준이 떨어지는 것은 그나마 참을 만한 정도일 듯싶다. 2011년 7월 기준 브라질 인구 2억 300만 명과 1인당 명목 소득 1만 2,917달러(IMF 2011 자료)는 40년 전 미국의 그것과 엇비슷한 수준이다. 그때 이후로 미국의 1인당 소득은 높아졌으나 정규직에 종사하는 남성의 평균 소득은 800달러 감소했다.

결국, 이제는 무언가 결단을 내려야 할 때가 왔다는 것을 의미한다. 붕괴하는 세상에서 살아남기 위해서는 에너지원 전환이라는 현실을 직시하고 더 나은 곳을 찾아 고국을 등지는 것이 다가올 격동의 미래에 대한 합리적인 대응일 수도 있다.

결론

조지프 테인터는 폭넓은 지지를 받았던 자신의 저서 《문명의 몰락(The Collapse of Complex Societies)》(1988년)을 통해 이른바 '문제 해결의 경제학'이라는 논제를 다루었다. 이는 지금을 사는 사람들에게 매우 중요한 의미가 있는 것으로서 주류 언론과 대다수 투자 자문가들이 진실을 호도했다는 결론에 이르게 한다.

이처럼 심각하게 호도된 사실 가운데 하나는 미국이 아주 빨리 혹은 힘들이지 않고 19세기와 20세기에 누렸던 세계 경제 선도자의 지위로 다시 복귀할 것이라는 예측이다. 그러나 미국은 이미 복잡성의 한계효용이 감소하는 혹은 마이너스 성장률을 기록하는 상황에 직면해 있는 만큼 미국의 미래는 번영보다는 붕괴의 가능성이 더 크다.

이 책에서 일찍이 강조했다시피 미국은 에너지 투입량이 감소한 혹은 정체된 미래에 직면할 가능성이 크다. 서브프라임 사태와 리먼브러더스의 몰락으로 정점을 찍었던 세계적 부채 위기가 발생하기 직전 10년 동안 세계의 석유 생산도 정점에 도달한 것으로 보인다.

되풀이해서 말하건대 에너지 투입의 감소 혹은 정체로 말미암아 미국 경제는 대다수 사람이 생각하는 것보다 몰락의 길에 더 가까이 다가가 있다. 최근의 상황 전개와 맞물리면서 테인터의 이 놀랄 만한 예측이 현실화될 가능성은 점점 커지고 있다. 테인터는 이렇게 쓰고 있다.

> 에너지는 항상 문화적 복잡성의 토대였고 앞으로도 항상 그러할 것이다. 정치적, 기술적, 경제적, 과학적 복잡성의 증가와 관련한 전 지구적 변화와 같은 문제들을 이해하고 해결하려고 노력하는 과정에서 1인당 에너지의 가용성이 하나의 제약 요인으로 작용할 것이다. 에너지 공급이 감소 혹은 정체된 상황에서 복잡성을 증가시키려면 생활수준을 낮추는 수밖에 없을 것이다. 위기

발생이 아직 기정사실화되지 않은 상태에서 생활수준이 낮아지는 것을 받아들일 사람은 거의 없을 것이다. 복잡성을 위한 현재 및 미래의 투자에 대한 정치적 지지를 유지하려면 물리적으로 에너지의 가용성을 높이든가 아니면 기술적, 정치적, 경제적 혁신을 통해 생활수준을 유지하는 데 필요한 비용을 낮추는 방법으로 1인당 에너지 공급의 효율성을 향상시킬 필요가 있다. 물론 그러한 혁신을 이루는 데는 에너지가 필요하며 이는 에너지—복잡성 간의 관계에서의 제약 요인으로 나타난다.[1]

테인터는 '복잡한(문명) 사회'는 광범위한 활동 범주에서의 한계효용(한계수익)이 낮아지는 경향이 있다고 주장한다. 복잡한 사회에서는 어떠한 문제들이 발생하면 그 복잡성(테인터가 여기서 말하는 복잡성은 주로 정부가 내놓은 해결책으로서의 의미로 사용됨) 수준을 높이는 방식으로 그 문제들을 해결하려고 한다. 그런데 이러한 방식은 장기적으로 더 큰 비용을 유발한다. 다시 말해 인정된 사회는 관료들을 늘리고, 세금을 올리고, 비싼 무기를 배치하려고 한다. 비용 곡선이 전개되면서(간단하고 비용이 많이 들지 않는 일반적 해결책을 채택했을 때와 마찬가지로 처음에는 이 비용 곡선이 유리하게 전개될 수 있음) 복잡성에 대한 계속된 투자가 점점 더 높은 수익을 발생시키는 지점에 도달하게 되고 결국 그 지점에 도달한 이후부터는 그러한 투자의 한계수익이 감소하기 시작한다. 그 지점에서 사회는 붕괴에 취약한 단계로 접어들기 시작하는 것이다.[2]

테인터가 '몰락'을 '복잡성 수준이 낮은 단계로 급속히 전환되는 것'이라고 정의했다는 점에 주목하라. 일반적으로 이러한 단계는 에너지 소비의 급격한 감소와 관련된다.[3] 통상적으로 이용할 만한 더 쉬운 해결책이 모두 동이 나 버리면 문제 해결은 더 복잡하고 더 비용이 많이 들고 효용성은 더 떨어지는 방향으로 나아가게 된다.[4]

일찍이 강조했다시피 더 높은 비용, 더 낮아진 효용성, 복잡성 정도의 증가에 대한 사례는 멀리서 찾을 것도 없다. 오바마 행정부 시절의 미국 그 자체를 보면 바로 답이 나온다. 그렇기는 해도 테인터의 초창기 분석 내용을 시작으로 몇 가지 사례들을 다시 살펴보는 것도 이 쟁점을 이해하는 데 도움이 될 것이다. 테인터는 미국 보건의료 체계의 생산성이 1930년부터 1982년까지 60% 감소했다는 점을 보여주었다.[5]

보건의료

아이러니하게도 1980년대 초는 미국 보건의료 부문의 생산성이 좋았던 시기 혹은 매우 안정적이었던 시기로 보였다. 그러나 실제로는 그 이전보다 1980년대 초반 이후로 보건의료의 생산성이 더 급격히 감소했던 것으로 보인다. OECD 자료를 기준으로 이 부문의 국가별 지출을 비교해보면 미국의 1인당 보건의료 비용이 1982년에 1,200달러에서 2008년에 7,290달러로 크게 상승했다.

같은 시기에 기대 수명, 자기 보고식 건강 상태, 조기 사망, 암으로 말미암은 사망, 유아 사망, 의료사고로 말미암은 사망, 기타 등을 포함하여 OECD가 보건의료 부문의 성과를 측정하는 데 사용하는 보건 지표에서도 미국은 17개국 중에서 꼴찌인 17위로 떨어졌다.

지출은 엄청나게 증가하고 효용성은 저하됐다는 점에서 실질적으로는 미국 보건의료 지출의 한계효용이 감소한 것으로 볼 수 있다. 정부 주도로 복잡성 수준을 높이려 했던 다른 부문에서도 지출의 한계효용이 감소하거나 더 나아가 한계효용이 마이너스 상태라는 점에서도 몰락의 전조가 분명히 드러나고 있다.

교육

남캘리포니아 대학의 인포그래픽 '미국과 세계의 교육 부문 지출과 성과에 대한 비교'를 보면 '미국은 교육 부문의 총지출 면에서는 세계 수위를 차지하

고 있으나 11개 주요 선진국과 비교하여 과학은 9위, 수익은 10위의 성과를 낸 것으로 나타났다.[6]

미 교육부에 따르면 미국에서 학령기 아동의 1인당 교육비 지출액은 7,743달러로서 1인당 교육비가 1,683달러인 브라질과 비교가 된다. 브라질과 비교할 때 미국은 이 부문에서 한계효용 감소를 경험하는 셈이다. 미 교육부가 각국의 교육 성과 비교를 위해 선별한 주요 11개국의 학력 평가 결과에서 브라질은 하위권 성적을 나타냈다. 그러나 브라질은 지출은 많이 하면서도 성과는 그에 미치지 못한 미국과는 상황이 달랐다. 미국은 다른 주요국보다 적어도 3분 1은 더 많이 지출했으나 그 성과는 아주 미미했다.

게다가 미 교육부는 이 비교 작업에서 중국을 의도적으로 제외했다. 중국은 교육 부문에 브라질보다 훨씬 적은 돈을 투자했으나 학력 평가 결과는 세계 최고 수준으로 나타났다.

미 교육부가 1인당 교육비를 실제보다 적게 보고했다고 의심할 만한 이유가 있다. 《미국에 대한 평결(Verdict for America: Critical Issues Facing Our Nation)》의 저자 빌 포내스(Bill Ponath)는 "미국은 초등학교와 중등학교 학생 1인당 적어도 2만 576달러를 지출하고 있다"고 주장한다.[7] 이는 1인당 지출액이 1만 896달러인 아이다호부터 1인당 3만 8,986달러인 컬럼비아 특별구(워싱턴 DC 내 학교는 미국에서 비용이 가장 많이 들어가는 곳이면서도 성과는 최악인 것으로 유명하다)까지 모든 지역을 다 아울러 평균을 낸 수치라고 한다. 주 정부 수준의 지출 외에 연방 정부도 학생 1인당 1,917달러를 지출하여 국가 평균 지출액을 2만 576달러로 만드는 데 일조했다.

총 65개국의 15세 학생을 대상으로 한 2009년도 국제학업성취도평가(PISA)에서 읽기, 수학, 과학 과목에서의 학력 평가 결과가 발표됐다. 평가 결과 평균 점수가 가장 좋았던 지역은 중국-상하이였고 2위가 중국-홍콩, 3위가 핀란드였다.[8] 더 놀라운 부분은 중국의 1인당 교육비 지출액은 연간 1,326달러로서 미국의 6.5% 수준에 불과하다는 점이다.

현재와 같은 기술 수준에서는 보건의료와 교육 서비스가 국지적으로밖에 제공될 수 없을 것 같다. 유감스럽기는 하지만, 만약에 월마트가 중국과 같은 1인당 교육 비용으로 중국의 교육 서비스 상품을 수입할 수 있다면 미국에서의 복잡성(정부 지출)의 한계 효용이 급격히 향상될 것이기 때문이다.

군사

비용과 이익 간의 불균형이 더욱 두드러진 예가 바로 미국의 군비 지출 부분이다. 포내스가 분석한 바대로 미 교육부의 학생 1인당 교육비 지출액 보고에서도 드러났듯이 미 당국은 지출 규모를 정확하고 확실하게 나타내려는 의지가 없어 보인다. 아니, 그렇게 하려고 하지 않는다. 교육비 지출보다 이러한 경향이 훨씬 심한 부문이 바로 군사비 지출 부문이다. 예를 들어, 미 국방부는 2010 회계연도의 총 군비 지출액이 7,075억 달러라고 보고했다. 그러나 이는 실제 지출 규모의 절반밖에 되지 않는다.

예를 들어, 에너지부 예산 218억 달러가 핵무기 관련 비용이었다. 미 보훈부(Department of Veterans Affairs) 예산에서 재향군인 연금으로 546억 달러가 지출된다. 국토안보부(Department of Homeland Security)에서는 안보 비용으로 469억 달러를 지출한다. FBI 예산 중 적어도 3분 1에 해당하는 27억 달러가 대테러 활동 비용으로 지출된다. 국무부 국제 업무 관련 예산에서 56억 달러가 동맹국으로의 무기 수출 비용으로 사용된다. 다양한 부서를 망라한 '기타 군사 관련 지출금' 총액이 82억 달러였다. 이러한 비용에는 부채도 포함돼야 한다는 것이 내 개인적인 판단이고 이에 따라 평가해보면 전쟁 수행과 기타 군비 지출과 관련하여 발생한 부채의 이자 비용만 해도 1,091억 달러에서 4,315억 달러나 된다.[9]

전부 합해 군비 지출 규모는 최소한 1조 300억 달러에 이른다. 군비와 관련한 부채의 이자까지 모두 포함한다면 총 지출 비용은 1조 4,150억 달러가 되며 이는 국방부가 2010 회계연도에 보고했던 금액인 7,075억 달러의 두 배에 해당하는 수준이다.

그러나 미국이 실제로 군사용으로 지출하는 비용은 어마어마하다. 미국 다음으로 군비 지출 규모가 큰 12개국의 비용을 모두 합쳐도 미국이 지출하는 군비 수준에 못 미친다. 이 지구촌의 모든 국가가 지출하는 군비의 약 절반을 미국의 군비가 차지하고 있다. 그러나 보건의료나 교육 부문과는 달리 군비 지출의 한계효용을 측정하기가 훨씬 더 어렵다. 각국의 보안 성과를 객관적으로 비교할 수 있는 군비 버전의 PISA와 같은 평가 체계가 존재하지 않는다는 말이다.

그러나 경험에 근거한 분석에 의하면 1조 달러가 넘는 엄청난 금액을 군사용으로 지출하고 있으나 이에 대한 한계효용은 감소(혹은 더 나아가 마이너스)하고 있는 것으로 나타났다. 예일 대학의 윌리엄 노드하우스(William Nordhaus) 교수가 미국경제학회(American Economic Association)에 제출한 한 논문에서 밝힌 내용을 살펴보면 이렇다.

군비 지출 규모를 평가하는 한 가지 방법은 다른 국가들과 비교해보는 것이다. 다른 국가들도 안보 위협에 직면해 있고 이들 국가 역시 안보 부문에 예산을 할당하는 식으로 그러한 위협에 대응한다. 그런데 미국이 다른 모든 국가가 직면한 안보 위협을 모두 합한 수준의 심각하고 다양한 위협에 노출돼 있다고 볼 수 있는가? 나는 그렇게 보지 않는다. 이스라엘이라면 모를까 미국을 이 지구상에서 없애버리겠다는 황당한 꿈을 꾸는 국가는 없다. 또 러시아, 인도, 중국, 대다수 유럽 국가 등이라면 모를까 19세기 이후로 미국을 침공한 국가도 없었다. 우리는 같은 민주 진영의 우방국인 두 국가와 국경을 맞대고 있으며 이 두 국가와는 150년 동안 교전을 한 역사가 없다. 오직 한 국가만이 우리의 생존을 심각하게 위협할 수 있는 핵무기를 보유하고 있다. …
미국이 관여했던 최근의 주요 5개 전쟁(한국전, 베트남전, 쿠웨이트전, 아프가니스탄전, 이라크전)은 모두가 미국을 직접적으로 공격하지 않은 국가들을 상대로 한 전쟁이었다. 이 중 4개 전쟁은 아직도 미해결 상태로 남아 있다. 미국과 지구촌이 미국의 전쟁 수행 능력에서 득을 볼지 아닐지는 금방 결론이 날 쟁점은 필시 아닐 것이다. 그러나 모국을 방어하는 것을 넘어서는 수준의 전쟁 능력을 갖춘다는 것 자체가 하나의 실이 될 수 있다는 점만은 분명하다. 베트남전과 이라크전은 전략상의 오산 혹은 판단 착오에 의한 참전이었던 것으로 판명이 났고 그러한 오판의 정도만큼 그 전쟁을 수행하는 데 엄청난 비용이 발생한다. … 권력, 비밀, 돈 등이 결합하여 확실히 명시되지 않은 목적으로 엄청난 액수의 돈이 비밀리에 할당돼 사용되는 경우에는 반드시 부패가 끼어들게 마련이다.[10]

노드하우스가 주장했다시피 미국 군비 지출의 마이너스 한계효용은 미국을 분쟁 상황 속으로 끌어들이려는 알 카에다 측의 이른바 '로프-어-도프(rope-a-dope: 로프에 기대 상대가 공격하게 하는 권투 전법으로서 상대가 공격하다 지치기를 기대하는 것-역주)' 전략의 성공 가능성과도 무관하지 않다. 〈뉴욕타임스〉에 상세히 기술된 바와 같이 "알 카에다는 무역센터를 파괴하고 미 국방부 건물을 무력화하는 데 대략 50만 달러를 썼다. 그런데 미국은 얼마를 썼을까? 〈뉴욕타임스〉의 추산에 의하면 미국은 3조 3,000억을 지출했으며 이는 알 카에다가 이 작전을 계획하고 수행하는 데 쓴 돈의 700만 배에 해당한다."[11]

〈뉴욕타임스〉는 계속해서 이는 현 국가 부채 총액의 5분의 1에 해당하는 수준이라고 지적했다. 경제 성장이 정체된 이 같은 상황에서 미국 정부가 지향하는 '복잡성'의 증가가 마이너스 효용을 낳는다는 점을 피부로 느끼는 사람들이 점점 증가할 것이다. 미국의 주요 정당들이 한계효용 혹은 한계수익과는 관계없이 정부의 지출 규모를 늘리고자 하는 행태를 보면 일찍이 테인터가 언급했던 로마 제국의 몰락이 연상된다.

테인터 역시 "태양 에너지-기반 사회였던 로마 제국은 국고 고갈이 심화하자 세금을 올리는 방법을 사용했다"라고 지적한다[12](로마 몰락의 주요 요인은 날씨가 더 추워지면서 태양 에너지의 투입량이 급격히 감소한 것에서 찾을 수 있다). 이러한 위기에 봉착하자 로마 황제들은 로마 시민으로부터 더 많은 자원을 뽑아내는 데서 해결의 실마리를 찾으려 했다. 그리고 이들은 반복적으로 통화 가치를 절하시켰다.

> 그리고 과세 수준은 점점 더 높아졌다. … 인플레이션으로 경제는 엉망이 됐다. … 굶주리는 농민 혹은 자식들을 노예로 팔아야 하는 농민은 늘어가는 반면에 거대한 요새는 계속해서 축조됐고 관료 조직의 규모 역시 두 배로 증가했으며 행정 조직은 더욱 복잡해졌고 새로운 황제 도시와 궁전들이 계속 건축됐다. 세금이 점점 많이 부과되면서 버려지는 한계토지(도시 또는 대도시권의 외연부와 주변의 토지 혹은 투자된 비용에 비하여 기대되는 수익이 빈약한 토지—역주)는 늘어갔고 인구는 점점 감소했다. 농민들은 더는 대가족을 부양할 수 없게 됐다.[13]

테인터는 고대 로마에서 가난한 사람들뿐 아니라 부자들까지 정부의 손아귀에 벗어나려 했다는 측면에서 미래 사회 진보의 해답을 찾는다. 당시 도시와 마을 거주민에게 과도한 세금을 부과하던 조세 정책과 로마의 국가 구조를 고려하건대 그 상황에서 벗어날 수 있는 가장 좋은 그리고 거의 유일한 방법은 시골로 들어가버리는 것이었다.

에너지 투입량이 감소하면서 복잡성의 한계수익이 감소(심지어 마이너스)하는 상태에서 오바마 대통령이 취했던 정책들은 로마 제국 말기 독재적 로마 황제들이 취했던 정책들과 비슷했다. 위협적인 국가 파산의 망령이 점점 다가오자 오바마 대통령은 '통화 가치 절하와 세금 인상'이라는 전통적 패를 꺼내드는 데 열을 올렸다. 대다수 미국인이 거의 인식하지 못하고 있지만, 오바마 대통령은 미국 역사상 가장 극심한 '금융 억압책'을 채택한 것이다. '국민 한 사람 한 사람에게서 마지막 한 방울의 자원까지 다 짜내려는' 그러한 정책 말이다. 로마 제국 멸망기의 정책과 오바마 정권의 정책 간에 유사성이 있다는 점은 《케임브리지 고대사》 제11권 '로마의 멸망' 부분에서 확인할 수 있다.

지난 몇 년 동안 브라질에 관심을 두고 브라질에 대해 많은 부분을 알게 되면서 처음에는 조롱받았던 말, 즉 '브라질은 미래의 땅'이라던 스테판 츠바이크의 말이 틀리지 않았다고 생각한다. 츠바이크는 이렇게 말했다.

> 브라질은 자연으로부터 광활한 땅 그리고 무한히 샘솟는 물과 기름을 선사받았다. 그리고 인구 과잉 지역에서 이곳 광활한 대지로 와 뿌리를 내렸을 때부터 간직했던 상상력과 아름다움을 겸비한 채 옛것과 새로운 것을 합해 새로운 문명을 창조해냈다. 브라질은 아직 발달 초기 단계에 있으며 이 나라가 후손들이 마음껏 누리며 살 수 있는 미래의 땅이 되리라는 기대가 절대 헛된 망상은 아니다.[14]

이주민들은 대체로 가난한 국가에서 부유한 국가로 이동하는 것이 일반적이다. 어떤 가능성을 보고 소득 수준이 높은 국가에서 가능성이 더 나은 다른 곳으로 이주하는 경우는 흔치 않다. 그러나 후자의 예가 바로 '신세계'에서의 더 나은 삶을 꿈꾸며 영국을 떠나 미국에 정착한 사람들이다.

성장의 시차를 이용하라

금융 뉴스레터 〈스트러티직 인베스트먼트〉의 초창기 후원자이자 20세기 전설적 투자자 가운데 한 사람이 바로 고(故) 닐스 타우버(Nils Taube)였다. 닐스는 펀드 매니저로서 근 50년 동안 연 15% 이상의 수익을 실현하며 글로벌 투자업계에서 타의 추종을 불허하는 엄청난 실적을 올린 인물이다. 닐스는 투자업계에서는 거의 최고로 손꼽혔다. 그리고 내게 여러 번 반복해서 "표절을 해, 표절을. 왜 네 눈을 '사용'하려고 하지 않지?"라고 말하곤 했다.

이렇게 닐스는 성공 투자 비결을 알려주는 대목에서 톰 레러(Tom Lehrer)의 말을 인용했다. 닐스는 각 사회 혹은 각 국가는 시차를 두고 번영에 도달한다는 사실에, 저위험—수익을 올리는 비결이 숨어 있다고 생각했다.

간단히 말해 과거에 잘 나가던 국가를 관찰하고 비슷한 발달 단계에 있는 국가들이 했던 것과 똑같은 행동을 하는 데서 수익을 내는 방법을 찾을 수 있다고 봤다.

이와 같은 맥락에서 수많은 미국인 그리고 기타 선진국에서 부를 축적했던 사람들은 그 경험을 이용하여 브라질에서도 부자가 될 수 있으리라 생각한다.

로마 제국의 멸망은 너무 먼 과거이고 그래서 좀 더 최근 사례로서 영국을 들었다. 영국의 패권이 쓰러질 때 이러한 상황에 대한 좀 더 성공적인 적응 전략 가운데 하나는 아주 간단한 것이었다. 즉, 영국을 떠나는 것이었다. 일반적으로 그때 영국을 떠났던 사람들은 새로 정착한 땅에서 경제 성장을 이룩하며 훨씬 더 나은 삶을 누렸다. 그런데 문제는 이것이다. 즉, 지금은 어디로 가야 하는가? 역사적 측면에서 볼 때 이것이 지금은 훨씬 복잡한 문제가 됐다.

20세기 동안 운송 기술이 엄청나게 진보했음에도 영국 해군이 해상권을 장악하고 있던 그 시절에 대서양을 건너 미국으로 올 때보다 현재 패권이 스러지는 미국을 떠나 다른 곳으로 가는 길이 훨씬 더 험난해졌다.

금융 억압의 시기가 도래하다

그때(그리고 지금)의 영국 정부와 달리 지금의 미국 정부는 거주지에 상관없이 미국 시민에게 세금을 부과한다. 따라서 미국 시민권자인 이상 지구상의 어디에 거주하든 간에 미국 시민으로서의 납세 의무를 이행해야 한다.

자주 거론되지는 않았으나 국적지국(國籍地國) 과세 원칙은 미국이 심각한 위기 상황에 빠졌을 때 사람들이 미국을 떠나지 못하게 하려는 목적으로 설계된 일종의 금융 억압이라 할 수 있다. 《이번엔 다르다》의 공저자 카먼 라인하트(Carmen Reinhart)는 금융 위기가 발생했을 때 밟게 되는 전형적인 경로가 있다고 주장한다.

맨 먼저 정부가 신용 팽창을 주도하고 이어서 악성 부채가 증가하게 된다. 그리고 결국에는 이것이 금융 공황으로 이어진다. 그러면 정부는 금융 부문을 국유화하는 순서를 밟는다. 한편, 경제 전반에 걸쳐 수익이 감소한다. 마틴 울프(Martin Wolf)는 2010년 5월 24일에 자신의 블로그에 라인하트의 관찰 내용과 관련하여 다음과 같은 글을 올렸다.

"대출 비용이 더 비싸지면, 즉 금리가 올라가면 정부는 무엇을 어떻게 해야 하는가? 물론 정부는 방식을 개선하겠다고 약속한다. 그러나 지금으로서는 이미 늦었다고 본다. 즉, 아무도 그 말을 믿지 않는다. 그래서 정부는 중앙은행에 대해 국채를 사들이라고 지시하고 또 이것이 통화 가치에 영향을 미치기 시작한다. 고정 환율은 붕괴하고 변동 환율은 하락한다. 인플레이션이 경제를 위협하기 시작한다."[16]

이 시점에서 정부는 금융권에 국채를 보유하도록 강요하면서 금융 억압이 시작된다. 이러한 일련의 작업으로 말미암아 그 누구도 정부의 관할권 너머로 쉽게 돈을 유출할 수 없게 된다. 지금 미국인들이 한시라도 빨리 미국을 벗어나려고 하는 이유가 바로 여기에 있다.

테인터가 로마 제국의 멸망을 통해 우리에게 말하고 있듯이 복잡한 사회에서 그 복잡성의 한계효용이 감소하거나 한계효용이 마이너스가 될 때 몰수에 버금가는 과한 세금 징수는 이에 대한 논리적인 해결책이 될 수 없다. 이러한 조치는 미국을 등지는 이주민을 양성할 뿐이다.

실제로 이러한 결정을 내리는 미국인의 수가 점점 증가하고 있다. 오바마 행정부 치하에서 금융 억압이 가해지자 시간당 742명의 비율로 미국을 떠나고 있다. 이렇듯 조용하게 이주의 행렬이 이어졌다. 금융 주간지 〈배런스(Barron's)〉가 거의 유일하게 이에 관한 내용을 기사화했다. 밥 애덤스(Bob Adams)는 '대탈출'이라는 제하의 기사를 통해 18~24세에 해당하는 미국인 젊은이 가운데 경제적 기회를 찾아 미국을 떠날 생각을 하는 사람이 40%나 된다는 놀라운 통계 자료를 보고했다. 여론조사 회사인 이봅조그바이(IBOB-Zogby)는 25~34세에 해당하는 미국인 가운데 약 5%가 이미 이주를 계획하고 있다고 밝혔다.[17]

이러한 탈출 행렬이 주류 언론에 명확히 포착되지는 않았으나 오바마 대통령은 아무래도 이러한 추세에 신경이 쓰였던 것으로 보인다. 그래서 오바마는 행정적 및 법적 규제를 통해 미국인이 국외에 거주하는 것을 심지어 여행을 위한 여권 취득을 종전보다 더 어렵게 하여 이들의 국외 탈출을 엄중히 단속하기로 했다.

그 첫 번째로 오바마는 국외에 은행 계좌를 개설하는 사람에 대해 그 시민권을 박탈하려고 했다. 조금만 생각해봐도 알겠지만, 이 세상 어느 곳을 가든 은행 계좌를 개설하지 않고 안락한 생활을 누리기는 불가능하다. 오바마는 미국인의 국외 이주를 차단하려는 목적으로 미국 이외의 지역에 은행 계좌를 개설하려는 사람들에게 직격탄을 날린 셈이었다. 국외금융계좌신고의무(Foreign Bank and Financial Account Report: FBAR)와 국외계좌납세법 (Foreign Account Tax and Compliance Act: FACTA)에 따라 미국인 고객을 유치한 외국 은행에 대해 비용이 많이 들어가고 절차도 번거로운 규제가 가해졌다. 이러한 고압적 규정들은 대다수 외국 은행과 금융 기관으로 하여금 미국 시민의 계좌 개설 신청을 거부하고 또 이미 보유한 계좌를 폐쇄하게 함으로써 소기의 목적을 달성한 것으로 보인다. 국외에 거주하는 미국인 그리고 심지어는 미국에서 살았던 적이 없는 사람들까지도 은행 계좌를 개설하고 이를 보유하기가 매우 어렵다고 호소한다.[18]

과도하게 세금이 부과되는 상황에서 벗어나고자 외국행을 택하는 사람들의 행렬을 막기 위한 오바마 대통령의 또 한 가지 방책은 바로 미국 여권을 취득하기 더 어렵게 만드는 것이었다. 오바마 행정부 하에서 여권을 취득하려 할 때는 기존의 대다수 미국 시민조차도 '사실 그대로를 정확히' 기재하기 어려울 정도로 자질구레한 오만가지 질문들에 다 답해야 한다.

이러한 복잡한 기재 요건의 일례로 '자신이 출생하기 1년 전에 어머니가 거주하던 곳'까지 적도록 하고 있다. 또 출생 당시 어머니가 다니던 직장의 이름, 취직한 날짜, 고용주의 이름과 주소 등까지 다 기재해야 한다. 어머니가 이미 돌아가셨다면 이러한 정보를 얻기가 더 어려워진다.

이 정도만으로도 황당한 수준인데 문제는 여기가 끝이 아니라는 점이다. 어머니가 산전 혹은 산후에 적절한 의료 서비스를 받았는지까지 기재해야 한다. 그러한 서비스를 받았다면 어머니가 다닌 병원이나 기타 의료 시설의 이름, 진료 예약 날짜, 담당 의사의 이름과 주소 등등을 기재해야 한다. 그리고 출생 시 그 자리에 있었던 간호사의 이름(가능하다면 주소와 전화번호까지)을 포함하여 '출생할 때의 상황'에 관해서도 기술해야 한다.

출생 시부터 현재까지 거주했던 국내와 국외의 모든 주소지 그리고 현재와 이전의 모든 직장 이름을 적어 넣어야 한다. 또 자신이 재학했던 국내외 모든 학교의 이름과 입학 날짜 등도 적어야 한다. 이외에도 모든 친척의 성명(풀네임), 출생일, 출생 장소, 시민권 취득일자 등을 포함하여 가족 전체의 '생존 및 사망'에 대한 상세 정보를 적어넣어야 한다.

이 가운데 가장 황당한 것은 포경 수술을 한 남성일 때는 포경 수술에 관한 상세 정보까지 기술해야 한다는 점이다. 포경 수술에 관해 세세한 내용을 다 기억하는 사람이 몇이나 되겠는가! 그런데 이 요건을 충족시키지 못하면 당국으로 하여금 여권 발급을 거부할 수 있는 구실을 주게 된다. 법치주의에서 벗어나 전제적이고 고압적인 자세를 취한 정부는 여권 발급 신청을 할 때 불필요한 잡다한 정보를 상세히 기재하도록 함으로써 '기재 요건 미비'라는 구실로 여권 신청을 거부할 수 있는 근거를 마련해둔 것에 불과하다. 번거롭기 그지없는 이 여권 발급 신청 요건들이 이번 선거 연도 안에 즉각적인 효과를 나타낼지 아니면 나중으로 미뤄질지는 알 수 없으나 미국을 떠나 국외에서의 새 삶을 계획하는 수많은 미국인의 발목을 잡으려는 당국의 의도는 분명히 드러나 있다.[19]

대다수 사람이 정확하게 답변하기 곤란할 정도로 시시콜콜한 질문으로 가득 찬 여권 발급 신청 서식으로도 성에 차지 않았는지 오바마 행정부는 여권을 취소할 수 있는 법적 권한까지 보유하고 있다. 따라서 당국은 필요할 시 이러한 권한을 행사하여 미국인의 국외 탈출을 저지하고 있다.

세금 체납 시 여권 취소 혹은 발급 거부

오바마 행정부는 고속도로 법안에 '세금 체납이 있을 시 여권 취소 혹은 발급 거부' 조항(제40304조)을 포함시켰다. 이미 74대 22로 상원을 통과한 이 법안이 하원에서도 무사 통과된다면 미국 또한 명시적으로 자국 시민의 여행권을 제한하는 구소련, 북한, 쿠바, 구동독(모두 '경찰국가'로 불림) 등의 국가군 대열에 합류하게 될 것이다. 이 법안에 따라 IRS는 여권 소지자의 체납액이 5만 달러가 넘는 경우(IRS가 부과하는 과징금과 이자 포함) 그 여권을 취소할 수 있는 권한을 갖게 된다.

토머스 제퍼슨이 작금의 이 상황을 보면 어떤 생각을 할지를 생각해보라. 허탈 웃음이 나올 것이다.

영국의 국외 이주 방식

1세기 전에 영국이 세계의 패권국으로서의 위상이 무너지기 시작했을 때 그랬던 것보다 지금 미국에서 국외로 이주하거나 자금을 국외로 유출하기가 훨씬 어렵다. 영국은 자국민의 국외 이주를 막기는커녕 오히려 지원금을 주어 이주를 촉진하는 경우가 상당히 많았다. 제1차 세계대전이 끝나고 나서 퇴역 장병에 대한 혜택의 하나로서 제대 군인들에게 이주 지원을 해주었다. 이에 따라 2만 6,560명이 캐나다로 갔고 6만 명이 오스트레일리아와 뉴질랜드, 기타 국가로 이주했다. 1919년부터 1922년까지 영국 자치령에 정착한 전체 이주민 가운데 12%가 이 '퇴역 군인 국외 이주 계획'에 따라 국외 자치령으로 이주한 군인들이었다.

이주민 지원 계획은 영국 의회에서 제국 정주법(定住法)이 통과된 1922년에 급격히 확대됐다. 이 법에 따라 국외 이주민들에게 훈련 및 금융 지원을 제공해주었다.

이 법은 영국 국무부에 다음과 같은 권한을 부여했다.

> 대영제국령의 자치 정부 혹은 영국 본토나 제국령의 공공 기관 및 민간 기관 등과 협력하여 제국령에 정착할 의향이 있는 본토인의 국외 이주를 지원한다. 이 법에 따라 합의된 이주 지원 계획은 (a) 개발 혹은 토지 정착 계획 혹은 (b) 이동비, 최초 수당, 훈련, 기타 등의 지원을 통해 제국령으로의 이주 및 정착을 수월하게 하는 계획 등이 여기에 해당할 수 있다.[20]

이주민에 대한 교육이 시행된 계기는 스테판 콘스탄틴(Stephen Constantine)이 《이주와 제국(Emigrants and Empire: British Settlement in the Dominion between the wars)》에서 밝혔듯이 영국을 떠나 캐나다와 오스트레일리아에 정착한 사람 중에 적당한 일자리를 찾지 못하거나 마땅한 자격을 갖추지 못한 사람들이 있다는 우려가 있었기 때문이다.

수십만 명의 영국인들이 국가가 지원하는 보조금을 받고 오스트레일리아, 캐나다, 뉴질랜드 등지로 이주했다는 점 외에도 미국으로 건너간 영국인들에게는 문화와 언어상의 유사성이 크게 도움이 됐다.

영국 내 노동조합이 미국으로 이주한 사람들에게 급료를 지급하는 예도 있었다. 조합의 수뇌부는 이주를 통해 근로자의 수를 줄이면 영국 국내에 남은 근로자의 임금률 상승을 기대할 수 있으리라 생각한 것이다. 노동조합으로부터 이주 지원금을 받은 사람들 가운데 요시찰 인물 명단에 오른 사람이 많았으므로 아무래도 이들은 영국 본토를 떠나는 것에 더 거리낌이 없었을 것이다.

20세기 동안 영국을 능가하는 수준으로 경제 성장을 이룩한 영어권 국가들은 이주 대상국으로 다 매력이 있었다. 1919년부터 1939년까지 약 150만 명이 영국을 떠나 당시 '백인' 정착지로 알려졌던 국가로 이주했다.

브릭스 살펴보기

더 나은 삶을 위해 다른 곳으로 이주하려는 미국인이나 캐나다인에게 지금의 상황은, 고속 성장과 미래의 번영이라는 측면에서 적합하다 판단되는 이주 후보지가 주로 백인 정착국이었던 그때보다 훨씬 더 복잡해졌다. 오스트레일리아, 캐나다, 뉴질랜드 등과는 달리 앞으로 현 거주지보다 경제 성장을 더 이룰 것으로 기대된다는 측면에서 이주 후보국으로 꼽히는 곳 전부가 북미인들에게는 익숙하지 않을 국가들이다. 그리고 지금 미국은 이전 세기의 영국과 다를 바 없는 처지다.

이 책 전반에 걸쳐 상세히 기술했던 여러 가지 이유 때문에 나는 브라질이 아메리칸 드림을 실현할 21세기 '피난처'가 될 것으로 확신한다. 나는 브라질이 21세기 판 미국이 될 것이고 미국은 21세기 판 아르헨티나가 될 것으로 생각한다.

70년 전에 스테판 츠바이크는 브라질이야말로 젊은 사람과 나이 든 사람 모두에게 매력이 있을 만한 국가라고 주장했다.

"젊은 사람에게 브라질은 미래가 있는 곳으로서 의미가 있다. 그리고 이미 긴 세월을 살아왔고 이제는 지나온 나날을 반추하며 자신의 경험을 평가해 볼 수 있는 평온하고 은밀한 장소가 필요한 나이 든 사람에게도 브라질은 맞춤한 곳이다."[21]

이 책에서 거론했던 수많은 요소 외에도 국외에서 새로운 기회를 찾으려 하는 사람들에게 브라질이 가장 매력적인 목적지로 여겨질 만한 또 다른 요소가 존재한다. '매력적인 이주 목적지로서의 브라질'이라는 글에서도 언급됐다시피 "브라질 여권은 암시장에서 가장 비싸게 거래되는 여권이다. 이 여권만 있으며 누구나 브라질 사람으로서 무사 통과될 수 있기 때문이다. 그리고 이러한 자유로운 입국과 정주 환경이 브라질 문화를 경계 없는 문화로 만들고 있다."[22]

미개발 자원

이전 챕터들을 통해 브라질은 세계의 그 어느 국가보다 경지와 담수가 풍부한 곳이라는 사실을 알았을 것이다. 브라질은 또 경지로 이용할 수 있는 토지를 세계에서 가장 많이 보유한 국가이기도 하다. 지금까지 세계 최대 농산물 생산국이었던 미국은 이제 더는 생산 증가를 기약할 수 없다. 기존 농지에서 생산량을 늘리려는 목적으로 이용할 수 있는 증산 기술을 이미 모두 적용했고 현재로서는 개발 가능한 새로운 변방 토지도 더는 남아 있지 않기 때문이다.

유럽 지역도 이와 마찬가지다. 즉, 이곳 역시 이용할 수 있는 모든 경지는 이미 다 개발된 상태다. 인도, 러시아, 캐나다 등 땅덩어리가 큰 세 국가는 증산을 저해하는 기후적 및 지리적 한계에 봉착해 있다. 중국은 세계 농지 면적의 10%를 보유하고 있기는 하나 이와 동시에 자국이 먹여 살려야 할 인구가 세계 인구의 20%에 해당하는 수준이다. 인도는 세계 7위에 해당하는 넓은 영토를 보유하고 있으나 제곱킬로미터당 328.59명으로 인구 밀도가 매우 높다. 이는 중국 인구 밀도의 2.5배, 브라질의 15배에 해당하는 수준이다.

브라질은 기존 경지는 물론이고 앞으로 이용할 수 있는 미개발 경지 역시 광대한 유일한 국가다. 브라질의 미개발 경지 규모 추산치를 보면 농지로 사용할 수 있는 토지가 3억 5,000만 헥타르(8억 6,500만 에이커)나 된다고 한다. 이는 미국에서 농지로 사용되는 토지의 2.5배에 해당한다.[23] 브라질은 이 비옥한 토지를 아주 낮은 비용으로 사용할 수 있다.

현재 미국은 부피와 중량을 기준으로 세계에서 가장 많은 농산물을 생산하고 있지만, 농산물의 수익성이 가장 높은 국가는 바로 브라질이다. 자유 시장 체계 내의 브라질 농부가 정부 지원을 충분히 받는 미국 농부보다 더 많은 수익을 올리고 있다.

기후: 브라질은 소빙하기에도 따뜻한 기온을 유지한다

이 책에서 나는 지구 온난화 이론을 과신하는 것은 문제가 있다고 여길 만한 이유 몇 가지를 제시했었다. 정치적 측면에서 보자면 설득력이 없는 견해겠지만, 기후 변화는 탄소—기반 연료의 사용을 통한 이산화탄소의 발생에서 비롯된 것이 아니며 굳이 찾자면 태양 물리학에서 그 원인을 찾아야 한다고 본다. 세계 기온은 수세기에 걸쳐 태양 흑점의 활동과 함께 주기적으로 변화했다. 최근에 태양 에너지의 산출량이 감소한 것은 소빙하기와 같은 한랭기로 접어들었음을 나타내는 전조다.

앞으로 지구 기후가 어떻게 변화할지를 정확히 알려면 좀 더 시간을 두고 지켜봐야 하겠지만, 금세기 동안 더 추워진 날씨를 경험할 가능성이 상당히 크며 그런 만큼 이 부분에 관심을 기울여야 한다고 본다. 이러한 기온 변화 추세는 세계 인구가 70억 명을 넘어설 때처럼 인류에게 불길하게 다가올 수도 있다.

미국 대단위 농업지대(미 중서부 지역)의 여름과 겨울의 기온 차이는 화씨 59도(섭씨 15도)다. 이보다 기온이 더 낮은 북미 지역에서는 농산물 생산량이 급격히 감소할 수 있다. 이미 캐나다농산물위원회(Canadian Wheat Board)는 최근 몇 년 동안 농작물의 생육 기간이 10일이나 감소했음을 경고하고 나섰다.

소빙하기가 재현되면 브라질을 제외한 전 지구촌에서 농산물 공급 부족 현상이 나타날 수 있다. 브라질에는 10억 에이커에 달하는 비옥한 토지 중 5분의 3 이상이 아직 미사용 상태로 남아 있다. 따라서 금세기에 심각한 수준의 기후 변화가 일어난다 해도 자국 국민을 충분히 먹이고 마시게 해줄 수 있는 국가가 바로 브라질이다.

브라질의 여름과 겨울 간 평균 기온차는 낮과 밤의 평균 일교차보다 더 작다. 그러므로 지구 한랭화로 말미암아 1년 내내 겨울 기온이 나타난다 하더라도 브라질의 생육 조건에는 큰 변화가 나타나지 않을 것이다.

그러나 지구 한랭화 때문에 봄에도 겨울처럼 춥다면 혹은 가을이 빨리 찾아온다면 온대성 기후 지대에 속하는 북대서양 국가들은 농작물 생산에 큰 타격을 입게 될 것이다. 게다가 브라질에서는 2모작도 가능하다는 사실을 염두에 두라.

브라질로 향하는 미국 농부들

더 나은 기회를 좇아 미국을 떠나 브라질로 이주하는 행렬이 늘어나는 이유가 바로 여기에 있다. 미 중서부 지역에서는 고작 2, 3천 에이커밖에 경작할 수 없는 농부들이 브라질에서는 더 싼 가격에 수만 에이커의 농지를 보유할 수 있다. 〈유에스뉴스(U.S. News)〉에 따르면 브라질 이주 농부들은 농작물 생산을 통한 수익뿐 아니라 토지 소유를 통한 자본 이익까지 챙길 수 있다고 한다.

아이오와 주 로열 출신의 매슈 크루즈(Matthew Kruse)는 이렇게 말했다.

"우리가 지금 여기서 하는 일은 우리 조상 대대로 해왔던 일과 크게 다르지 않다."

크루즈는 현재 브라질아이오와팜이라는 이름으로 농장 세 곳을 운영하고 있으며 총 경작 규모는 2만 3,000에이커다. 크루즈는 2001년에 처음으로 브라질을 방문했고 2004년에 이곳으로 영구 이주했다. 현재 크루즈에게는 브라질인 여자 친구가 있으며, 그 수는 약간 달라지지만 연중 90명에서 150명 정도의 농장 근로자를 부리며 농장을 운영하고 있다. 크루즈는 자신이 처음 브라질 땅을 밟았을 때를 이렇게 회고한다.

"마치 〈내셔널 지오그래픽〉의 한 장면을 보는 듯한 기분이었다. 이곳으로 뚝 떨어져 온 듯한 그런 느낌이었다. 그러나 이제는 이곳을 내 고향이라고 부를 수 있다."[24]

더 좋은 땅 그리고 더 나은 삶을 찾아 미국에 있던 재산을 다 처분하고 브라질로 이주하는 미국인 농부들의 수가 증가하는 와중에 아이다호 출신의 맨디 하커(Mandy Harker)도 이 대열에 합류했다. 아이다호에서 살 때 하커는 농작물 생산을 통해 이익을 내려고 무던히도 애를 썼었다. 하커는 〈유에스뉴스〉에 이렇게 밝혔다.

"그곳에서 사는 것은 침몰하는 배 안에 머물면서 그 배가 가라앉기를 기다리는 것과 같았다."

그래서 이들은 아이다호에 있던 모든 재산을 처분하여 브라질로 떠났다.

브라질은 이미 세계 최대 쇠고기와 가금류 생산국이다. 또 커피, 설탕, 콩, 옥수수, 오렌지 주스, 담배, 기타 농산물의 주요 생산국이기도 하다. 문제는 브라질의 중산층이 미국 중산층과 엇비슷한 생활수준을 나타낼 수 있을 것인가 혹은 브라질이 계속해서 성장할 수 있을까 하는 부분이다. 이미 언급했다시피 나는 미래의 성장을 기약하는 핵심 동력은 바로 에너지 투입량을 늘릴 수 있는 경제적 역량이라고 생각한다.

일찍이 지적했던 바와 같이 브라질은 다른 어떤 선진국보다 에너지 투입량을 늘리는 데 적합한 환경을 지녔다. 브라질의 암염하층 유전에는 아직 개발하지 않은 석유가 엄청나게 매장돼 있을 뿐 아니라 재생 가능 에너지 부문에서도 세계를 주도하고 있다. 작금의 환경은 온대 기후 지역 선진국들을 맥 못추게 하는 부분들이지만 브라질은 이에 아랑곳하지 않고 성장을 계속해나갈 수 있을 만큼의 부존 요소를 충분히 갖추고 있다. 인적 자원 또한 세계 어느 곳에서보다 바로 이곳 브라질에서 더 유용하게 사용할 수 있을 것이다.

브라질 이민

21세기 첫 10년 동안 4,000만 명의 브라질인이 빈곤층에서 벗어났다는 사실은 브라질의 사회적 안정을 기대하게 하는 대목이다. 이 책 전반에 걸쳐 언급했다시피 다양한 에너지 자원을 보유하고 있고 세계를 주도하는 신흥 열대 농업 국가라는 지위를 고려할 때 앞으로 브라질은 경제 성장을 계속해나갈 가능성이 크다고 하겠다. 브라질은 더 나은 삶을 가능하게 할 에너지와 식량, 물을 보유하고 있다. 그러나 온대 기후 지역에 속한 선진국들이 무너지고 있는데도 브라질은 번영된 미래를 기대할 수 있다는 사실 자체는 브라질이라는 국가가 성장 위기를 맞은 다른 국가들만큼 물렁물렁한 국가가 되지는 않을 것임을 의미한다. 따라서 브라질 정부가 타국인이 미래의 경제적 번영에서 이익을 취하는 능력을 약화시키는 방향으로 법적 규제를 가할 가능성이 있다.

지금 세상이 어떻게 변하고 있는지에 대한 내 견해에 고개가 끄덕여진다면 이러한 변화를 십분 활용할 수 있는 최선의 전략 가운데 하나가 바로 여러분 자신과 여러분의 가족이 브라질에서 새로운 삶의 발판을 마련하는 것이라는 사실에도 수긍할 수 있을 것이다. 이 미래의 땅에서 항상 환영받기를 원한다면 브라질 거주권 혹은 브라질 여권이라도 취득하라.

브라질 시민권은 어떻게 취득하는가? 브라질 국적 취득에 필요한 시간적 요건이 하나로 명시돼 있지는 않다. 요컨대 브라질 국적을 취득하는 길은 다양하게 열려 있다.

시간상 가장 더디고 또 가장 무난한 방법은 15년 동안 브라질에 거주하면서 그동안 아무런 범죄도 저지르지 않는 것이다. 이 요건을 충족시키면 국적 취득 자격을 얻게 된다. 그러나 포르투갈어를 읽고 쓸 줄 알고 또 취직을 하거나 아니면 자기 자신과 가족을 부양할 만큼의 자산이 충분히 있다는 점을 증명할 수 있으면 그 기간은 4년으로 단축된다. 또 브라질에서 일정 수준의 자산이나 사업체를 보유하고 있으면 기간이 3년으로 줄어든다. 여기에다 특정한 전문적, 과학적, 예술적 능력이 있으면 그 기간이 또 2년으로 단축된다. 그리고 브라질 사람인 아내 혹은 자식이 있다면 이 기간은 단 1년으로 단축된다. 어떤 경우이든 건강과 행실에 문제가 없어야 한다.

한편, 포르투갈 시민이면 브라질 국적 취득에 걸리는 시간은 더 짧아진다. 브라질 연방 헌법 제12조 1항에 따라 브라질에서 영구 거주하는 포르투갈 시민은 브라질 시민과 동등한 권리를 지닌다.

기록적인 실업률로 말미암아 비교적 최근이라 할 2010년에 27만 7,000명이었던 브라질 이민자 수가 33만 명으로 급증한 부분도 포르투갈인에게 이러한 법적 혜택을 부여한 것과 무관하지 않다. 사실, 미국 정부와 달리 포르투갈 정부는 실제로 더 기회가 많은 곳에 가서 일자리를 찾을 수 있도록 자국민의 타국 이민을 장려하고 있다. 2011년 말에 포르투갈의 페드루 파수스 코엘류(Pedro Passos Coelho) 총리는 직장을 구하지 못한 교사들에게 브라질에 가서 일자리를 찾아보라고 조언했다.[25]

지금까지 브라질 생활이 주는 다양한 이점과 혜택을 기술했으나 그 무엇도 브라질인 아내와 자식을 두는 것에 비할 바는 없을 것 같다.

브라질 여성과 결혼하여 브라질인 아들과 함께했던 내 지난 생활은 참으로 행복했다. 처한 상황이 다 다른 만큼 내가 느낀 이 행복을 다른 사람들도 똑같이 느낄 수는 없겠으나 행복을 느낀다는 면에서는 다들 비슷하지 않을까 싶다. 브라질 문화의 가장 큰 장점은 바로 가족 간의 끈끈한 유대감이라고 생각한다. 대체로 미국인들은 가족의 가치에 관한 이야기를 많이 하지도 않았고 또 별로 듣지도 못했다. 그러나 브라질은 가족을 매우 중시한다. 그래서 브라질 사람들은 가족과 많은 시간을 함께하며 즐겁게 보내는 데 익숙해져 있다. 만약에 브라질 사람을 배우자로 맞이하게 된다면 그때부터는 일대 일이 아니라 일대 다수 관계가 형성되는 것이다. 내 경험으로 미루어 보건대 브라질 사람과 가족의 관계로 묶이면 그 순간부터 어딜 가든 환영받게 되고 브라질 바비큐를 양껏 대접받으며 포도주와 맥주, 카샤샤 등 원하는 술을 마음껏 마실 수 있는 그러한 환경에서 살게 된다.

대체로 브라질인은 굉장히 유쾌하고 재미있는 사람들이다. 이 세상 어느 국가의 보건부 장관이 자국 국민을 향해 춤도 더 많이 추고 성생활도 더 왕성하게 하라는 말을 대놓고 할 수 있겠는가![26] 전 세계가 경제적 위기로 휘청댈 때 그나마 우리가 할 수 있는 가장 바람직한 선택이라면 농업, 항공, 생물 연료, 상품, 에너지, 의학, 음악, TV 등을 포함한 수많은 경제 부문에서 상승세를 타는 사람들의 대열에 합류하는 것이다. 다른 어느 국가도 따라올 수 없는 유쾌한 파티 문화와 따뜻한 날씨는 말할 것도 없고 말이다.

참고문헌

Chapter 1

1. 아래를 참고하라. 카먼 라인하트와 케니스 로고프(Carmen M. Reinhart and Kenneth S. Rogoff), 《이번엔 다르다(This Time Is Different: Eight Centuries of Financial Folly)》 (뉴저지 주 프린스턴: 프린스턴대학 출판부), 2010; 카먼 라인하트와 케니스 로고프, '부채 시대의 성장(Growth in a Time of Debt)', 2010년 1월 7일, www.economics.harvard.edu/files/faculty/51_Growth_in_Time_Debt.pdf; 카먼 라인하트와 케니스 로고프, '부채가 너무 많으면 경제 성장이 불가하다(Too Much Debt Means the Economy Can't Grow: Reinhart and Rogoff)', 《블룸버그》, 2011년 7월 14일, www.bloomberg.com/news/2011-07-14/too-much-debt-means-economy-can-t-grow-commentary-by-reinhart-and-rogoff.html

2. 로런스 코틀리코프(Laurence Kotlikoff), '미국은 파산했으나 우리는 그 사실을 알지도 못한다(U.S. Is Bankrupt and We Don't Even Know It)', 《블룸버그》, 2010년 8월 11일, www.bloomberg.com/news/2010-08-11/u-s-is-bankrupt-and-we-don-t-even-know-commentary-by-laurence-kotlikoff.html

3. '예측력 부재가 미 주택 시장 위기를 유발한다(Hard to forecast end to U.S. housing crisis: Shiller)', 《로이터》, 2009년 2월 20일, www.reuters.com/article/2009/02/20/businesspro-us-usa-economy-shiller-idUSTRE51J5So20090220

4. 존 로스(John Ross), '미국의 저축률 감소와 그 의미(New deterioration in the US savings rate and its implications)', Key Trends in Globalisation, '타이프패드(미국 블로그 사이트)', 2011년 1월 3일, http://ablog.typepad.com/keytrendsinglobalisation/2011/01/new-deterioration-in-the-us-savings-rate.html

5. 4와 같음

6. 존 로스(John Ross), '대다수 경제학자의 예측 내용을 바탕으로 하면 2011년까지 미국의 연평균 GDP는 0.9%에 불과할 것이다(Average economist predictions for US GDP would mean only 0.9% annual average growth over business cycle to end 2011)', '타이프패드(미국 블로그 사이트)', Key Trends in the World Economy, 2011년 1월 17일, http://ablog.typepad.com/key_trends_in_the_world_e/2011/01/average-economist-predictions-for-us-gdp-would-mean-only-0.9-annual-average-growth-over-business-cycle-to-end-2011.html

7. 드와이트 아이젠하워(Dwight Eisenhower), '고별사(Farewell Address)'(1961), www.ourdocuments.gov/doc.php?flash=true&doc=90&page=transcript

Chapter 2

1. 아르만도 카스텔라 핀헤이로, 인데르미트 질, 루이스 서번, 마크 롤랜드 토마스(Armando Castelar Pinheiro, Indermit S. Gill, Luis Servén, Mark Roland Thomas), '1900~2000년 브라질의 경제 성장(Brazilian Economic Growth, 1900-2000: Lessons and Policy Implication)' (워싱턴 DC: 미주개발은행, 2004), 5

2. 존 코스츠워스(John H. Coastsworth), '왜 브라질이 미개발국인가?(Why Is Brazil 'Underdeveloped'?)', 《하버드리뷰오브라틴아메리카(Harvard Review of Latin America)》, (2007년 봄)

3. 핀헤이로 등(Pinheiro et al.), '1900~2000년 브라질의 경제 성장(Brazilian Economic Growth, 1900~2000)', 4: 앵거스 매디슨(Angus Maddison), '세계 경제 동향 관찰(Monitoring the World Economy: 1920~1992)' (파리: OECD Development center Study, 1995)

4. 미국이 낮은 가지에 열린 열매를 따서 먹게 된 상황에 대한 또 다른 설명을 보고 싶다면 다음을 참고하라. 타일러 코웬(Tyler Cowen), 《대침체(The Great Stagnation: How America Ate All the Low Hanging Fruit of Modern History, Got Sick, and will (Eventually) Feel Better)》 (뉴욕: Dutton), 2011

5. 로버트 고든(Robert Gordon), '미래의 관점에 본 지난 세기 미국의 생산성 향상(Revisiting U.S. Productivity Growth over the Past Century with a View of the Future)' NBER Working Paper No. 15834, 2010년 3월, www.nber.org/

papers/w15834

6. 브랑코 밀라노비치(Branko Milanovic),《가진 자, 가지지 못한 자(The Haves and the Have-Nots A Brief and Idiosyncratic History of Global Inequality)》(뉴욕: Basic Books, 2011), 228

7. 알렉스 타바로크(Alex Tabarrok), '세계의 소득 불평등(World Income Inequality)', '마지날 레볼루션(Marginal Revolution: 경제 전문 블로그)', 2011년 1월 31일, http://marginalrevolution.com/marginalrevolution/2011/01/world-income-inequality.html

8. 토마스 스키드모어(Thomas E. Skidmore),《브라질(Brazil: Five Centuries of Change)》제2 개정판(뉴욕: 옥스퍼드대학 출판부, 2010), 15

9. 스티븐 솔로몬(Steven Solomon),《물(Water: The Epic Struggle for Wealth, Power, and Civilization)》(뉴욕: HarperCollins), 373

10. 스티븐 솔로몬(Steven Solomon),《물(Water: The Epic Struggle for Wealth, Power, and Civilization)》(뉴욕: HarperCollins), 375

11. 헨리 멘스(Henry Manse), '작물과 광물 자원의 풍부함이 경제를 왜곡시킨다(Crop and Ore Riches Skew Economy)', 〈파이낸셜타임스〉, 2011년 12월 21일

12. 슈테판 츠바이크(Stefan Zweig),《브라질: 미래의 땅(Brazil: A Land of the Future)》, 로웰 뱅거터(Lowell A. Bangerter) 역. (캘리포니아 주 리버사이드: Ariadne Press, 2000), 19

13. 《론리플래닛》에서 소개한 '브라질'을 참조하라, www.lonelyplanet.com/brazil

14. 니콜라스 라셰프스키(Nicolas Rashevsky),《수학을 통해 역사 바라보기(Looking at History through Mathematics)》(매사추세츠 주 케임브리지: MIT Press, 1968), 133

15. 짐 컬렌(Jim Cullen),《아메리칸 드림(The american Dream : a short History of an Idea That Shaped a Nation)》(뉴욕: 옥스퍼드대학출판부, 2003), 4

16. 제드 그레이엄(Jed Graham), '10년간의 실질 임금 수준이 대공황 때보다도 낮다(10-Year Real Wage Gains Worse than the Depression)', '인베스터즈(www.Investors.com: 미국 비즈니스 시사 뉴스 제공 사이트), 2011년 6월 2일, http://news.investors.com/article/573982/201106020800/10-year-real-wage-gains-worse-than-during-depression.htm

17.《미국 역사 속의 소비자 사회(Consumer Society in American History: A Reader)》, 로런스 글리크먼(Lawrence B. Glickman) 편집 (이타카, 뉴욕, 런던: 코넬대학출판부, 1990), 1

18. 마틴 발트제뮐러(Martin Waldseemüller),《세계지리입문(Cosmographiae Introductio)》, 1507년 4월 25일

19. 조너선 코헨(Jonathan Cohen), '아메리카라는 이름의 기원(The Naming of America: Fragments We've Shored against Ourselves)', www.uhmc.sunysb.edu/surgery/america.html

20. 19와 같음

21. 1507년 판 발트제뮐러 지도

22. 숀 맥 매튜나(Seán Mac Mathúna), '브라질이라는 이름의 어원은 켈트어인가?(Is the Name Brazil of Celtic Origin?)', www.fantompowa.org/brazil.htm

23. 러셀 우드(A. J. R. Russell-Wood), '아메리카에 대한 유럽인의 이해와 오해(European Conception and Misconceptions of America: sixteenth to Eighteenth Centuries)', www.univ-ab.pt/investigacao/ceaa/actas/russell-wood.htm

24. '(Universalis Cosmographia Secundum Ptholomei Traditionem e Et Americi Vespucci Aliorum Lustrationes)', CartographicImages.net http://cartographic-images.net/Cartographic_Images/310_1507_Walds.html

25. 제임스 트러슬로 애덤스(James Truslow Adams),《미국의 서사시(The Epic of America)》(보스턴: Little Brown&Company, 1931)

26. '암울한 전망: 미국인 2명 중 1명은 빈곤층 혹은 저소득층이다(Dismal prospects: 1 in 2 Americans are now poor or low income)', 〈유에스뉴스〉, 2011년 12월 15일, http://usnews.msnbc.msn.com/_news/2011/12/15/9461848-dismal-prospects-1-in-2-americans-are-now-poor-or-low-income

27. 리처드 프라이, 드베라 콘, 그레첸 리빙스턴, 폴 테일러(Richard Fry, D'Vera Cohn, Gretchen Livingston, Paul Taylor), '경제적 안정에서의 연령 격차가 점차 커지고 있다(The Rising Age Gap in Economic Well-Being)', Pew Social & Demographic Trends, 2011년 11월 7일, www.pewsocialtrends.org/2011/11/07/the-rising-age-gap-in-economic-well-

being

28. 이 책에서 부채주의 경제 체계(그냥 '부채주의'라고 하기도 함)는 '자본주의'가 타락한 형태로 정의된다. 이러한 '타락'의 이면에는 법정불환화폐와 정치적 선호주의가 도사리고 있다. 이러한 체계하에서는 은행가 그리고 그 은행의 초우량 고객을 위주로 한 극소수 부유층이 구매력의 상당 부분을 차지하고 있다.

29. '바이스 글로벌 포럼(Weiss Global Forum, Part 1)', 화폐와 시장(Money and Markets), 2009년 8월 24일, www.moneyandmarkets.com/transcript-the-weiss-global-forum-part-1-35161

30. 'UNITAR/UNFPA 워크숍에서 리처드 잭슨의 발언', CSIS, 2005년 3월 31일, http://csis.org/press/csis-in-the-news/richard-jackson-unitarunfpa-workshop

31. 대니얼 아놀드(Daniel A. Arnold), 《다가오는 대불황(The Great Bust Ahead: The Greatest Depression in America and UK History is Just Several Short Years Away)》 (Vorago-US, 2002)

Chapter 3

1. 리처드 타이텔바움(Richard Teitelbaum), 'Dalio Returns 25% This Year on Diversified Bets Even as Markets Convulse', 〈블룸버그마켓매거진(Bloomberg Market Magazine)〉, 2011년 9월 7일

2. 토머스 로버트 맬서스(Thomas Robert Malthus), 《인구론(An Essay on the Principle of Population, 6th ed.)》 제6 개정판 (런던: John Murray, 1826), I. VII. 3.

3. 제임스 데일 데이비드슨과 로드 윌리엄 리즈 모그(James Dale Davidson and Lord William Rees-Mogg), 《대변혁(The Great Reckoning: Protect Yourself in the Coming Depression)》 (뉴욕: Simon&Schuster, 1993), 63

4. 도로시 크로퍼드(Dorothy H. Crawford), 《죽음의 동반자(Deadly Companions: How Microbes Shaped Our History)》 (영국 옥스퍼드: 옥스퍼드대학출판부, 2009), 48

5. 케니스 스콜로프와 스탠리 엥거만(Kenneth L. Sokoloff and Stanley L. Engerman), '신세계의 발전 경로와 제도, 요소 부존(Institution, Factor Endowments and Paths of Development in the New World)', 〈저널오브이코노믹퍼스펙티브스(Journal of Economic Perspectives)〉, 14 no.3(2000년 여름호): 2

6. 5와 같음

7. 국제통화기금(IMF), 세계경제전망(World Economic Outlook) 데이터베이스, 2011년 9월

8. 스콜로프와 엥거만(Sokoloff and Engerman), 'Institution…', 5

9. 8과 같음

10. 스콜로프와 엥거만(Sokoloff and Engerman), 'Institution…', 6

11. 페르난도 자넬라와 크리스토퍼 웨슬리(Fernando Zanella and Christopher Westley), '공통 문제로서의 서부 영토 확장(The Western Expansion as a Common Pool Problem: the Contrasting Histories of the Brazilian and North American Pioneers)', 〈아메리칸저널오브이코노믹스앤드소시올로지(American Journal of Economics and Sociology)〉 68, no.3 (2009년 7월)

12. 오디 본 엥겔른(O. D. Von Engeln), '대륙 빙하가 농업에 미치는 영향(Effects of Continental Glaciation on Agriculture, Part I)' 〈블러틴오브디아메리칸지오그래피컬소사이어티(Bulletin of the American Geographical Society)〉 46, no.4 (1914): 242

13. 라엘 브레이나드와 레오나르도 마르티네즈-디아즈(Lael Brainard and Leonardo Martinez-Diaz) 편집, 《Brazil as an Economic Superpower? Understanding Brazil's Changing Role of the Global Economy》 (워싱턴 DC: Brookings Institution Press, 2000), 64

14. 니콜라스 라셰프스키(Nicolas Rashevsky), 《수학을 통해 역사 바라보기(Looking at History through Mathematics)》 (매사추세츠 주 케임브리지: MIT Press, 1968)

15. '세계 수력 전력 시나리오(Global Hydropower Scnario)', www.erg.com.np/hydropower_global.php

16. 시어도어 루스벨트(Theodore Roosevelt), 《브라질 황무지 탐험기(Through the Brazilian Wilderness)》 (뉴욕: Charles Scribner's sons, 1914)

17. 토마스 스키드모어(Thomas E. Skidmore), 《브라질(Brazil: Five Centuries of Change)》 제2 개정판 (뉴욕: 옥스퍼드대학출판부, 2010), 36

18. 스티븐 솔로몬(Steven Solomon), 《물(Water: The Epic Struggle for Wealth, Power, and Civilization)》 (뉴욕: Harper

Perennial, 2010), 266

19. 래리 로터(Larry Rohter), 《브라질의 부상(Brazil on the Rise: The Story of a Country Transformed)》 (뉴욕: Palgrave Macmillan, 2010), 150

20. CIA, '월드팩트북(The World Factbook)', www.cia.gov/library/publications/the-world-factbook

21. 해럴드 호텔링(Harold Hotelling), '고갈성 자원 경제학(The Economics of Exhaustible Resources)', 《저널오브폴리티컬이코노미(Journal of Political Economy)》 39, no.2 (1931)

22. 헤로도투스(Herodotus), 《역사(Histories)》

23. 조너선 쇼(Jonathan Shaw), '누가 피라미드를 건설했나?(Who Built the Pyramids?)' 《하버드매거진(Harvard Magazine)》 (2003년 7-8월호)

24. 23과 같음

25. 크로퍼드(Crawford), 《죽음의 동반자(Deadly Companions)》, 68

26. 25와 같음

27. 브라이언 페이건(Brian Fagan), 《기후, 문명의 지도를 바꾸다(The Long Summer: How Climate Changed Civilization)》 (뉴욕: Basic Books, 2004), 187

28. 리처드 스테켈(Richard Steckel), '미국인의 생활수준 역사(A History of the Standard of Living in the United States)', EH.net, 2010년 2월 1일, http://eh.net/encyclopedia/article/stekel.standard.living.us

29. 28과 같음

30. '미국 정부 지출 시계열도표(Time Series Chart of US Government Spending)', www.usgovernment-spending.com/spending_chart_1990_2010USb_12s1li011mcn_F0t

31. 스테켈(Steckel), '미국인의 생활수준 역사'

32. 더글러스 레이(Douglas W. Rae), 'Viacratic America: Plessy on Foot v. Brown on Wheels)', 《애뉴얼리뷰오브폴리티컬사이언스(Annual Review of Political Science)》 4 (2001년 6월): 417-438

33. 32와 같음

34. 32와 같음

35. 32와 같음

36. 32와 같음

37. Answers.com, '알래스카의 포장도로 길이(How Many Miles of Paved Roads Are There in Alaska)', http://wiki.answers.com/Q/How_many_miles_of_paved_roads_are_there_in_alaska#ixzz1bbutZXTL

38. 'Média de veículos quebrados aumentou 26.8% nos últimos anos na cidade de São Paulo e a falta de manutenção é a principal causa do problema', www.carro100.com.br/site/imprensa/release_25.php

39. 리로이 데메리 주니어(Leroy W. Demery, Jr.), '브라질 쿠리티바의 간선급행버스시스템(Bus Rapid Transit in Curitiba, Brazil-An Information summary)', publictransit.us, special Report No.1, 2004년 12월 11일, www.publictransit.us/ptlibrary/specialreports/sr1.curitibaBRT.pdf

40. 39와 같음

41. 39와 같음

42. 사브리나 타버나이스(Sabrina Tavernise), '클리블랜드 외곽 지역, 교외 지역의 빈곤층 증가(Outside Cleveland, Snapshots of Poverty's Surge in the Suburbs)', 《뉴욕타임스》, 2011년 10월 25일, A1

43. '플로리다 지역의 빈집 비율이 20%에 육박한다(Nearly 20% of Florida Homes Are Vacant)', CNNMoney, 2011년 3월 18일, http://money.cnn.com/2011/03/18/real_estate/florida_vacant_homes/index.htm

Chapter 4

1. 케빈 트렌버스(Kevin Trenberth), 주간(州間) 고속도로 시스템과 〈사이언티픽아메리칸〉의 '2030년까지 지속 가능한 에너지를 향한 행보'의 비교(Comparing the Interstate Highway System to Scientific American's 'A Path to Sustainable Energy by 2030'), ClimateSanity, 2009년 11월 14일

2. 레슬리 영(Leslie Young), '시장의 도: 사마천과 보이지 않는 손(The Tao of Markets: Sima Qian and the Invisible Hand)', 〈퍼시픽이코노믹리뷰(Pacific Economic Review)〉 1, 137-145

3. 모하마드 네바툴라 시디치(Mohammad Nejatullah Siddiqi),《이슬람교도의 경제관(Muslim Economic Thinking: A Survey of Comtemporary Literature)》 (레스터: The Islamic Foundation, 1981)

4. 제럴드 턴불(Gerald Turnbull), '산업혁명기의 운하, 석탄 그리고 지역 경제의 성장(Canals, coal and Regional Growth during the Industrial Revolution)', 〈이코노믹히스토리리뷰(Economic History Review)〉, n.s., 40, no.4 (1987년 11월): 537-560

5. 존 펄린(John Perlin), '피크우드가 산업혁명을 촉진한다(Peak Wood Forges an Industrial Revolution)', Miller-McCune, 2010년 4월 19일, www.miller-mccune.com/science-environment/peak-wood-forges-an-industrial-revolution-14608/

6. 로버트 루카스 주니어(Robert E. Lucas Jr.),《경제성장론(Lecture on Economic Growth)》 (매사추세츠 주 케임브리지: 하버드대학출판부, 2002), 109-110

7. 존 펄린(John Perlin), '피크우드(Peak Wood: Nature does Impose Limits)', Miller-McCune, 2010년 6월 1일, www.miller-mccune.com/environment/peak-wood-nature-does-impose-limits-16596/

8. 존 펄린(John Perlin), '피크우드(Peak Wood: Nature does Impose Limits)'

9. 에릭 달(Erik J. Dahl), '해군의 혁신: 석탄에서 석유로(Naval Innovation: From Coal to Oil)', 〈조인트포스쿼터리(Joint Force Quarterly)〉(2000-2001 겨울호): 50, www.dtic.mil/doctrine/jel/jfq_pubs/1327.pdf/

10. 9와 같음

11. 9와 같음

12. 9와 같음

13. 미 인구통계(Unites States Census), '미국 역사 통계: 식민지 시절부터 1970년까지(Historical Statistics of the United States: Colonial Times to 1970)', 1976

14. 조지프 테인터(Joseph A. Tainter),《문명의 몰락(The Collapse of Complex Societies)》 (영국 케임브리지: 케임브리지대학출판부, 1988), 124

15. 조지프 테인터(Joseph A. Tainter),《문명의 몰락(The Collapse of Complex Societies)》 (영국 케임브리지: 케임브리지대학출판부, 1988), 214

16. 레슬리 화이트(Leslie A. White),《문화학(The Science of culture)》 (뉴욕: Farrar, Straus and Giroux, 1949)

17. 테인터(Tainter),《문명의 몰락》 (영국 케임브리지: 케임브리지대학출판부, 1988), 215

18. 필리스 쿠티노(Phyllis Cuttino), '생명과 재산을 보호하기 위한 군의 친환경화 추세(Military Going Green to Save Lives, Money)', CNN.com, 2011년 9월 22일, www.cnn.com/2011/09/22/opinion/cuttino-military-green/index.html

19. 게일 트버버그(Gail Tverberg), '피크오일: 잘못된 징조를 찾아서?(Peak Oil: Looking for the Wrong Symptoms?)', Next Generation O&C, 편집자 블로그, 2010년 2월 16일, www.ngoilgas.com/editor's-blog/peak-oil-symptoms

20. 트버버그(Tverberg), '우리는 지금 어디로 가고 있는가?: 피크오일과 금융 위기(Where we are headed: Peak oil and the financial crisis)', The Oil Drum, 2009년 3월 25일, www.theoildrum.com/node/5230

21. '석유의 미래(The Future of Oil)', 세계안보분석연구소(Institute for the Analysis of Global Security), 2002년 2월 25일, www.iags.org/futureofoil.html

22. 리처드 코웬(Richard Cowen), '제13장: OPEC와 원유(Chapter 13: OPEC and Crude Oil)', http://mygeologypage.ucdavis.edu/cowen/~gel115/115ch13oil.html

23. 테인터(Tainter),《문명의 몰락》, 195

Chapter 5

1. 크세노폰(Xenophon),《에코노미쿠스(Oeconomicus)》, 오버리 스튜어트(Aubery Stewart) 역, (케임브리지: J. Hall&Son, 1886)

2. 토머스 칼라일(Thomas Carlyle), '검둥이 문제에 관하여(Occasional Discourse on the Negro Question)', 원출처 《Fraser's Magazine for Town and Country》, 1849

3. 데이비드 콜랜더 등(David Colander et al.),《경쟁, 자유주의 그리고 경제학(Race, Liberalism and Economics)》, (앤아버: 미시간대학출판부, 2004)

4. 폴 크루그먼(Paul Krugman), '파동의 법칙을 찾아서(Seeking the Rule of the Waves)' 〈포린어페어스(Foreign Affairs)〉,

1997년 7~8월, www.foreignaffairs.com/articles/53234/paul-krugman/seeking-the-rule-of-the-waves?page=show

5. 데이비드 로버츠(David Roberts), '경제학자, 기후 기타 등등에 대한 단상(Some Thoughts on Economists and Climate and So Forth)', Grist, 2009년 2월 22일, www.grist.org/article/Rhetorical-diseconomies-of-scale

6. '태양물리학자들은 빙하기가 다시 올 것으로 믿고 있다(Solar Physicists Believe Last Ice Age May Happen Again)', MyTechVoice.com, www.mytechvoice.com/solar-physicists-believe-last-ice-age-may-happen-again-719.html, 2011년 6월. '빙하기의 도래를 알리는 징후인가?(Solar event that may have caused last ice age happening again?)', IB Times Los Angeles, 2011년 6월 14일, http://losangeles.ibtimes.com/articles/162919/20110614/solar-flare-ice-age-global-warming-sun-htm

7. 테인터(Tainter), 《문명의 몰락》 (영국 케임브리지: 케임브리지대학출판부, 1988), 146

8. 찰스 에밀 스트레인지랜드(Charles Emil Strangeland), 《맬서스 이전의 인구론: 경제 이론사 연구(Pre-Malthusian Doctrines of Population: a Study in the History of Economic Theory)》 (뉴욕: 컬럼비아대학출판부, 1904), 106

9. '토머스 로버트 맬서스' 편, 《경제학 소백과사전(The Concise Encyclopedia of Economics)》, www.econlib.org/library/Enc/bios/Malthus.html

10. 월터 러셀 미드(Walter Russell Mead), '자연스럽게 다가오는 일(Doing What comes Naturally)', 《아메리칸인터레스트(America Interest)》, 2010년 4월 7일

11. 조지프 슘페터(Joseph A. Schumpeter), 《경제 분석의 역사(History of Economic analysis)》 (뉴욕: 옥스퍼드대학출판부, 1954), 579, n.1

12. 마서 너스바움(Martha C. Nussbaum), 《선의 취약성(The Fragility of Goodness: Luck and Ethics in Greek Tragedy)》 (영국 케임브리지: 케임브리지대학출판부, 2001)

13. 브라이언 페이건(Brian Fagan), 《기후, 문명의 지도를 바꾸다(The Long Summer: How Climate Changed Civilization)》 (뉴욕: Basic Books, 2004), xv.

14. '버냉키(Bernanke: all but One Major Firm at Risk in 2008)', 로이터, 2011년 1월 27일, www.reuters.com/article/2011/01/27/financial-regulation-fcic-idUSN2713264020110127

15. 도넬라 메도우즈(Donella H. Meadows), 《성장의 한계(The Limits to Growth)》 (뉴욕: Universe Books, 1972), 53

16. IRIN Global, '식량: 위기가 도래하는가?(FOOD: Is There a Crisis?)' IRIN, 2011년 1월 21일, www.irinnews.org/Report.aspx?ReportID=91683

17. 가뭄 및 홍수와 태양에너지의 감소 간의 상관관계에 대해 더 자세히 알고 싶다면 아래를 참고하라. '온난화는 걱정하지 마라. 기후 변화는 과학자들이 날조해낸 허구다(Never Mine the Heat, Climate Change Is Hoax by Gravy-Train Scientists)', 유튜브, 2010년 8월 9일, www.youtube.com/watch?v=eEmUS7PAWFw&feature=related(러시아-투데이에서 방송된 영어 인터뷰)

18. 웨슬리 스미스(Wesley J. Smith), '지구 온난화 히스테리: 소방하기가 진행 중인가?(Global Warming Hysteria: Mini Ice Age on the Way?)', Secondhand Smoke(블로그), 2010년 12월 21일, www.firstthing.com/blogs/secondhandsmoke/2010/12/21/global-warming-hysteria-m

19. 18과 같음

20. 피어즈 코빈(Piers Corbyn), '흑점이 사라진 태양의 영향(The Role of the Spotless Sun)', www.weatheraction.com/displayarticle.asp?a=6&c=1

21. 윌리 순(Willie Soon), '우리는 지금 세뇌되고 있다(We are Being Brainwashed)' (인터뷰), http://itsrainmakingtime.com/2009/climate-part2/

22. 데이비드 반 다이크(David S. Van Dyke), 'CFC 사용 금지: 지구 온난화 명제의 선조(The CFC Ban: Global Warming's Pilot Episode)', American Thinker, 2010년 2월 4일, www.americanthinker.com/2010/02/the_cfc_ban_global_warmings_pi.html

23. 태양에너지와 태양 흑점 주기에 관해 더 자세히 알고 싶다면 아래를 참고하라. 티모 니로마(Timo Niroma), '태양 주기설에 관한 한 가지 설명(One Possible Explanation for the the Cyclicity in the Sun)', http://personal.inet.fi/tiede/tilmari/sunspots.html

24. 루이스 페이지(Lewis Page), '10년 내에 지구가 소방하기에 들어갈 수도 있다(Earth May Headed into a Mini Ice Age within a decade)', 레지스터(The Register) 2011년 6월 14일, www.theregister.co.uk/2011/06/14/ice_age/

25. '태양 활동에 관한 장기적 전망(Long Range Solar Forecast)', NASA Science News, 2006년 5월 10일, http://science.nasa.gov/science-news/science-at-nasa/2006/10may_longrange

26. 윌리 순과 스티븐 야스켈(Willie Soon and Steven Yaskell), '여름이 없는 해(Year Without a summer)', 〈머큐리매거진(Mercury Magazine)〉 32, no.3 (2003년 5-6월): 13f

27. '서리 때문에 코아우일라 지역의 밀농사를 망쳤다(Frost Destroys The Wheat Crop in Coahuila)', 〈방과르디아(vanguardia)〉, 2011년 2월 13일, www.vanguardia.com.mx/acabaheladasconeltrigodecoahuila-650012.html

28. 27과 같음

29. 이언 플리머(Ian Plimer), 《천국과 지구(Heaven and Earth: Global Warming: The Missing Science)》 (메릴랜드 주 랜햄: Tayor Trade Publishing, 2009), 180

30. 폴 히긴스(Paul A. T. Higgins), '2011 회계연도 예산과 기후 변화(Climate change in the FY 2011 Budget)', AAAS Report XXXV, Research and Development FY 2011, [워싱턴 DC: 미국과학진흥협회(The American Association for the Advancement of Science), 2010], 171-178, www.aaas.org/spp/rd/rdreport2011/11pch15.pdf

31. AAAS Report XXXV, Research and Development FY 2011, Chapter 15, www.aaas.org/spp/rd/rdreport2011

32. '하키 스틱 연구(Hockey Stick Studies)', www.climateaudit.org

33. 테리 맥칼리스터(Terry Macalister), '앞으로 10년 후면 탄소 거래가 석유 거래보다 두 배는 더 가치가 있을 것이다(Carbon trading could be worth twice that of oil in next decade)', 〈가디언(The Guardian)〉, 2009년 11월 29일, www.guardian.co.uk/environment/2009/nov/29/carbon-trading-market-copenhagen-summit

34. 마크 샤피로(Mark Schapiro), '기후 변화 사기(Conning the Climate: Inside the Carbon-Trading shell Game)', 〈하퍼스(Harper's)〉, 2010년 2월, www.harpers/org/archive/2010/02/0082826

35. 샤피로(Schapiro), '기후 변화 사기'

36. 매튜 카(Matthew Carr), '바클레이즈는 EU가 새로운 탄산가스 사기 행각에 대해 신속하게 대처해야 한다고 말한다(EU Needs Quick Action on New CO2 Fraud, Barclays Says)', 〈블룸버그〉, 2010년 2월 5일, www.bloomberg.com/apps/news?pid=newsarchive&sid=avLf2LqR6Szs&pos=13

37. 제프 구델(Jeff Goodell), '지구가 뜨거워지고 있다(As the World Burns)', 〈롤링스톤(Rolling Stone)〉, 2010년 2월 27일, www.rollingstone.com/politics/news/as-the-world-burns-20100106

38. 데이비드 반 다이크(David S. Van Dyke), 'CFC 사용 금지: 지구 온난화 명제의 선조(The CFC Ban: Global Warming's Pilot Episode)', American Thinker, 2010년 2월 4일, www.americanthinker.com/2010/02/the_cfc_ban_global_warmings_pi.html

39. 38과 같음

40. 테인터(Tainter), 《문명의 몰락》, 207

41. 테인터(Tainter), 《문명의 몰락》, 195

42. 니르 샤비브(Nir J. Shaviv), '은하계 나선 팔과 빙하기 그리고 우주선 간의 관계(The Milky Way Galaxy's Spiral Arms and Ice-Age Epochs and the Cosmic Ray Connection)', scienceBits, 2006년 3월 30일, www.sciencebits.com/ice-ages

43. Peter Christie(피터 크리스티), 《아카드의 저주(The Curse of Akkad: Climate Upheavals That Rocked Human History)》 (온타리오 주 리치먼드힐: Annick Press, 2008), 67

44. 브라이언 페이건(Brian Fagan), 《소빙하시대(The Little Ice Age: How Climate Made History, 1300-1850)》 (뉴욕: Basic Books, 2000), 155

45. 더 자세히 알고 싶다면 다음을 참고하라. 가빈 데이비스(Gavyn Davies), '중국은 여러분이 생각하는 것보다 훨씬 크다(China Is Biggest than You May Think)', 〈파이낸셜타임스〉, 2011년 2월 15일, http://blogs.ft.com/gavyndavies/2011/02/15/china-is-bigger-than-you-may-think/

46. '벽을 세워라(Build a Wall)', 〈이코노미스트〉, 2011년 2월 3일, www.economist.com/node/18065655

47. '2011년 1월 21~31까지 50개 도시의 평균 식품 가격(Average Price of Food in 50 Cities, January 21-31, 2011)', 중국국가통계국(National Bureau of Statistics of China), 2011년 2월 9일, www.stats.gov.cn/english/newsandcomingevents/t20110209_402701782.htm

48. 크리스티나 라슨(Christina Larson), '점점 심해지는 물 부족 현상이 중국의 발전을 가로막는다(Growing Shortages of Water Threaten China's Development)', Yale Environment 360, 2010년 7월 26일, http://e360.yale.edu/feature/

growing_shortages_of_water_threaten_chinas_development/2298/

Chapter 6

1. 케니스 저비노(Kenneth J. Gerbino), '대사기극(The Great Deceit)', 321gold.com, 2010년 5월 28일, www.321gold.com/editorials/gerbino/gerbino052810.html

2. 니킬 라헤자(Nikhil Raheja), '디플레이션과 관련하여 잘못된 것은 아무것도 없다(There is Nothing Wrong with Price Deflation)', Seeking Alpha, 2009년 10월 19일, http://seekingalpha.com/article/167225-there-is-nothing-wrong-with-price-deflation

3. 켈 켈리(Kel Kelly), '주식시장과 경제의 실질적 작동 기제(How the Stock Market and Economy Really Work)', Mises Daily, 2010년 9월 1일, http://mises.org/daily/4654/How-the-Stock-Market-and-Economy-Really-Work

4. 프리츠 마흐럽(Fritz Machlup), 《주식시장, 신용 그리고 자본 형성(The Stock Market, Credit, and Capital Formation)》 (뉴욕: Macmillan, 1940), 78, 90, 92

5. 켈리(Kelly), '주식시장과 경제의 실질적 작동 기제'

6. '연방준비제도이사회가 시장에 개입하지 않아도 주식 시장이 반등할 수 있을까?(Can Stocks Rally Without the Fed Juicing the Market?)', Zero Hedge, 2011년 6월 17일, www.zerohedge.com/article/can-stocks-rally-without-fed-juicing-market

7. '연방 지출 규모가 소득 중앙치보다 12배 빠르게 증가했다(Federal Spending Grew Nearly 12 Times Faster than Median Income)', 헤리티지재단(Heritage Foundation), www.heritage.org/budgetchartbook/growth-federal-spending

8. 버락 오바마 대통령, 2009년 4월 17일

9. 루트비히 폰 미제스(Ludwig von Mises), 《전지전능한 정부(Omnipotent Government)》 (코네티컷 주 뉴헤이븐: 예일대학출판부, 1944), 251

10. 제프 콕스(Jeff Cox), '미국의 주택 시장 위기 상황이 대공황 때보다 훨씬 심각하다(US Housing Crisis Is Now Worse than Great Depression)', CNBC, 2011년 6월 14일, www.cnbc.com/id/43395857/US_Housing_Crisis_Is_Now_Worse_Than_Great_Depression

11. 랠프 왈도 에머슨(Ralph Waldo Emerson), 《에세이(Essay: First Series)》 (1841)

12. www.bloomberg.com/news/2010-08-11/u-s-is-bankrupt-and-we-don-t-even-know-commentary-by-laurence-kotlikoff.html

13. 비트 발즐리(Beat Balzli), '골드만삭스가 그리스의 실질 부채를 감추는 데 도움을 준 방법(How Goldman Sachs Helped Greece to Mask its True Debt)', 《슈피겔(Der Spiegel)》 온라인판, 2010년 2월 8일, www.spiegel.de/international/europe/0,1518,676634,00.html

14. 에드워드 해리슨(Edward Harrison), '크레디탄스탈트 사태 되짚어보기(Thinking about Creditanstalt Today)', Credit Writedowns, 2010년 4월 23일, www.creditwritedowns.com/2010/04/thinking-about-creditanstat-today.html#ixzz1PSQq3IEU

15. 14와 같음

16. 랠프 왈도 에머슨(Ralph Waldo Emerson), 《에세이(Essay: First Series)》 (1841)

17. 더그 웨이크필드(Doug Wakefield), 'The Next Landslide: Lessons from Andrew Carnegie', safehaven.com, 2009년 5월 29일, www.safehaven.com/article/13462/the-next-landslide-lessons-from-andrew-carnegie

Chapter 7

1. 다음에서 인용. 해럴드 제임스(Harold James), 《로마의 고난(The Roman Predicament: How The Rules of International Order Create the Politics of Empire)》 (프린스턴: 프린스턴대학출판부, 2006), 28-29

2. 윌리엄 이스터리(William R. Easterly), '성장 내파와 부채 폭발: 성장 둔화가 공공 부채 위기를 유발한다(Growth Implosions and Debt Explosions: Do Growth Slowdowns Cause Public Debt Crisis)' 《컨트리뷰션즈투매크로이코노믹스(Contributions to Macroeconomics)》 1, no.1 (2001): 1

3. 에드워드 글래서(Edward L. Glaeser), 'Human Capital Follows the Thermometer', 《뉴욕타임스》, 2011년 4월 19일

4. 마이크 쉐드록(Mike Shedlock), '경기 회복이 침체처럼 보이는 이유(Here's Why the Recovery Feels so Much Like a

Depression)', Business Insider, 2010년 9월 29일, www.businessinsider.com/heres-why-the-recovery-feels-so-much-like-a-depression-2010-9

5. 4와 같음

6. 그레거리 클라크(Gregory Clark), '시장과 경제 성장: 중세 영국의 곡물 시장(Markets and Economic Growth: the Grain Market of Medieval England)', www.econ.ucdavis.edu/faculty/gclark/210a/readings/market99.pdf

7. '어마어마한 부채 수준(Historical Debt Outstanding-Annual 2000-2010)', TreasuryDirect, www.treasurydirect.gov/govt/reports/pd/hisdebt/histdebt_histo5.htm

8. 13.56-5,807=7,753; 7,753÷5,807=133%

9. 로런스 코틀리코프(Laurence Kotlikoff), '미국은 파산했으나 우리는 그 사실을 알지도 못한다(U.S. Is Bankrupt and We Don't Even Know It)', 〈블룸버그〉, 2010년 8월 11일, www.bloomberg.com/news/2010-08-11/u-s-is-bankrupt-and-we-don-t-even-know-commentary-by-laurence-kotlikoff.html

10. 브루스 바틀릿(Bruce Bartlett), '고대 로마를 멸망에 이르게 한 냉혹한 정부(How Excessive Government Killed Ancient Rome)', 〈케이토저널(Cato Journal)〉 14, no.2 (1994년 가을)

11. 피터 간지, 도미니크 라스본, 앨런 보우만(Peter Garnsey, Dominic Rathbone, and Alan K. Bowman) 편집《케임브리지 고대사, 제11권(The Cambridge Ancient History, Vol. XI: the High Empire, A.D. 70-192)》(영국 케임브리지: 케임브리지대학출판부, 2000)

12. 마틴 본(Martin Vaughan), 'Increasing Number of U.S. Expats Give UP Citizenship as IRS Gets Aggressive about Overseas Asset Reporting', Cuenca High Life, 2010년 4월 7일, www.cuencahighlife.com/post/2010/04/07/Increasing-number-of-US-expats-give-up-citizenship-as-IRS-gets-aggressive-with-overseas-bank-accounts.aspx

13. '미국 가구의 절반가량이 연방세 납부를 회피하고 있다(Nearly Half of US Households Escape Fed Income Tax)', CNBC.com, 2010년 4월 8일, www.cnbc.com/id/36241249/Nearly_Half_of_US_Households_Escape_Fed_Income_Tax

14. 빌 보너(Bill Bonner), 'Subprime State of Mind', 〈데일리레코닝(Daily Reckoning)〉, 2012년 4월 19일, http://dailyreconing.com/subprime-state-of-mind

15. 린 해리 넬슨(Lynn Harry Nelson), 'The Later Roman Empire', WWW Virtual Library, www.vlib.us/medieval/lectures/late_roman_empire.html

16. 재외미국인협회(The Association of Americans Resident Overseas), www.aaro.org

17. 스티븐 카마로타와 카렌 자이글러(Steven A. Camarota and Karen Zeigler), 'Homeward Bound: Recent Immigration Enforcement and the Decline in the Illegal Alien Population', 이민연구소(Center for Immigration Studies), 2008년 7월, www.cis.org/trends_and_enforcement

18. 존 프리든버거(John C. Fredenberger), 'Tell the IRS what You Think of Their New Financial Report Form!', 재외미국인협회, http://aaro.org/component/content/article/50-fyi-taxation/296-tell-the-irs

19. 조 힉스와 그레이엄 앨런(Joe Hicks and Grahame Allen), '변화의 세기: 1900년 이후 영국의 통계 추세(A Century of change: Trends in UK Statistics since 1900)', 영국 하원의 연구 논문, www.parliament.uk/documents/commons/lib/research/rp99/rp99-111.pdf

Chapter 8

1. 도널드 트럼프 본인이 이 이야기가 진실이라고 확인해줬다.

2. 코틀리코프 교수가 좀 더 최근에 계산한 바로는 미 정부의 총부채가 211조 달러에 이른다고 한다, http://theeconomiccollapseblog.com/archives/shocking-charts-and-statistics-that-prove-that-america-is-no-longer-a-wealthy-nation

3. 데니스 커천(Dennis Cauchon), 'U.S. finding for future promises lags by trillions', 〈유에스에이투데이〉, 2011년 6월 6일, www.usatoday.com/news/washington/2011-06-06-us-owes-62-trillion-in-debt_n.htm

4. '세계 GDP(World GDP: In Search of Growth)', 〈이코노미스트〉 온라인판, Graphic Detail(블로그), 2011년 5월 25일, www.economist.com/blogs/dailychart/2011/05/world_gdp

5. 아래에서 인용. Simon Shama(사이먼 샤마), '빌 클린턴이 사이먼 샤마에게 말하다(Bill Clinton talks Simon Shama)', 〈에프티매거진(FT Magazine)〉, 2011년 10월 14일, www.ft.com/intl/cms/s/2/e0c1418c-f526-11e0-9023-00144feab49a.

html#axzz1sanF4sIO

6. '부채 축소(탈부채화): 이제부터 시작이다(Deleveraging: You Ain't Seen Nothing Yet)', 〈이코노미스트〉, 2011년 7월 7일

7. CIA 월드팩트북, http://www.cia.gov/library/publications/the-world-factbook/geos/xx.html, 2012년 6월 7일에 업데이트

8. '부채 축소(탈부채화): 이제부터 시작이다'

9. 빌리 미첼(Billy Mitchell), '민간 부문의 탈부채화에는 재정적 지원이 필요하다(Private Deleveraging Requires Fiscal Support)', the Billy Blog, 2010년 9월 14일, http://bilbo.economicoutlook.net/blog/?p=11545

10. 다이어 왓킨스(Thayer Watkins), '브라질의 초인플레이션(The Hyperinflation in Brazil, 1980-1994)', www.sjsu.edu/faculty/watkins/brazilinfl.htm

11. 데이비드 립스컬츠(David Lipscultz), '필요에서 탄생한 선진 온라인 뱅킹(Advanced Online Banking, Born of Necessity; Hyperinflation Prompted Brazil to Find Ways to Clear Checks Quickly)', 〈뉴욕타임스〉, 2001년 3월 25일, www.nytimes.com/2001/03/25/business/business-advanced-online-banking-born-of-necessity.html

12. 레슬리 에반스(Leslie Evans), '브라질은 어떻게 초인플레이션을 극복했나(How Brazil Hyperinflation)' 로스앤젤레스: UCLA 국제 연구 및 국외 프로그램(UCLA International Studies & Overseas Programs), 2002년 2월 22일, www.econ.puc-rio.br/gfranco/How%20Brazil%20Beat%20Hyperinflation.htm

13. 레슬리 에반스(Leslie Evans), '브라질은 어떻게 초인플레이션을 극복했나(How Brazil Hyperinflation)'

14. 13과 같음

15. 13과 같음

16. 13과 같음

17. 레슬리 에반스(Leslie Evans), '브라질은 어떻게 초인플레이션을 극복했나(How Brazil Hyperinflation)', 2

18. 17과 같음

19. 17과 같음

20. 17과 같음

21. 17과 같음

22. 레슬리 에반스(Leslie Evans), '브라질은 어떻게 초인플레이션을 극복했나(How Brazil Hyperinflation)', 4

23. 'Banco Itaú BBA's Candido Bracher: The Party Will Not Be as Fancy as Before', Knowledge@Wharton, 2008년 12월 18일, http://knowledge.wharton.upenn.edu/article.cfm?articleid=2117

24. Federal Reserve Statistical Release H.3(연준통계자료), '예금 취급 금융기관의 지급준비금과 본원통화량(Aggregate Reserves of Depository Institutions and the Monetary Base)', www.federalreserve.gov/releases/h3/current/

25. 'Banco Itaú BBA's Candido Bracher: The Party Will Not Be as Fancy as Before'

Chapter 9

1. 피터 칸, 토마스 몰러, 근연 장, 리드 펑크(Peter C. Kahn, Thomas Molnar, Gengyun G. Zhang, and C. Reed Funk), '영속적으로 지구촌 식구들을 먹여 살리는 것을 목적으로 한 다년생 작물에 대한 투자(Investing in Perennial Crops to Sustainably Feed the world)', 〈이슈〉 온라인판, 2011년 여름호, www.issues/org/27.4/kahn.html

2. 레스터 브라운(Lester R. Brown), '인구 증가로 말미암아 수백만 명이 물 부족에 허덕이고 있다(Population Growth Sentencing Millions to Hydrological Poverty)', The Policy Institute, 2000년 6월 21일, www.earth-policy.org/plan_b_updates/2000/alert4

3. 캐서린 실레(Katherine Q. Seelye), '대수층 고갈이 인류의 생존을 위협한다(Aquifer's Depletion Poses Sweeping Threat)', Green(블로그), 2011년 5월 4일, http://green.blogs.nytimes.com/2011/05/04/aquifers-depletion-poses-sweeping-threat

4. '세하도의 기적(The Miracle of the Cerrado)', 〈이코노미스트〉, 2010년 8월 26일

5. 덩컨 기레(Duncan Geere), '아마존에서 발견된 지하 하천(Underground river discovered below Amazon)'wired.co.uk, 2011년 8월 26일, www.wired.co.uk/news/archive/2011-08-26/underground-river-amazon

6. 오디 본 엥겔른(O. D. Von Engeln), '대륙 빙하가 농업에 미치는 영향(Effects of Continental Glaciation on Agriculture)' 〈블러틴오브디아메리칸지오그래피컬소사이어티(Bulletin of the American Geographical Society)〉 46, no.4

(1914): 242-243

7. 오디 본 엥겔른(O. D. Von Engeln), '대륙 빙하가 농업에 미치는 영향(Effects of Continental Glaciation on Agriculture, Part I)' 〈블러틴오브디아메리칸지오그래피컬소사이어티(Bulletin of the American Geographical Society)〉 46, no.4 (1914): 243

8. '세하도의 기적'

9. '과일, 채소, 근채 작물 등의 수확 후 손실 방지 안내(Prevention of Post-Harvest Food Losses: Fruits, Vegetables and Root Crops. A Training Manual), 국제열대농업센터(International Center for Tropical Agriculture), FAO 기업문서보관소(FAO Corporate Document Repository)

10. 크리스토퍼 위틀리(Christopher Wheatley), '근채 및 줄기 작물의 부가가치 높이기(Adding Value to Root and Tuber Crops)', 국제열대농업센터(International Center for Tropical Agriculture), FAO 기업문서보관소(FAO Corporate Document Repository)

11. 제프리 삭스(Jeffrey D. Sachs), '낙후된 열대 기후 지역(Tropical Underdevelopment)', 하버드 대학 세계발전연구센터(Center for International Development at Harvard University), Working Paper no.57, 2000년 12월

12. 제프리 삭스(Jeffrey D. Sachs), '낙후된 열대 기후 지역(Tropical Underdevelopment)'

13. '세하도의 기적'

14. '세하도의 기적'

15. 카르도소 코스타, 사비에르, 캄포스 오토니(M.G. Cardoso Costa, A. Xavier, and W. Campos Otoni), '브라질의 원예생명공학(Horticultural Biotechnology in Brazil)', 국제원예학회 회보 725호(ISHS Acta Horticulturae 725): 제5차 기내배양과 원예 육종에 관한 국제 심포지엄(Fifth International Symposium on in Vitro Culture and Horticultural Breeding)

16. '브라질 농업: 세계의 농장(Brazilian Agriculture: The world's Farm)', 〈이코노미스트〉, 2010년 8월 27일

17. '브라질 농업에서 사용하는 비료(Fertilizer Use by Crop in Brazil)', 토양 및 식물 영양 관리 사무국(Land and Plant Nutrition Management Service), 토양 및 물 자원 개발 분과(Land and Water Development Division), www.fao.org/docrep/007/y5376e/y5376e0b.htm

18. 샌드라 포스텔(Sandra Postel), 《모래 기둥: 관개의 기적은 계속될 것인가?(Pillar of Sand: Can the Irrigation Miracle Last?)》 (뉴욕: W.W. Norton&Company, 1999), 6

19. 폴 콜리어(Paul Collier), '가아 정책: 착각과 탐욕이 어떻게 식량 위기를 부추겼나(The Politics of Hunger: How Illusion and Greed Fan the Food Crisis)', 〈포린어페어〉 (2008년 11-12월)

20. 19와 같음

21. 19와 같음

22. 토양 및 식물 영양 관리 사무국(Land and Plant Nutrition Management Service), 토양 및 물 자원 개발 분과(Land and Water Development Division), '2002년 일부 기초 작물과 수출 작물의 비료 사용량(Fertilizer Consumption of Some Basic Food Crops and Export Crops in 2002)', 《브라질 농업에서 사용하는 비료(Fertilizer Use by Crop in Brazil)》 (로마: 유엔식량농업기구, 2004) 中 제10장 30-39, ftp://ftp.fao.org/agl/agll/docs/fertusebrazil.pdf

23. 토양 및 식물 영양 관리 사무국(Land and Plant Nutrition Management Service), 토양 및 물 자원 개발 분과(Land and Water Development Division), 《브라질 농업에서 사용하는 비료(Fertilizer Use by Crop in Brazil)》 (로마: 유엔식량농업기구, 2004), 11

24. 23과 같음

25. 리 알스톤, 개리 리베캅, 베르나르도 뮬러(Lee J. Alston, Gary D. Libecap, and Bernardo Mueller), 《토지의 소유권, 분쟁, 사용(Titles, conflict, and Land Use: The development of Property Rights and Land Reform on the Brazilian Amazon Frontier)》 (앤아버: 미시간대학출판부, 1999), 34

26. 토마스 스키드모어(Thomas E. Skidmore), 《브라질(Brazil: Five Centuries of Change)》 제2 개정판 (뉴욕: 옥스퍼드대학출판부, 2010), 59

Chapter 10

1. 하원의원 덕 해스팅스(Doc Hastings), '미국은 에너지 정책에 관한 한 브라질의 접근 방식을 따를 필요가 있다(U.s. Needs Brazilian Approach to Energy Policy)', the Hill, 2012년 1월 24일, http://thehill.com/blogs/congress-blog/

energy-a-environment/206067-rep-doc-hastings-r-wash

2. 제프리 삭스(Jeffrey D. Sachs), '낙후된 열대 기후 지역(Tropical Underdevelopment)', NBER Working Paper No.8119, 22

3. 제임스 해밀턴(James D. Hamilton), '역사적 석유 파동(Historical Oil Shocks)', 이후 이 글을 바탕으로 쓴 《주요 경제 사건(Handbook of Major Events in Economic History)》(2011년 2월 1일 개정판)을 참고하라.

4. 제임스 해밀턴(James D. Hamilton), 《주요 경제 사건(Handbook of Major Events in Economic History)》, 19

5. 제임스 해밀턴(James D. Hamilton), 《주요 경제 사건(Handbook of Major Events in Economic History)》, 22

6. 캐머런 렉키(Cameron Leckie), '경제 성장: 제로섬 게임(Economic Growth: a Zero Sum Game)', 〈에너지블러틴(Energy Bulletin)〉, 2010년 11월 25일, www.energybulletin.net/stories/2010-11-25/economic-growth-zero-sum-game

7. 해밀턴(Hamilton), '역사적 석유 파동', 4

8. 7과 같음

9. 제프리 브라운, 새뮤얼 포처, 조르주 실베우스(Jeffrey J. Brown, Samuel Foucher, and Jorge Silveus), '피크오일과 피크 순수출 가운데 우리는 어느 것에 더 신경 써야 하는가?(Peak Oil versus Peak Net Exports-Which should We be More Concerned About?)', 석유 및 가스 생산 정점 연구회(Association for the Study of Peak Oil and Gas)-미국, 2010년 10월 7일

10. 브라운, 포처, 실베우스(Brown, Foucher, Silveus), '피크오일과 피크순수출 가운데 우리는 어느 것에 더 신경 써야 하는가?'

11. 10과 같음

12. 테리 맥알레스터(Terry McAlester), '미군은 2015년이 되면 심각한 석유 부족을 경험하게 될 것이라 경고한다(U.S. Military Warns Oil Output May Dip Causing Massive Shortage by 2015)', 〈가디언〉, 2010년 4월 11일

13. 렉키(Leckie), '경제 성장: 제로섬 게임'

14. 라마찬드라, 이브 로린시크, 슈루시(T.V. Ramachandra, Yves Loerincik, and B.V. Shruthi), '국가 내 및 국가 간 에너지 집약도 동향(Intra and Inter Country Energy Intensity Trends)', 〈저널오브에너지앤드디밸로프먼트(Journal of Energy and Development)〉 31. no.1 (2006): 43-84

15. 14와 같음

16. 렉키(Leckie), '경제 성장: 제로섬 게임'

17. 제임스 리카즈(James Rickards), 《커런시 워(Currency Wars: The Making of the Next Global Crisis)》(Penguin Group, Kindle Edition: Kindle Locations 3095-3104)

18. 그레고르 맥도날드(Gregor Macdonald)가 〈오일드럼〉에 게재한 글

19. 그레고르 맥도날드(Gregor Macdonald), '경기 침체와 하락(Stagnation and Descent)', http://gregor.us/annu-al/gregor-us-monthly-2010-annual

20. 리처드 윌킨슨(Richard G. Wilkinson), 《빈곤과 발전(Poverty and Progress: An Ecological Model of Economic Development)》(런던: Methuen, 1973)

21. 피터 밀라드(Peter Millard), '브라질 유전의 가치가 두 배는 더 높을 것이다(Brazil Oil Fields May Hold More Than Twice Estimates)', 〈블룸버그〉, 2011년 1월 19일, www.bloomberg.com/news/2011-01-19/brazil-oil-fields-may-hold-more-than-twice-estimated-reserves.html

22. 피터 코이(Peter Coy), '페트로브라스가 크게 베팅하다(Petrobras Makes a Big Bet)', 블룸버그 비즈니스위크(Bloomberg Businessweek), 2009년 1월 27일, www.businessweek.com/bwdaily/dnflash/content/jan2009/db20090127_390876.htm

23. 케니스 라포조(Kenneth Rapozo), '페트로브라스가 있는 한 브라질은 달 착륙이 부럽지 않은 국가다(Petrobras as Brazil's Moon Landing)', 〈포브스〉, 2011년 9월 29일

24. 라이언 포만(Ryan Furhmann), '페트로브라스는 시가총액이 1조 달러인 최초의 기업이 될 수 있다(This Could Be the First $1 Trillion Stock)', StreetAuthority, 2010년 12월 7일, www.streetauthority.com/growth-investing/could-be-first-1-trillion-stock-457883

25. 조 레이히(Joe Leahy), '성장의 기반(Platform for Growth)', 〈파이낸셜타임스〉, 2011년 3월 16일, 9

26. '브라질의 석유 붐(Brazil's Oil Boom: Filling Up the Future)', 〈이코노미스트〉, 2011년 11월 5일

27. 로빈 얍(Robin Yapp), '청정에너지 부문에서 브라질의 순위가 급상승하고 있다(Brazil Soars in Clean Energy Rankings)', 〈리뉴어블에너지월드(Renewable energy World)〉, 2011년 9월 28일

28. '셀룰로오스계 에탄올 산업의 붕괴(The Cellulose Ethanol Debacle)', 〈월스트리트저널〉, 2011년 12월 13일, A20

29. 28과 같음

30. 이쿠코 코라코네(Ikuko Korakone), '브라질의 에탄올 생산량은 계속해서 증가할 것이다(Brazil Ethanol Production will Continue to Grow: IEA)', 로이터, 2010년 10월 13일, www.reuters.com/article/2010/10/13/us-iea-brzil-idUSTRE69C2VR20101013

31. 데이비드 피멘텔과 태드 팻젝(David Pimentel and Tad W. Patzek), '옥수수, 지팽이풀, 목재 등을 이용한 에탄올 생산: 대두와 해바라기를 이용한 바이오디젤 생산(Ethanol Production Using Corn, Switchgrass, and Wood: Biodiesel Production Using Soybean and Sunflower)', 〈내추럴리소스(Natural Resources)〉 14, no.1 (2005년 3월), www.sehn.org/tccpdf/Energy-biofuel%20outputs%20&inputs.pdf

32. 얍(Yapp), '청정에너지 부문에서 브라질의 순위가 급상승하고 있다.'

33. 32와 같음

34. '브라질은 2013년까지 재생에너지원에 55억 달러를 투자한다(Brazil to Invest $5.5 billion in Renewable Energy Sources by 2013)', EnergyRefuge.com, 2010년 9월 14일, http://blog.cleantechies.com/2010/09/14/brazil-invest-renewable-energy-sources/

35. 해밀턴(Hamilton), '역사적 석유 파동', 2

36. 삭스(Sachs), '낙후된 열대 기후 지역', 21

37. Department of Energy, Federation of Industries of the State of São Paulo, '브라질의 태양 복사 에너지 지도(Atlas of Solar Radiation in Brazil)'

38. 삭스(Sachs), '낙후된 열대 기후 지역', 21

39. '브라질의 석유 붐', 〈이코노미스트〉, 2011년 11월 5일

40. 슈테판 츠바이크(Stefan Zweig), 《브라질: 미래의 땅(Brazil: A Land of the Future)》, 로웰 뱅거터(Lowell A. Bangerter) 역. (캘리포니아 주 리버사이드: Ariadne Press, 2000), 71

Chapter 11

1. 데이비드 블룸과 제프리 윌리엄슨(David E. Bloom and Jeffrey G. Williamson), '신흥 아시아의 인구통계학적 변화와 경제 기적(Demographic Transitions and Economic Miracles in Emerging Asia), Working Paper 6268, 전미경제연구소(National Bureau of Economic Research), 1990, 1. 더 상세한 내용을 알고 싶다면 원출처를 참고하라.

2. 데이비드 블룸과 제프리 윌리엄슨(David E. Bloom and Jeffrey G. Williamson), '신흥 아시아의 인구통계학적 변화와 경제 기적(Demographic Transitions and Economic Miracles in Emerging Asia), 4

3. 앨런 켈리와 로버트 슈미트(Allen C. Kelly and Robert M. Schmidt), '인구통계학적 경제 모형의 진화(Evolution of Recent Economic Demographic Modeling: a Synthesis)', 〈저널오브파퓰레이션이코노믹스(Journal of Population Economics)〉 18, no.2 (2005): 275-300

4. 앨런 켈리와 로버트 슈미트(Allen C. Kelly and Robert M. Schmidt), '저축, 의존성, 발전(Savings, Dependency, and Development)', 〈저널오브파퓰레이션이코노믹스〉 9, no.4 (1996): 365-386

5. 어델 헤유틴(Adele Hayutin), '인구의 연령 구조 변화가 세계 노동력 구조를 변화시킬 것이다(Population Age Shifts Will Reshape Global Workforce)', 스탠퍼드수명연구소(Stanford Center on Longevity), 2010년 4월 10일, http://longevity.stanford.edu/files2/SCL_Pop%20Age%20shifts_Work%20Force_April%202010_v2_FINALWEB_0.pdf

6. 블룸과 윌리엄슨(Bloom and Williamson), '신흥 아시아의 인구통계학적 변화와 경제 기적', 초록

7. 사라 레드위스와 소피 테일러(Sara Ledwith and Sophie Taylor), 'From the Age of Labor to the Labor of Age', 로이터, 2010년 3월 25일, www.reuters.com/article/2010/03/25/us-age-europe-idUSTRE62O0SO20100325

8. 헤유틴(Hayutin), '인구의 연령 구조 변화가 세계 노동력 구조를 변화시킬 것이다'

9. 테레즈 헤스키스, 리 루, 주 웨이 싱(Therese Hesketh, Li Lu, and Zhu Wei Xing), '중국의 한 자녀 정책이 25년 후의 미래에 미치는 영향(The Effect of China's On Child Family Policy after 25 Years)', 〈뉴잉글랜드저널오브메디신(New England Journal of Medicine)〉, 2005년 9월 15일

10. 9와 같음

11. 9와 같음

12. 블룸버그, '브릭스의 성장을 방해하는 인구의 노령화(Ageing Population to Limit Growth in BRIC Countries)', 〈이코노믹타임스(Economic Times)〉, 2012년 1월 4일

13. 12와 같음

14. 니콜라스 바이탈(Nicholas Vital), '20년 후면 부국이 된다(Twenty Years to Become Rich)', 〈에자미(Exame)〉, no.980, 2011

15. 마리아 샤오(Maria Shao), '빌 브라우더는 러시아에 투자하지 말라고 경고한다(Don't Invest in Russia Today, Warns Bill Browder)', 2009년 10월 1일, www.gsb.stanford.edu/news/headlines/browder09.html

16. 사부 조지, 라자라트남 에이벌, 밀러(Sabu George, Rajaratnam Abel, and B.D. Miller), '남부 인도에서 자행되는 여아 살해(Female Infanticide in Rural South India)', 〈이코노믹앤드폴리티컬위클리(Economic and Political Weekly)〉, 27, no.22 (1992): 1153-1156

17. 바이탈(Vital), '20년 후면 부국이 된다'

18. 딘 뉴만(Dean Newman), '브라질의 긍정적 투자 환경 조성에 도움이 되는 인구통계학상의 변화(Demogra-phic Changesto Boost Brazil's Investment Appeal)', 〈인터랙티브인베스터(Interactive Investor)〉, 2011년 7월 4일

19. 바이탈(Vital), '20년 후면 부국이 된다'

20. 마이클 칭코타와 일카 론카이넨(Michael R. Czinkota and Ilkka A. Ronkainen), 《국제 마케팅(International Marketing)》제8 개정판(오하이오 주 메이슨: Thomson South-Western, 2007), 484

21. 스티븐 카니츠(Stephen Kanit). '브라질: 미래 세계의 시험대(Brazil: the Future Testing Ground of the World)', Betting on Brazil(블로그), 2009년 11월 26일, http://brazil.melhores.com.br/2009/11/brazil-the-future-testing-ground-of-the-world.html

22. 슈테판 츠바이크(Stefan Zweig), 《브라질: 미래의 땅》, 로웰 뱅거터(Lowell A. Bangerter) 역. (캘리포니아 주 리버사이드: Ariadne Press, 2000), 10, 11, 122

Chapter 12

1. 짐 오닐(Jim O'Neil), '대(對) 공황 정책이 브릭스의 경제 회복을 방해할 것이다(Panic Measures Will Ruin the BRIC Recovery)', 〈파이낸셜타임스〉, 2011년 8월 10일, 6

2. 카를로스 몬테이로(Carlos A. Monteiro), '영양 부족의 문제가 비만의 문제로 대체되는가? 다양한 사회 계층을 대상으로 한 조사에서 얻은 증거(Is Obesity Replacing or Adding to Undernutrition? Evidence from Different Social Classes in Brazil)', 〈퍼블릭헬스뉴트리션(Public Health Nutrition)〉 5, no.1A (2002): 105-112

3. '지난 8년 동안 약 4,000만 명의 브라질인이 중산층으로 올라갔다(Almost 40 Million Brazilian Climbed to Middle Class in the Last Eight Years)', MercoPress, 2011년 6월 28일, http://en.mercopress.com/2011/06/28/almost-40-million-brazilian-climbed-to-middle-in-the-last-eight-years

4. 다나 플라빈(Dana Flavin), '고과당 옥수수 시럽이 물질대사에 미치는 악영향(Metabolic Danger of High-Fructose Corn Syrup)', 〈라이프익스텐션(Life Extension)〉, 2008년 12월, www.lef.org/magazine/mag2008/dec2008_Metabolic-Dangers-of-High-Fructose-Corn-Syrup_01.htm

5. 《설탕과 감미료에 대한 전망(Sugar and Sweeteners Outlook/SSS-249)》, 미국 농무부 산하 경제연구소(USDA Economic Research Service), 2007년 6월 4일, 31

6. 케리 돌란(Kerry A. Dolan), '버거킹 인수자: 세 명의 브라질 갑부(The burger King Deal Winners: Three Brazilian Billionaires)', 〈포브스〉, 2012년 4월 4일, www.forbes.com/sites/k2012/2012/04/04/three-brazilian-billionaires-cash-out-some-of-burger-king-stake

7. '통통한 이파네마 여인? 브라질 사람들이 뚱뚱해지고 있다(The Chubby Girl from Ipanema? Brazil Puts on Weight)', 〈로이터〉, 2010년 8월 27일, www.reuters.com/article/2010/08/27/us-brazil-obesity-idUSTRE67Q3UK20100827

8. 'Dieta, estilo de vida e gaanho de peso', 〈카르타캐피털(CartaCapital)〉, 2011년 7월 27일, 65

9. 매린 매케너(Maryn McKenna), 'A Diabetes Cliffhanger', 〈사이언티픽아메리칸(Scientific American)〉 306, no.2 (2012): 26-28

10. 몬테이로(Monteiro), '영양 부족의 문제가 비만의 문제로 대체되는가?'

11. Kaizô Iwakami Beltrão and Sonoe Sugahara, 'Permanentemente temporário: dekasseguis brasileiros no Japão', 〈Revista Brasileira de Estudos de População〉 23(1); bases.bireme.br/cgi-bin/wxislind.exe/iah/online/?IsisScript=iah/iah.xis&src=google& base=LILACS&lang=p&nextAction=lnk&exprSearch=447388&indexSearch=ID

12. 슈테판 츠바이크(Stefan Zweig),《브라질: 미래의 땅》, 로웰 뱅거터(Lowell A. Bangerter) 역. (캘리포니아 주 리버사이드: Ariadne Press, 2000), 10-11, 122

13. '아랍계 미국인(Arab American)', 아랍계미국인협회(Arab American Institute), www.aaiusa.org/pages/arab-americans

14. CIA 월드팩트북, www.cia.gov/library/publications/the-world-factbook/goes/us.html

15. '아랍계 브라질인은 진정한 멜팅팟 속에서 잘 융화되고 있다(Arab Roots Grow Deep in Brazil's Rich Melting Pot)', 〈워싱턴타임스〉, 2005년 7월 11일

16. 〈워싱턴타임스〉, 2005년 7월 11일

17. 존 라이언스(John Lyons), '브라질은 총기 난사의 희생자 12명에게 심심한 애도를 표했다(Brazil Mourns the 12 Killed by Gunman)', 〈월스트리트저널〉, 2011년 4월 9일, http://online.wsj.com/article/SB10001424052748704843404576251182737094852.html

18. Internet World Stats, www.internetworldstats.com

19. 로즈메리 라이터(Rosemary Righter), '이탈리아가 부패한 것은 사실이지만 그리스만큼은 아니다(Italy Is Venal, but It's Not Greece: Rome's Balance Sheet Looks Awful. There Is, However, a Bright Side)', 〈뉴스위크〉, 2011년 8월 1&8, 13

20. '브라질 교통부 장관이 부패 혐의로 사임했다(Brazil's Transport Minister Quits in Corruption Scandal)', BBC News, 2011년 7월 7일, www.bbc.co.uk/news/world-latin-america-14055768

21. '미 재무부 채권(Treasury securities)', Bankrate.com

22. 디에고 에스코스테구이(Diego Escosteguy), 'Agencia da Nacional da Propina', 〈에포카(Epoca)〉, 2011년 7월 25일 (Edicao 688): 40-46

23. '1인당 변호사 수가 가장 많은 국가는 어디인가?(What Country in the World Has the Most Lawyers per Capita?)', Answers.com, http://wiki.answers.com/Q/WHAT_COUNTRY_IN_THE_WORLD_HAS_MOST_LAWYERS_PER_CAPITA

24. 조너선 위틀리(Jonathan Wheatley), '반생산적인 관료체계에도 브라질의 치과의사들은 혁신을 계속해 나가고 있다(Brazil's Dentist Continue to Innovate in the Face of Stultifying Bureaucracy)', 〈파이낸셜타임스〉, 2011년 1월 7일, 16

25. 24와 같음

26. 모이제스 나임(Moises Naim), '거품이 꺼지기 전에 파티를 끝내라(End the Party before Brazil's Bubble Bursts)', 〈파이낸셜타임스〉, 2011년 6월 1일, 10

27. 조지프 레이히(Joseph Leahy), 'The High Price of Booming Brazil', 〈파이낸셜타임스〉, 2012년 2월 20일

28. 조 레이히(Joe Leahy), 'Brazil: Credit to Redeem', 〈파이낸셜타임스〉, 2011년 7월 12일

29. 섀넌 오닐(Shannon O'Neil), '브라질은 왜 중국만큼 고속 성장할 수 없는가?(Why Can't Brazil Grow as Fast as China?)', LatIntelligence, www.latintelligence.com/2011/06/24/why-can%E2%80%99t-brazil-grow-as-fast-as-china

30. 국제투명성기구(Transparency International), 세계부패지수(Worldwide Corruption Perceptions Index: CPI), 국가별 순위, http://cpi.transparency.org/cpi2011/results/#countryResults

31. 조 레이히(Joe Leahy), 'Brazil: Credit to Redeem'

32. 다음 사이트에서 신용카드 대출 금리를 참고하라. www.indexcreditcards.com/credit-card-rates-monitor

33. 조너선 위틀리(Jonathan Wheatley), '브라질의 신용 상황: 성장의 큰 걸림돌(Brazilian credit: big threat to growth)', 〈파이낸셜타임스〉, beyondbrics(블로그), 2011년 7월 12일, http://blogs.ft.com/beyond-brics/2011/07/12/brazils-credit-bubble-big-threat-to-growth/#axzz1xUnGWOJF

34. 폴 마셜(Paul Marshall), '브라질 경제 붐이 사그라질 위험에 처했다(Brazil Risks Tumbling from Boom to Bust)', 〈파이낸셜타임스〉, 2011년 7월 5일, 22

35. www.whitehouse.gov/the_press_office/Remarks-of-President-Barack-Obama-Address-to-Joint-Session-of-Congress

36. '부채와 탈부채화(Debt and Deleveraging)', McKinsey&Company, www.mckinsey.com/Insights/MGI/Research/Financial_Markets/Debt_and_deleveraging_The_global_credit_bubble_Update

37. 슈테판 츠바이크(Stefan Zweig),《브라질: 미래의 땅》, 70-71

38. 37과 같음

Chapter 13

1. 조지프 테인터(Joseph A. Tainter),《Getting Down to Earth: Practical Applications of Ecological Economics》(워싱턴 DC: Island Press, 1996) 중 '복잡성, 문제해결, 지속 가능한 사회(Complexity, Problem-solving, and Sustainable Societies)'

2. 1과 같음

3. 테인터(Tainter),《문명의 몰락》(영국 케임브리지: 케임브리지대학출판부, 1988), 4

4. 테인터(Tainter), '복잡성, 문제해결, 지속 가능한 사회(Complexity, Problem-solving, and Sustainable Societies)'

5. 4와 같음

6. '미국의 교육 부문 지출과 그 성과 비교(U.S. Education Spending and Performance vs. the World)', MAT@USC blog, 2011년 2월 8일, http://mat.usc.edu/u-s-education-versus-the-world-infographic

7. 빌 포내스(Bill Ponath), '음, 개가 내 성적표를 뜯어먹었다(Um… the dog ate my report card)', Verdict for America(블로그), 2010년 12월 11일, www.verdictforamerica.com/content/um-dog-ate-my-report-card

8. '2009년도 국제학업성취도평가 결과(PISA 2009 Results: Executive summary, Figure I., Comparing Countries' and Economies' Performance)', OECD, www.oecd.org/dataoecd/54/12/46643496.pdf

9. 국방예산안의 눈속임을 확인하려면 다음을 참고하라. www.salon.com/2011/03/01/national_security_budget_government_shutdown

10. 윌리엄 노드하우스(William Nordhaus), '미국의 과도한 국방비 지출의 문제(The Problem of Excessive Military Spending in the United States)', 미국경제학회(American Economic Association)의 '전쟁 비용(The Costs of War)'에 관한 회의용으로 준비한 논문임. 2005년 1월 8일, 2-5, http://blogs.iq.harvard.edu/sss/archui-ves/ASSA_US%20Military%20Spending.pdf

11. 샨 카터와 아만다 콕스(Shan Carter and Amanda Cox), 'One 9/11 Tally: $3.3 trillion', 〈뉴욕타임스〉, 2011년 9월 8일, www.nytimes.com/interactive/2011/09/08/us/sept-11-reckoning/cost-graphic.html

12. 테인터(Tainter), '복잡성, 문제해결, 지속 가능한 사회'

13. 12와 같음

14. 슈테판 츠바이크(Stefan Zweig),《브라질: 미래의 땅》, 로웰 뱅거터(Lowell A. Bangerter) 역. (캘리포니아 주 리버사이드: Ariadne Press, 2000), 70-71, 뱅커터가 독일어로 번역한 것을 영어로 재번역함.

15. 니콜라스 바디(Nicholas A. Vardy), '투자 업계에 몸담았던 50년간의 경험에서 얻은 교훈(Lessons from a 50-Year Career in Global Investing)', NicholasVardy.com, 2006년 10월 13일, www.nicholasvardy.com/global-guru/articles/lessons-from-a-50-year-career-in-global-investing

16. 마틴 울프(Martin Wolf), '금융 억압의 양상(How Likely Is Financial Repression?)', Martin Wolf's Exchange(블로그), 2010년 5월 24일, http://blogs.ft.com/martin-wolf-exchange/2010/05/24/how-likely-is-financial-repression/#axzz1nyUh4eD8

17. 밥 애덤스(Bob Adams), '대탈출(The Great Escape)', 〈배런스(Barron's)〉, 2011년 11월 26일

18. 데이비드 졸리(David Jolly), '세금 정책은 국외 이주자 문제를 더욱 복잡하게 할 뿐이다(For Americans Abroad, Taxes Just Got More Complicated)', 〈뉴욕타임스〉, 2012년 4월 15일

19. 캐럴라인 코스텔로(Caroline Costello), '지긋지긋한 여권 신청 절차(The Passport Application From Hell: Coming Soon?)', Independent Traveler.com, 2011년 4월 25일, http://www.independenttraveler.com/blog/?p=1792

20. 스테판 콘스탄틴(Stephen Constantine),《이주와 제국(Emigrants and Empire: British Settlement in the Dominions between the Wars)》(영국 맨체스터: 맨체스터대학출판부, 1990), 17

21. 슈테판 츠바이크(Stefan Zweig),《브라질: 미래의 땅》, 149

22. 'Brazil as an Outsourcing Destination', Beazil Exports IT, 2008년 11월 26일, http://brazilexportati.com/artigos/

brazil-as-an-outsourcing-destinations

23. 미국농무부(United States Department of Agriculture) 산하 국가농업통계국(National Agricultural Statistical Service)

24. 더 자세한 내용을 알고 싶다면 다음을 참고하라. 토마스 오메스타드(Thomas Omestad), '미국 농부들이 브라질로 눈을 돌리고 있다(American Farmers Try Their Luck in Brazil)', 〈유에스뉴스앤드월드리포트(U.S. News&World Report)〉, 2008년 6월 25일, www.usnews.com/news/world/articles/2008/06/25/american-farmers-try-their-luck-in-brazil

25. 마리아나 바보사, 카타리나 소사, 나오미 웨스트랜드(Mariana Barbosa, Catalina Sousa, and Naomi Westland), '경기 후퇴로 말미암아 포르투갈 사람들은 일자리를 찾아 떠나야 하는 상황이 됐다(Recession Has Portugal Urging Citizens to Leave to Find Work)', 〈유에스에이투데이〉, 2012년 2월 21일, 5A

26. '브라질 보건부 장관은 성생활도 더 왕성하게 하고 춤도 더 열심히 추라고 권한다(Brazil Health Minister Urges More Sex, Dancing)', CBSNews, 2010년 4월 26일, www.cbsnews.com/2100-204_162-6434221.html

브라질이 새로운 미국이다

초판 1쇄 펴낸 날 | 2013년 7월 26일

지은이 | 제임스 데일 데이비드슨
옮긴이 | 이은주
펴낸이 | 홍정우
펴낸곳 | 브레인스토어

책임편집 | 신미순
표지디자인 | 크리에이티브 스토리
내지디자인 | 강영신
마케팅 | 한대혁, 정다운

주소 | (121-894) 서울시 마포구 서교동 381-36 1층
전화 | (02)3275-2915~7
팩스 | (02)3275-2918
이메일 | brainstore@chol.com
블로그 | http://blog.naver.com/brain_store
트위터 | https://twitter.com/brainstorepub
페이스북 | http://www.facebook.com/brainstorebooks

등록 | 2007년 11월 30일(제313-2007-000238호)

한국어출판권 © 브레인스토어, 2013
ISBN 978-89-94194-42-4 (13320)

이 도서의 국립중앙도서관 출판시도서목록(CIP)은 서지정보유통지원시스템 홈페이지(http://seoji.nl.go.kr)와 국가자료공동목록시스템(http://www.nl.go.kr/kolisnet)에서 이용하실 수 있습니다. (CIP제어번호: CIP2013011369)